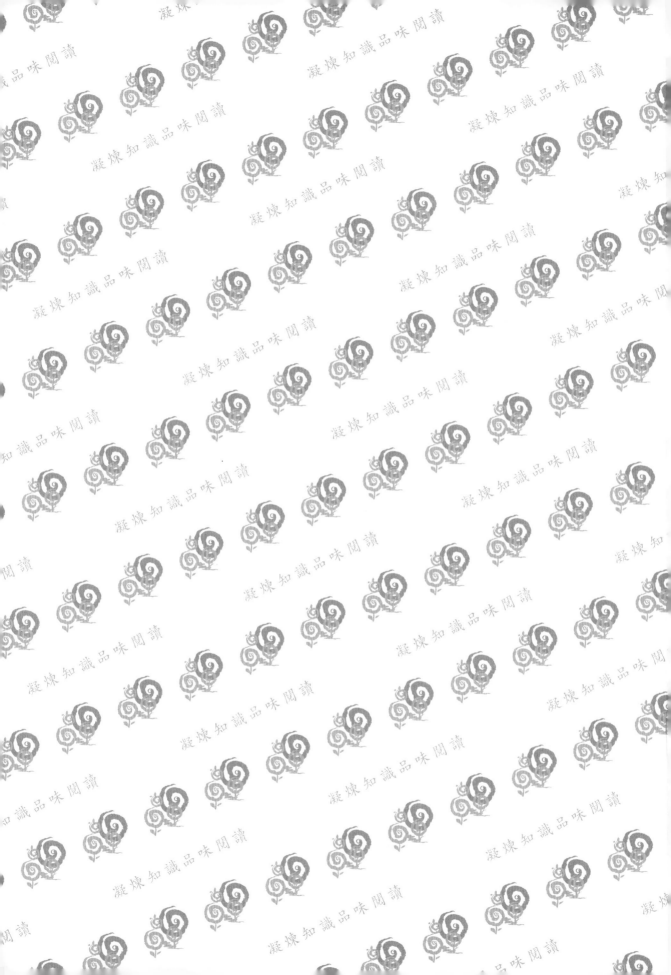

消防安全工程設計

第七版

五南圖書出版公司 印行

祥玉 吳憶
峯 呂士涵
高 陳筱 著

再版序　　　　　　　　　　　Preface

　　本書 2005 年 4 月初版（書名：《消防工程》），至今已經第七版了（改名：《消防安全工程設計》），感謝各位大專院校生、教授學者及業界專家好友們的支持採用；一方面作為教科書，另一方面也可以充分作為考試用書。

　　本書包括國家考試消防設備師及消防設備士考試科目已全部納入章程中，同時對於消防三等及四等特考之部分科目也完全適用，為重要應考必備。

　　近年來由於公共安全議題提升，火災發生經常造成重大傷亡，故消防法、各類場所消防安全設備設置標準及相關法規不斷的修正，本書也彙整最新修正條文輔以清楚解說，可讓讀者學習到最新及最正確的消防安全、工程、設計等專業知識。

　　本書近年來能順利更正再出版，特別感謝消防設備師小玫的全力幫忙及提供最新的資訊。

　　最後希望讀者都能從本書中有所獲益，學分 all pass 及金榜題名。

作者介紹 About the Authors

吳玉祥　教授

現任欣榮材料股份有限公司總經理，曾擔任中華科技大學工程學院院長、中華民國消防設備師公會全國聯合會鑑定委員會主任委員、台北市消防設備師公會監事，並取得國家考試消防設備師及環境工程技師證照、公務員高考二級考試及格。

呂憶婷　消防設備士

目前任職於建築事務所，並擔任全國建築安全學會副理事長、基隆市消防器材裝修業職業工會名譽理事長及中華民國社區公共安全協會榮譽理事長，並取得國家考試消防設備士、室內裝修設計及工程證照、公共工程品管工程人員等相關專業證照。

高士峯　博士

目前在東南科技大學營建防災所兼任專技副教授及台灣警察專科學校消防安全科兼任助理教授。曾經擔任過社團法人全國建築安全學會、中華民國消防設備師公會全國聯合會及台北市消防設備師公會創會理事長，也擔任過中華民國防火學會、基隆市消防器材裝修業職業工會及台北市消防設備師協會理事長，並經常接受平面及電視媒體的訪問，有關火災及相關地震課題。

陳筱涵　消防設備士

目前任職於尚昱科技有限公司擔任防火填塞工程師已有十年工作經驗，也擔任中華民國社區公共安全協會顧問、社團法人全國建築安全學會顧問，並取得國家考試消防設備士、歐商喜利得股份有限公司被動式防火訓練等相關專業證照。

CONTENTS

目 錄

第 **1** 篇

火災學概論

燃　燒

1-1　燃燒之定義

【解說】　由物理現象來說明，必須同時具備三種現象：

燃燒現象	說明
（一）發光現象	燃燒是一種發光現象，指可見之光波發射出來，但僅有發光現象，並非燃燒。如燈泡發光非燃燒。
（二）發熱現象	燃燒為一種放熱作用（吸熱不是燃燒），但僅有發熱現象，並非燃燒。
（三）氧化現象	燃燒是一種激烈的氧化作用，但僅有氧化現象，並非燃燒。 1. 如鐵生鏽為一種氧化現象，但並非燃燒。 2. 燃燒最終生成物必為 H_2O 及 CO_2，否則即為燃燒不完全。 　(1)氫在氯中燃燒：$H_2 + Cl_2 \rightarrow 2HCl$ 　(2)氯在硫化氫燃燒：$H_2S + Cl_2 \rightarrow 2HCl + S$ 　（以上為非氧化現象，但亦稱燃燒）

1-2　燃燒之形式

【解說】　燃燒之形式可區分為五大類：

分類	定義
（一）定常燃燒與非定常燃燒	1. 定常燃燒：當燃燒所產生的熱與逸散的熱能保持平衡，稱定常燃燒。 2. 非定常燃燒：當燃燒所產生的熱超過逸散的熱，二者無法保持平衡，稱非定常燃燒。如爆炸之現象即是。
（二）完全燃燒與不完全燃燒	1. 完全燃燒：可燃物如獲充分氧氣供應，其可燃成分燃燒殆盡，稱為完全燃燒。 2. 不完全燃燒：可燃物因氧氣供應不足，無法完全燃燒，稱為不完全燃燒。此時必產生危害人命的危險因子。
（三）發焰燃燒與不發焰燃燒	1. 發焰燃燒：氣體燃燒均有產生火焰之特性，稱為發焰燃燒。發焰燃燒又可分混合燃燒與擴散燃燒： 　(1)混合燃燒：可燃性氣體預先與氧氣混合成混合氣狀燃燒者。 　(2)擴散燃燒：氣體燃料或蒸發分解之氣體，與空氣混合燃燒之現象。亦即可燃性氣體分子與氧分子相互擴散，一面混合一面燃燒之現象，稱之。如都市瓦斯、氫及乙炔之燃燒現象。 2. 不發焰燃燒：氣體燃燒過程僅有火光未產生火焰，稱不發焰燃燒。如木炭、焦炭。

（四）蒸發燃燒與分解燃燒	1.蒸發燃燒：液體之燃燒，並非液體本身在燃燒，而是液體蒸發所生的蒸氣在燃燒，此謂之蒸發燃燒。如汽油。
	2.分解燃燒：固體燃料（如木材、紙、石臘）以及脂肪油等高沸點液體燃料，經熱分解後，生出可燃性氣體引起燃燒，稱為分解燃燒。
（五）均一系燃燒與非均一系燃燒	1.均一系燃燒：燃燒前與燃燒後之形態，皆屬於氣體形態者，稱之為均一系燃燒。如氫與氧之反應、都市瓦斯之燃燒。
	2.非均一系燃燒：燃燒前與燃燒後生成之形態不同者，稱之為非均一系燃燒。如石油類之燃燒（液態 → 氣態）；如木材、塑膠之燃燒（固態 → 氣態）。

1-3　構成燃燒之四要素與滅火方法

【解說】

1.火災之四面體理論：

物質要燃燒以及要持續燃燒，取決於下列四要素：

⑴氧氣（Oxygen）

⑵燃料（Fuel）

⑶熱能（Heat）

⑷連鎖反應（Chain reaction）

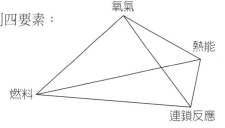

2.火災之四要素其滅火方法，列表說明如下：

燃燒要素	方法名稱	滅火原理	滅火方法
氧氣（Oxygen）	窒息法	除去助燃物（氧氣）	排除、隔絕、稀釋空氣中的氧。（一般空氣含氧濃度在 15% 以下，燃燒難以持續），如使用 CO_2、泡沫滅火設備。
燃料（fuel）	移除法	搬離或除去燃料	將燃料搬離火中或自燃燒的火焰中除去。
熱能（heat）	冷卻法	減少熱能	將燃燒溫度降至燃點以下，如使用消防栓、自動撒水設備。
連鎖反應（chain reaction）	抑制法	抑制連鎖反應	加入能與游離基結合的物質，破壞或阻礙連鎖反應，如海龍滅火設備。

1-4　連鎖反應

【解說】

1.燃燒能持續下去，是由於連鎖反應作用。

2. 連鎖反應：在燃燒作用中，由燃燒作用所產生之結果，又造成另一次燃燒作用的原因，此種因果循環不斷持續的過程，稱為燃燒之連鎖反應。

3. 造成燃燒連鎖反應最主要因素，係在燃燒所產生之 H^+（氫離子）及 OH^-（氫氧離子），助長了連鎖反應之進行。故若要滅火，只要掌握 H^+（氫離子）及 OH^-（氫氧離子），燃燒就可能被抑制。

1-5　複燃（Back draft）

【解說】

耐火建築物由於氣密性良好，致在火災初期，若門窗緊閉，由於氧氣銳減未獲補充而熄火，形成煙燻悶燒現象，一旦有大量新鮮空氣進入，如窗戶玻璃破裂或消防隊打開門窗時，復造成燃燒現象，此時火舌向外噴出造成危險之現象，稱為複燃（Back draft）。

1-6　可燃性液體燃燒形式

【解說】　可燃性液體燃燒形式可分兩類：

1. **油池火災**（Pool fire）

   所謂油池火災，係指油槽造成之火災，或石油因事故洩漏形成之防油堤火災，乃至液化瓦斯流出容器，積存於防液堤形成之火災。

   (1) **溢沸**（Boilover）：當此類火災時，滅火射水造成油槽底部含有水，在燃燒數小時後，水沸騰氣化產生爆炸之現象。

   (2) **溢流**（slopover）：當此類火災時，滅火射水造成油槽底部含有水，且高熱促使油膨脹或發泡，而流出儲槽外之現象。

   (3) **可燃性液體燃燒條件**：

   ① 可燃性液體先受熱蒸發，產生足夠蒸氣。

   ② 可燃性液體發火燃燒必須在燃燒範圍內：蒸發之可燃性氣體與空氣之混合，且必須在燃燒上限與燃燒下限之間。

   ③ 可燃性液體發火燃燒須達到最低發火溫度。

   ④ 可燃性液體發火燃燒必須達到最低發火能量。

   (4) **可燃性液體燃燒速度**：取決於火焰供熱之速度。

2. **火球火災**（Fire ball）

   所謂火球火災，係指大量蒸發之可燃物，突然燃燒時所生之球狀火焰。火球火災

又可區分兩種形態：

⑴可燃性液化瓦斯貯存槽瓦斯洩漏所引發之球狀火災：

液化瓦斯貯存槽發生火球火災之原因及經過：

① 液化瓦斯貯存槽發生火球火災之原因主要有三：

- 配管受損。
- 配管折斷。
- 操作閥操作錯誤。

② 液化瓦斯貯存槽發生火球火災之經過，主要有三階段：

- 因設備損壞、人為因素造成液化瓦斯洩漏：因配管受損、折斷或操作閥操作錯誤等原因，造成液化瓦斯洩漏。
- 因瓦斯洩漏致蒸氣雲形成：液化瓦斯洩漏後，受地面熱急遽氣化，形成定常蒸發現象，在大氣中形成蒸氣雲。
- 蒸氣雲遇著火源引燃形成火球：大氣中形成之蒸氣雲，此時遇到著火源，頓時引燃形成火球。

⑵可燃性液化瓦斯貯存槽受熱產生 BLEVE 現象：

① BLEVE 定義：英文全名：Boiling Liquid Expanding Vapor Explosion，係指沸騰狀態之液化瓦斯，氣化膨脹爆炸現象。

② 液化瓦斯貯存槽發生 BLEVE 現象之經過，主要有四階段：

- 因接焰受熱，使液化瓦斯貯存槽內壓急遽上升。
- 當液化瓦斯貯存槽內壓急遽上升，致安全閥開始洩壓。
- 當內壓上升速度遠大於安全閥洩壓速度，將導致貯槽外殼不勝負荷，終告破裂爆炸，液化瓦斯瞬間大量外洩。
- 液化瓦斯瞬間大量外洩，此時若接焰或接觸著火源，頓時引燃形成火球。

1-7　BLEVE現象與其發生過程及預防措施

【解說】

項目	說明
（一）BLEVE 定義	英文全名：Boiling Liquid Expanding Vapor Explosion，係指沸騰狀態之液化瓦斯，氣化膨脹爆炸現象。
（二）液化瓦斯貯存槽發生 BLEVE 現象之過程	1. 因接焰受熱，使液化瓦斯貯存槽內壓急遽上升。 2. 當液化瓦斯貯存槽內壓急遽上升，致安全閥開始洩壓。 3. 內壓上升速度遠大於安全閥洩壓速度，將導致貯槽外殼不勝負荷，終告破裂爆炸，液化瓦斯瞬間大量外洩。 4. 液化瓦斯瞬間大量外洩，此時若接焰或接觸著火源，頓時引燃形成火球。

	1. 設置撒水設備：於液化瓦斯貯存槽周邊設置撒水設備，當氣溫過高或者異常事故引發高熱時，可自動撒水冷卻，防止貯存槽受熱致壓力過大使槽體破裂引起 BLEVE 現象。
（三）BLEVE 現象之預防措施	2. 設置防液堤：於液化瓦斯貯存槽間設置防液堤，並作成斜坡，可防止一旦油槽破裂，不會積聚在貯存槽槽體附近，且於火災發生時亦不致殃及周圍油槽，引發連環爆炸，造成更大損害。
	3. 將貯槽設置於地下或以斷熱包覆：將油料貯槽設置於地下或以斷熱包覆方式，以防止槽體不致受異常溫度變化，而發生 BLEVE 現象。

1-8　物質引火與發火之異同

【解說】

異同點	發火與引火
（一）相同點	1. 可燃性氣體與空氣混合成一定比例，亦即在燃燒範圍。 2. 必須達一定溫度。如發火要達發火溫度，如引火要達引火溫度。 3. 必須給予足夠能量。
（二）相異點	1. 發火不須與火源接觸，且其周圍溫度較高。 2. 引火須與火源接觸，其周圍溫度較低。 3. 引火（閃火）不一定能持續燃燒，而發火則能持續燃燒。

1-9　可燃性固體燃燒形式

【解說】　可燃性固體燃燒形式，可分為五類：

分類	說明
（一）表面燃燒	1. 部分可燃性固體物質在受熱後不熔解為液體，亦不蒸發或分解，而由氧直接在其表面與碳素化合燃燒稱之。 2. 如木炭、焦炭、金屬粉等可燃物。
（二）蒸發燃燒	1. 固體可燃物，一旦加熱，並不發生熱分解，而直接蒸發為氣體而燃燒，或先溶化成液體再氣化燃燒，稱為「蒸發燃燒」。 2. 如硫磺、口球（樟腦丸）等固體可燃物。
（三）自己燃燒	1. 有時固體物質受熱而起分解反應，除產生可燃性氣體外，同時也會產生氧氣。 2. 此類物質在燃燒時，不須空氣中氧氣助燃。只依賴分子中之氧即可燃燒。此種燃燒，稱為自己燃燒。 3. 如硝化棉、塞璐璐等硝酸脂類物質。
（四）分解燃燒	1. 有些固體物質受熱而起熱分解，而分解出一氧化碳、氫、甲烷等可燃性氣體生成物，而此可燃性氣體著火燃燒，稱之。 2. 如火材、紙類。

（五）固體爆炸

1. 係指可燃性有機粉末或金屬無機粉末浮游於空氣中。
2. 其單位質量表面積增大，當獲得氧氣充分供應，一旦遇電氣火花、火焰、其他點火源，其燃燒將極為快速，若燃燒時產生之熱量遠大於逸散之熱量，即會產生爆炸，稱為「爆炸燃燒」。
3. 此現象稱之為固體爆炸。
4. 如粉塵爆炸、木粉、小麥粉、碳塵等有機粉末或金屬無機粉末。

【註】所謂粉塵，係指物質處於分散狀態之固體集合物，沒有固定大小、固定形狀。（一般粉塵，係指直徑在 500μm 以下之固體集合物）。

1-10　發火源之種類

【解說】　發火源種類有七類，茲分述如下：

分類	說明
（一）微火源	1. 菸蒂：香菸之燃燒速度與溫度。 2. 線香：指驅逐蚊蟲之蚊香與供神用之線香。 3. 火星：火星之產生，乃是發生在物體燃燒時，餘燼因通風效果，受上升氣流或風之牽引，而向空中飛揚。
（二）有焰火源	1. 火柴之燃燒。 2. 打火機之燃燒。 3. 蠟燭之燃燒。 火焰溫度在 800～1200℃ 之間。
（三）高溫固體	本身溫度甚高之固體，雖未達產生火焰境界，但已提供足夠熱能，成為發火源。
（四）撞擊、摩擦	固體因撞擊或摩擦會產生火花或造成高溫固體，皆可形成發火源。
（五）斷熱壓縮	當氣體本身受到壓縮，其溫度會升高，亦可造成發火，此即斷熱壓縮。
（六）靜電	二種物質接觸後，在分離時將因彼此帶電性質不同而產生靜電，此種靜電所產生之火花，即可能成為發火源。
（七）自然發火	當固體物質大量堆積時，內部發火與蓄積，形成自然發熱現象，而成為發火源，此現象稱為自然發火。

1-11　理論燃燒空氣量及其相關計算

【解說】

1. 理論燃燒空氣量

⑴定義

在標準狀態下（0℃、1 大氣壓），可燃物完全燃燒所需最小空氣量。

(2) 理論燃燒空氣量之計算說明

① 可燃物成分不外乎：碳（C）、氫（H）、氧（O）、硫（S）。

② 氫與氧多結合成水的狀態存在。故計算時將氫之含有量減去與氧結合之氫，剩餘之氫稱爲自由氫或有效氫。

③ 單位碳、氫、硫完全燃燒所需空氣量計算說明如下：

❶ 試算 1 公斤之碳完全燃燒產生 CO_2 所需之空氣量，求重量及體積？

CO_2 之反應式：$C + O_2 \rightarrow CO$

碳與氧之重量比：12：32：44

由上式可知 1 克分子（12 公克）之碳需與 1 克分子之氧（32 公克）結合。

• 理論空氣量之重量：

假設 1000 公克之碳（C）燃燒需 X 公克之氧（O），以下式求得 X 值？因碳與氧之重量比是 12：32，故 12：32＝1000：X，得 X＝2666.67 公克

因在空氣中氧氣所占之重量比爲 23%，假設 Y 克重之空氣含有 2666.67 公克之氧（O），以下式求得 Y 值？

Y×23%＝2666.67，Y＝11594.2g＝11.594kg

故 1kg 之碳需 11.594kg 之理論空氣量

• 理論空氣量之體積計算：

因氧占空氣體積爲 21%，故氧之體積

(V)＝(2666.67/32)×22.4＝1866.67ℓ

【註】每一克分子氣體容積爲 22.4ℓ

空氣之體積（V1）＝1866.67×(100/21)＝8888.9ℓ＝8.89m³

【註】精確值取至小數點第四位。

❷ 試算 1 公斤之氫（H）完全燃燒產生水（H_2O）所需之空氣量，求重量及體積？

H_2O 之反應式：$H_2 + 1/2 O_2 \rightarrow H_2O$

氫與氧之重量比：2：16：18

由上式可知 1 克分子（2 公克）之氫需與 1/2 克分子之氧（16 公克）結合。

• 理論空氣量之重量：

假設 1000 公克之氫燃燒需 X 公克之氧（O），以下式求得 X 值？

故 2：16＝1000：X，2X＝16000，得 X＝8000 公克

因在空氣中氧氣所占之重量比爲 23%，假設 Y 克重之空氣含有 8000 公克之氧（O），以下式求得 Y 值？

Y×23%＝8000，Y＝34782.6g＝34.783kg

故 1kg 之氫需 34.783kg 之理論空氣量。

- 理論空氣量之體積計算：

  因氧占空氣體積為 21%，故氧之體積

  (V)＝(8000/32)×22.4＝5600ℓ

  【註】每一克分子氣體容積為 22.4ℓ

  　　　空氣之體積（V1）＝5600×(100/21)＝26666.67ℓ＝26.667m³

  【註】精確值取至小數點第四位。

❸ 試算 1 公斤之硫（S）完全燃燒產生 SO_2 所需之空氣量？

（求重量及體積）

SO_2 之反應式：$S + O_2 \rightarrow SO_2$

硫與氧之重量比：32：32：64

由上式可知1克分子（32公克）之硫需與1克分子之氧（32公克）結合。

- 理論空氣量之重量：

  假設 1000 公克之硫燃燒需 X 公克之氧（O），以下式求得 X 值？

  故 32：32＝1000：X，32X＝32000，得 X＝1000 公克

  因在空氣中氧氣所占之重量比為 23%，假設 Y 克重之空氣含有 8000

  公克之氧（O），以下式求得 Y 值？

  Y×23%＝1000，Y＝4347.826g＝4.348kg

  故 1kg 之硫需 4.348kg 之理論空氣量。

- 理論空氣量之體積計算：

  因氧占空氣體積為 21%，故氧之體積

  （V）＝（1000/32）×22.4＝700ℓ

  【註】每一克分子氣體容積為 22.4ℓ

  　　　空氣之體積（V1）＝700×(100/21)＝3333.333ℓ＝3.333m³

  【註】精確值取至小數點第四位。

❹ 燃料完全燃燒之理論空氣量計算公式推導及範例解說：

- 理論空氣量重量公式推導：

  由上述單位重量碳、氫、硫之計算理論空氣量可知：

  (a)1kg 碳需 11.594kg 之空氣量。

  (b)1kg 氫需 34.783kg 之空氣量。

  (c)1kg 硫需 4.348kg 之空氣量。

  在上述分析知某燃料中含碳（C）%、氫（H）%、硫（S）%，則每

  公斤燃料可以下列公式計算其理論空氣量之重量：

  $$A_w = \{11.594 \times C + 34.783(H - \frac{O}{8}) + 4.348 \times S\} \times \frac{1}{100} \, (kg)$$

  式中 Aw＝ 理論空氣量之重量

C= 燃料中碳含量百分比之數字（式子後已將百分比提出）

H= 燃料中氫含量百分比之數字（式子後已將百分比提出）

O= 燃料中氧含量百分比之數字（式子後已將百分比提出）

S= 燃料中硫含量百分比之數字（式子後已將百分比提出）

- 理論空氣量容積公式推導：

  由上述單位重量碳、氫、硫之計算理論空氣量可知：

  (a)1kg 碳需 $8.889m^3$ 之空氣量。

  (b)1kg 氫需 $26.667m^3$ 之空氣量。

  (c)1kg 硫需 $3.333m^3$ 之空氣量。

  在上述分析知某燃料中含碳（C）%、氫（H）%、硫（S）%，則每公斤燃料可以下列公式計算其理論空氣量之容積：

$$Av=\{8.889 \times C+26.667(H-\frac{O}{8})+3.333 \times S\} \times \frac{1}{100} (m^3)$$

  式中 Av= 理論空氣量之容積

  C= 燃料中碳含量百分比之數字（式子後已將百分比提出）

  H= 燃料中氫含量百分比之數字（式子後已將百分比提出）

  O= 燃料中氧含量百分比之數字（式子後已將百分比提出）

  S= 燃料中硫含量百分比之數字（式子後已將百分比提出）

2.**計算範例解說：**

> **範例一》** 某燃料含碳 15%、氫 20%、硫 15%、氧 20%，試求此可燃物 1kg 完全燃燒所需之理論空氣量為多少公斤及容積？

⑴理論空氣量之重量計算

代入上述公式：

$$Aw=\{11.594 \times C+34.783(H-\frac{O}{8})+4.348 \times S\} \times \frac{1}{100}(kg)$$

其中 Aw=理論空氣量之重量，C=15，H=20，O=20，S=15

將上列數值代入對應公式

$$Aw=\{11.594 \times 15+34.783（20-\frac{20}{8}）+4.348 \times 15\} \times \frac{1}{100}(kg)$$

$$=8.48(kg)（理論空氣量之重量）$$

⑵理論空氣量之容積計算

代入上述公式：

$$Av=\{8.889 \times C+26.667(H-\frac{O}{8})+3.333 \times S\} \times \frac{1}{100}(m^3)$$

上述公式中 Av= 理論空氣量之容積，C=15，H=20，O=20，S=15

將上列數值代入對應公式

$$Av=\{8.889\times15+26.667(20-\frac{20}{8})+3.333\times15\}\times\frac{1}{100}(m^3)$$

$$=6.5(m^3)（理論空氣量之容積）$$

範例二》某一煤炭經分析之結果含碳 62.5%、氫 4.5%、硫 2.6%、氧 12.4%、氮 1.5%、灰分 16.5%、水分 1%，試求此可燃物 1kg 完全燃燒所需之理論空氣量為多少公斤及容積？

(1)理論空氣量之重量計算

$$Aw=\{11.594\times C+34.783(H-\frac{O}{8})+4.348\times S\}\times\frac{1}{100}(kg)$$

上述公式中 Aw＝ 理論空氣量之重量，C=62.5，H=4.5，O=12.4，S=2.6 將上列數值代入對應公式

$$Aw=\{11.594\times62.5+34.783(4.5-\frac{12.4}{8})+4.348\times2.6\}\times\frac{1}{100}(kg)$$

$$=8.385kg（理論空氣量之重量）$$

(2)理論空氣量之容積計算：

$$Av=\{8.889\times C+26.667(H-\frac{O}{8})+3.333\times S\}\times\frac{1}{100}(m^3)$$

上述公式中 Av＝ 理論空氣量之容積，C=62.5，H=4.5，O=12.4，S=2.6 將上列數值代入對應公式

$$Av=\{8.889\times62.5+26.667(4.5-\frac{12.4}{8})+3.333\times2.6\}\times\frac{1}{100}(m^3)$$

$$=6.428(m^3)（理論空氣量之容積）$$

1-12　燃燒範圍及其相關計算

【解說】

1.燃燒範圍定義

(1)只要是可燃性物質，一定有其燃燒範圍。

(2)燃燒範圍：係指可燃性氣體必須與空氣混合達一定比例，而此一比例有一定的範圍，在此一範圍就有發火可能，稱爲燃燒範圍。

(3)燃燒範圍又稱燃燒界限，係指可燃性物質之燃燒上限及燃燒下限之間。

　①燃燒下限：係指可燃性氣體與空氣充分混合，受熱可發生燃燒現象之氣體最低體積之百分率濃度稱之。可燃性氣體與空氣混合在此百分率以下，即使溫度高於燃點，仍不致使此混合氣體發生燃燒。

　②燃燒上限：係指可燃性氣體與空氣充分混合，受熱可發生燃燒現象之氣體最高體積之百分率濃度稱之。可燃性氣體與空氣混合在此百分率以上，即

使溫度高於燃點，仍不致使此混合氣體發生燃燒。

2.常見可燃氣在空氣中之燃燒界限

各種氣體在空氣中之燃燒界限如下表：

燃料	分子式	燃燒界限（%）	
		下限	上限
氫	H_2	4.0	75.0
一氧化碳	CO	12.5	74.0
甲烷	CH_4	5.3	14.0
丙烷	C_3H_8	2.2	9.5
己烷	C_6H_{14}	1.2	7.5
乙炔	C_2H_2	2.5	81.0
甲醇	CH_3OH	7.3	36.0
乙醇	C_2H_5OH	4.3	19.0
丙酮	$(CH_3)_2CO$	2.6	12.8
乙醚	$(C_2H_5)_2O$	1.9	48.0
二硫化碳	CS_2	1.3	44.0
苯	C_6H_6	1.4	7.1
氨氣	NH_3	1.6	25.0
汽油	—	1.4	7.6
石碳瓦斯	—	5.3	32.0

3.理查德利爾定律（Lechatelier's principle）

理查德利爾定律係指二種以上之可燃物混合，則必有一燃燒範圍足使該混合氣起燃，其燃燒範圍可以下式求得：

(1) A_{min}（燃燒下限）$= \dfrac{1}{\dfrac{P_{M1}}{A_{D1}} + \dfrac{P_{M2}}{A_{D2}} + \dfrac{P_{M3}}{A_{D3}} + \dfrac{P_{M4}}{A_{D4}}}$ （%）

$P_{M1} \sim P_{M4} =$ 各種可燃氣占混合氣之百分比

$A_{D1} \sim A_{D4} =$ 各種可燃氣之燃燒下限（%）

(2) A_{max}（燃燒上限）$= \dfrac{1}{\dfrac{P_{M1}}{A_{U1}} + \dfrac{P_{M2}}{A_{U2}} + \dfrac{P_{M3}}{A_{U3}} + \dfrac{P_{M4}}{A_{U4}}}$ （%）

$A_{U1} \sim A_{U4} =$ 各種可燃氣之燃燒上限（%）

範例三》甲烷（CH_4）、丙烷（C_3H_8）及一氧化碳（CO）以 5：3：2 之比例混合，其混合氣之燃燒界限為何？

(1)燃燒下限之計算公式如下：

$$A_{min}（燃燒下限）= \frac{1}{\frac{P_{M1}}{A_{D1}} + \frac{P_{M2}}{A_{D2}} + \frac{P_{M3}}{A_{D3}} + \frac{P_{M4}}{A_{D4}}}（\%）$$

依各種氣體在空氣中之燃燒界限表得：

甲烷（CH_4）燃燒下限值（A_{D1}）=5.3

丙烷（C_3H_8）燃燒下限值（A_{D2}）=2.2

一氧化碳（CO）燃燒下限值（A_{D3}）=12.5

由題意知：

甲烷（CH_4）占混合氣之百分比（P_{M1}）=5/10=0.5

丙烷（C_3H_8）占混合氣之百分比（P_{M2}）=3/10=0.3

一氧化碳（CO）占混合氣之百分比（P_{M3}）=2/10=0.2

將上列數值代入公式

$$A_{min}（燃燒下限）= \frac{1}{\frac{0.5}{5.3} + \frac{0.3}{2.2} + \frac{0.2}{12.5}} = \frac{1}{0.2467032} = 4.05(\%)$$

(2)燃燒上限之計算公式如下：

$$A_{max}（燃燒上限）= \frac{1}{\frac{P_{M1}}{A_{U1}} + \frac{P_{M2}}{A_{U2}} + \frac{P_{M3}}{A_{U3}} + \frac{P_{M4}}{A_{U4}}}（\%）$$

依各種氣體在空氣中之燃燒界限表得：

甲烷（CH_4）燃燒上限值（A_{U1}）=14

丙烷（C_3H_8）燃燒上限值（A_{U2}）=9.5

一氧化碳（CO）燃燒上限值（A_{U3}）=74

由題意知：

甲烷（CH_4）占混合氣之百分比（P_{M1}）=5/10=0.5

丙烷（C_3H_8）占混合氣之百分比（P_{M2}）=3/10=0.3

一氧化碳（CO）占混合氣之百分比（P_{M3}）=2/10=0.2

將上列數值代入公式

$$A_{max}（燃燒上限）= \frac{1}{\frac{0.5}{14} + \frac{0.3}{9.5} + \frac{0.2}{74}} = \frac{1}{0.07} = 14.29(\%)$$

> 範例四》燃燒範圍是研判物質物性之重要因素，今有某液化石油氣，其成分為丙烷（C_3H_8）40％，燃燒範圍為 2.4％ ～ 9.5％、丁烷（C_4H_{10}）60％，燃燒範圍為 1.8％ ～ 8.4％，試求該液化石油氣之燃燒界限為何？

(1)燃燒下限之計算公式如下：

$$A_{min}（燃燒下限）=\frac{1}{\dfrac{P_{M1}}{A_{D1}}+\dfrac{P_{M2}}{A_{D2}}}$$

由題意知：丙烷（C_3H_8）燃燒下限值（A_{D1}）＝2.4

丁烷（C_4H_{10}）燃燒下限值（A_{D2}）＝1.8

由題意知：丙烷（C_3H_8）占混合氣之百分比（P_{M1}）＝0.4

丁烷（C_4H_{10}）占混合氣之百分比（P_{M2}）＝0.6

將上列數值代入公式

$$A_{min}（燃燒下限）=\frac{1}{\dfrac{0.4}{2.4}+\dfrac{0.6}{1.8}}=\frac{1}{0.5}=2（即表示燃燒下限為 2\%）$$

⑵燃燒上限之計算公式如下：

$$A_{max}（燃燒上限）=\frac{1}{\dfrac{P_{M1}}{A_{U1}}+\dfrac{P_{M2}}{A_{U2}}}$$

由題意知：丙烷（C_3H_8）燃燒下限值（A_{U1}）＝9.5

丁烷（C_4H_{10}）燃燒下限值（A_{U2}）＝8.4

由題意知：丙烷（C_3H_8）占混合氣之百分比（P_{M1}）＝0.4

丁烷（C_4H_{10}）占混合氣之百分比（P_{M2}）＝0.6

將上列數值代入公式

$$A_{max}（燃燒上限）=\frac{1}{\dfrac{0.4}{9.5}+\dfrac{0.6}{8.4}}=8.81（即表示燃燒上限為 8.81\%）$$

第一章◎自我評量

問答題

1. 何謂燃燒？試說明之。
2. 燃燒之形成有哪些？試說明之。
3. [*]試由「燃燒四面體」討論滅火之策略與方法
4. [*]在燃燒理論中，火焰可區分為擴散火焰和預混火焰，請敘述兩者控制機制的不同，並列舉火災燃燒型態之。
5. 何謂複燃？試述之。
6. 可燃性液體燃燒形式有哪些？試述之。
7. 何謂 BLEVE 現象？其發生過程為何？預防措施為何？試述之。
8. 試述物質引火與發火之異同？
9. 可燃性固體燃燒形式可分為哪幾類？試述之。

10. 試述發火源之種類？

11. 何謂燃燒範圍（燃燒界限）？

12.* 請問濺射（spill over）與溢流（slop over）有何不同的定義和現象？請就石油儲槽的過度沸騰（boil over）現象說明其與上述兩現象的不同之處。」

火　災

2-1　火災之定義

【解說】　可分六大判斷基準來說明：

1. 違反人類正常用途之燃燒，可稱之為火災。
2. 失去人力控制的燃燒，可稱之為火災。
3. 違反人類意願之燃燒，可稱之為火災。
4. 有向四周無限擴大燃燒的現象，可稱之為火災。
5. 燃燒面積與經過時間之平方成正比之燃燒，可稱之為火災。
6. 需動用到滅火工具或滅火方法之燃燒，可稱之為火災。

2-2　火災之分類

【解說】　可以四大分類基準來說明：

火災分類	說明
（一）由火災之對象物來分類	1. 建築物火災。 2. 車輛火災。 3. 船舶火災。 4. 航空火災。 5. 山林火災。 6. 其他（指前述以外之物質受到燃燒稱之）。
（二）由火災發生的原因來分類	1. 縱火。 2. 失火。 3. 自然發火。 4. 再燃火災。 5. 天災。 6. 原因不明。
（三）由火災造成損害之程度來分類	1. 全毀（損害程度 70%以上稱之）。 2. 半毀（損害程度在 20～70%之間稱之）。 3. 部分毀損（損害程度未滿 20%稱之）。
（四）依燃燒之性質來分類	1. 普通火災（A 類火災）：係指木材、紙類、纖維等一般可燃物發生之火災。 2. 油類火災（B 類火災）：指引火性液體及固體油脂發生之火災。 3. 電氣火災（C 類火災）：指通電中之電氣設備發生之火災。 4. 特殊火災（D 類火災）：又可分金屬火災及瓦斯火災。

2-3　火災的特性

【解說】　火災有三大特性：

特性	內容
（一）成長性	1. 火災有向四周無限擴大燃燒的現象。 2. 火災燃燒的面積與經過時間之平方成正比。故火災具成長性。
（二）不安定性	因火災受氣象、燃燒物體、建物構造及地形地物等因素影響，故火災現場為極不安定之場所。
（三）偶發性	不論火災的發生是人為故意縱火或失火，抑或自然形成，其發生都是突發的，且均不可事先預測。

2-4　火災造成人命危險因子

【解說】

火災中燃燒的生成物可分五大類，其危害因子亦由此生成物造成，茲分述如下：

分類	說明
（一）火氣	1. 如一氧化碳（CO）、二氧化碳（CO_2）、二氧化硫、硫化氫、氨、氯化氫、氟化物、水氣、二氧化氮等氣體及其他氣體。 2. 火災所產生之氣體大多會造成窒息或中毒現象。
（二）火焰	直接與火焰接觸將會造成嚴重灼傷。
（三）熱	火焰所產生熱，將會造成非接觸性的灼傷。
（四）煙	對生理方面，煙具刺激性及阻礙視線。對心理方面，易造成恐慌，使避難者在逃生時，無法作適切的判斷。
（五）其他	不同火場將產生不同之危害因子。

2-5　火災統計的意義

【解說】　火災統計的意義有四：

（一）可顯示火災發生的趨勢。

（二）可評估火災危險性與評估消防作業效率之用。

（三）由火災統計可比較各國火災狀況，以便了解防火教育、生活習慣、經濟環境、建築狀況等問題。

（四）火災統計可作為分析研究之資料，以獲得多方面之知識與效果。

2-6 燃燒和火災差異性

【解說】 燃燒和火災差異，說明如下：

（一）定義不同	1. 燃燒由物理現象來說明，必須同時具備三種現象，茲分述如下： (1)**發光現象**：燃燒是一種發光現象，指可見之光波發射出來。但僅有發光現象，並非燃燒。如燈泡發光非燃燒。 (2)**發熱現象**：燃燒為一種放熱作用（吸熱不是燃燒）。但僅有發熱現象，並非燃燒。 (3)**氧化現象**：燃燒是一種激烈的氧化作用。但僅有氧化現象，並非燃燒。（如鐵生鏽為一種氧化現象，但並非燃燒） 2. **火災** 可分六大判斷基準來說明： (1)違反人類正常用途之燃燒。 (2)失去人力控制的燃燒。 (3)違反人類意願之燃燒。 (4)有向四周無限擴大燃燒的現象。 (5)燃燒面積與經過時間之平方成正比之燃燒。 (6)需動用到滅火工具或減火方法之燃燒。 3. **結論**：火災是燃燒的一種，但燃燒並不屬於火災。
（二）研究發展方向不同	1. **燃燒**：燃燒學係一門基本科學，藉科學方法與技術，研究燃燒前、中、後所面臨之問題及解決之道，茲分述如下： (1)**燃燒前**：重點在如何選擇熱質較高之物質，並加以適當處置以增加燃燒表面積。 (2)**燃燒中**：重點在探討如何與空氣充分混合燃燒，方能提高最大燃燒效率。 (3)**燃燒後**：著重在熱量充分吸收與利用，並解決廢氣排放。 2. **火災**：火災學是一門以應用科學，主要可分以下六個層次來說明： (1)以應用科學相關知識來探討火災發生原因。 (2)藉科學方法與技術，作為調查鑑定火災發生之原因 (3)依火災發生之原因分析，歸納其特性並加以分類。 (4)研發預防火災發生。 (5)在火災發生時能迅速、確實、有效將火災撲滅。 (6)若無法將火災撲滅時，能將火勢控制在侷限區域。以避免、減少人員生命及財產損失。 3. **結論**： (1)燃燒學之研究著重在燃燒後所產生能源之利用。 (2)燃燒學之功能在於提高燃料燃燒熱能效率之利用。 (2)火災學之研究著重在滅火，以避免或減少人員生命及財產損失。 (4)火災學之功能在探討火災發生原因及其過程，俾能採用有效方法滅火。

2-7　火災產生之熱對人之危害

【解說】

1. 火災產生之熱傳導給人之皮膚有四大途徑：
   (1) 放射熱由火焰直接為皮膚所吸收。
   (2) 身體因氣體對流而與氣體進行熱交換。
   (3) 身體與高溫之物質直接接觸，經由熱傳導進行熱交換。
   (4) 吸收之熱，一部分由肺之呼吸及皮膚發汗而散失，剩餘之熱則貯藏於身體組織及體液。

2. 人受高溫時會有以下之現象：
   (1) 促進新陳代謝。
   (2) 血液循環及呼吸加速。
   (3) 發汗量增加。
   (4) 呼吸由鼻轉由胸腔呼吸。
   (5) 皮膚因熱生痛或灼傷。

3. 皮膚受熱之火傷，可分四級：
   (1) 一級火傷：稱為紅斑火傷，皮膚受傷僅限於表面，患部輕度紅腫，並感疼痛。
   (2) 二級火傷：稱為水泡性火傷，火傷後立即或一日後，出現水泡。淺度性傷者二週可癒。深度性傷者，可能殘留板狀傷痕。
   (3) 三級火傷：稱為壞死性火傷，皮膚全層壞死、潰瘍化。
   (4) 四級火傷：稱為黑色火傷，深及皮下脂肪、肌肉或骨頭之火傷。

4. 人之耐熱極限：依實驗說明如下：
   (1) 人著普通作業服，耐熱極限值約在 2400kcal/m^2・h。
   (2) 使用液化瓦斯，人著長袖衣服，耐熱極限值約在 2050kcal/m^2・h。

2-8　煙的定義

【解說】　依美國國家防火協會（簡稱 NFPA）對煙所下之定義：

煙乃是由於物質燃燒後形成之固體懸浮物、液體粒子及氣體粒子，加上空氣所混合而成，其主要產物包括固體微粒、未完全燃燒之燃料、水蒸氣、一氧化碳、二氧化碳及其他毒性與腐蝕性氣體。

第二章◆火災

2-9 　煙的特性

【解說】 煙的特性說明如下：

1. **煙具阻礙視覺的特性**：主要原因係煙與可見光之波長相同，故會使視覺受阻，減緩疏散速度，延長人體曝露於火災生成產物中。
2. **煙之濃度與可見距離之乘積為一常數（煙濃度 × 可見距離＝常數）**。
3. **對生理方面**：
   ⑴煙會刺激眼睛，使之流淚影響視力。
   ⑵煙會刺激氣道，造成呼吸系統損傷，引起打噴嚏、流鼻水及喉嚨發炎。
4. **對心理方面**：造成恐慌，使避難者在逃生時，無法作適切的判斷。
5. **煙流動的特性**：
   ⑴煙比空氣輕，故有熱力向上升之趨勢。
   ⑵煙之流動係由高壓往低壓流動：建物內部因燃燒而產生高壓，故煙總是由屋內向屋外流動。
   ⑶煙流動速度與人於火災移動速度比較表：

方向	煙	人
垂直方向（上升）速度	1.5～3.5 或 2～3m/sec	0.5m/sec
水平方向（移動）速度	0.5～0.75 或 0.5～1.0m/sec	0.5～1.5m/sec

故由上表可知，應以水平移動逃生為優先考量。

2-10 　煙之濃度表示法

【解說】

煙之濃度表示法	說　　　　明
（一）視覺密度表示法 （optical density）	$D = \log_{10}\dfrac{I_0}{I}$ 其中　I_0：無煙時通光之光強度 　　　I：有煙時通光之光強度 Butcher 認為： $D=2$ 之煙濃度，為火場逃生者能正確辨認逃生途徑之臨界值。超過之煙濃度，則逃生者即使對建築物內部地形熟悉，逃生成功機率仍小。 1. $D=1$：表示射入煙霧之光經過 1m 距離後，有 90% 被遮蔽，僅有 10% 之光通過。 2. $D=2$：表示射入煙霧之光經過 1m 距離後，有 99% 被遮蔽，僅有 1% 之光通過。

（二）遮光率表示法	$S = \left(\dfrac{I_0 - I}{I_0}\right) \times 100\%$ 我國建築技術規則建築設備篇第 67 條對煙之濃度以遮光率 S 表示如上，其中　I_0：無煙時通光之光強度 　　　　I：有煙時通光之光強度 其與視覺密度之關係如下： 　　　$D = 2 - \log_{10}(100 - S)$
（三）質量濃度表示法 （kg/m³）	利用蒐集之煙加以稱重量之方式，以每立方公尺空氣中所含有煙之重量來表示。
（四）體積濃度表示法 （粒子數/m³）	單位體積內所蒐集的煙粒子數。 由於氣體本身燃燒氧化後，形成其他各種氣體，構成煙霧一部分。 1. **液態燃燒**：由於燃燒生成熱向周圍可燃物傳熱，使可燃性液體因受熱而蒸發為氣體，部分氣體進一步與氧化合形成各種氣體，構成煙霧一部分。 2. **固態燃燒**：由於燃燒生成熱向周圍可燃物傳熱，使可燃性固體因受熱而裂解出蒸氣，部分氣體進一步與氧化合形成各種氣體，構成煙霧一部分。

2-11　煙囪效應與逆煙囪效應

【解說】　煙囪效應可分正煙囪效應及逆（負）煙囪效應，茲分述如下：

煙囪效應	說明
（一）正煙囪效應	係指建築物內部受熱後較外部溫度高，此時建築物內部之熱氣流沿著管道間、樓梯間及電梯間等上下連通之空間向上升，且向外排氣，而外部冷空氣則由下方流入之現象，稱為正煙囪效應。
（二）逆煙囪效應	係指建築物內部空氣較外部溫度低（如內部設有冷氣設備），此時室內空氣密度較外部大，使得建築物內部空氣產生向下氣流，此現象稱為逆煙囪效應。

2-12　火災之分析

【解說】　台灣的火災現況，可以得到下列的結果：

火災分析	結　　果
（一）發生季節	冬、春二季較容易發生火災。
（二）發生時間	上午至半夜較易發生火災。
（三）發生型態	居家建築火災佔多數。
（四）罹難人員	老人、幼兒、婦女、殘障、病人較易罹難。

（五）火災原因	1. 電線走火。 2. 吸菸。 3. 烹調不慎。 4. 縱火。 5. 玩火。 6. 機器使用不慎。 7. 瓦斯漏氣爆炸。 8. 易燃品自燃。 9. 敬神祭祖。 10. 燈燭引燃。

2-13　防排煙方式之分類與比較

【解說】

1. 防排煙方式分類

防排煙方式可分四大類：

(1) 自然排煙方式

①　定義：利用火災發生時，熱氣流之浮力作用及外部風力之吸出效果，於居室上方設排煙口使煙排出。排煙口平常關閉，排煙時以手動或自動開啓。

②　特性：經濟有效。（見圖 1-1）

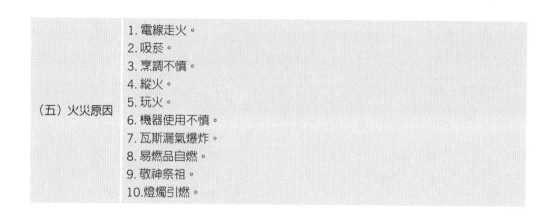

▲（圖1-1）　自然排煙方式

(2) 密閉防煙方式

①　定義：以密度高之牆或門，使火災室產生煙之流出及新鮮空氣之流入受到抑制。

②　適用性：適用集合住宅及區劃很小之旅館。

(3) 排煙塔方式

①　定義：設一排煙專用管道，利用建築物內外溫差，溫度上升產生浮力將煙排出。

②　適用性：適用高層建築，唯應注意管道間之耐熱性。（見圖 1-2）

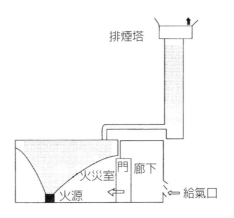

▲（圖1-2）　排煙塔排煙方式

⑷ 機械排煙方式

機械排煙方式又可分三種類型：

① 第一種機械排煙方式：強制送風與強制排煙。（見圖 1-3）

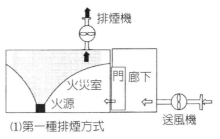

(1)第一種排煙方式

▲（圖1-3）　強制送風與強制排煙方式

② 第二種機械排煙方式：強制送風。（見圖 1-4）

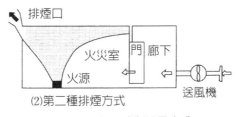

(2)第二種排煙方式

▲（圖1-4）　強制送風方式

③ 第三種機械排煙方式：強制排煙。（見圖 1-5）

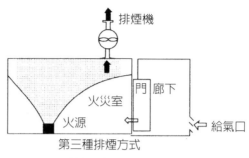

第三種排煙方式

▲（圖1-5）　強制排煙方式

2. 防排煙方式分類之比較

方式	安全區劃		說明	優點	問題	備考
密閉防煙方式	發火室		以阻斷燃燒方式滅火。	不靠機械力，效果安定。	1. 受建築規劃限制。 2. 門需常關，較麻煩。 3. 有漏煙可能時需有補充措施。	
	走廊		避難開門時會漏煙。			
	附室		避難或滅火活動而開門時會漏煙。			
	樓梯間		有煙囪效果，煙容易進入。			
自然排煙方式	發火室		形成二層氣流而排煙。	1. 設備簡單，動作確實。 2. 有高溫排煙之可能性。 3. 可兼日常換氣。	1. 因風向關係可能導入其他房間。 2. 要防止上一層樓之延燒。	（參考） 耐火時效 1級60分鐘 925℃ 2級120分鐘 1010℃ 3級180分鐘 1050℃
	走廊附室		避難開門時會漏煙，造成二層氣流排煙。			
	樓梯間		有煙囪效果，且風向關係，煙容易進入。			
排煙塔排煙方式	發火室		（有排煙塔）形成二層氣流而排煙。	1. 不靠機械力可靠性高。 2. 可利用外部風力。 3. 無排煙機時有高溫排煙之可能。	1. 與機械排煙方式相比，管間斷面較大。 2. 因溫度及風速關係，通氣力有差別。	
	走廊附室		（有排煙塔）避難或滅火活動而開門時會漏煙，且形成二層氣流而排煙。			
	樓梯間		（樓梯間下部給氣）要確保有新鮮空氣進入。			
機械排煙方式	第一種	發火室　排氣	排煙停止後形成。密閉防煙。給氣和排氣之平衡保持正壓。	自然條件影響較小，防煙效果較安全。	1. 裝置比較複雜。 2. 排煙側之裝置應注意耐熱性。	
		走廊　　排氣				
		附室　　送風				
		樓梯間　送風				

	發火室	自然流出	窗口玻璃因受熱破損後，煙可能由該開口流出。 若不破損，煙也有逆流之危險，門皆閉鎖且逆風保持正壓才能防煙侵入。	較第一種方式簡單，且附室有防煙效果。	1. 送風若過剩，可能加強火勢。 2. 若無流出口，形成加壓效果，煙會逆流。
第二種	走廊	自然流出			
	附室	送風			
	樓梯間	送風			
第三種	發火室	排氣	排煙停止後形成密閉防煙。 避難而開門時會漏煙而由附室排出。	若排煙機動作中，發火室之內壓較周圍小，才不會漏煙。	排煙裝置的耐熱性要注意。
	走廊	排氣			
	附室	送風			
	樓梯間	送風			

2-14　防煙區劃的意義（目的）與防煙區劃種類

【解說】

1. 防煙區劃的意義

(1)侷限濃煙於某一特定區域，防止濃煙到處流竄，造成火災室以外居室人員及財物的危害。

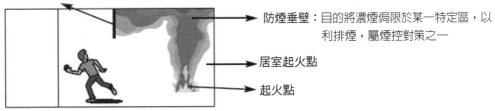

防煙垂壁：目的將濃煙侷限於某一特定區，以利排煙，屬煙控對策之一

居室起火點

起火點

【註】1. 柱、樑、牆、樓板及防煙垂壁係屬防煙區劃元素，又稱之為防煙阻體。
　　　2. 所謂防煙阻體係指固定遮蔽物或自動垂壁形成一個儲煙場所，隔板及防煙垂壁可阻止煙的傳播。

(2)防煙區劃之目的在增加排煙效率（繪圖說明）
　　請參閱圖示說明：

▲無防煙區劃造成濃煙迅速擴散

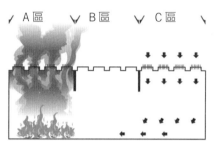

▲機械排煙方式

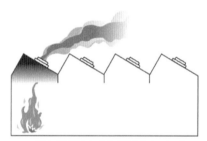

▲區劃防排煙（自然排煙）方式

⑶在火災初期協助避難人員逃生，中後期協助救難人員搶救及滅火。

　①火災初期，防煙區劃可避免濃煙擴散，協助避難人員逃至相對安全區。

　②火災中後期，協助救難人員清楚找到受難人員予以搶救，及找到火點滅火。

2.防煙區劃的種類

就設計理論來說

⑴平面區劃：

　①適用場所：於建築物使用空間樓地板面積大者，為防煙的擴散而設置適當的平面區劃，一般多使用防煙垂壁區劃，才不致影響空間之使用。

　②區劃原理：其區劃原理可分為樓地板面積及以距排煙口長度來區劃。

　【註】1.依「各類場所消防安全設備設置標準」第189條規定，在防煙區劃內，任一點至排煙口之水平距離不得超過30m。

　　　　2.依「各類場所消防安全設備設置標準」第189條規定，每層樓地板

面積每 500m^2 內，以防煙壁區劃。

(2)垂直區劃：

① 適用場所：使用於建築物內之垂直動線，如電梯豎井、樓梯間或其他管道等。

② 區劃原理：使用防火牆及防火門作區劃，以防止煙流入豎井中，而蔓延至其他樓層。

【註】樓梯間如能作垂直區劃，且為一封閉型空間，加以配合加壓式強制煙控系統，更能保證樓梯間為安全性高之避難通道。

(3)層間區劃：

① 適用場所：以樓層主要之通風管、配管電纜等設施。

② 區劃原理：以樓層為基礎，不論水平及垂直均應注意其防火及防煙之功能。

【註】層間區劃之煙控系統應採用正負壓區劃煙控系統。

2-15 防煙對策

【解說】

防煙對策有四，一為不燃化防煙、二為密閉防煙、三為阻礙防煙、四為加壓防煙；茲分述如下：

防煙對策	說明
（一）不燃化防煙	所謂不燃化防煙，係指從根本杜絕煙源的防煙方式稱之。各國為杜絕煙源制定了有關法規規範，其範圍說明如下： 本國與不燃化防煙有關法規說明如下： 1. 消防法第 11 條 ⋯⋯⋯⋯⋯⋯⋯⋯⋯⋯⋯⋯⋯⋯⋯⋯防焰物品 2. 建築法第 77 條之 2 ⋯⋯⋯⋯⋯⋯⋯⋯⋯⋯ 建築物室內裝修規定 3. 建築技術規則設計施工篇第 1 條 24 款⋯⋯⋯⋯⋯⋯不燃材料 4. 建築技術規則設計施工篇第 1 條 25 款⋯⋯⋯⋯⋯⋯耐燃材料 5. 建築技術規則設計施工篇第 88 條 25 款 ⋯⋯⋯⋯⋯⋯ 內部裝修限制
（二）密閉防煙	所謂密閉防煙，係指從採用密閉良好之牆壁及門窗將居室密封，並對進出居室之氣流加以控制，於火災時杜絕新鮮空氣流入，使居室因缺氧而自行熄滅；其相關法規說明如下： 本國與密閉居室防煙有關法規說明如下： 1. 建築技術規則設計施工篇第 1 條 26 款 ⋯⋯⋯⋯⋯⋯⋯防火時效 2. 建築技術規則設計施工篇第 1 條 27 款 ⋯⋯⋯⋯⋯⋯⋯防火構造 3. 建築技術規則設計施工篇第 1 條 28 款 ⋯⋯⋯⋯⋯⋯⋯防火建築物 4. 建築技術規則設計施工篇第 79～87 條 ⋯⋯⋯⋯⋯⋯⋯防火區劃 5. 建築技術規則設計施工篇第 70～78 條 ⋯⋯⋯⋯⋯⋯防火時效分類
（三）阻礙防煙	所謂阻礙防煙，係指在煙氣擴散流路徑上，設置各種阻礙物以防止煙氣繼續擴散。如防火門、防煙垂壁等。另外，管道貫穿防火或防煙區劃之四周間隙以防火材料填塞，亦有阻礙防煙之效。

項目	說明
	本國與阻礙防煙有關法規說明如下：
	1. 各類場所消防安全設備設置標準第 189 條 ························· 排煙設備
	2. 建築技術規則設計施工篇第 75〜76 條 ························ 防火門窗
	3. 建築技術規則設計施工篇第 77 條 ····························· 防火建築物
	4. 建築技術規則設計施工篇第 78 條 ····························· 防火樓板
	5. 建築技術規則設計施工篇第 85 條 ··········· 空調管道、防火閘板或防火閘門
	6. 建築技術規則設計施工篇第 100 條 ····························· 防煙垂壁
（四）加壓防煙	所謂加壓防煙，係指對建築物著火區或有煙區以外的區域加壓，使其維持一定正壓，以防止煙氣進入如防火門、防煙垂壁等。另外，管道貫穿防火或防煙區劃之四周間隙以防火材料填塞，亦有阻礙防煙之效。

2-16 排煙對策

【解說】

項目	說明
（一）排煙目的	1. 有效阻擋煙的快速擴散，維持利於逃生的環境。 2. 避免濃煙追及人群。 　【註】在增加避難人員之「避難安全容許時間」，以確保人命安全。 3. 減少因煙害造成的財物損失。 4. 控制並保持未著火區之環境，以利搜救及滅火。
（二）排煙對策	1. 負壓排煙（強制排煙） 　(1)特性： 　　利用排煙機將有毒氣體及煙排出。 　(2)缺點： 　　大量排煙的同時，火勢會因排煙使高熱煙塵被強力抽取移動，或大量新鮮空氣進入置換而急速擴展。 　(3)採用本法應考慮因素： 　　‧一定面積排煙區劃。 　　‧考慮排煙能力。 2. 進氣排煙（強制送風） 　(1)特性： 　　在密閉或狹小空間，即使排氣能力足夠條件下，因換氣對流不佳，致影響排煙效果，因此始有「進氣排煙方式」。 　(2)適用場所： 　　‧帷幕式建築物。 　　‧封閉式廠房。 　　‧安全梯間前狹小的排煙室。 　(3)採用本法應考慮因素： 　　‧一定面積排煙區劃。 　　‧考慮排煙能力。

3. 加壓防排煙

(1)特性：

本排煙方式並無條文內容直接支持，但在超高層大樓及外國顧問公司設計案例中，常被採用。

(2)適用場所：超高層大樓。

(3)設計概念：設計概念有三，茲敘述如下：

・對起火層（或起火區）採用負壓排煙法，就近將煙自該層（區）直接抽離建築物。

・對起火層上下層（或起火區所鄰接之數個防煙區劃）採用進氣排煙法，防止煙不當擴散。

・對於避難通道，特別是排煙室（次高壓）及安全梯間（高壓）施以正壓，以確保避難人員能進入一個暫時不被煙污染之相對安全區。

【註】1. 採用此法須注意安全梯加壓量之計算，使避難人員能不困難地推開安全門進入梯間。

2. 梯間正壓排煙，除使避難人員能不困難地推開安全門進入梯間外，並提供救災人員一個救災的發動場所。

第二章◎自我評量

1. 何謂火災？試說明之。

2. 火災之分類為何？試述之。

3. 火災之特性為何？試述之。

4. 火災造成人命危險因子有哪些？試述之。

5. 試述火災統計的意義為何？

6. 試述燃燒和火災的差異性為何？並申論此二學問在未來發展領域上之角色與功能？

7. 試說明火災產生之熱對人之危害為何？

8. 煙的定義為何？試述之。

9. 煙的濃度表示法有哪些？試述之。

10. 何謂煙囪效應？何謂逆煙囪效應？試述之。

11.*建築物發生火災時，瞭解煙是如何擴散，對消防工作而言是相當重要的，試說明建築物火災中造成煙層流動的驅動力及引起煙流動的主要因素？

12. 試述防煙區劃的意義？防煙區劃的種類為何？

13.*建築物火災發生時之人命危險，主要是煙等有毒氣體所造成，為防止人命傷亡，可以採取那些防煙對策。

14. 試述排煙對策為何？

建築物火災

*3-1　防火構造建築物火災各階段之特徵及影響因素

【解說】

1.防火構造建築物火災過程可分四階段（下圖）：

　　初期→成長期→最盛期→衰退期

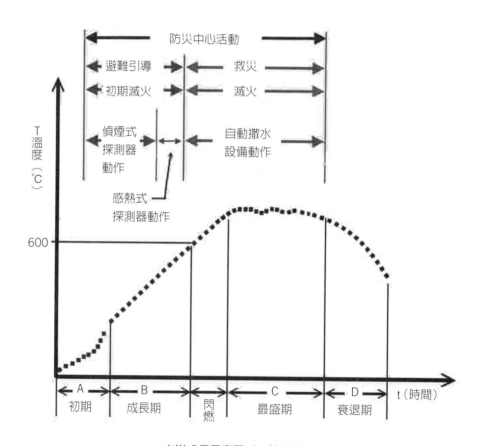

▲火災成長示意圖（一般火災）

2.影響各階段因素：

（一）初期	1.**本階段特徵**： (1)因防火構造建築物氣密良好，若門窗等開口緊密，故室內雖有發焰著火，氧氣將銳減。 (2)火焰短時間熄滅，而形成煙燻悶燒狀態。 (3)多量的煙，充滿室內。 (4)玻璃、開口部因高溫破裂，形成空氣流通，因裂孔不大，火勢不熾烈。 (5)室內充滿可燃性氣體，消防隊若貿然打開開口部，因多量空氣湧入，火舌迅速從開口噴，造成危險，此現象稱為複燃。 　【註】於煙燻悶燒狀態，又突然一舉燃燒稱為複燃。 2.**影響本階段因素有二**： (1)可燃物之有無。 (2)可燃物之乾溼程度。
（二）成長期	1.**本階段特徵**： (1)本階段因空氣形成通路，燃燒轉為激烈，室內溫度急遽上升。 (2)室內起火點附近可燃物開始燃燒，並移向天花板。 (3)且熱經由火源使四周可燃物溫度提升至燃點，而達閃燃。 (4)此時又可分二種狀況： 　．天花板為可燃性者：此時燃燒的天花板會向地面放射大量輻射熱，促進可燃物燃燒之速度，此現象即是密閉空間特有之「輻射能回饋效果」。 　．天花板為不可燃性者：此時火舌達天花板時，為了取氧關係，火舌伸長，而向下輻射熱量，但因天花板為不可燃性，故輻射能遠不如可燃性者。
（三）最盛期	1.本時期判斷基準係以閃燃發生與否為判斷基準，此時燃燒速度增加，釋放出大量熱量，溫度持續升高，火勢達於鼎盛。 2.**本階段特徵**：建築物受到重大壓力，此時石灰、石膏乃至混凝土可能發生爆裂而剝離。 3.**影響本階段時間長短因素有三**： (1)可燃物數量（火載量）。 (2)可燃物與空氣接觸面積大小。 (3)密閉空間開口部大小。
（四）衰退期	**本階段特徵**： 1.可燃物燃燒殆盡，火勢逐漸轉弱。 2.室內已可一覽無遺。 3.此時開口部尚有火焰噴出，但顏色已淡，煙亦淡薄。 4.此時室溫仍高，但不久即呈垂直下降，可燃物已成餘燼。

*3-2 防火構造建築物火災之通風控制燃燒（Ventilation Controlled）

【解說】

1. 閃燃後（post-flashover），所有可燃後同時燃燒火場通風口流入空氣量不足，故此階段燃燒速度受流入之空氣量決定，而與可燃物表面積無關。

2. 在可燃物數量大而通風差的地方，如地下室、戲院、密閉室玻璃帷幕，其燃燒速度與時間之長短均受通風狀況所控制。

   【註】此時若打開窗戶或敞開大門，燃燒速度必然急遽且迅速蔓延。

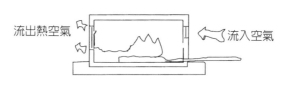

▲通風控制燃燒

*3-3 防火構造建築物火災之燃料控制燃燒（Fuel Controlled）

【解說】 防火構造建築物火災燃料控制燃燒說明如下：

閃燃後（post flashover）火場通風口增大，流入之空氣量充足時，此時其燃燒速度已與通風流量無關，而由燃料表面積所控制。

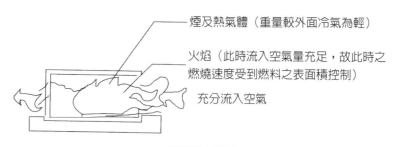

▲燃料控制燃燒

*3-4　閃燃（Flash-Over），簡稱F.O.

【解說】 所謂閃燃依其發生過程分三階段：

1. 當室內起火燃燒後，火勢逐漸擴大過程中，燃燒所生可燃性氣體，蓄積於天花板。

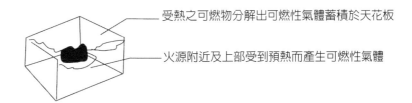

受熱之可燃物分解出可燃性氣體蓄積於天花板

火源附近及上部受到預熱而產生可燃性氣體

2. 燃燒所生可燃性氣體與空氣混合而達到燃燒範圍，溫度上升亦達到發火點。

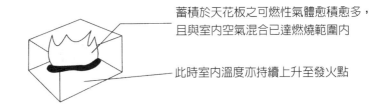

蓄積於天花板之可燃性氣體愈積愈多，
且與室內空氣混合已達燃燒範圍內

此時室內溫度亦持續上升至發火點

3. 此時火苗突然引燃室內一切可燃物，使室內頓時成為火海之狀態稱之。

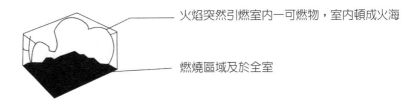

火焰突然引燃室內一可燃物，室內頓成火海

燃燒區域及於全室

4. 在 NFPA265（2019 版）以下兩種情況發生時定義為閃燃。
   (1) 火焰總熱釋放率超過 1MW。
   (2) 地板之熱通量超過 $20kW/m^2$。
   (3) 上層煙氣平均溫度超過 600℃（1112°F）。
   (4) 火焰燒至門外。
   (5) 地板上的報紙自燃。

5. 閃燃發生後，人在室內已無法生存。因此從起火到閃燃發生這段時間為人員避難容許時間（又稱閃燃時間），故延遲 F.O.T.（Flash-Over Time）時間，為擬定避難對策重要目標。

3-5 火載量（**Fire Load**）與火災猛烈度（**Fire Severity**）的關係

【解說】

1. 火載量（Fire Load）：

⑴火載量是一種衡量建築物或防火區劃內可燃性物質的單位。

⑵防火區劃內之火載量，是指防火區劃內所有可燃物，在完全燃燒時，所釋放出熱量之總數。

⑶常被定義為每單位面積上可燃性物質的熱含量，或密閉空間中可燃性物質的總含量。

$$火載量（FL）= \frac{\Sigma QW}{800A}$$

Q：可燃物燃燒熱（Btu/lb）

W：可燃物重量（lb）

A：地板或樓板面積（ft^2）

由以上公式可知，在火場面積不變情況下，可燃物重量愈大，則火載量愈大；反之則火載量愈小；可燃物之燃燒熱愈大，則火載量愈大，反之則火載量愈小。

2. 火災猛烈度（Fire Severity）：

⑴指火災所施予危害之潛在能力。

⑵火災猛烈度係一種用來衡量火災從開始到結束過程中，火災強度的單位。

3. 影響火災猛烈度（Fire Severity）之因素有四：

⑴火場之火載量愈大，火災猛烈度愈大。

⑵可燃物表面愈大，與空氣接觸面愈大，火災猛烈度愈大。

⑶燃燒物之氧氣供應狀況，氧氣供應充足，火勢將趨於猛烈。

⑷火場中傳熱方式（傳導、對流、輻射）情形。

由以上可知，當火場之火載量愈大，火災猛烈度愈大。但同時亦受可燃物表面、供氧情形及火場傳熱方式所影響。

3-6　耐燃材料

【解說】

1. 耐燃材料之定義：

所謂耐燃材料，係指建築物在火災初期及成長期，具有不易著火之特性，且表面火焰延燒、發熱、發煙及燃燒氣體毒性均低者稱之。

2. 耐燃材料之用途：

⑴表面裝修：用於天花板、牆壁及其他室內表面裝修，如樑、柱。

⑵超過壁面高度 1/2 之內裝材料：如隔屏、門板、固定家具，且有相當面積曝露於室內者。

（均含固著其表面並暴露於室內之隔音或吸音材料）。

3. 我國法規之規定：

建築技術規則建築設計施工編	
種類	法令明文認定之耐燃材料
不燃材料	混凝土、磚或空心磚、瓦、石料、鋼鐵、鋁、玻璃、玻璃纖維、礦棉、陶瓷品、砂漿、石灰及其他經中央主管建築機關認定符合耐燃一級之不因火熱引起燃燒、熔化、破裂變形及產生有害氣體之材料。
耐火板	木絲水泥板、耐燃石膏板及其他經中央主管建築機關認定符合耐燃二級之材料。
耐燃材料	耐燃合板、耐燃纖維板、耐燃塑膠板、石膏板及其他經中央主管建築機關認定符合耐燃三級之材料。

4. CNS 耐燃建材等級區分說明：

中國國家標準 CNS14705-1 耐燃性規定				
耐燃性	加熱時間	總熱釋放量 (50kW/m^2 加熱條件)	持續時間	防火上有害
耐燃 1 級	20 分鐘	・總熱釋放量為 8MJ/m^2 以下 ・或總熱釋放量為 15MJ/m^2 以下，且依 CNS14705-3 之 A.2 計算所得 b 參數為 -0.4 以下	最大熱釋放率超過 200kW/m^2<10 秒	無貫穿至背面之龜裂及孔穴
耐燃 2 級	10 分鐘	・總熱釋放量為 8MJ/m^2 以下		
耐燃 3 級	5 分鐘			

3-7　防焰材料

【解說】

1.國外規範定義：

指防止微小火源引起之著火、延燒，或火源移開後能輕易自熄等性能之裝修薄材料或裝飾用物品。

主要用途：

⑴裝修材料表面裝飾（如壁紙、壁布、地毯、裝修薄材料）。

⑵家具用布（皮革）、窗簾、門簾、布幕、裝飾性懸掛物等。

⑶展示用廣告板、看板、暫時性隔屏用板。

2.我國消防法令規定：

消防法第 11 條規定，地面層達 11 層以上建築物、地下建築物及中央主管機關指定之場所，依其場所用途及使用面積，建築物管理人應使用附有防焰標示之防焰物品。

3-8　防火性能

【解說】

1.指建築元件能夠在建築物內預期發生最大的火災猛烈度之下，仍然能續繼履行它所被指定之功能。

2.所謂抗火性能是表示一個期間，在此期間內，一個標準結構樣本在實驗室測試中，所顯示抵抗曝露能力。

3.美國鋼鐵協會解釋「防火性能為材料或構件的一種性能，指其經得起火燒或其所能提供防火保護之功能」。

4.即是指一材料在特定測試條件程序下，具有預防火災及火災防護功能者。

參考 ISO 名詞標準，一般防火性能可依不同測試條件及程序，區分為三類：

⑴ **防焰性**：指材料防止因微小火源（如菸蒂、火柴）之引燃或迅速火焰延燒性能。

⑵ **耐燃性**：材料在火災初期至成長期時，在火焰或高溫時不易引燃延燒，且產生有限熱及煙氣之性能。

⑶ **耐火性**：材料、構件、構造在火災閃燃期的高溫條件下，維持完整性、穩定性及隔熱性之性能。

由以上可知，防火材料可謂防焰材料、耐燃材料及耐火材料之統稱。

【註】在英國防火性能即抗火時效。

*第三章◎自我評量

1. 建築物火災可分初期、成長期、最盛期及衰退期等四個階段，在消防安全之對策各如何？

2. 請說明通風控制燃燒與燃料控制燃燒之現象在室內空間發生火災時各有何特性？

3. 說明防火構造建築物火災時，居室發生閃燃（Flashover）的原因及條件？及閃燃與複燃（Backdraft）現象兩者之差異？

4. 何謂火載量（Fire Load）？其與火災猛烈度（Fire Severty）的關係如何？

5. 何謂耐燃材料分類與耐燃機制各為何？

6. 何謂防焰材料？

7. 何謂防火性能？

8.*請說明高樓建築物火災之特性。

化學火災

*4-1　我國公共危險物品之分類

【解說】

我國公共危險物品之分類原爲六大類，於 108 年 6 月 11 日內政部公告修正，僅將修正條文列示如後，依「公共危險物品及可燃性高壓氣體設置標準暨安全管理辦法」第 3 條規定如下：

公共危險物品之範圍及分類如下：

一、第一類：氧化性固體。

二、第二類：易燃固體。

三、第三類：發火性液體、發火性固體及禁水性物質。

四、第四類：易燃液體及可燃液體。

五、第五類：自反應物質及有機過氧化物。

六、第六類：氧化性液體。

前項各類公共危險物品之種類、分級及管制量如附表一。

附表一　公共危險物品之種類、分級及管制量

分類	名稱	種類	分級	管制量
第一類	氧化性固體	一、氯酸鹽類 二、過氯酸鹽類 三、無機過氧化物 四、次氯酸鹽類 五、溴酸鹽類 六、硝酸鹽類 七、碘酸鹽類	第一級	五十公斤
		八、過錳酸鹽類 九、重鉻酸鹽類 十、過碘酸鹽類 十一、過碘酸 十二、三氧化鉻 十三、二氧化鉛 十四、亞硝酸鹽類	第二級	三百公斤

類	性質	物品名稱	級別	管制量
		十五、亞氯酸鹽類 十六、三氯異三聚氰酸 十七、過硫酸鹽類 十八、過硼酸鹽類 十九、其他經中央主管機關公告者 二十、含有任一種成分之物品者	第三級	一千公斤
第二類	易燃固體	一、硫化磷 二、赤磷 三、硫磺		一百公斤
		四、鐵粉：指鐵的粉末。但以孔徑五十三微米 (μm) 篩網進行篩選，通過比率未達百分之五十者，不屬之。		五百公斤
		五、金屬粉：指鹼金屬、鹼土金屬、鐵、鎂、銅、鎳以外之金屬粉。但以孔徑一百五十微米 (μm) 篩網進行篩選，通過比率未達百分之五十者，不屬之。	第一級	一百公斤
		六、鎂：指其塊狀物或棒狀物能通過孔徑二公釐篩網者。 七、三聚甲醛 八、其他經中央主管機關公告者。 九、含有任一種成分之物品者。	第二級	五百公斤
		十、易燃性固體：指固態酒精或一大氣壓下閃火點未達攝氏四十度之固體。		一千公斤
第三類	發火性液體、發火性固體及禁水性物質	一、鉀 二、鈉 三、烷基鋁 四、烷基鋰		十公斤
		五、黃磷		二十公斤
		六、鹼金屬（鉀和鈉除外）及鹼土金屬 七、有機金屬化合物（烷基鋁、烷基鋰除外）	第一級	十公斤
		八、金屬氫化物 九、金屬磷化物 十、鈣或鋁的碳化物	第二級	五十公斤
		十一、三氯矽甲烷 十二、其他經中央主管機關公告者。 十三、含有任一種成分之物品者	第三級	三百公斤

第四類	易燃液體及可燃液體	易燃液體：指在一大氣壓時，閃火點在攝氏九十三度以下之液體。	一、特殊易燃物：指在一大氣壓時，自燃溫度在攝氏一百度以下之物品，或閃火點低於攝氏零下二十度，且沸點在攝氏四十度以下之物品。		五十公升
			二、第一石油類：指在一大氣壓時，閃火點未達攝氏二十一度者。	非水溶性液體	二百公升
				水溶性液體	四百公升
			三、酒精類：指一個分子的碳原子數在一到三之間，並含有一個飽和的羥基（含變性酒精）。但下列物品不在此限： （一）酒精含量未達百分之六十之水溶液。 （二）易燃液體及可燃液體含量未達百分之六十，其閃火點與燃燒點超過酒精含量百分之六十水溶液之閃火點及燃燒點。		四百公升
			四、第二石油類：指在一大氣壓時，閃火點在攝氏二十一度以上，未達七十度者。但易燃液體及可燃液體含量在百分之四十以下，閃火點在攝氏四十度以上，燃燒點在攝氏六十度以上，不在此限。	非水溶性液體	一千公升
				水溶性液體	二千公升
		可燃液體：指在一大氣壓時，閃火點超過攝氏九十三度未滿攝氏二百五十度之液體。	五、第三石油類：指在一大氣壓時，閃火點在攝氏七十度以上，未達二百度者。但易燃液體及可燃液體含量在百分之四十以下者，不在此限。	非水溶性液體	二千公升
				水溶性液體	四千公升
			六、第四石油類：指在一大氣壓時，閃火點在攝氏二百度以上，未滿二百五十度者。但易燃液體及可燃液體含量在百分之四十以下者，不在此限。		六千公升
			七、動植物油類：從動物的脂肪、植物的種子或果肉抽取之油脂，一大氣壓時，閃火點未滿攝氏二百五十度者。但依中央主管機關指定之方式儲存保管者，不在此限。		一萬公升

第五類	自反應物質及有機過氧化物	一、有機過氧化物 二、硝酸酯類 三、硝基化合物 四、亞硝基化合物 五、偶氮化合物	A 型	十公斤
		六、重氮化合物 七、聯胺的誘導體 八、金屬疊氮化合物	B 型	
		九、硝酸胍 十、丙烯基縮水甘油醚	C 型	一百公斤
		十一、倍羰烯 十二、其他經中央主管機關公告者 十三、含有任一種成分之物品者	D 型	
第六類	氧化性液體	一、過氯酸 二、過氧化氫 三、硝酸	第一級	三百公斤
		四、鹵素間化合物 五、其他經中央主管機關公告者 六、含有任一種成分之物品者	第二級	

一、本表所稱之「第一級」、「第二級」、「第三級」、「A 型」、「B 型」、「C 型」及「D 型」指區分同類物品之危險程度，應依中華民國國家標準 CNS15030 進行分類。未完成分類前，基於安全考量，其危險分級程度，得認定為第一級或 A 型。

二、儲存公共危險物品種類在二種以上時，計算其是否達管制量之方法，應以各該公共危險物品數量除以其管制量，所得商數之和如大於一時，則儲存總量即達管制量以上。例如過氧化鈉數量二十公斤，其管制量為五十公斤；二硫化碳數量四十公升，其管制量為五十公升，計算式如下：

$$\frac{過氧化鈉現有量\ 20\ 公斤}{過氧化鈉管制量\ 50\ 公斤} + \frac{二氧化碳現有量\ 40\ 公升}{二氧化碳管制量\ 50\ 公升} = \frac{2}{5} + \frac{4}{5} = \frac{6}{5} > 1$$

三、本表第四類易燃液體及可燃液體之酒精類、第二石油類、第三石油類及第四石油類所列但書規定之酒精含量、易燃液體及可燃液體含量，均指重量百分比。

四、本表所稱之水溶性液體，指在一大氣壓下攝氏二十度時與同容量之純水一起緩慢攪拌，當該混合液停止轉動後，呈現顏色均一無分層現象者；非水溶性液體，指水溶性液體以外者。

4-2　我國危險物品管理之主管機關及相關法令

【解說】　各項危險物品主管機關及相關法令一覽表

項目	內容	相關法令	主管機關
（一）公共危險物品	可燃性固體	1. 消防法 2. 公共危險物品及可燃性高壓氣體設置標準暨安全管理辦法	內政部
（二）可燃性高壓氣體	液化石油氣	1. 消防法 2. 公共危險物品及可燃性高壓氣體設置標準暨安全管理辦法	內政部
	天然氣	1. 民營公共事業監督條例 2. 煤氣事業管理規則	經濟部 （能源委員會）
（三）高壓氣體	—	1. 勞工安全衛生法 2. 高壓氣體勞工安全設施規則	行政院勞委會
（四）爆竹煙火	製造廠	爆竹煙火製造業安全衛生設施標準	行政院勞委會
	販賣商	省（市）特定營業管理規則	內政部
（五）實業用爆炸物	—	實業用爆炸物管理辦法	經濟部（礦業司）
（六）加油站	—	1. 能源管理辦法 2. 石油及石油產品輸入輸出生產銷售業務經營許可辦法 3. 加油站設置管理規則	經濟部 （能源委員會）
（七）毒性化學物質	—	毒性化學物質管理辦法	行政院環境保護署
（八）放射性物質	—	—	行政院 （原子能委員會）

4-3　混合發火定義與其產生危險反應之狀態

【解說】

1. 所謂混合發火，係指兩種以上之物質，經混合或接觸之後，由化學反應發熱而起燃或爆炸之現象。
2. 混合發火，依其產生之危險反應狀態，可區分為三類，分述如下：
   ⑴ 混合後立刻燃燒或爆炸。
   ⑵ 混合後立刻產生可燃性氣體或毒氣。
   ⑶ 混合後一段時間才開始反應。
   混合發火性物質通常在單獨存在時，為非燃性或穩定性高之物質，但與其他物質混合後，則成為混合發火性物質。

4-4 ｜ 引火之定義與影響引火之因素

【解說】

1. 所謂引火，是指可燃性液體（如液化瓦斯、乙炔、氫氣）若與空氣混合，且混合濃度在燃燒範圍內，此時遇有著火源（點火源），而引發燃燒現象，此現象稱為引火，而引燃時之最低溫度稱為引火點。

2. 影響引火之因素主要共有九項：

引火因素	說明
（一）燃燒界限（爆炸界限）	1. 引火性物質、可燃性氣體、揮發性固體之蒸氣，與空氣之混合濃度必須在燃燒界限（爆炸界限）內始能引燃；反之則難以引燃。 2. 在燃燒範圍上下限附近濃度引燃，燃燒速度將較為遲緩。 3. 燃燒濃度在燃燒範圍內引燃，燃燒速度將特別快速。一般爆炸皆在爆炸界限內發生。
（二）引火點	1. 定義：可燃性液體或固體之表面置一小火焰，將可燃物緩慢加熱，可燃物將會產生蒸氣或瓦斯，此時小火焰能令此蒸氣或瓦斯引燃之最低溫度稱為引火點。 2. 引火性物質、可燃性氣體、揮發性固體之蒸氣，其引火點在常溫以上者，若未經加熱，則不易引火。 3. 引火性物質、可燃性氣體、揮發性固體之蒸氣，其引火點在常溫以下者，則隨時有引火危險。
（三）爆轟	1. 定義：當火焰面傳播非常快速，而與其前方進行之衝擊波融合形成一種波，此波之速度達音速以上，此現象稱為爆轟。 2. 當引火性物質、可燃性氣體、揮發性固體之蒸氣混合濃度在爆轟範圍內，不僅易於引火，且隨時有發生爆轟之危險。
（四）著火能量（發火能量）	1. 定義：使可燃性氣體、混合氣體、爆炸性粉塵達到燃燒爆炸之最低能量稱之。最小著火能量愈低者，愈具危險性。 2. 影響最小著火能量原因： ①可燃物種類：不同可燃性物質其著火能量不同。 ②周圍含氧濃度：含氧量愈高，著火能量愈低。 ③壓力：壓力愈高，著火能量愈低。 ④溫度：溫度愈高，著火能量愈低。 3. 最小著火能量，可依電氣火花所產生之放電能量計算公式求出： 公式 $E = \dfrac{1}{2}CV^2$ 　　E：放電能量（焦耳） 　　C：電容量（法拉） 　　V：電壓（伏特）
（五）突沸	1. 定義：液體持續受熱之際，其溫度達沸點以上時，突然激烈發生爆炸性之沸騰，此現象稱為突沸。 2. 易生突沸之液體，在突沸前，產生之蒸氣量少，引火不易，一旦突沸後，引火易生爆炸。

（六）蒸發熱	1.定義：又稱氣化熱，係指液體轉變為氣體所需之熱量稱為蒸發熱。氣化熱屬於潛熱。 2.氣化熱愈大者，則欲使該物質氣化愈難，故較難引火。
（七）沸點	1.定義：在一特定壓力下，液體達飽和蒸氣時之溫度，此溫度稱為此壓力下之沸點。 2.沸點低之物質易於氣化，故易於引火。
（八）溶點	1.定義：固體開始溶解為液體時之溫度，此溫度稱為此固體之溶點。 2.當壓力有變化時，其溶點亦隨之變化，溶點愈高，愈不易溶解進而氣化產生可燃性氣體，故較難引火。
（九）斷熱變化	1.定義：係指物質之狀態變化，是在斷熱（即遮斷與外界之熱交流）之下發生，稱之為斷熱變化。 2.受到斷熱壓縮，溫度立即上升，若該氣體為可燃性氣體，則有立即發生爆炸之可能。（例如：柴油引擎即利用此一原理）變化產生可燃性氣體，故較難引火。

4-5　爆燃（Deflagration）與爆轟（Detonation）

【解說】

1. **爆燃**（Deflagration）：
   ⑴定義：係指建築物或居室處於熱悶燒階段，由於熱量蓄積、未完全燃燒的碳粒、一氧化碳及其他可燃性氣體充滿其中，此時若引入新鮮空氣，彼此混合達燃燒範圍內，經微火源瞬間引燃混合氣而發生爆炸燃燒之現象，稱為爆燃。
   ⑵其形成過程說明如下：
   　① 建築物或居室火災之形成過程可分三階段：
   　　❶ 初始燃燒階段。
   　　❷ 穩定燃燒階段。
   　　❸ 熱悶燒階段。
   　② 爆燃發生於熱悶燒階段，形成過程依四個流程說明如下：
   　　❶ 在穩定燃燒末期，因室內通風狀況不佳，火勢因缺氧而逐漸微弱，趨於無焰燃燒現象。
   　　❷ 當火焰減小，造成不完全燃燒現象，致生大量濃煙及未燃之可燃性氣體充滿室內。
   　　❸ 隨濃煙及未燃之可燃性氣體大量增加，使室內壓力逐漸上升，此時煙及可燃性氣體經開口間隙（如門窗縫隙）間歇性滲出戶外。
   　　❹ 室溫高熱仍然繼續使室內可燃物分解出可燃氣體，隨著高溫及可燃氣體增加，此時若開啟門窗或開口部，而引入新鮮空氣，極可能發生爆燃現象，此時民眾或消防人員欲進入搶救，極可能發生爆燃現象造成傷亡。

例如：多年前台北市北區海霸王餐廳地下室大火，造成一名消防隊員殉職，即是爆燃現象造成傷亡。

2.爆轟（Detonation）：

一般火焰面進行速度約在 10m/sec，而當火焰面進行非常快速，而與前方進行之壓縮波所產生之衝擊波融合，形成一個波，此波速度達音速以上，始趨安定，此現象稱為爆轟。

【註】火焰面之燃燒波與衝擊波合一之波，稱為爆轟波。

3.爆炸威力比較說明：

爆燃傳播速度較爆轟傳播速度小：爆燃現象與爆轟現象類似，但傳播進行速度，爆轟遠大於爆燃。故其威力大於爆燃，影響規模爆轟遠大於爆燃。

【註】爆轟波通過後，其化學成分即發生改變，此波若撞擊物質，將在極短時間內給予強烈衝擊壓力，並產生機械破壞作用，影響範圍較廣。而爆燃現象威力較小，且受影響範圍規模較小。

第四章◎自我評量

1. 試述我國公共危險物品之分類？
2. 試述我國危險物品管理之主管機關及相關法令？
3. 何謂混合發火？其產生危險反應之狀態可歸納為哪幾類？
4. 何謂引火？影響引火之因素為何？
5. 何謂爆燃（Deflagration）？何謂爆轟（Detonation）？此二者何者破壞力較大？
6.*何謂化學品全球分類及標示調和系統（Globally Harmonized System of Classification and Labelling of Chemicals）？請問該系統對於易燃液體的定義和分類標準為何？
7.*有關鹼金屬及鹼土金屬、鹼金屬及鹼土金屬之過氧化物及金屬碳化物等物質，與水接觸會有發熱或產生可燃性氣體的起火危險，請寫出下列物質和水反應之化學反應式（需平衡係數）：
(1)金屬鉀（K）
(2)過氧化鈉（Na_2O_2）
(3)過氧化鎂（MgO_2）
(4)碳化鋰（Li_2C_2）
(5)碳化鋁（Al_4C_3）

爆　炸

5-1　爆炸

【解說】

1. 爆炸是物質能量突然地、迅速地釋放的現象。

2. 燃燒反應若極為快速，是由於高溫使生成之氣體與周圍空氣膨脹之結果。此時反應的熱能直接變為機械能，而產生壓力解放，伴同熱、光及爆音，此現象即為爆炸。

3. 爆炸在本質上與燃燒無異，因在火災學上將其歸類於非定常燃燒（燃燒產生之熱量，遠超過逸散之熱量），又屬於發焰燃燒中之混合燃燒。

4. 爆炸之分類：

　(1) 依理化工學理論來區分：

　　① 物理性爆炸：指鍋爐及壓力容器，由於內部壓力過高，容器不勝負荷而破裂，而發生迅速釋壓之現象。

　　② 化學性爆炸：如石油、火藥類物質，由於快速之放熱反應，所導致的壓力迅速增加及釋放，此現象即為爆炸。

　　③ 粉塵爆炸：粉塵與空氣混合燃燒，火焰傳播極為快速，由於氣體膨脹所產生之壓力而發生爆炸。燃燒與爆炸之差異在於燃燒反應有無造成壓力。

　(2) 依爆炸物之型態來區分：

　　① 氣態爆炸：

　　　• 瓦斯爆炸：可燃性氣體與助燃性氣體之混合物所生之爆炸。

　　　• 分解爆炸：物質因熱分解而引起爆炸，此種爆炸需有助燃性氣體存在。

　　② 液態爆炸：

　　　• 液體混合爆炸：兩種以上液體混合所生之爆炸。

　　　• 蒸氣爆炸。

　　③ 固態爆炸：

　　　• 爆炸性物質之爆炸。

　　　• 混合爆炸：兩種以上固體混合所生之爆炸。

　　　• 電線爆炸：過大電流通過所生之爆炸。

5-2　燃燒與爆炸區別

【解說】

1. 爆炸是一種劇烈燃燒，而燃燒是一種強烈氧化作用。
2. 同一物質可能發生燃燒或爆炸，儘管二者之生成物及釋出之總能量相同，但二者發生之方式及特性卻完全不同。

茲以表列於下：

差異項目	燃燒	爆炸
（一）發生原因	加熱	高熱、撞擊
（二）傳播方式	熱振動傳播，傳播速度緩慢	震波傳播，傳播速度極快，每秒可達數千公尺
（三）發生氣體特性	壓力稍比反應前低，氣體密度比原來低	壓力極高，發生氣體密度比反應前大
（四）化學反應	強烈氧化作用	極強烈氧化作用或極強烈分解作用
（五）環境影響	溫度愈高，周圍通風愈良好，反應愈易發生	溫度愈高，四周愈密閉時，反應愈易發生
（六）主要災害	高溫灼傷、缺氧窒息、氣體中毒	震壓傷亡、破片、飛石濺射、建築物倒塌

5-3　粉塵之定義與粉塵爆炸

【解說】

項目	說明
（一）粉塵定義	1. 浮游於空氣中之可燃性固體微粒與可燃性液體霧滴稱之。 2. 何謂粉塵： 　(1)為物質處於分散狀態之固體集合物。 　(2)並無固定大小、形狀，散布空間廣泛。 　(3)且懸浮粒子具有自由落下之速度。 　具以上三特性稱之。 　【註】①有學者將粉塵之粒徑定在 1～150μm。 　　　②另有學者將粉塵之粒徑定在 500μm 以下者。
（二）粉塵如何產生	1. 係由固體崩潰形成，如粉碎、加工造成。 2. 當物質形態變換之際，所產生之微粒子群，受到機械性攪拌，乃至於空氣流動造成。 　【註】這裡所謂「形態變換」係指蒸發、沸騰、凝縮。
（三）何謂粉塵爆炸	可燃性固體微粒子浮游於空氣中，遇到火焰或放電火花，而發生爆炸現象，稱為粉塵爆炸。 　【註】因工業科技日益發達，處理粉體領域擴大，處理量增加，粉塵爆炸之潛在危險亦日益升高。

5-4　減少粉塵爆炸危害之措施

【解說】

1. 設備（如研磨機、收塵機、輸送帶）需有防塵裝置。
2. 設備（如研磨機、收塵機、輸送帶）需為防爆型，以免造成人員或相鄰設備損害。
3. 需設置洩爆孔，以減輕爆炸損害。
4. 收塵裝置設置要點：
   (1) 應設於室外。
   (2) 設置隔室且應附設排氣孔。
   (3) 宜採溼式收塵。
   (4) 收塵風管宜短、宜直。（切忌彎曲）
   (5) 吸風機應安裝在除塵機後部。
5. 除去發火源：避免粉塵接焰或煙。
6. 注入不燃性氣體於設備內：注入不燃性氣體以降低空氣含氧濃度，使最小發火能量及發火溫度上升，使之不發生爆炸。
7. 注重廠房清潔，避免塵埃積聚、飛揚、散佈。
8. 設置消防設備之注意要點：
   (1) 滅火劑以霧狀放射滅火為宜。
   (2) 滅火劑放射時，應避免塵埃積聚、飛揚、散佈，而引發二次爆炸。

5-5　粉塵爆炸之因素

【解說】

影響粉塵爆炸之因素，可分物理因素及化學因素二方面來說明：

因素	說明
（一）物理因素	1. 粒子形狀： (1)粒度：單位質量粒子表面積愈大者，反應愈容易。 (2)粒徑大小：粒徑愈小，愈易發火（因其發火溫度愈低）。一般而言，粒子愈小，最小發火能亦變小。 2. 粒子分布情形：粉塵中，所含粒子愈多，愈易發火。 3. 粒子表面狀態：粉狀、纖維狀、多孔質較易爆炸。 4. 粉塵之熱傳導度：熱傳導度愈低，熱量愈易蓄積而發火。 5. 粉塵比熱：比熱愈高，較易爆炸。 6. 粉塵之帶電性：物質之帶電性愈易產生電氣火花或靜電，愈易爆炸。 7. 粒子凝集特性。

1. **化學組成**：爆炸性物質氧化程度愈高者，反應性愈小，愈不易爆炸。含有灰分成分之粉塵較不易爆炸。

2. **粒度**：
   (1)單位質量粒子表面積愈大者，反應愈容易。
   (2)粉塵所含粒子愈多，愈易發火。

3. **粒徑大小**：粒徑愈小，愈易發火（因其發火溫度愈低）。一般而言，粒子愈小，最小發火能亦變小。

4. **發火源種類**：如棉火藥為發火源，即使在電氣火花不能爆炸之濃度，亦可爆炸。

5. **爆炸界限**：
   (1)爆炸界限範圍之上限愈大及下限愈小，愈易爆炸，不同物質粉塵其爆炸界限範圍不同。
   (2)粉塵與可燃性氣體共存時，爆炸下限降低，愈易爆炸。（如煤塵中混有甲烷之氣體，其爆炸下限降低）

（二）化學因素

6. **發火溫度高低**：
   發火溫度愈低，愈易爆炸，但發火溫度高低受粉塵之粒徑大小、粒子形狀、濃度等影響。

7. **最小發火能**：
   (1)粒子愈小，最小發火能亦變小，愈易爆炸。
   (2)空氣中含量愈高，最小發火能變小，愈易爆炸。
   (3)粉塵濃度愈高，最小發火能變小，愈易爆炸。
   (4)粉塵含水量愈低，最小發火能變小，愈易爆炸。
   (5)溫度愈高，最小發火能變小，愈易爆炸。

8. **水分**：可抑制浮游性，使粉塵趨向不活潑，而不易爆炸。
   【註】因固體粒子所含水分之蒸發潛熱，與水蒸氣產生稀釋效果。

9. **含氧濃度**：空氣含氧濃度愈高，愈易爆炸。

10. **空氣中可燃性氣體含量**：若空氣含可燃性氣體，其爆炸下限將降低。

第五章◎自我評量

1. 何謂爆炸？應如何分類？試述之。
2. 試說明燃燒與爆炸之區別？
3. 何謂粉塵？粉塵如何產生？何謂粉塵爆炸？
4. 減少粉塵爆炸危害之措施為何？
5. 影響粉塵爆炸之因素為何？試述之。
6.*請說明粉塵爆炸的防護對策。

靜電與電氣火災

6-1 靜電放電引發火災過程

【解說】

靜電放電引發火災過程可分四階段：

第一階段：靜電發生。
第二階段：因電氣二重層，使二物體產生不同極性等量電荷。
第三階段：異極間或帶電物體與接地間，產生放電火花。
第四階段：在放電火花達到燃燒最小著火能，且可燃性物體（氣體或粉體）在燃燒範圍內，則引發火災。

以流程圖說明如下：（靜電火災流程圖）

靜電發生 → 電氣二重層形成內部產生分極 → 產生放電火花 → 火花已達最小著火能可燃物混合濃度在燃燒範圍 → 火災發生

6-2 產生靜電原因

【解說】 產生靜電原因可分六大類：

產生靜電原因	說明
（一）流動	絕緣性流體在輸送管路中流動，所產生一種電荷分離現象。 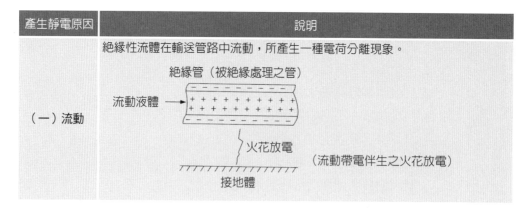

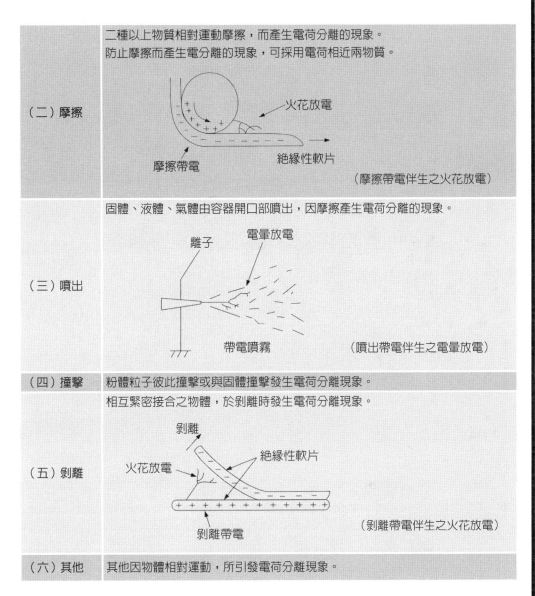

（二）摩擦	二種以上物質相對運動摩擦，而產生電荷分離的現象。 防止摩擦而產生電分離的現象，可採用電荷相近兩物質。 （摩擦帶電伴生之火花放電）
（三）噴出	固體、液體、氣體由容器開口部噴出，因摩擦產生電荷分離的現象。 （噴出帶電伴生之電暈放電）
（四）撞擊	粉體粒子彼此撞擊或與固體撞擊發生電荷分離現象。
（五）剝離	相互緊密接合之物體，於剝離時發生電荷分離現象。 （剝離帶電伴生之火花放電）
（六）其他	其他因物體相對運動，所引發電荷分離現象。

6-3　防止靜電發生之對策

【解說】 防止產生靜電之對策有四種，說明於下：

對策	具體措施
（一）防止或減少靜電產生	1. 選用二個帶電體系列相近的物質。 2. 使用除電劑。 3. 避免摩擦、撞擊、流動、噴出、剝離等。 4. 採用導電性材料，使電荷容易散逸。

（二）藉洩漏防止電荷蓄積	1. 增加周邊空氣相對濕度（一般在 60～70%即具防靜電蓄積）。 2. 接地：接地無法防止靜電產生，但防止帶電頗為有效，可消除導體與大地之電位差。（不適用非導體）。 3. 搭接：不同導體間以導線結合，消除二者電位差。
（三）藉中和防止靜電蓄積	使帶電體周圍之空氣離子化。其方式有二 1. 高壓離子化。 2. 靜電誘導離子化。
（四）即使發生靜電火花， 　　　亦不致引火之法	1. 加入惰性氣體。 2. 使空氣混合濃度在燃燒範圍以外。

6-4　電氣火災之定義與其發生之原因

【解說】

1. 所謂電氣火災係指電氣機器所造成之火災。
2. 電氣火災發生之主因有三：
   ⑴ 機器本身構造缺陷造成。
   ⑵ 機器或線路老化造成。
   ⑶ 人為使用或操作不當造成。
3. 引發電氣火災現象，係因電氣設備故障，致其所使用電能轉變成熱能。
   電能轉變成熱能可分二類：
   ⑴ 焦耳熱。
   ⑵ 放電火花產生之熱。

第六章◎自我評量

1. 靜電放電引發火災的過程為何？試述之。
2. 產生靜電的原因為何？試述之。
3. 如何防止靜電的產生？試述之。
4. 何謂電氣火災？其發生原因為何？試述之。

第 2 篇

法　規

消防法

■修正日期：中華民國 112 年 06 月 21 日

第一章｜總則

第一條（立法目的及適用範圍）

為預防火災、搶救災害及緊急救護，以維護公共安全，確保人民生命財產，特制定本法。

【解說】

1. 本條明訂立法宗旨。

2. 消防工作三大任務：預防火災、搶救災害、緊急救護。

3. 配合消防組織編制之調整、現行消防工作執行及未來消防工作發展情形，除已實施火災防救工作外，對相關災害亦已實施進行救助任務，是以消防主要工作將配合調整為「預防火災、搶救災害及緊急救護」，並以「維護公共安全、確保人民生命財產」為實施目的，以配合現況及未來需求。

4. 依災害防救方案，災害定義如下：

   災害：指風災、水災、地震、旱災、重大火災爆炸案件、礦廠區意外事故、重大交通事故、化學災害、建築工程災害及由中央主管機關指定之災害。

第二條（管理權人之定義）

本法所稱管理權人係指依法令或契約對各該場所有實際支配管理權者；其屬法人者，為其負責人。

【解說】

1. 本條明定管理權人之定義。

2. 管理權人可能為建築物之所有人、使用人或管理人，其認定應依下列規定：

   ⑴所有權未區分之建築物，其管理權人為所有人，有租貸關係時，為使用人。

   ⑵區分所有權之建築物，其管理權人應依下列規定認定：

   　① 違反本法第十三條有關防火管理規定時，以所有人或使用人中，具管理權者，為管理權人。

② 違反本法第十三條以外規定時，有關應設置、維護消防安全設備或使用防焰物品等，事涉經費支應，在所有人與使用人間，未有契約特別約定狀況下，倘未依規定設置或維護滅火器、防焰物品等非固定且侷限在使用範圍之設備，以使用人為管理權人；未依規定設置或維護自動撒水設備等固定系統之共有部分（如立管、加壓送水裝置等），以所有人為管理權人。

③ 消防安全設備共有部分未依規定設置或維護時，倘區分所有權人將設置維護消防安全設備之責，授與管理委員會、管理負責人或管理服務人代理權，則該代理人為管理權人，反之，則各區所有權人均為管理權人。

(3)建築物之使用及管理體系分離時，其管理權人應依下列規定認定：

① 違反本法第十三條有關防火管理規定時，以該管理體系之代表人為管理權人。

② 違反本法第十三條以外之規定時，在該使用與管理體系間，對有關消防安全設備之設置或維護，未有契約特別約定狀況下，以使用人為管理權人。

第三條（主管機關）

本法所稱主管機關：在中央為內政部；在直轄市為直轄市政府；在縣（市）為縣（市）政府。

【解說】

本法有關主管機關用語如下：

1. 中央主管機關：內政部（第六條第一項、第三項、第七條第五項、第八條第三項、第九條、第十一條第一項……等）

2. 中央目的事業主管機關：（第十五條第二項、第二十四條第二項）

3. 直轄市、縣市消防機關（或當地消防機關或消防機關）：直轄市、縣（市）消防局（第六條第二項、第九條、第十條第一項、第三項、第十三條……等）

4. 各級消防主管機關：內政部、直轄市、縣（市）政府（第三十一條）

5. 主管機關：內政部、省（市）、縣（市）政府（第三條、第九條第一項……等）

6. 各級消防機關：內政部消防署、直轄市、縣（市）消防局（第十六條）

7. 直轄市、縣（市）政府：（第五條、第十七條……等）

8. 本條所稱之主管機關依據消防法施行細則第二條規定，其業務在內政部由消防署、在直轄市政府由消防局、在縣（市）政府由消防局承辦。

第四條（消防車輛、裝備及人力配置之標準）

直轄市、縣（市）消防車輛、裝備及其人力配置標準，由中央主管機關定之。

【解說】

1. 本條明定由中央主管機關訂定消防車輛、裝備及其人力配置標準（未包含救護車輛、裝備及人力），以規定各直轄市、縣（市）消防機關應配置最基本從事火災預防及消防救災任務所需之最基本人力、物力需求。

2. 有關救護車輛、裝備、人力配置標準，另依消防法第二十四條規定由中央主管機關會同中央目的事業主管機關（行政院衛生署）定之。

3. 為提供民眾更周延的安全保障，提高服務品質，並落實預防火災、搶救災害等工作，爰依據本條之授權，參酌外國立法例及現行我國消防工作之實際需要，就現行標準通盤檢討修正法規名稱為「直轄市縣市消防車輛裝備及其人力配置標準」。

第二章 | 火災預防

*第五條（防火教育及宣導）

直轄市、縣（市）政府，應每年定期舉辦防火教育及宣導，並由機關、學校、團體及大眾傳播機構協助推行。

【解說】

1. 防火宣傳及教育旨在灌輸民眾防火逃生知識，提高防火警覺，預防火災發生之重要措施，應經常普遍實施並由有關機關配合推行，以宏績效。

2. 依據消防法施行細則第三條規定直轄市、縣（市）政府每年應訂定年度計畫經常舉辦防火教育及防火宣導。

3. *社區住宅愈來愈密集、建材日新月異、救火設備也不斷更新。民眾的居家防火、救災訓練等等必需與時俱進。為強化防火教育及宣導，地方機關需強制「每年定期」辦理之。

第六條（消防安全設備之設置）

本法所定各類場所之管理權人對其實際支配管理之場所，應設置並維護其消防安全設備；場所之分類及消防安全設備設置之標準，由中央主管機關定之。

消防機關得依前項所定各類場所之危險程度，分類列管檢查及複查。

第一項所定各類場所因用途、構造特殊，或引用與依第一項所定標準同等以上效能之技術、工法或設備者，得檢附具體證明，經中央主管機關核准，不適用依第一項所定標準之全部或一部。

不屬於第一項所定標準應設置火警自動警報設備之旅館、老人福利機構場所及

中央主管機關公告場所之管理權人，應設置住宅用火災警報器並維護之；其安裝位置、方式、改善期限及其他應遵行事項之辦法，由中央主管機關定之。

不屬於第一項所定標準應設置火警自動警報設備住宅場所之管理權人，應設置住宅用火災警報器並維護之；其安裝位置、方式、改善期限及其他應遵行事項之辦法，由中央主管機關定之。

【解說】

1. 本條第一項明定管理權人對其場所之消防安全設備，負有設置及維護之義務。

2. 「消防安全設備」，就火災預防而言，這是屬於硬體層面，也是爲減輕火災危害之基本設備，主要包括：

   ⑴滅火設備：能初期滅火。

   ⑵警報設備：能早期發現並通報火災發生。

   ⑶避難逃生設備：能引導並輔導避難逃生。

   ⑷消防搶救上必要設施：能輔助消防人員救災。

3. 本條第二項「直轄市、縣（市）消防機關得依前項場所之危險程度，分類列管檢查…。」之規定，對消防機關執行消防安全檢查，係明定「得」列管檢查，而且是依各類場所危險程度分類列管檢查，主要基於本條第一項有課予管理權人「應」依規定設置並維護消防安全設備之規定，同時第九條亦規定管理權人「應」委託消防專技人員定期檢修並依限申報，亦即配合消防安全設備檢修申報制度之建立，消防機關居於指導、監督立場，故有消防機關得依其危險程度，分類列管檢查之規定。

第七條（消防安全設備之設計、監造、裝置、檢修）

依各類場所消防安全設備設置標準設置之消防安全設備，其設計、監造應由消防設備師爲之：其測試、檢修應由消防設備師或消防設備士爲之。

前項消防安全設備之設計、監造、測試及檢修，得由現有相關專門職業及技術人員或技術士暫行爲之；其期限至本法中華民國一百十二年五月三十日修正之條文施行之日起五年止。

開業建築師、電機技師得執行滅火器、標示設備或緊急照明燈等非系統式消防安全設備之設計、監造或測試、檢修，不受第一項規定之限制。

消防設備師之資格及管理，另以法律定之。

在前項法律未制定前，中央主管機關得訂定消防設備師及消防設備士管理辦法。

【解說】

1. 消防安全設備含滅火設備、警報設備、避難逃生設備及消防搶救上必要設備等，包羅甚廣，為使消防安全設備能確實設置，本條第一項明定消防安全設備之設計、監造，係消防設備師之獨占業務，為使消防安全設備能隨時保持良好勘用，明定其測試、檢修，係消防設備師（士）之獨占業務。

2. 本條第二項有關期限之考量如下：消防設備師及消防設備士之基本需求人數，可分別比照建築師及日本之消防設備士，查現有執業建築師二千人；日本消防設備士第一種執照約八萬四千餘人，依其比例與預估台灣地區約需消防設備師五百人；消防設備士五千人，始可達市場需求。

3. 消防安全設備之電源、水源及配管部分，事涉電業法、自來水法等相關法規，在設計、監造時應非消防設備師之獨占業務（請注意，並非消防設備師不可為之，非獨占而已），至室內（外）消防栓設備更換標示燈、水帶、瞄子等零件或修補消防栓箱等簡易維修者，因未影響消防安全設備或構造，應使未具有消防設備師（士）資格者亦可為之，較為可行，唯法無排除適用之除外規定，有設法增訂之必要。

4. 未依規定從事消防安全設備之設計、監造、測試、檢修者，依第三十八條規定，處新台幣三萬元以上十五萬元以下罰鍰。

5. 消防設備師、消防設備士對消防安全設備有不實檢修報告者，依本法第三十八條規定處新台幣二萬元以上十萬元以下罰鍰，如有偽造文書情事時，則觸犯刑法第二百十五條，應移送司法機關處理。

6. 有關消防設備師暨消防設備士之管理應制訂消防設備師法，據以管理，對消防設備師法未完成法制化前，內政部將先訂定消防設備師及設備士管理辦法。

7. 依本法第四條之授權，內政部業訂定消防設備師及設備士管理辦法，以落實消防設備師及消防設備士之管理，並基於本法相關制度如消防專業技術人員制度、業者定期申報消防安全設備檢修制度、防火管理制度、器材檢定制度、防焰限制制度及全國性財團法人消防基金會之建立，均有賴健全之消防設備師及消防設備士制度完善之管理；為使消防專業技術人員制度順暢推行，茲訂定本辦法，已達成健全公共安全防護體系之目的。

**8. 第一項及第二項所定「裝置」修正為「測試」。鑑於原「裝置」之定義依本法施行細則第五條之一第三款規定，為「消防安全設備施工完成後之功能測試，並製作消防安全設備測試報告書」，與一般大眾對裝置之認知不同，且消防安全設備施工常係由多數人施作，並非均由消防專技人員獨立完成施作不可，消防專技人員在消防安全設備施工，以指導監督及確認為主。又消防安全設備各構件之施工，尚涉自來水法、電業法及其相關法規，自來水管承裝商及電器承裝業自得依

前開法規從事消防安全設備有關水管、電氣工程配管、配線、插座等施工並承攬之，為使法義明確，並符合實務態樣，爰酌作文字修正。

*9.考量本法八十四年八月十一日修正公布施行之暫行人員制度已實施約二十八年，消防設備人員已近運作需求人數，評估再三年即達定量人數，為使暫行人員有更充裕之緩衝，以五年為落日期日；另消防法規歷年來因應社會發展及災例多次修正，及綜合暫行人員與執業電機技師、開業建築師等團體之意見，基於提高消防安全設備施工品質，回歸消防技術專業，簡化小規模場所、簡易室內裝修之審查程序與社會期待，參採本法第九條第一項第三款非系統式簡易消防安全設備得由管理權人檢修之精神，明定簡易非系統式消防安全設備得由前述技師與建築師執行本條第一項之業務，爰修正第二項並增訂第三項。

第八條（消防設備師、消防設備士之資格）

中華民國國民經消防設備師考試及格並依本法領有消防設備師證書者，得充消防設備師。

中華民國國民經消防設備士考試及格並依本法領有消防設備士證書者，得充消防設備士。

請領消防設備師或消防設備士證書，應具申請書及資格證明文件，送請中央主管機關核發之。

【解說】

1.本條第一、二項明定消防設備師（士）之資格取得。

2.本條第三項明定消防設備師（士）之證照請領手續。

3.本條消防設備師（士），定位為專門職業及技術人員，並分為師、士兩級，應依專門職業及技術人員考試法取得資格，其管理則由中央主管機關制定消防設備師法，據以管理。

4.有關專技人員考試及管理比較詳如下表：

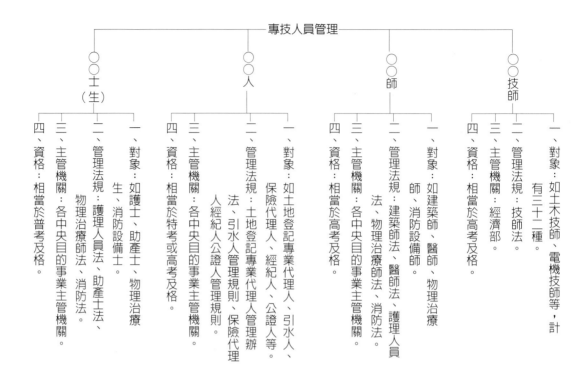

專技人員管理

士（生）
一、對象：如護士、助產士、物理治療生、消防設備士。
二、管理法規：護理人員法、助產士法、物理治療師法、消防法。
三、主管機關：各中央目的事業主管機關。
四、資格：相當於普考及格。

人
一、對象：如土地登記專業代理人、引水人、保險代理人、經紀人、公證人等。
二、管理法規：土地登記專業代理人管理辦法、引水人管理規則、保險代理人經紀人公證人管理規則。
三、主管機關：各中央目的事業主管機關。
四、資格：相當於特考或高考及格。

師
一、對象：如建築師、醫師、物理治療師、消防設備師。
二、管理法規：建築師法、醫師法、物理治療師法、消防法。
三、主管機關：各中央目的事業主管機關。
四、資格：相當於高考及格。

技師
一、對象：如土木技師、電機技師等，計有三十二種。
二、管理法規：技師法。
三、主管機關：經濟部。
四、資格：相當於高考及格。

第九條（消防安全設備之定期檢修）

第六條第一項所定各類場所之管理權人，應依下列規定，定期檢修消防安全設備；其檢修結果，應依規定期限報請場所所在地主管機關審核，主管機關得派員複查；場所有歇業或停業之情形者，亦同。但各類場所所在之建築物整棟已無使用之情形，該場所之管理權人報請場所所在地主管機關審核同意後至該建築物恢復使用前，得免定期辦理消防安全設備檢修及檢修結果申報：

一、高層建築物、地下建築物或中央主管機關公告之場所：委託中央主管機關許可之消防安全設備檢修專業機構辦理。

二、前款以外一定規模以上之場所：委託消防設備師或消防設備士辦理。

三、前二款以外僅設有滅火器、標示設備或緊急照明燈等非系統式消防安全設備之場所：委託消防設備師、消防設備士或由管理權人自行辦理。

前項各類場所（包括歇業或停業場所）定期檢修消防安全設備之項目、方式、基準、頻率、檢修必要設備與器具定期檢驗或校準、檢修完成標示之規格、樣式、附加方式與位置、受理檢修結果之申報期限、報請審核時之查核、處理方式、建築物整棟已無使用情形之認定基準與其報請審核應備文件及其他應遵行事項之辦法，由中央主管機關定之。

第一項第二款一定規模以上之場所，由中央主管機關公告之。

第　項第　款所定消防安全設備檢修專業機構，其申請許可之資格、程序、應備文件、審核方式、許可證書核（換）發、有效期間、變更、廢止、延展、執行業務之規範、消防設備師（士）之僱用、異動、訓練、業務相關文件之備置與保存年限、各類書表之陳報及其他應遵行事項之辦法，由中央主管機關定之。

【解說】　111.5.11 公布

一、修正第一項如下：

（一）現行定期檢修消防安全設備、檢修結果報請備查、複查之規定列為序文並酌作文字修正，另就定期檢修區分場所及委託檢修對象，分列為第一款至第三款規定。其中第二款及第三款場所增訂得委託中央主管機關許可之消防安全設備檢修專業機構辦理定期檢修；另第三款參考日本消防法第十七條之三及消防法施行令第三十六條規定，考量僅設有滅火器、標示設備或緊急照明燈等非系統式消防安全設備之場所，該類設備種類十分簡單，可由外觀或簡易操作判定性能，且其更換新品尚無困難性，爰予納入可由管理權人自行檢修申報之規定。

（二）為期明確周妥，並配合現行消防業務權責分工，將檢修結果「報請當地消防機關備查」修正為「報請場所所在地主管機關審核」，爰場所所在地位於內政部消防署所屬各港務消防隊轄區範圍者，應報中央主管機關內政部審核，位於直轄市、縣（市）政府轄區者，則報直轄市、縣（市）主管機關審核。

（三）序文增訂規定場所有歇業或停業之情形者，其管理權人仍應定期辦理消防安全設備檢修及申報，藉以明確各類場所實際使用狀況無論是否具營業事實，管理權人皆應落實消防安全設備檢修及申報之義務，以強化維護消防安全設備功能正常及公共安全。另考量各類場所所在之建築物整棟若已無使用之情形，應無消防安全之疑慮，爰併增訂但書規定該場所之管理權人報請場所所在地主管機關審核同意後至該建築物恢復使用前，得免除該場所管理權人定期辦理消防安全設備檢修及申報之義務，以符合比例原則；又依序文但書規定之文義，該棟建築物有任一場所恢復使用，則整棟建築物場所管理權人應依規定辦理消防安全設備檢修及申報，併予敘明。

二、為使法律授權明確，第二項增訂授權事項。

三、增訂第三項就第一項第二款一定規模以上場所之內涵，授權由中央主管機關公告。

四、第三項移列至第四項，為符法律授權明確增訂授權事項，並酌作文字修正；另

刪除現行「撤銷」之授權規定，係因違法行政處分依行政程序法第一百十七條規定，行政機關得依職權爲一部或全部之撤銷，無須於本法另爲授權。

專技人員管理

```
            消防安全設備之設置、維護
          ┌─────────┴──────────┐
      測試、檢修                設計、監造
          │                        │
          │                      消防設備
    ┌─────┴──────────────────────┐
 應設消防安全設備之場所    高層建築物、地下建築物、中央主管機關公告之場所
  ┌────┴────┐                      │
僅設有滅火器、   消防設備師    內政部審查合格之專業機構
標示設備或      消防設備士
緊急照明燈等        │
非系統式消防        │
安全設備之場所      │
    │              │
 管理權人           │
    └──────┬───────┘
      檢查之內容、方法及申報期限    （消防法施行細則）
              │
             申報                  （管理權人）
              │
          當地消防機關              （審核）
```

檢修結果之報告

委託檢修

負責申報檢修結果

管理權人　　　　　消防設備士　消防設備師

第十條（消防安全設備圖說之審查）

供公眾使用建築物之消防安全設備圖說，應由直轄市、縣（市）消防機關於主管建築機關許可開工前，審查完成。

依建築法第三十四條之一申請預審事項，涉及建築物消防安全設備者，主管建築機關應會同消防機關預為審查。

非供公眾使用建築物變更為供公眾使用或原供公眾使用建築物變更為他種公眾使用時，主管建築機關應會同消防機關審查其消防安全設備圖說。

【解說】

1. 為使火災預防行政具有一貫性，本條第一項明定供公眾使用建築物申請建照、預審或變更使用時，其消防安全設備應經消防機關審查合格，俾於建築初期做好消防安全設備之審查工作。

2. 有關供公眾使用建築物申請使用執照或變更使用之勘查，在建築法第七十二條及第七十六條訂有明文，本條訂定，使消防安全設備審勘查，均予法制化。

*第十一條（防焰物品之使用）

地面樓層達十一層以上建築物、地下建築物及中央主管機關指定之場所，其管理權人應使用附有防焰標示之地毯、窗簾、布幕、展示用廣告板及其他指定之防焰物品。

前項防焰物品或其材料非附有防焰標示，不得銷售及陳列。

【解說】

1. 查窗簾、布幕等懸吊物品，一著火急速往上延燒至天花板，致難以初期滅火；另地毯等地坪鋪設物，易因香菸等微小火源著火延燒，屬延燒媒介物，因此類物品非屬建築法規內部裝修限制之規範範圍，為就澈底預防火災發生觀點而言，應使此類物品具防焰性能，不使擴大延燒。

2. (1) 地面樓層達十一層以上之建築物及地下建築物等重要場所火災發生時，濃煙易急速擴散或滯留，致生重大危害，亟需抑制初期火勢，不使擴大，以提高消防安全。

   (2) 至其他如飯店、劇場、酒家及醫院等重要公共場所則不予列舉，以「中央消防主管機關指定之場所」予以概括規定，另由中央消防主管機關指定之。

*應使用附有防焰標示之地毯、窗簾、布幕、展示用廣告板及其他指定防焰物品之場所修正規定

消防法第十一條第一項規定指定之場所

類別	場所用途	供該用途之專用樓地板面積合計	公告日期、字號	生效日期	備考
一	戲院、電影院、歌廳、舞廳、夜總會、俱樂部、理容院（觀光理髮、視聽理容等）、指壓按摩場所、錄影節目帶播映場所（MTV等）、視聽歌唱場所（KTV等）、酒家、酒吧、酒店（廊）	全部	內政部九十三年三月十五日內授消字第〇九三〇〇九〇五〇三號公告	九十三年七月一日	
二	保齡球館、撞球場、集會堂、健身休閒中心（含提供指壓、三溫暖等設施之美容瘦身場所）、室內螢幕式高爾夫練習場、遊藝場所、電子遊戲場、資訊休閒場所	全部			
三	觀光旅館、飯店、旅館、招待所（限有寢室客房者）	全部			
四	商場、市場、百貨商場、超級市場、零售市場、展覽場	三百平方公尺以上			
五	餐廳、飲食店、咖啡廳、茶藝館	三百平方公尺以上			
六	醫療機構（醫院、診所）、療養院、榮譽國民之家、長期照顧服務機構（限機構住宿式、社區式之建築物使用類組非屬 H-2 之日間照顧、團體家屋及小規模多機能）、老人福利機構（限長期照護型、養護型、失智照顧型之長期照顧機構、安養機構）、幼兒園、兒童及少年福利機構（限托嬰中心、早期療育機構、有收容未滿二歲兒童之安置及教養機構）、護理機構（限一般護理之家、精神護理之家、產後護理機構）、啓明、啓智、啓聰等特殊學校、身心障礙福利機構（限供住宿養護、日間服務、臨時及短期照顧者）、身心障礙者職業訓練機構（限提供住宿或使用特殊機具者）	全部	內政部一百零八年三月十五日台內消字第一〇八〇八二一五〇二號公告修正	一百零八年四月一日	診所限有病房者

七	三溫暖、公共浴室	全部	內政部九十三年三月十五日內授消字第〇九三〇〇九〇五〇三號公告	九十三年七月一日
八	圖書館、博物館、美術館、陳列館、史蹟資料館、紀念館及其他類似場所	五百平方公尺以上		
九	兒童課後照顧服務中心、補習班、訓練班、K書中心、類別六以外之兒童及少年福利機構（限安置及教養機構）	二百平方公尺以上	內政部一百零八年三月十五日台內消字第一〇八〇八二一五〇二號公告修正	一百零八年四月一日
	類別六以外之身心障礙者職業訓練機構		內政部一百零三年二月二十四日台內消字第一〇三〇八二〇六三三號公告	一百零三年七月一日
	長期照顧服務機構（限社區式之建築物使用類組屬 H-2 之日間照顧、團體家屋及小規模多機能）、類別六以外之老人福利機構		內政部一百零八年三月十五日台內消字第一〇八〇八二一五〇二號公告修正	一百零八年四月一日
十	電影攝影場、電視播送場	全部	內政部九十三年三月十五日內授消字第〇九三〇〇九〇五〇三號公告	九十三年七月一日

3. 本條第二項主要係考量具備防焰性能與否，從外觀難以判定，現場實際測試亦有困難，故要求防焰物品或其材料非附有防焰標示，不得銷售及陳列，以利一般民眾之辨識及政府機關之執法。至其中所列「……或其材料」之規定，旨在使即將成為防焰物品之材料得納入管理，例如窗簾、地毯雖為防焰物品之規範對象，但其布料或纖維亦應具有防火性能，以能確實達到防焰之效果。有關違反本項規定依本法第三十九條處新台幣一萬元以上五萬元以下之罰鍰。

第十一條之一

從事防焰物品或其材料製造、輸入處理或施作業者，應向中央主管機關登錄之專業機構申請防焰性能認證，並取得認證證書後，始得向該專業機構申領防焰標示。

防焰物品或其材料，應經中央主管機關登錄之試驗機構試驗防焰性能合格，始得附加防焰標示；其防焰性能試驗項目、方法、設備、結果判定及其他相關事項之標準，由中央主管機關定之。

主管機關得就防焰物品或其材料，實施不定期抽樣試驗，業者不得規避、妨礙或拒絕。

第一項所定防焰性能認證之申請資格、程序、應備文件、審核方式、認證證書核（換）發、有效期間、變更、註銷、延展、防焰標示之規格、附加方式、申領之程序、應備文件、核發、註銷、停止核發及其他應遵行事項之辦法，由中央主管機關定之。

第一項所定專業機構辦理防焰性能認證、防焰標示製作及核（換）發、第二項所定試驗機構試驗防焰性能所需費用，由申請人負擔；其收費項目及費額，由各該機構擬訂，報請中央主管機關核定。

第一項、第二項所定專業機構及試驗機構，其申請登錄之資格、程序、應備文件、審核方式、登錄證書核（換）發、有效期間、變更、廢止、延展、執行業務之規範、資料之建置、保存與申報及其他應遵行事項之辦法，由中央主管機關定之。

【解說】

1. 第一項由原條文第十一條第三項移列修正。鑑於目前從事防焰物品或其材料製造、輸入、處理或施作之業者眾多，為有效管理防焰性能認證廠商，並提升國內防焰物品或其材料產業水準，經參酌日本消防法施行規則第四條之五及本法第十二條規定，採有效運用民力參與防焰性能認證之機制，爰第一項定明業者申請防焰性能認證由中央主管機關登錄之專業機構辦理審查申請人是否具從事防焰物品或其材料製造、輸入、處理或施作之能力，合格者發給防焰性能認證合格證書，取得該證書者方具有向該專業機構申領防焰標示之資格。另因專業機構辦理之認證非屬行政委託，其認證過程動支之人力、設備、場地與經費，均由專業機構負擔。

2. 為有效運用民力，並考量中央主管機關無相關經費建置專責防焰性能試驗機構，經參酌日本消防法施行規則第四條之五及本法第十二條規定，爰第二項前段定明由中央主管機關登錄之試驗機構辦理防焰物品或其材料之防焰性能試驗，經試驗

合格之產品，方具有附加防焰標示之資格；後段定明試驗項目、方法等事項授權由中央主管機關另定標準規範。

3. 第三項定明主管機關得對防焰物品或其材料實施不定期抽樣試驗，且業者不得規避、妨礙或拒絕，以確保其防焰性能之品質。

4. 第四項定明授權中央主管機關就防焰性能認證之申請資格、程序等事項另定辦法規範。

5. 考量認證及試驗業務，係廠商基於私法關係，依其需求自主申請之性質，非公權力之執行，認證或試驗所需費用應由申請認證或試驗之廠商自行負擔，並向具一定資格之專業機構、試驗機構支付，無涉政府規費收繳事項，爰第五項定明辦理防焰性能認證、申領防焰標示及防焰性能試驗所需費用由申請人負擔，並自行向各該機構繳納。又該等機構依據其申請登錄之業務範圍，執行認證或試驗業務，並以機構名義發給認證證書或試驗報告書，其認證或試驗運作所需經費皆由辦理認證或試驗所得支應，相關收入尚無應予繳庫問題，併予敘明。

6. 為確保專業機構或試驗機構確具足以辦理防焰性能認證、防焰標示製作及核發或防焰性能試驗等技術作業及能力，爰參照商品檢驗法第十三條第二項及本法第十二條第六項規定，於第六項定明授權中央主管機關就專業機構及試驗機構申請登錄之資格、程序等事項另定辦法規範。

第十二條（消防機具銷售、陳列使用之限制）

經中央主管機關公告應實施認可之消防機具、器材及設備，非經中央主管機關所登錄機構之認可，並附加認可標示者，不得銷售、陳列或設置使用。

前項所定認可，應依序實施型式認可及個別認可。但因性質特殊，經中央主管機關認定者，得不依序實施。

第一項所定經中央主管機關公告應實施認可之消防機具、器材及設備，其申請認可之資格、程序、應備文件、審核方式、認可有效期間、撤銷、廢止、標示之規格樣式、附加方式、註銷、除去及其他應遵行事項之辦法，由中央主管機關定之。

第一項所定登錄機構辦理認可所需費用，由申請人負擔，其收費項目及費額，由該登錄機構報請中央主管機關核定。

第一項所定消防機具、器材及設備之構造、材質、性能、認可試驗內容、批次之認定、試驗結果之判定、主要試驗設備及其他相關事項之標準，分別由中央主管機關定之。

第一項所定登錄機構，其申請登錄之資格、程序、應備文件、審核方式、登錄證書之有效期間、核（換）發、撤銷、廢止、管理及其他應遵行事項之辦法，由中央主管機關定之。

【解說】

1. 有鑑於消防類機具器材設備品目繁多，因中央主管機關無相關經費建立專責消防檢測機構，且國內之專業機關（構）、學校、團體亦無完整檢測設備，無法實施消防法第12條之檢驗，為提昇國內消防產業水準，推動製造廠建置其品管設備與制度，爰於修正條文第一項將「檢驗」修正為確切可行之「認可」方式；再者，為落實精簡政府人力，有效運用民力參與消防檢測，參照日本消防法第二十一條之三及第二十一條之七有關登錄檢定機構之規定，由具符合專業技術能力條件之機構或團體等，經向中央主管機關申請取得登錄證書之登錄機構，即得辦理認可相關作業，爰於修正條文第一項明列得由中央主管機關登錄之機構辦理認可之法源依據；另因經濟部無法將所有消防類產品均予公告檢驗，且經濟部標準檢驗局業自九十七年一月一日起，陸續將原檢驗之「滅火器」等九項消防器材設備，轉移由內政部整合納入實施認可，以求政府事權統一，爰整併現行條文第一、二項，並酌作文字修正。

2. 增列修正條文第二項，明定認可應依序實施型式認可及個別認可之兩階段程序，另消防機具、器材與設備具性質特殊者，如防火閘門係客制化需求之產品，產品並非同一規格尺寸進行量產，無法如同其他已公告認可之「密閉式撒水頭」等產品，先行檢送樣品辦理型式認可試驗，於後續量產逐批進行個別認可之全數試驗或抽樣試驗），爰改採該產品於首次申請時，由登錄機構辦理型式認可試驗，併同派員至生產製造工廠實施工廠檢查，檢查生產設備、品管作業及程序等自主品質管理體制外，另定期由登錄機構派員針對製造工廠生產設備、品管作業及程序進行追蹤檢查，以確保產品之可靠度與品質一致性，故於但書規定，經中央主管機關認定無法依序實施型式認可及個別認可者，得不受依序實施型式認可及個別認可之限制。

3. 為符合授權明確性原則，增列修正條文第三項，授權中央主管機關訂定各項消防機具、器材與設備之申請認可之資格、程序、應備文件，審核方式、認可有效期間、撤銷、廢止、標示之規格樣式、附加方式、註銷、除去及其他應遵行事項之辦法之法源依據。

4. 基於使用者付費原則，且因登錄機構辦理認可相關作業過程未動支政府機關人力、設備、場地與經費，基於私法之關係，認可所需費用係由申請認可之廠商自行負擔，並向具一定資格之專業機關構支付，無涉政府規費收繳事宜，爰參考農產品生產及驗證管理法第九條、建築法第九十七之三條規定，增列修正條文第四項，明訂登錄機構辦理認可所需費用由申請人負擔，並自行向該機構繳納。

5. 為明訂消防機具、器材與設備之認可試驗項目、方法與試驗設備，俾建立一致之試驗步驟與程序可供依循，以確保試驗品質，爰增列修正條文第五項，明定授權

中央主管機關訂定各項消防機具、器材與設備之認可標準之法源依據。

6.為確保登錄機構確具足以辦理認可技術作業及能力，爰參照日本消防法第二十一條之四十五、第二十一條之四十六規定及商品檢驗法第十三條規定，增列修正條文第六項，明定授權中央主管機關訂定登錄機構相關管理事項之辦法之法源依據。

第十三條（消防防護計畫之製定）

一定規模以上之建築物，應由管理權人遴用防火管理人，責其訂定消防防護計畫。

前項一定規模以上之建築物，由中央主管機關公告之。

第一項建築物遇有增建、改建、修建、變更使用或室內裝修施工致影響原有系統式消防安全設備功能時，其管理權人應責由防火管理人另定施工中消防防護計畫。

第一項及前項消防防護計畫，均應由管理權人報請建築物所在地主管機關備查，並依各該計畫執行有關防火管理上必要之業務。

下列建築物之管理權有分屬情形者，各管理權人應協議遴用共同防火管理人，責其訂定共同消防防護計畫後，由各管理權人共同報請建築物所在地主管機關備查，並依該計畫執行建築物共有部分防火管理及整體避難訓練等有關共同防火管理上必要之業務：

一、非屬集合住宅之地面樓層達十一層以上建築物。

二、地下建築物。

三、其他經中央主管機關公告之建築物。

前項建築物中有非屬第一項規定之場所者，各管理權人得協議該場所派員擔任共同防火管理人。

防火管理人或共同防火管理人，應為第一項及第五項所定場所之管理或監督層次人員，並經主管機關或經中央主管機關登錄之專業機構施予一定時數之訓練，領有合格證書，始得充任；任職期間，並應定期接受複訓。

前項主管機關施予防火管理人或共同防火管理人訓練之項目、一定時數、講師資格、測驗方式、合格基準、合格證書核發、資料之建置與保存及其他應遵行事項之辦法，由中央主管機關定之。

第七項所定專業機構，其申請登錄之資格、程序、應備文件、審核方式、登錄證書核（換）發、有效期間、變更、廢止、延展、執行業務之規範、資料之建置、保存與申報、施予防火管理人或共同防火管理人訓練之項目、一定時數及其他應遵行事項之辦法，由中央主管機關定之。

管理權人應於防火管理人或共同防火管理人遴用之次日起十五日內，報請建築物所在地主管機關備查；異動時，亦同。

【解說】

1. 本條明定一定規模以上建築物之管理權人，應推行防火管理工作，以強化火災預防之軟體層面。

2. 防火管理模式：

   防火管理的基本架構係在一定規模的建築物，由其具管理權者指定防火管理人，就建築物整體，策訂消防防護計畫，並據此計畫實施滅火、報警及避難逃生訓練、檢修消防安全設備、維護防火避難設施、監督火源使用處理及其防火管理事宜。就此而言，該防火管理人要推動防火管理工作，不僅要具備相當程度之消防安全設備專業知識，同時在該企業團體中須居管理或監督層次，否則難以落實是項工作，因二者往往難以兼得：故防火管理模式，向來就有專才式（SPECIALIST）或通才式（GENERALIST）之議，謹分述如下：

   (1) 專才式

   具專才之防火管理人熟稔防火理論，消防安全設備及火災應變能力，屬技術人員層次，在企業團體中，常有位階太低，難以取得其管理決定權者的理解，有無法順利推動防火管理之虞。日本熊本市大洋百貨公司發生大火（一〇四人死亡）前，就是指定負責營繕的課員擔任其防火管理人，致防火管理徒具形式。

   (2) 通才式

   通才式防火管理人專業知識不如專才人員，但仍具有一定程度之防火管理知識，若能居管理或監督層次，則其責任感與執行力兼備，當能落實防火管理工作，唯建築物日趨超高層，大規模及深層化，各項防火設施均運用精密科技予電腦化處理，其防火管理呈複雜多端，非具專業知識恐難以勝任。

*3. 因建築物用途已趨多元複雜，如長期照顧服務法之長期照顧服務機構（機構住宿式、社區式之建築物使用類組非屬 H-2 之日間照顧、團體家屋及小規模多機能），其收容人員大多為避難弱者，為確保防火安全，是類場所無論面積大小皆公告應實施防火管理，然屬供公眾使用建築物之安養機構，指設於地面一層面積超過五百平方公尺或設於二層至五層之任一層面積超過三百平方公尺或設於六層以上之樓層者，有鑑於應實施防火管理之建築物範圍大於供公眾使用建築物範圍，爰將第一項有關應遴用防火管理人責其訂定消防防護計畫之「一定規模以上供公眾使用建築物」修正為「一定規模以上之建築物」，並酌作文字修正；第一項末二句移至第四項規定。

*4. 增訂第二項定明第一項一定規模以上建築物之內涵，由中央主管機關公告，另本法施行細則第十三條規定將配合修正。

*5. 將本法施行細則第十五條第二項應另定施工中消防防護計畫之規定提升至法律位

階，爰增訂第三項，以彰顯其重要性。

*6.第一項有關消防防護計畫報請核備及執行規定移列至第四項，並將第三項施工中消防防護計畫併納入規範及酌修文字。另由於消防防護計畫係由防火管理人就其場所之防火避難設施、消防安全設備、用火及用電使用情形，規劃其員工執行平時自主防火安全檢查；工程期間有停止或顯著影響消防安全設備機能之必要時，應儘量安排於非營業時間施工；並依場所組織人力就其白天、夜間及假日上班等人員予以自衛消防編組，並定期或不定期加強訓練，以提升場所自主整備及應變能力；且消防防護計畫因其場所人員異動或設備設施等改變時，皆須滾動式檢討修正，以使其場所消防防護計畫更合理可行。因此，消防防護計畫提報之始，為場所內人員較瞭解其是否合理可行，消防人員為該消防防護計畫推動執行後，於平時消防檢查至現場評估方能確認其執行情形，爰將所定「核備」修正為「備查」。

*7.第二項移列為第五項，所定共同消防防護計畫，係針對有二以上場所之建築物且其管理權人不同時，為確保建築物整體之安全，規範管理權有分屬之特定建築物，應實施建築物共有部分防火管理及整體避難訓練等共同防火管理事項。又第二項規範地面樓層達十一層以上建築物，含括使用用途單一之集合住宅，考量其用途單純、居住之人員多熟悉居住之空間，且易於避難逃生等特性，爰修正排除地面樓層達十一層以上建築物之集合住宅需實施共同消防防護計畫之規定；另為明確區分應實施共同消防防護計畫之場所，爰予分款規定之。

*8.鑑於第一項所定一定規模以上建築物業依規定訂定消防防護計畫並推動自身場所之防火管理業務，雖共同消防防護計畫須以整體建築物之防火管理及避難訓練為考量，惟其規劃之內涵大致相同，為避免防火管理資源浪費，並透過共同防火管理之推動與執行，擴大防火管理制度之推動成效，爰增訂第六項應實施共同防火管理建築物中有非屬應實施防火管理場所者，各管理權人得協議該場所派員擔任共同防火管理人。

*9.本法施行細則第十四條所定防火管理人必須為管理或監督層次之人員；又為提升防火管理人素質，爰將防火管理人之訓練，修正為由主管機關或由中央主管機關登錄之專業機構辦理；另有關防火管理人定期接受複訓之規定，均提升至法律位階，爰增訂第七項規定。

*10.增訂第八項定明主管機關施予訓練之項目、時數等事項，由中央主管機關另定辦法規範。

*11.增訂第九項定明登錄之專業機構資格、程序、應備文件等事項，由中央主管機關另定辦法規範。

*12.第三項移列為第十項，並配合增訂第六項共同防火管理人規定，定明管理權人應於遴用或異動防火管理人或共同防火管理人後一定期限內報請主管機關備查。

13.防火管理權責詳如下表：

防火管理職責

管理權人
1. 遴用防火管理人。
2. 申報防火管理人之遴用及解任。
3. 指導監督防火管理上必要業務之推動。
4. 管理權區分時，協同制定共同消防防護計畫。

以僱用契約權限委任

防火管理人
1. 制定消防防護計畫。
2. 依計畫辦理滅火、通報及避難逃生訓練。
3. 規劃防火避難設施自行檢查及消防安全設備維護管理。
4. 用火用電之監督管理。
5. 其他防火管理上必要事項。

（違反）一萬元以上五萬元以下罰鍰。

申報：
1. 防火管理人之遴用與解任。
2. 消防防護計畫書。

（講習訓練）

火災致人死傷

各管理權人拒絕依協議制定共同消防防護計畫

防火管理人未制定消防防護計畫及執行者

遴用、異動未報請備查

未依規定遴用防火管理人

消防機關

防火管理欠徹底

徹底推行防火管理業務

無刑事等處分

消防法
刑事制裁特別規定

刑法
業務過失致人死傷罪

**第十三條之一

高層建築物之防災中心或地下建築物之中央管理室，應置服勤人員，並經主管機關或經中央主管機關登錄之專業機構施予一定時數之訓練，領有合格證書，始得充任；任職期間，並應定期接受複訓。

前項主管機關施予服勤人員訓練之項目、一定時數、講師資格、測驗方式、合格基準、合格證書核發、資料之建置與保存及其他應遵行事項之辦法，由中央主管機關定之。

第一項所定專業機構，其申請登錄之資格、程序、應備文件、審核方式、登錄證書核（換）發、有效期間、變更、廢止、延展、執行業務之規範、資料之建置、保存與申報、施予服勤人員訓練之項目、一定時數及其他應遵行事項之辦法，由中央主管機關定之。

管理權人應於服勤人員遴用之次日起十五日內，報請第一項建築物所在地主管機關備查；異動時，亦同。

【解說】

1. 本條新增。

2. 為強化高層建築物之防災中心或地下建築物之中央管理室服勤人員因應火災發生狀況之判斷及應變能力，結合建築物之軟、硬體設備功能，有效監控火災發生狀況，以採取必要之應變措施，爰參照日本東京都火災預防條例增訂本條。

3. 第一項所定服勤人員之初訓及複訓辦理方式，參照修正條文第十三條所定防火管理人訓練模式，由主管機關或由中央主管機關登錄之專業機構辦理。

4. 第二項定明主管機關施予訓練之項目、時數等事項，由中央主管機關另定辦法規範。

5. 第三項定明登錄之專業機構資格、程序、應備文件等事項，由中央主管機關另定辦法規範。

6. 第四項規範服勤人員於遴用或異動後一定期限內，應報請主管機關備查，以瞭解服勤人員之執勤情形，俾利確認其是否接受訓練。

第十四條（易致火災行為之申請與規範）

田野引火燃燒、施放天燈及其他經主管機關公告易致火災之行為，非經該管主管機關許可，不得為之。

主管機關基於公共安全之必要，得就轄區內申請前項許可之資格、程序、應備文件、安全防護措施、審核方式、撤銷、廢止、禁止從事之區域、時間、方式及其他應遵行之事項，訂定法規管理之。

【解說】

1. 將現行條文直轄市、縣（市）消防機關修正為主管機關，明確規範依本條文所定易致火災之行為，需向主管機關申請許可後，始得為之。

2. 鑑於九十八年五月二十七日修正公布之事業用爆炸物管理條例及九十九年六月二日修正公布之爆竹煙火管理條例，分別對使用炸藥爆破施工及施放煙火已有明文規定，無重複規定之必要，爰刪除現行條文第二款及第三款。

3. 鑑於施放天燈之行為易引發山林、油庫、住宅、工廠等場所火災，為確保公共安全，爰修正現行條文第一項，增列施放天燈及其他經主管機關公告易致火災之行為，需依各該易致火災之行為地區管轄權係屬中央主管機關（內政部）或地方主管機關（直轄市政府及縣（市）政府），而應分別經該主管機關許可，始得為之。

4. 考量中央主管機關所屬之基隆、臺中、高雄及花蓮等四個港務消防隊管轄之轄區、直轄市政府所屬消防局管轄之轄區及縣（市）政府所屬消防局管轄之轄區，其地域危險性程度各有不同，爰於修正條文第二項授權主管機關得就轄區內之特性分別訂定田野引火燃燒、施放天燈及其他經主管機關公告易致火災之行為管理法規之法源依據。

第十四條之一（明火表演之申請與規範）

供公眾使用建築物及中央主管機關公告之場所，除其他法令另有規定外，非經場所之管理權人申請主管機關許可，不得使用以產生火焰、火花或火星等方式，進行表演性質之活動。

前項申請許可之資格、程序、應備文件、安全防護措施、審核方式、撤銷、廢止、禁止從事之區域、時間、方式及其他應遵行事項之辦法，由中央主管機關定之。

主管機關派員檢查第一項經許可之場所時，應出示有關執行職務之證明文件或顯示足資辨別之標誌；管理權人或現場有關人員不得規避、妨礙或拒絕，並應依檢查人員之請求，提供相關資料。

【解說】

1. 本條文新增。

2. 本（一百）年三月六日臺中市哈克飲料店（PUB），因使用明火表演不慎造成九死十二傷，爰增訂本條，規定明火表演以禁止為原則，申請許可為例外。另考量其他法令另有規定者，如爆竹煙火管理條例已於該條例第十六條規範施放專業爆竹煙火之規定，第十七條授權直轄市、縣（市）政府制定施放爆竹煙火之自治法規，相關規範已臻完備，應分別適用。

3. 修正條文第二項明定有關申請許可之相關事項由中央主管機關訂定管理辦法之法源依據。

4. 有關室內明火表演或活動等安全管理防護包括：

　　(1)活動前：

　　　　① 表演活動前有無進行員工講習訓練。

　　　　② 用火用電之事前監督管理機制。

　　　　③ 消防安全設備之先期自我檢查。

　　　　④ 自衛消防編組情形。

　　　　⑤ 場所有無易（可）燃物。

　　　　⑥ 表演場所之人員與消費者之距離。

　　　　⑦ 有無確保二方向逃生路徑之順暢。

　　　　⑧ 人員進出之管制

　　(2)活動中：

　　　　① 活動現場全程監控用火用電情形。

　　　　② 自衛消防編組人員分布及消防安全設備之配置情形。

　　　　③ 隨時確認二方向逃生路徑之順暢。

　　　　④ 隨時注意表演人員與群眾或可燃物品有無保持適當距離。

　　(3)活動後：

　　　　① 確認火源熄滅，防止復燃情形。

　　　　② 確認應變器具設備歸位，回報防火管理人，回復平時應變機制。

5. 修正修正條文第三項明定進入場所檢查之相關事項。

第十五條（公共危險物品、可燃性高壓氣體之儲存管理及違反行為之舉發）

公共危險物品及可燃性高壓氣體應依其容器、裝載及搬運方法進行安全搬運；達管制量時，應在製造、儲存或處理場所以安全方法進行儲存或處理。

前項公共危險物品及可燃性高壓氣體之範圍及分類，製造、儲存或處理場所之位置、構造及設備之設置標準、儲存、處理及搬運之安全管理辦法，由中央主管機關會同中央目的事業主管機關定之。但公共危險物品及可燃性高壓氣體之製造、儲存、處理或搬運，中央目的事業主管機關另訂有安全管理規定者，依其規定辦理。

職務涉及第一項所定場所之行為人，或經營家用液化石油氣零售事業者（以下簡稱零售業者）、用戶及其員工得向直轄市、縣（市）主管機關敘明事實或檢具證據資料，舉發違反前二項之行為。

直轄市、縣（市）主管機關對前項舉發人之身分應予保密。

第三項舉發人之單位主管、雇主不得因其舉發行為，而予以解僱、調職或其他

不利之處分。

第三項舉發內容經查證屬實並處以罰鍰者，得以實收罰鍰總金額收入之一定比例，提充獎金獎勵舉發人。

前項舉發人獎勵資格、獎金提充比例、分配方式及其他相關事項之辦法，由直轄市、縣（市）主管機關定之。

【解說】

1. 本條明定公共危險物品及可燃性高壓氣體製造、儲存或處理場所之設置，其儲存、處理及搬運之安全管理、均應符合規定。其系統一覽表如下：

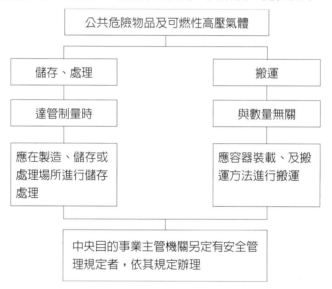

第十五條之一（承裝業營業登記之申請）

使用燃氣之熱水器及配管之承裝業，應向直轄市、縣（市）政府申請營業登記後，始得營業。並自中華民國九十五年二月一日起使用燃氣熱水器之安裝，非經僱用領有合格證照者，不得為之。

前項承裝業營業登記之申請、變更、撤銷與廢止、業務範圍、技術士之僱用及其他管理事項之辦法，由中央目的事業主管機關會同中央主管機關定之。

第一項熱水器及其配管之安裝標準，由中央主管機關定之。

第一項熱水器應裝設於建築物外牆，或裝設於有開口且與戶外空氣流通之位置；其無法符合者，應裝設熱水器排氣管將廢氣排至戶外。

第十五條之二（液化石油氣零售業者應備妥相關資料並定期申報）

零售業者應置安全技術人員，執行供氣檢查，並備置下列資料，定期向營業所在地主管機關申報：

一、容器儲存場所管理資料。

二、容器管理資料。

三、用戶資料。

四、液化石油氣分裝場業者灌裝證明資料。

五、安全技術人員管理資料。

六、用戶安全檢查資料。

七、投保公共意外責任保險之證明文件。

八、其他經中央主管機關公告之資料。

前項資料之製作內容、應記載事項、備置、保存年限、申報及其他應遵行事項之辦法，由中央主管機關定之。

第一項安全技術人員應經中央主管機關登錄之專業機構施予一定時數之訓練，領有合格證書，始得充任；任職期間，並應定期接受複訓。

前項所定專業機構，其申請登錄之資格、程序、應備文件、審核方式、登錄證書核（換）發、有效期間、變更、廢止、延展、執行業務之規範、資料之建置、保存與申報、施予安全技術人員訓練之項目、一定時數及其他應遵行事項之辦法，由中央主管機關定之。

【解說】

*1.為執行用戶供氣安全檢測事項，爰於第一項序文增訂家庭用液化石油氣零售業者應設置安全技術人員執行供氣檢查，並配合現行第十五條第三項零售業者之簡稱酌修文字。

*2.因業務管理需要及依法律授權明確原則，修正第二項定明零售業者應備置相關資料之建置、保存及申報等事項，由中央主管機關另定辦法規範。

*3.增訂第三項將本法施行細則第十九條之二有關安全技術人員應接受中央主管機關登錄之專業機構講習訓練合格、應定期接受複訓之規定提升至法律位階。

*4.增訂第四項定明登錄機構資格、程序、應備文件等事項，由中央主管機關另定辦法規範。

第十五條之三（液化石油氣容器之申請認可）

液化石油氣容器（以下簡稱容器）製造或輸入業者，應向中央主管機關申請型式認可，發給型式認可證書，始得申請個別認可。

容器應依前項個別認可合格並附加合格標示後，始得銷售。

第一項所定容器，其製造或輸入業者申請認可之資格、程序、應備文件、認可證書核（換）發、有效期間、變更、撤銷、廢止、延展、合格標示停止核發、銷售對象資料之建置、保存與申報及其他應遵行事項之辦法，由中央主管機關定之。

第一項所定容器之規格、構造、材質、熔接規定、標誌、塗裝、使用年限、認可試驗項目、批次認定、抽樣數量、試驗結果之判定、合格標示之規格與附加方式、不合格之處理及其他相關事項之標準，由中央主管機關公告之。

第一項所定型式認可、個別認可、型式認可證書、第二項所定合格標示之核發、第三項所定型式認可證書核（換）發、變更、合格標示停止核發、撤銷、廢止、延展，得委託中央主管機關登錄之專業機構辦理之。

前項所定專業機構辦理型式認可、個別認可、合格標示之核發、型式認可證書核（換）發、變更、延展所需費用，由申請人負擔，其收費項目及費額，由該機構報請中央主管機關核定。

第五項所定專業機構，其申請登錄之資格、儀器設備與人員、程序、應備文件、登錄證書之有效期間、核（換）發、撤銷、廢止、變更、延展、資料之建置、保存與申報、停止執行業務及其他應遵行事項之辦法，由中央主管機關定之。

第十五條之四（液化石油氣容器之定期檢驗）

容器應定期檢驗，零售業者應於檢驗期限屆滿前，將容器送經中央主管機關登錄之容器檢驗機構實施檢驗，經檢驗合格並附加合格標示後，始得繼續使用，使用年限屆滿應汰換之；其容器定期檢驗期限、項目、方式、結果判定、合格標示應載事項與附加方式、不合格容器之銷毀、容器閥之銷毀及其他相關事項之標準，由中央主管機關公告之。

前項所定容器檢驗機構辦理容器檢驗所需費用，由零售業者負擔，其收費項目及費額，由該機構報請中央主管機關核定。

第一項所定容器檢驗機構，其申請登錄之資格、儀器設備與人員、程序、應備文件、登錄證書之有效期間、核（換）發、撤銷、廢止、變更、延展、資料之建置、保存與申報、合格標示之停止核發、停止執行業務及其他應遵行事項之辦法，由中央主管機關定之。

*第十五條之五

第十五條第一項所定公共危險物品及可燃性高壓氣體製造、儲存或處理場所之起造人應將該場所之位置、構造及設備圖說，送請場所所在地主管機關審查完成後，始得向主管建築機關申報開工。

前項所定場所依建築法規定申請使用執照時，主管建築機關應會同前項辦理審查之主管機關檢查其位置、構造及設備合格後，始得發給使用執照。

儲存液體公共危險物品之儲槽起造人依前項規定申請使用執照前，應經中央主管機關許可之專業機構完成檢查，並出具合格證明文件。

前項儲槽達中央主管機關公告一定規模者，其管理權人於開始使用後，應委託前項之專業機構實施定期檢查，作成紀錄，並至少保存五年；公告生效前已設置之儲槽，應自公告生效之日起五年內完成初次定期檢查。主管機關得派員查核。

前二項儲存液體公共危險物品之儲槽檢查項目、方式、合格基準、定期檢查頻率及其他應遵行事項之辦法，由中央主管機關定之。

第三項所定專業機構，其申請許可之資格、程序、應備文件、審核方式、設備器具、許可證書核（換）發、有效期間、變更、廢止、延展、執行業務之規範、資料之建置、保存與申報及其他應遵行事項之辦法，由中央主管機關定之。

第四項達一定規模應實施定期檢查之儲存液體公共危險物品之儲槽，中央目的事業主管機關另有定期檢查規定者，依其規定辦理。

【解說】

1. 本條新增。

2. 第一項與第二項將公共危險物品及可燃性高壓氣體製造儲存處理場所設置標準暨安全管理辦法第十條第一項及第二項規定提升至法律位階，俾符合法律保留原則。

3. 起造人向主管建築機關申報開工前，即將公共危險物品及可燃性高壓氣體之製造、儲存或處理場所之位置、構造、設備圖說送請場所所在地主管機關審查完成，以利工程之順利進行，爰為第一項規定。

4. 第二項參照建築法第七十二條規定，定明公共危險物品及可燃性高壓氣體之製造、儲存或處理場所，申請使用執照，主管建築機關應會同第一項辦理審查之主管機關檢查其位置、構造及設備。

5. 第三項將公共危險物品及可燃性高壓氣體製造儲存處理場所設置標準暨安全管理辦法第十條第三項有關儲槽完工檢查規定，提升至法律位階，以符法律保留原則，至所稱專業機構，指得辦理「儲存液體公共危險物品儲槽檢查」之專業機構。另公共危險物品儲槽之檢查，係於儲槽起造人向主管建築機關申請使用執照

前，由專業機構先行進行檢查，確認完整性無虞後，提供主管建築機關及主管機關作為准駁依據，其非以專業機構之名義獨立對外行使公權力，而係於協助行政機關完成公共任務，屬行政助手性質，併予敘明。

6. 現行儲存液體公共危險物品之儲槽，於完工委託專業機構檢查後，並無後續定期檢查之規範，為確保此類儲槽之安全，爰參照石油管理法第三十三條第二項規定，於第四項定明儲槽定期檢查相關規定。至「一定規模以上」，參照內政部儲存液體公共危險物品儲槽自主定期檢查行政指導綱領規定，以公告方式定之。另有關既設儲槽應於中央主管機關公告生效之日起五年內完成初次檢查之落日條款，係參考經濟部石油管理法授權訂定之石油業儲油設備設置管理規則第二十七條第四項及美國石油協會（American Petroleum Institute, API）制定之 API653（Tank Inspection, Repair, Alteration,and Reconstruction）6.4.2 Inspection Intervals 有關油槽內部定期檢查年限之規定訂定之。

7. 第五項定明儲存液體公共危險物品之儲槽之檢查項目、合格基準等事項，由中央主管機關另定辦法規範，其內容將參考內政部儲存液體公共危險物品儲槽自主定期檢查行政指導綱領及國內外儲槽定期檢查相關規範（如石油業儲油設備設置管理規則及美國石油協會 API 653 等）。

8. 第六項定明經許可檢查儲存液體公共危險物品之儲槽之專業機構，其申請許可資格、程序等事項，由中央主管機關另定辦法規範。

9. 其他中央目的事業主管機關對液體公共危險物品儲槽另定有定期檢查規定者，宜優先適用其規定辦理，爰為第七項規定。

第十五條之六

製造、儲存及處理公共危險物品合計達管制量三十倍以上場所之管理權人，應遴用保安監督人及保安檢查員辦理下列事項：

一、責由保安監督人訂定消防防災計畫後，由管理權人報請場所所在地主管機關備查，並依該計畫執行有關危險物品管理必要之業務。

二、責由保安檢查員執行構造、設備之維護及自主檢查等事項。

保安監督人應為前項場所之管理或監督層次人員，其與保安檢查員應經中央主管機關登錄之專業機構施予一定時數之訓練，領有合格證書，始得充任；任職期間，並應定期接受複訓。

前項所定專業機構，其申請登錄之資格、程序、應備文件、審核方式、登錄證書核（換）發、有效期間、變更、廢止、延展、執行業務之規範、資料之建置、保存與申報、施予保安監督人與保安檢查員訓練之項目、一定時數及其他應遵行事項之辦法，由中央主管機關定之。

第一項之管理權人應於保安監督人及保安檢查員遴用之次日起十五日內，報請

第一項場所所在地主管機關備查；異動時，亦同。

依第十三條規定遴用之防火管理人具備第二項所定保安監督人資格者，得兼任第一項規定之保安監督人。

依第十三條第一項規定訂定之消防防護計畫已納入消防防災計畫內容者，管理權人得免依第一項規定責由保安監督人訂定消防防災計畫。

【解說】

1. 本條新增。

2. 將公共危險物品及可燃性高壓氣體製造儲存處理場所設置標準暨安全管理辦法第四十七條有關保安監督人之規定，提升至法律位階，爰爲第一項、第二項及第四項規定。又考量公共危險物品製造、儲存或處理場所之構造及設備之維護、自主檢查及安全管理等事項，應由具備專業知識之人員執行處理，故參考日本消防法第十四條規定，於第一項第二款規範應由管理權人遴用保安檢查員，以執行第一項序文場所之構造、設備維護及自主檢查等事項，並分別於第二項及第四項定明其與保安監督人訓練及異動應報備查之規定。

3. 第三項定明辦理保安監督人及保安檢查員訓練之專業機構，其申請登錄之資格、程序等事項，由中央主管機關另定辦法規範。

4. 現行製造、儲存或處理公共危險物品合計達管制量三十倍以上場所，其管理權人可能需同時遴用防火管理人及保安監督人，並分別訂定消防防護計畫及消防防災計畫。考量防火管理人如經訓練合格具有保安監督人資格，得由同一人兼任保安監督人，爰定明第五項。

5. 另考量消防防護計畫係就整廠區之防火管理事項規範之，而公共危險物品場所可能僅爲廠區之一部分，有關消防防災計畫之訂定，亦以該公共危險物品區域範圍爲主，故如消防防護計畫已納入廠區內公共危險物品場所之防災管理事項，管理權人得免再依第一項規定訂定消防防災計畫，爰定明第六項。

第三章｜災害搶救

第十六條（設置救災救護指揮中心）
各級消防機關應設救災救護指揮中心，以統籌指揮、調度、管制及聯繫救災、救護相關事宜。

【解說】

1. 爲統籌指揮、調度及聯繫救災、救護相關事宜，明定各級消防機關應設置救災救

護指揮中心。

2.相關法規

《緊急醫療救護法》

第十條　直轄市及縣（市）消防機關內應設置救災救護指揮中心，並配置救護
　　　　人員二十四小時值勤。

前項救護指揮中心之組織規程，由中央消防主管機關會同中央衛生主管機關定
之。

第十七條（設置消防栓）

直轄市、縣（市）政府，爲消防需要，應會同自來水事業機構選定適當地點，
設置消防栓，所需費用由直轄市、縣（市）政府、鄉（鎮、市）公所酌予補助；
其保養、維護由自來水事業機構負責。

【解說】

1.救火極需大量用水，凡供應自來水地區，均宜普遍設置消防栓以利救災之需，所
　需費用依自來水法第四十六條之規定由自來水事業機構負擔，直轄市、縣（市）
　政府、鄉（鎮、市）公所酌予補助。

2.本條所稱之消防栓，依據消防法施行細則第九條規定應採用地上雙口式爲原則。
　附近應設明顯標誌。

3.相關法規

《自來水法》

第六十四條　自來水事業應配合公共消防設置救火栓，其設置標準由省（市）
　　　　　　主管機關訂定之。

前項設置救火栓所增加之各種費用，由所在地地方政府鄉鎮（市）公所酌予補助。

第十八條（設置報警專用電話）

電信事業應視消防需要，設置主管機關報案電話設施。

任何人不得無故撥打主管機關報案電話，或謊報火警、災害、人命救助、緊急
救護情事。

主管機關爲執行火警、災害搶救、人命救助或緊急救護任務，得向電信事業查
詢或調取待救者通信紀錄及其個人相關資訊，電信事業不得拒絕。

主管機關及電信事業經辦前項資訊相關作業之人員，對於作業之過程及所知悉
資料之內容，應予保密，非有正當理由，不得洩漏。

【解說】

1. 目前各地區「一一九」火警報警電話，係電信事業提供公眾服務而免費設置。爲使執法依法有據，明定電信事業應配合消防需要設置專用報警電訊，以便民眾報警之需。

＊＊2. 原條文所定「電信機構」配合電信管理法規定修正爲「電信事業」；「報警專用電話設施」修正爲「主管機關報案電話設施」，並列爲第一項。

＊＊3. 隨著科技進步，民眾向主管機關報案愈趨多元化，知有火警、災害、人命須救助或緊急救護情事者，可透過撥打主管機關報案電話、傳送報案簡訊、使用網路報案軟體或至消防隊現場報案等方式向主管機關報案，惟不論採取何種報案方式，均不得謊報或無故撥打報案電話，以避免主管機關報案電話被佔線或浪費救災、救護及搜救之資源，爰增訂第二項。

＊＊4. 參考精神衛生法第五十一條第二項及第四項立法體例，增訂第三項及第四項規定。有關第三項所定「通信紀錄」，指電信管理法第九條第二項規定，用戶或電信使用人使用電信服務後，公眾電信網路所產生之發送方、接收方之電信號碼、通信時間、使用長度、位址、服務型態、信箱或位置資訊等紀錄，並以公眾電信網路性能可予提供者爲限，此係考量於重大天然災害發生後強化定位受困者最後位置，以利爭取救災黃金時間；另鑑於天然與人爲災害規模及持續時間具複合性及延續性，逐需具相對彈性資料追跡及分析時間，惟應限縮於執行火警、災害搶救、人命救助或緊急救護任務，以符合比例原則。另「個人相關資訊」指姓名、性別、出生日期、地址等用戶或電信使用人申請電信業務所填列之資料等；第四項規定相關人員之保密義務。

> **第十九條（為達緊急救護及搶救之目的得為即時強制）**
> 消防人員因緊急救護、搶救火災，對人民之土地、建築物、車輛及其他物品，非進入、使用、損壞或限制其使用，不能達緊急救護及搶救之目的時，得進入、使用、損壞或限制其使用。
> 人民因前項土地、建築物、車輛或其他物品之使用、損壞或限制使用，致其財產遭受特別犧牲之損失時，得請求補償。但因可歸責於該人民之事由者，不予補償。

【解說】

1. 按「經濟社會文化權利國際公約」第四條規定意旨及精神，國家應保障人民基本權利，若有限制，則應以法律明定之。行政機關爲防止危害之發生或避免緊急危險，固得採取即時強制之措施，惟若致人民財產有遭受特別犧牲之損失，自應予

以補償，始符合財產權保障意旨。

2.第一項文字酌予修正。另依上述公約精神，於第二項中增列第一項所包括之車輛及其他物品，並參考警察職權行使法第三十一條規定，定明第二項之損失，係指逾越人民社會責任所應忍受之範圍，構成特別犧牲之損失。

---

*第十九條之一

下列場所發生火災、爆炸、公共危險物品或可燃性高壓氣體漏逸時，管理權人應立即依中央主管機關訂定並公告之對象、方式及內容完成通報：

一、石油煉製業、石油化工原料製造業、合成樹脂及塑膠製造業、塑膠製品製造業之廠區。

二、製造、儲存或處理公共危險物品合計達管制量三千倍以上或其他經主管機關公告之廠區。

主管機關之人員、車輛及裝備進入前項場所時，該場所之管理權及現場人員不得規避、妨礙或拒絕。

【解說】

1.本條新增。

2.九十九年十月三日南亞塑膠工業股份有限公司之嘉義塑膠二廠因熱媒油外洩引發火災，且台塑六輕近十年發生三十餘起漏逸或火災事件，相關公共安全問題引起社會高度關注。因是類塑膠、石化等工廠之廠區面積廣大，蒸餾、精煉及摻配製程複雜，並以多棟廠房、工作建物及配管連接方式運作，製程中甚多易燃物質或危險物品，一旦發生火災、爆炸、公共危險物品或可燃性高壓氣體洩漏時，易擴大燃燒且不易撲滅，為免是類工廠延遲通報造成火勢擴大，影響公共安全，有必要課予其管理權人於上開災情發生時，應立即依中央主管機關訂定並公告之對象、方式及內容完成通報搶救之義務，爰為第一項規定如下：

⑴序文所定「漏逸」，指公共危險物品或可燃性高壓氣體非經正常之孔隙、裂縫或其他管道而使物質逸出，並與空氣接觸。

⑵第一款之場所業別，為石油管理法第二條第一項第六款、行政院主計總處中華民國行業標準分類（編號一八一○、一八四一、二二○）之石油煉製業、石油化工原料製造業、合成樹脂及塑膠製造業、塑膠製品製造業。

⑶第二款之製造、儲存或處理公共危險物品合計達管制量三千倍以上之廠區，因作業場所規模較大，公共危險物品製造、儲存或處理設施設備繁多，且存有大量公共危險物品，故亦課予場所管理權人通報義務。至公共危險物品之管制量，則依公共危險物品及可燃性高壓氣體製造儲存處理場所設置標準暨

安全管理辦法規定。另上述以外製造、儲存或處理公共危險物品之場所，有必要授權主管機關依地區特性決定是否納入規範，爰併授予主管機關公告之規定。

3.為避免主管機關前往石油煉製業等之廠區搶救時，該場所人員有規避、妨礙或拒絕情事，爰於第二項定明相關人員之義務。

第二十條（警戒區）
消防指揮人員，對火災處所周邊，得劃定警戒區，限制人車進入，並得疏散或強制疏散區內人車。

【解說】

1.為避免民眾在火場圍觀，妨礙搶救及維護其安全，本條明定消防指揮人員對火災處所周邊得劃定警戒區，限制人車進入，並得疏散或強制疏散區內人車，其不聽從者，依第三十六條規定處新台幣一萬元以上五萬元以下之罰鍰。
2.本條所稱劃定警戒區，依據消防法施行細則第十二條之規定得通知當地警察分局或分駐（派出）所協同警戒之。

第二十條之一（危險性救災行動之退避權）
現場各級搶救人員應於救災安全之前提下，衡酌搶救目的與救災風險後，採取適當之搶救作為；如現場無人命危害之虞，得不執行危險性救災行動。
前項所稱危險性救災行動認定標準，由中央主管機關另定之。

第二十一條（使用水源）
消防指揮人員，為搶救火災，得使用附近各種水源，並通知自來水事業機構，集中供水。

【解說】

1.救火必須迅速，並需大量用水，本條明定消防指揮人員得使用附近各種水源，並通知自來水事業機構，集中供水，以應急需，而利搶救。
2.依據消防法施行細則第十一條規定直轄市、縣（市）轄內之電力、公用氣體燃料事業機構及自來水事業應指定專責單位，於接獲消防指揮人員依本條及第二十二條所為之通知時，應立即派員迅速集中供水或截斷電源、瓦斯。

第二十一條之一（工廠火災其管理權人應提供資訊及指派專人協助救災）

消防指揮人員搶救工廠火災時，工廠之管理權人應依下列規定辦理：

一、提供廠區化學品種類、數量、位置平面配置圖及搶救必要資訊。

二、指派專人至現場協助救災。

【解說】

1. 消防人員執行災害搶救時，在缺乏資訊下，不但難以對事故採取適當之緊急搶救措施，致延誤搶救措施致災害擴大，甚而危及消防人員之安全。

2. 為利消防指揮人員即時取得災害現場所存放、使用之化學品相關資訊，參考原「毒性化學物質管理法」第二十四條及「核子事故緊急應變法」第二十三條，明定工廠之管理權人應提供廠區化學品種類、數量及位置平面配置圖，並於事故發生時要求管理權人派遣專人至搶救現場提供資訊協助救災，以維護救災人員安全、避免延誤救災。

第二十二條（截斷電源、瓦斯）

消防指揮人員，為防止火災蔓延、擴大，認有截斷電源、瓦斯必要時，得通知各該管事業機構執行之。

【解說】

火災發生對實施救災有妨礙、危險之電源、瓦斯，各該事業機構應即時配合截斷，以利救災。

第二十三條（警戒區）

直轄市、縣（市）消防機關，發現或獲知公共危險物品、高壓氣體等顯有發生火災、爆炸之虞時，得劃定警戒區，限制人車進入，強制疏散，並得限制或禁止該區使用火源。

【解說】

公共危險物品、高壓氣體爆炸燃燒，極易造成嚴重災害事件，本條明定消防機構發現或獲知公共危險物品、高壓氣體顯有發生火災、爆炸之虞時，得劃定警戒區，限制人車進入，強制疏散，並得限制或禁止該區使用火源。其不聽從者，依第三十六條規定得處新台幣一萬元以上五萬元以下罰鍰。

第二十四條（設置救護隊）

直轄市、縣（市）消防機關應依實際需要普遍設置救護隊；救護隊應配置救護車輛及救護人員，負責緊急救護業務。

前項救護車輛、裝備、人力配置標準及緊急救護辦法，由中央主管機關會同中央目的事業主管機關定之。

【解說】

本條明定直轄市、縣（市）消防機關應依實際轄區人口分佈、地理環境、交通及醫療設施狀況，設置救護隊。

第二十五條（直轄市、縣市消防機關）

直轄市、縣（市）消防機關，遇有天然災害、空難、礦災、森林火災、車禍及其他重大災害發生時，應即配合搶救與緊急救護。

【解說】

對天然災害、空難、礦災等之處理，均各有其主管機關及相關法令，惟遇有該等重大災害發生時，直轄市、縣（市）消防機關應立即運用既有人力裝備器材配合搶救及緊急救護，以減少災害損失及人命傷亡。

第四章｜災害調查與鑑定

第二十六條（火災調查、鑑定）

直轄市、縣（市）消防機關，為調查、鑑定火災原因，得派員進入有關場所勘查及採取、保存相關證物並向有關人員查詢。

火災現場在未調查鑑定前，應保持完整，必要時得予封鎖。

【解說】

1. 本條明定調查、鑑定火災原因時必要之作為，及有關人員之義務。
2. 依第四十三條規定拒絕消防機關勘查、查詢、採取、保存或破壞火災現場者，處新台幣六千元以上十萬元以下罰鍰。

第二十七條（火災鑑定會之設置）

直轄市、縣（市）政府，得聘請有關單位代表及學者專家，設火災鑑定會，調查、鑑定火災原因；其組織由直轄市、縣（市）政府定之。

【解說】

鑑定火災原因，須具專門知識，且涉及人民權益，遇有疑義或爭執案件，爲期愼重，宜邀請專家學者組設火災鑑定會鑑定之。

第二十七條之一（災害事故調查會之組成）

中央主管機關爲調查消防及義勇消防人員因災害搶救致發生死亡或重傷事故之原因，應聘請相關機關（構）、團體代表、學者專家及基層消防團體代表，組成災害事故調查會（以下簡稱調查會）。

調查會應製作事故原因調查報告，提出災害搶救改善建議事項及追蹤改善建議事項之執行。

調查會爲執行業務所需，得向有關機關（構）調閱或要求法人、團體、個人提供資料或文件。調閱之資料或文件業經司法機關或監察院先爲調取時，應由其敘明理由，並提供複本。如有正當理由無法提出複本者，應提出已被他機關調取之證明。

第一項調查會，其組成、委員之資格條件、聘請方式、處理程序及其他應遵行事項之辦法，由中央主管機關定之。

第五章｜民力運用

第二十八條（義勇消防組織之編組）

直轄市、縣（市）政府，得編組義勇消防組織，協助消防、緊急救護工作；其編組、訓練、演習、服勤辦法，由中央主管機關定之。

前項義勇消防組織所需裝備器材之經費，由中央主管機關補助之。

【解說】

消防工作日益繁重，亟須運用民力編組義勇消防組織，協助消防工作，以補消防人力之不足，本條明定直轄市、縣（市）政府得編組義勇消防組織，其編組、訓練、演習、服勤辦法由市政府定之。另本條第二項明定中央主管機關得補助所需裝備器材之經費。

第二十九條（服勤期間之津貼發給）

依本法參加義勇消防編組之人員接受訓練、演習、服勤時，直轄市、縣（市）政府得依實際需要供給膳宿、交通工具或改發代金。參加服勤期間，得比照國民

兵應召集服勤另發給津貼。

前項人員接受訓練、演習、服勤期間，其所屬機關（構）、學校、團體、公司、廠場應給予公假。

【解說】

1. 明定參加義勇消防編組訓練服勤之人員參加訓練、演習、服勤時，直轄市、縣（市）政府得依實際需要供給膳宿、交通工具或改發代金。

2. 另為補償個人參加服勤期間所受損失，得比照國民兵召集服勤另發津貼。

3. 為保障參加編組人員權利及避免因接受訓練、演習、服勤遭受損失，本條於第二項規定依本法參加編組人員，接受訓練、演習、服勤期間，其所屬機關（構）、學校、團體、公司、廠場應給予公假。

*第三十條（因接受訓練、演習、服勤致傷亡者之補償）

依本法參加編組人員，因接受訓練、演習、服勤致患病、受傷、身心障礙或死亡者，依下列規定辦理：

一、傷病者：得憑消防機關出具證明，至指定之公立醫院或特約醫院治療。但情況危急者，得先送其他醫療機構急救。

二、因傷致身心障礙者，依下列規定給與一次身心障礙給付：

　　（一）極重度與重度身心障礙者：三十六個基數。

　　（二）中度身心障礙者：十八個基數。

　　（三）輕度身心障礙者：八個基數。

三、死亡者：給與一次撫卹金九十個基數。

四、因傷病或身心障礙死亡者，依前款規定補足一次撫卹金基數。

前項基數之計算，以公務人員委任第五職等年功俸最高級月支俸額為準。

第一項身心障礙鑑定作業，依身心障礙者權益保障法辦理。

第一項所需費用，由消防機關報請直轄市、縣（市）政府核發。

【解說】

保障受國家徵調之救難、救災人員於發生事故時，能直接領取相關給付，並避免適用疑義，以確保其遺屬生活無虞、彰顯捨身為公之精神，使受國家徵調從事救災工作之人，得直接領取國家給予之撫恤金，無須抵扣其差額。

第三十一條（消防、救災、救護人員、裝備之調度運用）

各級消防主管機關，基於救災及緊急救護需要，得調度、運用政府機關、公、民營事業機構消防、救災、救護人員、車輛、船舶、航空器及裝備。

【解說】

為發揮地區性整體消防力量，明定消防機構得調度政府機關、公民營事業機構消防人員、車輛、船舶、航空器及裝備。其拒絕調度、運用者，處新台幣三千元以上一萬五千元以下之罰鍰。

第三十二條（受調度、運用之事業機構得請求補償）

受前條調度、運用之事業機構，得向該轄消防主管機關請求下列補償：

1. 車輛、船舶、航空器均以政府核定之交通運輸費率標準給付；無交通運輸費率標準者，由各該消防主管機關參照當地時價標準給付。

2. 調度運用之車輛、船舶、航空器、裝備於調度、運用期間遭受毀損，該轄消防主管機關應予修復；其無法修復時，應按時價並參酌已使用時間折舊後，給付毀損補償金；致裝備耗損者，應按時價給付。

3. 被調度、運用之消防、救災、救護人員於接受調度、運用期間，應按調度、運用時，其服務機構或僱用人所給付之報酬標準給付之；其因調度、運用致患病、受傷、身心障礙或死亡時，準用第三十條規定辦理。

人民應消防機關要求從事救災救護，致裝備耗損、患病、受傷、身心障礙或死亡者，準用前項規定。

【解說】

1. 調度、運用雖係國家依據法律所行使之強制權力，但為鼓勵被調度、運用之機構功在社會彌補其所受損失，得向該轄消防主管機關請求各項補償，以保障人民之權益。故本條明定調度、運用之補償、耗損之補償標準及受調度、運用之消防、救災、救護人員應按其原服務之報酬標準給付，以為補償。

2. 消防救災、救護現場要求一般民眾協助，有實際上之必要，因時有裝備耗損或生命、身體之危害，基於均衡原則之考量，本條第二項明定一般民眾應消防機關要求協助救災、救護，致裝備耗損、患病、傷亡或死亡等損失、損害之補償。

3. 本條有損失、損害之補償義務者為該轄消防主管機關。

4. 依本條請求補償時，依據消防法施行細則第十三條規定應以書面向當地直轄市、縣（市）主管機關請求之。直轄市、縣（市）消防主管機關對於前項請求，應即與請求人協議，協議成立時，應作成協議書。

第六章 ｜ 罰則

> ### 第三十三條（毀損瞭望台等設備罪）
> 毀損消防瞭望臺、警鐘臺、無線電塔臺；閉路電視塔臺或其相關設備者，處五年以下有期徒刑或拘役，得併科新台幣 1 萬元以上 5 萬元以下罰金。
> 前項未遂犯罰之。

【解說】

本條及本法第三十四條所列之車輛及消防器材，與刑法第一百八十二條火災、水災時隱匿或損壞防禦器材之妨害救災罪，及同法第三百五十四條毀損器具罪之一般器具均有不同。蓋重要消防設備器材，關係救災至鉅，不容故意毀損，故明定違法者，應予重罰，以期嚇阻。

> ### 第三十四條（毀損蓄、供水設備罪）
> 毀損供消防使用之蓄、供水設備或消防、救護設備者，處三年以下有期徒刑或拘役，得併科新台幣 6 千元以上 3 萬元以下罰金。
> 前項未遂犯罰之。

【解說】

1. 消防水源及消防救護車輛器材爲消防救災之主要設施裝備，如遭毀損則無法執行救災任務，既遂犯、未遂犯均予處罰，俾資防制。
2. 至妨礙本條第一項設備之使用者，依本法第三十六條規定得處新台幣一萬元以上五萬元以下罰鍰。

> ### 第三十五條（未依規定設置維護之致死、重傷罪）
> 依第六條第一項所定標準應設置消防安全設備之供營業使用場所，或依同條第四項所定應設置住宅用火災警報器之場所，其管理權人未依規定設置或維護，於發生火災時致人於死者，處 1 年以上 7 年以下有期徒刑，得併科新臺幣 100 萬元以上 500 萬元以下罰金；致重傷者，處 6 月以上 5 年以下有期徒刑，得併科新臺幣 50 萬元以上 250 萬元以下罰金。

【解說】

1. 鑑於近年來因管理權人未依規定負起消防安全設備設置或維護職責，致火災發生後均造成重大傷亡，故定本條處罰規定，以資警惕。

2.本條違法行為係為應作為而不作為，致造成人命傷亡所為處置措施，故有加重處罰之必要。

3.本條之處罰對象為管理權人，構成要件如下：

　　(1)未依規定設置或維護消防安全設備。

　　(2)供營業使用之場所。

　　(3)發生火災致人死亡或重傷者。

---

*第三十五條之一

違反第十九條之一第一項規定，未立即依中央主管機關公告之對象、方式或內容完成通報者，處管理權人新臺幣十萬元以上五十萬元以下罰鍰。

違反第十九條之一第二項規定，規避、妨礙或拒絕主管機關之人員、車輛或裝備進入場所者，處管理權人或行為人新臺幣二萬元以上十萬元以下罰鍰。

【解說】

1.本條新增。

2.配合修正條文第十九條之一規定，增訂違反之處罰規定。

3.為避免修正條文第十九條之一第一項所列場所於發生災害時，因管理權人未立即依中央主管機關公告之對象、方式或內容完成通報造成火勢擴大，致引起後續環境污染、鄰近居民恐慌與生活不便，甚至必須撤離或安置等問題，而付出重大社會成本，爰第一項定明對未立即依規定完成通報之管理權人處以新臺幣十萬元以上五十萬元以下之高額罰鍰，以達嚇阻之效。

4.為避免主管機關前往石油煉製業等之場所搶救時，該場所人員有規避、妨礙或拒絕情事，爰第二項定明對規避、妨礙或拒絕主管機關之人員、車輛或裝備進入場所者，處管理權人或行為人新臺幣二萬元以上十萬元以下罰鍰。至於個案中係以管理權人或行為人為裁罰對象，則視管理權人對行為人是否負有指揮監督之責，以及管理權人是否已盡排除行為人所為規避、妨礙或拒絕相關人、車或裝備進入場所之責任等各項主、客觀情形而定，併予說明。

---

*第三十五條之二

主管機關或電信事業人員違反第十八條第四項規定，無正當理由洩漏其經辦相關作業之過程或所知悉資料之內容者，處新臺幣二萬元以上十萬元以下罰鍰。

【解說】

1.本條新增。

2.參考精神衛生法第八十三條罰鍰額度，定明主管機關或電信事業人員違反修正條
　文第十八條第四項規定之罰責。

---

*第三十六條（罰則）

有下列情形之一者，處新臺幣一萬元以上五萬元以下罰鍰：

一、違反第十八條第二項規定，無故撥打主管機關報案電話，或謊報火警、災
　　害、人命救助、緊急救護情事。

二、不聽從主管機關依第十九條第一項、第二十條或第二十三條規定所為之處
　　置。

三、拒絕主管機關依第三十一條規定所為調度、運用。

四、妨礙第三十四條第一項規定設備之使用。

【解說】

1.搶救災害與緊急救護屬於消防單位出勤任務之一，消防救災救護資源有限，119
　電話乃提供民眾於發生緊急案件時求助用，亂打 119 電話，不僅浪費救災救護
　資源，將會影響真正需要援助的民眾，當有其他災害或緊急救護案件發生時，可
　能嚴重影響救災人力調度。為避免消防救災救護資源遭到不當利用，謊報災害或
　緊急救護者應予處罰。

2.不服消防指揮人員在火災所為之處置，勢必妨礙救災，不聽從警戒區限制人車進
　入之規定，則有危害其生命之虞，本條明定應予處罰。

3.俾便救災（護）有效運用與發揮成效。

**4.為使災害搶救、緊急救護作業順遂及確保公共安全，爰修正序文，提高罰鍰額度。

第三十七條（違反設置、維護、使用規定之處罰）

違反第六條第一項消防安全設備、第四項住宅用火災警報器設置、維護之規定
或第十一條第一項防焰物品使用之規定者，依下列規定處罰：

一、依第六條第一項所定標準應設置消防安全設備且供營業使用之場所，處場
　　所管理權人新臺幣二萬元以上三十萬元以下罰鍰，並通知限期改善。

二、依第六條第一項所定標準應設置消防安全設備且非供營業使用之場所，經
　　通知限期改善，屆期未改善，處場所管理權人新臺幣二萬元以上三十萬元
　　以下罰鍰，並通知限期改善。

依前項規定處罰鍰後經通知限期改善，屆期仍不改善者，得按次處罰，並得予
以三十日以下之停業或停止其使用之處分。

規避、妨礙或拒絕第六條第二項之檢查、複查者，處新臺幣六千元以上十萬元
以下罰鍰，並按次處罰及強制執行檢查、複查。

【解說】

1. 管理權人未依規定設置、維護消防安全設備或使用防焰物品，明定應予處罰。

2. 本條第三項明定規避、妨礙或拒絕消防機關實施消防安全檢（複）查之處罰規定。「規避」係指以消極態度拒絕、「妨礙」係指行使未至暴力程度之有形力，「拒絕」係指以積極手段拒絕，有關處罰對象至以強暴、脅（迫）妨害檢（複查）時，應依刑法第一百三十五條妨害公務罪論處。

*3. 因違反應設置消防安全設備、住宅用火災警報器之設置、維護規定或防焰物品使用等規定，於發生火災事故時，常造成人民財產、身體及生命之莫大危害，爲要求管理權人應確實定期辦理場所消防安全設備檢修申報，確保消防安全設備隨時保持使用功能正常，及爲使責罰相當，乃提高違反相關規定所處之罰鍰額度，爰修正第一項前段規定，並就場所是否供營業使用分別規定其罰責，另第一項第一款對於屬供營業使用之場所有違規行爲，增訂得逕予處罰之規定。

*4. 第二項移列至第三項，並考量消防安全設備於不同規模大小及複雜度之建築物內，有不同數量及裝置位置之要求，宜賦予較爲彈性之裁罰空間，俾利主管機關於個案裁罰時，得選擇最適當之罰鍰額度，爰提高妨礙、規避或拒絕第六條第二項之檢查、複查之罰鍰額度。

> **第三十八條（違反規定為設計、監造時之處罰）**
>
> 違反第七條第一項規定從事消防安全設備之設計、監造、測驗或檢修者，處新臺幣 3 萬元以上 15 萬元以下罰鍰，並得按次處罰。
>
> 違反第九條第一項規定者，處其管理權人新臺幣 1 萬元以上 5 萬元以下罰鍰，並通知限期改善；屆期未改善者，得按次處罰。
>
> 中央主管機關許可之消防安全設備檢修專業機構、消防設備師或消防設備士，未依第九條第二項所定辦法中有關定期檢修項目、方式、基準、期限之規定檢修消防安全設備或爲消防安全設備不實檢修報告者，處新臺幣 2 萬元以上 10 萬元以下罰鍰，並得按次處罰；必要時，並得予以一個月以上一年以下停止執行業務或停業之處分。
>
> 中央主管機關許可之消防安全設備檢修專業機構違反第九條第四項所定辦法中有關執行業務之規範、消防設備師（士）之僱用、異動、訓練、業務相關文件之備置、保存年限、各類書表陳報之規定者，處新臺幣 3 萬元以上 15 萬元以下罰鍰，並通知限期改善；屆期未改善者，得按次處罰，並得予以三十日以下之停業處分或廢止其許可。

【解說】

1. 第一項爲有效嚇阻非消防專技人員違反規定從事消防安全設備之設計、監造、測試及檢修，適度提高罰鍰金額。
2. 第二項爲有效督促管理權人辦理檢修申報，爰刪除經通知限期改善，逾期不改善再進行裁處之程序，修正爲直接處罰後限期改善，並得按次處罰。
3. 爲避免中央主管機關許可之消防安全設備檢修專業機構、消防設備師或消防設備士未依規定檢修消防安全設備，爰於第三項增列處罰規定。
4. 爲落實中央主管機關許可之消防安全設備檢修專業機構之管理，增訂第四項處罰之規定。

第三十九條（違反銷售或設置規定之處罰）

違反第十一條第二項規定，銷售未附有防焰標示之防焰物品或其材料；或違反第十二條第一項規定，銷售或設置未經認可或未附加認可標示之消防器具、器材或設備者，處新臺幣二萬元以上十萬元以下罰鍰，並得按次處罰；其陳列經勸導改善仍未改善者，處新臺幣一萬元以上五萬元以下罰鍰，並得按次處罰。規避、妨礙或拒絕主管機關依第十一條之一第三項規定所爲之抽樣試驗者，處新臺幣六千元以上十萬元以下罰鍰，並強制抽樣試驗。

【解說】

1. 明定消防安全設備未經檢驗合格或防焰物品未附防焰標示者，擅自銷售、設置及陳列之處罰規定。
2. 應施檢驗之消防機具、器材與設備，使用未經檢驗合格者，處罰對象爲銷售者、設置者或陳列者。該陳列係指以販售爲目的之陳列。
3. 未附有防焰標示之物品或其材料，處罰對象爲銷售者、陳列者。
*4. 爲加強取締違反防焰物品或消防機具、器材及設備銷售、設置或陳列行爲，以維護公共安全，爰原條文增訂按次處罰之規定列爲第一項，並修正文字使處罰態樣明確。又實務運作依原條文規定意旨，係以違法銷售、陳列或設置未經認可並附加防焰標示、認可標示之消防器具、器材、設備或防焰物品之義務主體爲裁罰之對象，非裁罰該義務主體所屬之銷售、陳列或設置人員（臺灣臺中地方法院一百零四年度簡字第九十二號判決要旨參照），爲避免爭議，爰刪除原銷售或設置人員、陳列人員等文字。
*5. 配合修正條文第十一條之一第三項定明有關抽樣試驗機制，爰參照修正條文第三十七條第三項規定，增訂第二項處罰及強制抽樣試驗規定，俾利確保防焰物品或其材料性能之品質。

*第四十條（違反建築物防火規定之處罰）

一定規模以上之建築物且供營業使用場所，違反第十三條第一項規定未由管理權人遴用防火管理人訂定消防防護計畫，或違反同條第三項規定未訂定施工中消防防護計畫者，處其管理權人新臺幣二萬元以上三十萬元以下罰鍰；有發生火災致生重大損害之虞者，並得勒令管理權人停工，施工中消防防護計畫非經依同條第四項規定備查，不得擅自復工。

有下列情形之一，經通知限期改善，屆期未改善者，處其管理權人新臺幣二萬元以上十萬元以下罰鍰：

一、一定規模以上之建築物且非供營業使用場所，違反第十三條第一項規定未由管理權人遴用防火管理人訂定消防防護計畫，或違反同條第三項規定未訂定施工中消防防護計畫。

二、違反第十三條第四項規定，未由管理權人將同條第一項及第三項之消防防護計畫報請建築物所在地主管機關備查，或未依各該計畫執行有關防火管理上必要之業務。

三、違反第十三條第五項規定，未由各管理權人協議遴用共同防火管理人訂定共同消防防護計畫，或未共同將消防防護計畫報建築物所在地主管機關備查，或未依備查之共同消防防護計畫執行有關共同防火管理上必要之業務。

四、違反第十三條第七項規定，防火管理人或共同防火管理人非該場所之管理或監督層次人員，或任職期間未定期接受複訓。

五、違反第十三條第十項規定，未於規定期限內將遴用或異動之防火管理人或共同防火管理人，報請建築物所在地主管機關備查。

六、違反第十三條之一第一項規定，高層建築物之防災中心或地下建築物之中央管理室未置領有合格證書之服勤人員，或服勤人員任職期間未定期接受複訓。

七、違反第十三條之一第四項規定，未於規定期限內將遴用或異動之服勤人員，報請同條第一項建築物所在地主管機關備查。

依前二項規定處罰鍰後，經通知限期改善，屆期仍未改善者，得按次處罰，並得予以三十日以下之停業或停止其使用之處分。

【解說】

1. 明定違反第十三條防火管理者規定之處罰規定。

2. 本條處罰之對象包括第十三條所列：

　⑴防火管理人之遴用、異動未依規定報請備查。

　⑵消防防護計畫未報請核備。

　　　⑶未依防護計畫執行者。

　　　⑷各管理權人拒絕依第二項協議制定共同消防防護計畫者。

　3.為使場所管理權人重視消防防護計畫之執行，提高全民防火意識並時時提高救災警覺，以加強防災應變能力，為免場所管理權人忽視第十三條之規定，特修改第四十條增加行政罰則。

**4.原條文前段規定配合修正條文第十三條修正處罰規定，並分列第一項及第二項，說明如下：

　　⑴考量場所特性，若屬一定規模以上之建築物且供營業使用場所，未依規定訂定消防防護計畫及施工中消防防護計畫者，應加重處罰，爰第一項提高罰鍰額度，並定明違反施工中消防防護計畫相關規定，除適用相關罰責規定外，如有發生火災致生重大損害之虞者，並得勒令管理權人停工，施工中消防防護計畫非經依規定備查，不得擅自復工。

　　⑵基於處罰明確性，有關處罰之行為態樣、條件與法律效果等事項，均應以法律或法律具體明確授權之法規命令定之，爰第二項各款分別定明違反修正條文第十三條第一項、第四項、第五項、第七項、第十項及第十三條之一第一項、第四項規定之具體內容，以資明確；又基於責罰相當，提高違反該等規定之罰鍰額度。

第四十一條

違反第十四條第一項或第二項所定法規有關安全防護措施、禁止從事之區域、時間、方式或應遵行事項之規定者，處新臺幣 3 千元以下罰鍰。

【解說】

增列違反修正條文第十四條第二項規定之罰則，考量實務上田野引火燃燒、施放天燈等行為，多屬情節輕微之違反行政法上義務行為，爰參酌行政罰法第十九條第一項規定，修正其法定罰鍰最高額為新臺幣三千元以下；主管機關對情節輕微之田野引火燃燒、施放天燈，認以不處罰為適當者，得按具體情況妥適審酌後，免予處罰，並得改以糾正或勸導措施，以發揮導正效果。

第四十一條之一

違反第十四條之一第一項或第二項所定辦法，有關安全防護措施、審核方式、撤銷、廢止、禁止從事之區域、時間、方式或應遵行事項之規定者，處新臺幣 3 萬元以上 15 萬元以下罰鍰，並得按次處罰。

規避、妨礙或拒絕依第十四條之一第三項之檢查者，處管理權人或行為人新臺幣 1 萬元以上 5 萬元以下罰鍰，並得強制檢查或令其提供相關資料。

【解說】

1. 本條新增。

2. 配合增列第十四條之一，規定違反之罰則。

3. 修正條文第二項明定管理權人及相關人員以消極態度拒絕或行使未至暴力程度等積極手段拒絕檢查或複查者之罰則。

第四十二條（未符合設置標準與安全管理規定之處罰）

第十五條所定公共危險物品及可燃性高壓氣體之製造、儲存或處理場所，其位置、構造及設備未符合設置標準，或儲存、處理及搬運未符合安全管理規定者，處其管理權人或行為人新台幣 2 萬元以上 30 萬元以下罰鍰；經處罰鍰後仍不改善者，得連續處罰，並得予以三十日以下停業或停止其使用之處分。

【解說】

1. 配合第十五條之修正，明定違反公共危險物品及可燃性高壓氣體設置標準、安全管理之處罰規定。

2. 本條之處罰對象如下：

   ⑴製造、儲存或處理場所，其位置、構造及設備未符合設置標準者，處罰管理權人。

   ⑵儲存、處理或搬運未符合安全管理規定者，處罰行為人。

*3. 考量第十五條所定場所之範圍含括公共危險物品工廠、液化石油氣分裝場、檢驗場、瓦斯行及容器串接使用場所（如餐廳、小吃店及自助洗衣店）等，場所規模差異較大，為賦予依個案場所規模為適切裁罰空間，爰修正罰鍰額度上限。

第四十二條之一（未符合熱水器安裝規定之處罰）

違反第十五條之一，有下列情形之一者，處負責人及行為人新臺幣一萬元以上五萬元以下罰鍰，並得命其限期改善，屆期未改善者，得連續處罰或逕予停業處分：

一、未僱用領有合格證照者從事熱水器及配管之安裝。

二、違反第十五條之一第三項熱水器及配管安裝標準從事安裝工作者。

三、違反或逾越營業登記事項而營業者。

第四十二條之二（違反液化石油氣之申請認可及檢驗之罰則）

零售業者、專業機構、容器製造、輸入業者或容器檢驗機構有下列情形之一者，處新臺幣二萬元以上十萬元以下罰鍰，並通知限期改善，屆期未改善者，得按次處罰：

一、容器製造或輸入業者違反第十五條之三第二項規定，容器未經個別認可合格或未附加合格標示即銷售。

二、容器製造或輸入業者違反第十五條之三第三項所定辦法中有關銷售對象資料之建置、保存或申報之規定。

三、專業機構違反第十五條之三第七項所定辦法中有關儀器設備與人員、資料之建置、保存或申報之規定。

四、零售業者違反第十五條之四第一項規定，未於容器之檢驗期限屆滿前送至檢驗機構進行定期檢驗仍繼續使用，或容器逾使用年限仍未汰換。

五、容器檢驗機構違反第十五條之四第三項所定辦法中有關儀器設備與人員、資料之建置、保存或申報之規定。

有前項第一款違規情形者，其容器並得沒入銷毀。

*第四十二條之三

有下列情形之一者，處新臺幣二萬元以上十萬元以下罰鍰，並通知限期改善，屆期未改善者，得按次處罰：

一、零售業者違反第十五條之二第一項規定，未置領有合格證書之安全技術人員。

二、管理權人違反第十五條之五第四項規定，未委託中央主管機關許可之專業機構實施儲槽定期檢查，或未依規定期限完成初次定期檢查，或儲槽定期檢查紀錄未至少保存五年。

三、第十五條之五第四項規定之儲槽經專業機構實施定期檢查之結果，不符同條第五項所定辦法中有關合格基準之規定。

四、專業機構未依第十五條之五第五項所定辦法中有關檢查項目、方式、合格基準、定期檢查頻率之規定檢查，或為不實檢查紀錄。

五、專業機構違反第十五條之五第六項所定辦法中有關執行業務之規範、資料之建置、保存或申報之規定。

六、第十五條之六第一項規定之管理權人，未責由保安監督人訂定消防防災計畫、未將消防防災計畫報請場所所在地主管機關備查或未依消防防災計畫執行危險物品管理必要之業務，或未責由保安檢查員執行構造、設備維護及自主檢查。

七、第十五條之六第一項規定之管理權人，未遴用符合同條第二項規定資格之保安監督人或保安檢查員。

八、第十五條之六第一項規定之管理權人違反同條第四項規定，未於規定期限內將遴用或異動之保安監督人或保安檢查員，報請同條第一項場所所在地

主管機關備查。

第十五條之五第四項規定之儲槽有前項第三款情形，處罰其管理權人並通知限期改善，屆期未改善者，並得令停止使用儲存液體公共危險物品儲槽。

第一項第四款之專業機構，經依同項規定處罰鍰並通知限期改善，屆期未改善者，並得予一個月以上一年以下停止執行業務或廢止許可之處分。

第一項第五款之專業機構，經依同項規定處罰鍰並通知限期改善，屆期未改善者，並得予三十日以下停止執行業務或廢止許可之處分。

【解說】

1. 本條新增。

2. 第一項係為違反法規情形尚需改善事項，故依本條規定於處罰鍰後須限期改善，未改善者再按次處罰，至違反規定之樣態如下：

    (1) 第一款定明液化石油氣零售業者之安全技術人員不符規定。

    (2) 第二款定明儲存液體公共危險物品儲槽未委託專業機構實施儲槽定期檢查或未依規定完成初次定期檢查，或定期檢查紀錄未依規定保存。

    (3) 第三款定明一定規模儲存液體公共危險物品儲槽經專業機構檢查，其檢查結果不符規定。

    (4) 第四款定明液體公共危險物品儲槽檢查專業機構，未依規定進行檢查，或為不實檢查紀錄。

    (5) 第五款定明液體公共危險物品儲槽檢查專業機構，未依規定辦理有關執行業務之規範等事項。

    (6) 第六款至第八款定明達管制量三十倍以上公共危險物品場所違反保安監督規定。

3. 第一項第三款之儲槽經專業機構檢查不符規定者，除定明處該儲槽之管理權人罰鍰外，為確保儲槽之安全，並通知限期改善。惟如屆期未改善，考量儲槽係大量儲存液體公共危險物品，火災風險較高，倘實務認定有危害公共安全之虞且情節重大者，則得令停止使用該儲槽，爰於第二項定明。

4. 第一項第四款之專業機構，如未依規定進行檢查，或為不實檢查紀錄，及第一項第五款之專業機構，如未依規定辦理有關執行業務之規範等事項，除處以罰鍰外，並通知限期改善。惟如屆期未改善，倘實務認定專業機構之執行能力不足，則得予停止執行業務至提升執行能力後再行恢復辦理檢查；或發現專業機構喪失執行業務能力，則得廢止其許可，停止其辦理檢查之權力，故參考修正條文第三十八條第三項、第四項規定，分別於第三項及第四項定明之。

*第四十二條之四

零售業者有下列情形之一者，處新臺幣三千元以上一萬五千元以下罰鍰，並通知限期改善，屆期未改善者，得按次處罰：

一、違反第十五條之二第二項所定辦法中有關資料之製作內容、應記載事項、備置、保存年限或申報之規定。

二、違反第十五條之二第三項規定，安全技術人員任職期間未定期接受複訓。

【解說】

1. 本條新增。

2. 本條規範液化石油氣零售業者業務執行之書面資料不符規定或安全技術人員未定期接受複訓之處罰規定。

第四十三條（拒絕勘查等之罰鍰）

拒絕依第二十六條所為之勘查、查詢、採取、保存或破壞火災現場者，處新台幣 6 千元以上十萬元以下罰鍰。

【解說】

1. 火災調查，旨在查明原因，確定責任，及作為爾後防救之參考，其必要之勘查、查詢、採取、保存，如遭拒絕或破壞現場，勢難達成任務，故對違害者予以處罰。

*2. 為確保火災現場完整及調查順遂，並警惕民眾勿破壞現場，爰提高罰鍰額度，以收嚇阻之效。

第四十三條之一（違反危險性救災行動之退避權之罰則）

違反第二十一條之一第一款規定，工廠之管理權人未提供廠區化學品種類、數量、位置平面配置圖及搶救必要資訊，或提供資訊內容虛偽不實者，處管理權人新臺幣三萬元以上六十萬元以下罰鍰。

違反第二十一條之一第二款規定，工廠之管理權人未指派專人至現場協助救災，處管理權人新臺幣五十萬元以上一百五十萬元以下罰鍰。

第四十四條（犯罪嫌疑者移送司法機關）

依本法應受處罰者，除依本法處罰外，其有犯罪嫌疑者，應移送司法機關處理。

【解說】

明定除依本法處罰外，其有犯罪嫌疑者，應移送司法機關處理。

第七章｜附則

第四十六條（施行細則之核定發布）
本法施行細則，由中央主管機關定之。

第四十七條（施行日）
本法自公布日施行。

罰則整理（罰金）

罰金（新台幣）	法條	內容
3 千元以下	§41	違反 §14 易致火災行為之申請與規範 1. 非經該管主管機關許可有田野引火燃燒、施放天燈及其他經主管機關公告易致火災之行為。 2. 違反主管機關訂定申請許可之相關事項。
3 千～1 萬 5 千元	§42-4	零售業者違反 §15-2 之規定 1. 有關資料之製作內容、應記載事項、備置、保存年限或申報未符合規定。 2. 安全技術人員任職期間未定期接受複訓。 →通知限期改善，屆期未改善者，得按次處罰。
6 千～3 萬元	§34	毀損供消防使用之蓄、供水設備或消防、救護設備者。（未遂犯罰之）
6 千～10 萬元	§37	規避、妨礙或拒絕消防機關實施消防安全檢查、複查者。（並按次處罰及強制執行檢查、複查。）
	§39	規避、妨礙或拒絕主管機關依規定就防焰物品或其材料，實施不定期抽樣試驗者。 →強制抽樣試驗
	§43	拒絕為調查、鑑定火災原因為之勘查、查詢、採取、保存或破壞火災現場者。
1 萬～5 萬元	§33	毀損消防瞭望臺、警鐘臺、無線電塔臺、閉路電視塔臺或其相關設備者。（未遂犯罰之）

	§36	1.無故撥打主管機關報案電話，或謊報火警、災害、人命救助、緊急救護情事。 2.不聽從主管機關 　(1)消防人員因緊急救護、搶救火災，對人民之土地、建築物、車輛及其他物品得進入、使用、損壞或限制其使用。 　(2)火災處所周邊，得劃定警戒區，限制人車進入，並得疏散或強制疏散區內人車。 　(3)公共危險物品、高壓氣體等顯有發生火災、爆炸之虞時，得劃定警戒區，限制人車進入，強制疏散，並得限制或禁止該區使用火源。 3.拒絕主管機關依規定調度、運用政府機關、公、民營事業機構消防、救災、救護人員、車輛、船舶、航空器及裝備。 4.妨礙供消防使用之蓄、供水設備或消防、救護設備之使用。
	§38	管理權人違反有關定期檢修消防安全設備之規定，未依期限將檢修結果報請當地主管機關備查、複查。（得按次處罰）
	§39	陳列未附有防焰標示之防焰物品、材料或未經認可、未附加認可標示之消防器具、器材、設備，經勸導改善仍未改善者。（得按次處罰）
	§41-1	規避、妨礙或拒絕主管機關所派檢查人員之請求，提供相關資料。
	§42-1	1.未僱用領有合格證照者從事熱水器及配管之安裝。 2.違反熱水器及配管安裝標準從事安裝工作者。 3.違反或逾越營業登記事項而營業者。 　→得命其限期改善，屆期未改善者，得連續處罰或逕予停業處分。
2萬～10萬元	§35-1	違反§19-1第二項規定，規避、妨礙或拒絕主管機關之人員、車輛或裝備進入場所者。
	§35-2	主管機關或電信事業人員無正當理由洩漏其經辦相關作業之過程或所知悉資料之內容者。
	§38	消防安全設備檢修專業機構、消防設備師（士），未依§9第二項規定為消防安全設備檢修或不實檢修報告者。 →得按次處罰；必要時，並得予以一個月以上一年以下停止執行業務或停業之處分。
	§39	1.銷售未附有防焰標示之防焰物品或其材料。 2.銷售或設置未經認可或未附加認可標示之消防器具、器材或設備者。 　→得按次處罰

	§40	1.（非營業用場所）管理權人未遴用防火管理人，責其訂定消防防護計畫。 2.（非營業用場所）管理權人未責由防火管理人訂定施工中消防防護計畫。 3.消防防護計畫未報請備查或未依消防防護計畫執行者。 4.各管理權人拒絕協議制定共同消防防護計畫。 5.共同消防防護計畫未報請備查或未依共同消防防護計畫執行者。 6.防火管理人或共同防火管理人非該場所之管理或監督層次人員，或任職期間未定期接受複訓。 7.未於規定期限內將遴用或異動之防火管理人或共同防火管理人報請備查。 8.高層建築物之防災中心或地下建築物之中央管理室未置領有合格證書之服勤人員，或服勤人員任職期間未定期接受複訓。 9.違反 §13-1 第四項規定，未於規定期限內將遴用或異動之服勤人員報請備查。 →通知限期改善，屆期仍未改善者，得按次處罰，並得予以三十日以下之停業或停止其使用之處分。
	§42-2	1.容器製造或輸入業者違反 §15-3 第二項規定，容器未經個別認可合格或未附加合格標示即銷售。（其容器得沒入銷毀） 2.容器製造或輸入業者違反 §15-3 第三項所定辦法中有關銷售對象資料之建置、保存或申報之規定。 3.專業機構違反 §15-3 第七項所定辦法中有關儀器設備與人員、資料之建置、保存或申報之規定。 4.零售業者未於容器之檢驗期限屆滿前送至檢驗機構進行定期檢驗仍繼續使用，或容器逾使用年限仍未汰換。 5.容器檢驗機構違反 §15-4 第三項所定辦法中有關儀器設備與人員、資料之建置、保存或申報之規定。 →通知限期改善，屆期未改善者，得按次處罰。
	§42-3	1.零售業者未置領有合格證書之安全技術人員。 2.管理權人未委託中央主管機關許可之專業機構實施儲槽定期檢查，或未依規定期限完成初次定期檢查，或儲槽定期檢查紀錄未至少保存五年。 3.儲存液體公共危險物品之儲槽經專業機構實施定期檢查之結果未符合 §15-5 第五項所定辦法中有關合格基準之規定。（處罰其管理權人並通知限期改善，屆期未改善者，並得令停止使用儲存液體公共危險物品儲槽。） 4.專業機構未依 §15-5 第五項之規定檢查，或為不實檢查紀錄。（通知限期改善，屆期未改善者，並得予一個月以上一年以下停止執行業務或廢止許可之處分。） 5.專業機構違反 §15-5 第六項所定辦法中有關執行業務之規範、資料之建置、保存或申報之規定。（通知限期改善，屆期未改善者，並得予三十日以下停止執行業務或廢止許可之處分。）

		6. 製造、儲存及處理公共危險物品合計達管制量三十倍以上場所之管理權人，未責由保安監督人訂定消防防災計畫、未將消防防災計畫報請場所所在地主管機關備查或未依消防防災計畫執行危險物品管理必要之業務，或未責由保安檢查員執行構造、設備維護及自主檢查。
		7. 製造、儲存及處理公共危險物品合計達管制量三十倍以上場所之管理權人，未遴用符合規定資格之保安監督人或保安檢查員。
		8. 製造、儲存及處理公共危險物品合計達管制量三十倍以上場所之管理權人，未於規定期限內將遴用或異動之保安監督人或保安檢查員，報請在地主管機關備查。
2 萬～30 萬元	§37	管理權人未依規定設置、維護消防安全設備或設置、維護住宅用火災警報器或使用防焰物品。 →處罰鍰後經通知限期改善，仍不改善者，得按次處罰，並得予以三十日以下之停業或停止其使用之處分。
	§40	1.（營業用場所）管理權人未遴用防火管理人，責其訂定消防防護計畫。 2.（營業用場所）管理權人未責由防火管理人訂定施工中消防防護計畫。 　→通知限期改善，屆期仍未改善者，得按次處罰，並得予以三十日以下之停業或停止其使用之處分。
	§42	公共危險物品及可燃性高壓氣體之製造、儲存或處理場所，其位置、構造及設備未符合設置標準，或儲存、處理及搬運未符合安全管理規定者。 →經處罰鍰後仍不改善者，得連續處罰，並得予以三十日以下停業或停止其使用之處分。
3 萬～15 萬元	§38	1.違反 §7 第一項未依規定委由消防設備師、消防設備士設計、監造、測試或檢修者。（並得按次處罰） 2.消防安全設備檢修專業機構違反 §9 第四項所定辦法中有關執行業務之規範、消防設備師（士）之僱用、異動、訓練、業務相關文件之備置、保存年限、各類書表陳報之規定者。 　→通知限期改善；屆期未改善者，得按次處罰，並得予以三十日以下之停業處分或廢止其許可。
	§41-1	明火表演違反主管機關訂定申請許可之相關事項。
3 萬～60 萬元	§43-1	工廠之管理權人未提供廠區化學品種類、數量、位置平面配置圖及搶救必要資訊，或提供資訊內容虛偽不實者。
10 萬～50 萬元	§35-1	違反 §19-1 第一項規定，未立即依中央主管機關公告之對象、方式或內容完成通報者。
50 萬～150 萬元	§43-1	工廠之管理權人未指派專人至現場協助救災。

50 萬～250 萬元	§35	管理權人未依規定設置或維護消防安全設備之供營業使用場所，於發生火災時致人重傷者。
100 萬～500 萬元	§35	管理權人未依規定設置或維護消防安全設備之供營業使用場所，於發生火災時致人於死者。

罰則整理（刑罰）

刑罰	法條	內容
三年以下	§34	毀損供消防使用之蓄、供水設備或消防、救護設備者。（未遂犯罰之）
五年以下	§33	毀損消防瞭望台、警鐘台、無線電塔台、閉路電視塔台或其相關設備者。（未遂犯罰之）
六個月至五年	§35	管理權人未依規定設置或維護消防安全設備之供營業使用場所，於發生火災時致人重傷者。
一年至七年	§35	管理權人未依規定設置或維護消防安全設備之供管業使用場所，於發生火災時致人於死者。

第一章◎自我評量

（**D**）　1. 地面樓層達多少層以上建築物，應使用附有防焰標示之地毯？
　　　　　(A) 五層　(B) 七層　(C) 九層　(D) 十一層。

（**A**）　2. 依消防法規定，破壞火災現場者，罰鍰新台幣多少元？
　　　　　(A) 3 千元以上 1 萬 5 千元以下　(B) 4 千元以上 2 萬元以下　(C) 5 千元以上 2 萬 5 千元以下　(D) 6 千元以上 3 萬元以下。

（**C**）　3. 依消防法規定，毀損供消防使用之蓄、供水設備或消防救護設備者，最重可處幾年以下有期徒刑？
　　　　　(A) 一年　(B) 二年　(C) 三年　(D) 四年。

（**A**）　4. 義消人員接受訓練時，縣（市）政府不給予下列何種待遇？
　　　　　(A) 發給津貼　(B) 供給膳宿　(C) 提供交通工具　(D) 改發代金。

（**D**）　5. 依消防法規定，下列何者不屬於消防工作範圍？
　　　　　(A) 預防火災　(B) 搶救災害　(C) 緊急救護　(D) 為民服務。

（**A**）　6. 依消防法應設置並維護其消防安全設備之義務者為何人？
　　　　　(A) 管理權人　(B) 防火管理人　(C) 董事長　(D) 經理。

（**D**）　7. 下列何者消防安全設備之定期檢修，應委託中央主管機關審查合格之專業機構辦理？
　　　　　(A) 工廠　(B) 倉庫　(C) 高壓氣體儲存所　(D) 地下建築物。

（**B**） 8. 供公眾使用建築物之消防安全設備圖說，縣（市）消防機關應於主管建築機關何種階段前審查完成？
(A) 申請建照前　(B) 許可開工前　(C) 地基完成前　(D) 申請使用執照前。

（**B**） 9. 下列何者為不需使用附有防焰標示之物品？
(A) 地毯　(B) 沙發　(C) 窗簾　(D) 展示用廣告板。

（**C**） 10. 下列何種行為不需向縣（市）消防機關申請許可？
(A) 田野引火燃燒　(B) 使用炸藥爆破施工　(C) 迎神賽會燃放鞭炮 (D) 施放煙火。

（**D**） 11. 政府設置之消防栓，其保養維護由下列何者負責？
(A) 縣（市）政府　(B) 鄉（鎮）公所　(C) 消防機關　(D) 自來水事業機構。

（**A**） 12. 依消防法規定，消防主管機關在縣（市）為下列何者？
(A) 縣（市）政府　(B) 警察局　(C) 消防局　(D) 工務局。

（**D**） 13. 消防機關為調查、鑑定火災原因，得為之行為何者有誤？
(A) 派員進入有關場所勘查　(B) 採取、保存相關證物　(C) 向有關人員查詢 (D) 對有關人員作偵訊筆錄。

（**A**） *14. 義消因服勤致中度身心障礙者，給與多少個基數之給付？
(A) 18　(B) 20　(C) 25　(D) 30。

（**B**） 15. 義消服勤因公死亡者，給與多少個基數撫卹金？
(A) 80　(B) 90　(C) 100　(D) 120。

（**B**） 16. 應設置消防安全設備之供營業使用場所，其管理權人未依規定維護，於發生火災時致人重傷者，處多少徒刑？
(A) 一年以上七年以下　(B) 六個月以上五年以下　(C) 二年以下 (D) 三年以上十年以下。

（**B**） 17. 無故撥火警電話者，可處新台幣多少罰鍰？
(A) 2 千元以上 1 萬元以下　(B) 3 千元以上 1 萬 5 千元以下　(C) 5 千元以上 2 萬元以下　(D) 1 萬元以上 3 萬元以下。

（**D**） 18. 拒絕消防機關對應設置消防安全設備場所之檢查者，得處何種處罰？
(A) 一年以下有期徒刑　(B) 六個月以下有期徒刑　(C) 拘役　(D) 新台幣 3 千元以上 1 萬 5 千元以下罰鍰。

（**C**） 19. 違反消防法第九條有關檢修設備之規定，經通知限期改善，逾期不改善者，處其管理權人新台幣多少罰鍰？
(A) 3 千元以上 1 萬元以下　(B) 5 千元以上 3 萬元以下　(C) 1 萬元以上 5 萬元以下　(D) 2 萬元以上 7 萬元以下。

（**C**） 20. 依消防法規定，應設置消防安全設備之供營業使用場所，其管理權人未依規定設置或維護，於發生火災時致人於死者，處一年以上幾年以下有期徒刑？
(A) 三年　(B) 五年　(C) 七年　(D) 九年。

（**C**） *21. 消防法所稱消防防護計畫應包括之事項，下列何者正確？

(A) 自衛消防編組：員工在 10 人以上者，至少編組滅火班、通報班及救護班；員工在 50 人以上者，應增編安全防護班及避難引導班　(B) 防火避難設施之自行檢查：每半年至少檢查一次，檢查結果遇有缺失，應報告管理權人立即改善　(C) 滅火、通報及避難訓練之實施：每半年至少應舉辦一次，每次不得少於 4 小時，並應事先通報當地消防機關　(D) 場所之平面圖、立體圖及逃生避難圖。

（**C**）22. 下列有關消防栓之設置及管理，何者有誤？
(A) 設置費用由縣（市）政府酌予補助　(B) 設置費用由鄉（鎮、市）公所酌予補助　(C) 保護、維護由消防單位負責　(D) 縣（市）政府應會同自來水事業機構選定消防栓設置地點。

（**C**）23. 消防法所稱之管理權人，若屬法人者，係指下列何者？
(A) 防火管理人　(B) 公司董事　(C) 公司或事業單位負責人　(D) 總務課長。

（**C**）24. 下列何種對象其消防安全設備之定期檢修，管理權人應委託合格之專業機構辦理？
(A) 複合用途建築物　(B) 供公眾使用建築物　(C) 地下建築物　(D) 公共危險物品製造場所。

（**C**）25. 下列何者違規處分須經通知限期改善程式？
(A) 消防設備師為消防安全設備不實檢修　(B) 瓦斯行超量儲氣　(C) 管理權人未依規定委託消防設備師（士）定期檢修消防安全設備　(D) 山林引火未向消防機關申請許可。

（**D**）26. 應設置消防安全設備之營業場所，其管理權人未依規定設置或維護消防安全設備，於火災發生時，致人重傷者，處：
(A) 一年以上七年以下有期徒刑，得併科新台幣 1 百萬元以上 5 百萬元以下罰金　(B) 一年以上三年以下有期徒刑，得併科新台幣 1 百萬元以上 3 百萬元以下罰金　(C) 一年以上三年以下有期徒刑，得併科新台幣 50 萬元以上 250 萬元以下罰金　(D) 六個月以上五年以下有期徒刑，得併科新台幣 50 萬元以上 250 萬元以下罰金。

（**B**）27. 下列何者非為消防法第十一條所稱之「防焰物品」？
(A) 窗簾　(B) 地板　(C) 布幕　(D) 展示用廣告板。

（**C**）28. 下列何者場所應使用防焰物品？
(A) 供公眾使用建築物　(B) 十層以上建築物　(C) 地下建築物　(D) 危險物品製造場所。

（**A**）*29. 義勇消防編組人員因服勤遭致極重度與重度身心障礙者，給與幾個基數？
(A)36　(B)26　(C)18　(D)8。

（**A**）30. 依消防法規定，下列何者違規行為非處新台幣 3 千元以上 1 萬 5 千元以下罰鍰？
(A) 施放煙火未依規定申請許可　(B) 公、民營事業機構之救災人員及裝備，拒絕依第三十一條所為調度、運用者　(C) 謊報火警者　(D) 破壞

第一章 ◆ 消防法

火災現場者。

（**A**）31. 消防主管機關在縣（市）為：
(A) 縣（市）政府　(B) 消防局　(C) 警察局　(D) 消防隊。

（**C**）32. 高層建築物之管理權人，應委託何者定期檢修其消防安全設備？
(A) 消防設備師　(B) 消防設備士　(C) 中央主管機關審查合格之專業機構　(D) 防火管理人。

（**C**）33. 一定規模以上供公眾使用建築物，其管理權人應遴用何者，則其制定消防防護計畫，報請消防機關核備？
(A) 消防設備師　(B) 消防設備士　(C) 防火管理人　(D) 消防器材商。

（**C**）34. 消防設備士可從事消防安全設備之何項業務？
(A) 設計　(B) 監造　(C) 裝置　(D) 以上均是。

（**A**）35. 消防法所處之罰鍰，經限期繳納逾期未繳納者，由主管機關移送何單位處理？
(A) 法院　(B) 法務部　(C) 警察局　(D) 消防局。

（**D**）36. 消防法施行細則由中央主管機關擬訂，報請何機關核定後發布之？
(A) 消防署　(B) 內政部　(C) 行政院研考會　(D) 行政院。

（**D**）37. 應設置消防安全設備之供營業使用場所，其管理權人未依規定設置或維護，於火災發生時致人於死者，應處何種罰則？
(A)3 萬元以下罰金　(B)5 萬元以下罰金　(C) 六個月以上五年以下有期徒刑，得併科新台幣 50 萬元以上 250 萬元以下罰金　(D) 一年以上七年以下有期徒刑，得併科新台幣 1 百萬元以上 5 百萬元以下罰金。

（**C**）38. 消防安全設備不符合規定，經處罰鍰後仍不改善者，得連續處罰，並得予以幾日以下之停業或停止其使用之處分？
(A) 十日　(B) 十五日　(C) 三十日　(D) 六十日。

（**D**）39. 有關消防指揮人員，下列何者為非？
(A) 為搶救火災得使用附近各種水源　(B) 可通知自來水事業機關集中供水　(C) 對火災處所周邊得劃定警戒區　(D) 為防止火災擴大得逕行截斷電源、瓦斯。

（**A**）40. 火災現場未調查鑑定前，應如何處置？
(A) 保持完整　(B) 保持清潔　(C) 恢復原狀　(D) 以上皆非。

（**D**）41. 管理權人如屬法人者為其：
(A) 經理　(B) 課長　(C) 防火管理人　(D) 負責人。

（**B**）42. 消防主管機關在中央為：
(A) 行政院　(B) 內政部　(C) 消防署　(D) 警政署。

（**B**）43. 違反消防法第九條有關檢修設備之規定，經通知限期改善，逾期不改善者，處其管理權人新台幣：
(A)3 千元以上 1 萬 5 千元以下罰鍰　(B)1 萬元以上 5 萬元以下罰鍰　(C)2 萬元以上 10 萬元以下罰鍰　(D)2 萬元以上 10 萬元以下罰金。

（**D**）44. 各級消防機關應設何單位，以統籌指揮、調度、管制及聯繫救災、救護

相關事宜？

(A) 災害搶救課　(B) 災害預防課　(C) 緊急救護課　(D) 救災救護指揮中心。

（**B**）45. 毀損供消防使用之蓄、供水設備，罰則為何？

(A) 處五年以下有期徒刑或拘役，得併科新台幣 1 萬元以上 5 萬元以下罰金 (B) 處三年以下有期徒刑或拘役，得併科新台幣 6 千元以上 3 萬元以下罰金 (C) 處新台幣 3 千元以上 1 萬 5 千元以下罰鍰　(D) 處新台幣 1 萬元以上 5 萬元以下罰鍰。

（**B**）46. 違反下列何項規定，不需經限期改善，可逕行處罰？

(A) 違反防火管理之規定　(B) 消防設備師（士）不實檢修報告　(C) 管理權人逾期未檢修申報　(D) 消防安全設備不符合規定。

（**D**）47. 消防安全設備應用之各種材料與規格應符合國家標準，如無國家標準或國外進口之消防材料與設備，應經何機關審核認可後，始准使用？

(A) 經濟部　(B) 商檢局　(C) 縣（市）政府　(D) 內政部。

（**D**）48. 依消防法第四十條規定之裁處基準最高為新台幣？

(A)1 萬元　(B)2 萬元　(C)3 萬元　(D)5 萬元。

（**D**）49. 當高壓氣體洩漏有爆炸之虞時，消防機關依權責得劃定警戒區，限制人車進入或強制疏散，對於不聽從者，最高可處新台幣多少之罰鍰？

(A)3 千元　(B)6 千元　(C)1 萬元　(D)1 萬 5 千元。

（**D**）50. 直轄市、縣（市）政府，為消防需要，應會同自來水事業機構選定適當地站，設置消防栓，而消防栓之保養、維護由何者負責：

(A) 消防機關　(B) 消防分隊　(C) 建設局　(D) 自來水事業機構。

（**A**）51. 參加義勇消防編組人員，因接受訓練、練習、服勤致死亡者，若無法依其本職身分有關規定請領各項給付時，可依消防法規定辦理給與一次撫卹金幾個基數：

(A)90 個基數　(B)80 個基數　(C)70 個基數　(D)60 個基數。

（**D**）52. 依消防法規定應設置消防安全設備之供營業使用場所，其管理權人未依規定設置或維護，於發生火災致人於死者，最高可處幾年以下有期徒刑：

(A) 一年　(B) 三年　(C) 五年　(D) 七年。

（**D**）53. 直轄市、縣（市）消防機關，為調查、鑑定火災原因，得派員進入有關場所勘查及採取保存相關證物並向有關人員查詢，若拒絕此勘查、查詢、採取、保存或破壞火災現場者，最高可處新台幣多少元之罰鍰：

(A)10 萬元　(B)5 萬元　(C)3 萬元　(D)1 萬 5 千元。

（**C**）54. 中國石油公司之消防隊在火災搶救現場，若拒絕各縣市消防機關之調度、運用時：

(A) 可處新台幣 3 千元以下罰鍰　(B) 可處新台幣 2 千元以下罰鍰　(C) 可處新台幣 3 千元以上 1 萬 5 千元以下罰鍰　(D) 可處新台幣 2 萬以上罰鍰。

（**A**）55. 拒絕消防機關為調查、鑑定火災原因之勘查或破壞火災現場者，依法得

為何種之處罰？

(A) 新台幣 3 千元以上 1 萬 5 千元以下為範圍之罰鍰　　(B) 新台幣 1 千元以上 6 千元以下為範圍之罰鍰　　(C) 新台幣 1 萬元以上 5 萬元以下為範圍之罰鍰　(D) 新台幣 6 千元以上 3 萬元以下為範圍之罰鍰。

（C）*56. 義消人員因服勤致中度身心障礙者，可向直轄市、縣（市）政府申領核發一次殘障給付，其應得多少撫卹金基數？

(A)40 個基數　(B)36 個基數　(C)18 個基數　(D)8 個基數。

（C）57. 各縣市政府為消防需要，由縣市政府，鄉（鎮、市）公所酌予補助經費設置消防栓。試問應由何種單位負責保養、維護工作？

(A) 消防單位　(B) 員警單位　(C) 自來水事業機構　(D) 建管及工務單位。

（B）58. 下列何種建築物，其管理權有分屬時，各管理權人應協議制定共同消防防護計畫，並報請消防機關核備？

(A) 地面樓層達十層之集合住宅　(B) 地下建築物　(C) 地面樓層達六層之辦公室　(D) 地面樓層達二層之綜合用途的百貨公司。

（A）59. 消防設備師及消防設備士管理辦法由何單位訂定？

(A) 內政部　(B) 行政院　(C) 消防署　(D) 各縣（市）政府。

（D）60. 下列敘述何者正確？

(A) 消防設備師及消防設備士從事消防安全設備之設計、監造、裝置、檢修業務　(B) 中華民國國民經消防設備師考試及格，即可執行消防設備師之業務　(C) 由於內政部尚未訂定消防設備師法，故由消防署訂定消防設備師及消防設備士管理辦法來暫行管理消防設備師（士）　(D) 目前消防設備之設計、監造、裝置、檢修，可由現有相關專門職業及技術人員或技術士暫行為之。

（B）61. 依消防法規定除中央主管機關指定之場所外，何種建築物其管理權人應使用具有防焰標示之防焰物品？

(A) 高層建築物、地下建築物　　(B) 十一層以上建築物、地下建築物　(C) 供公眾使用建築物　(D) 複合用途建築。

（D）62. 山林、田野引火燃燒、使用炸藥爆破施工、施放煙火應向何單位申請許可？

(A) 中央消防主管機關　(B) 中央消防機關　(C) 直轄市、縣（市）消防主管機關　(D) 直轄市、縣（市）消防機關。

（D）63. 依消防法之罰則，下列何者無連續處罰？

(A) 一定規模以上供公眾使用建築物未遴用防火管理人　(B) 應設置消防安全設備之場所，未定期檢修申報　(C) 違反防焰物品使用之規定　(D) 銷售陳列未經檢驗合格之消防機具、器材。

（C）64. 依消防法規，何種建築物，應由管理權人遴用防火管理人，以推行防火管理制度？

(A) 應設消防安全之場所　(B) 供公眾使用建築物　(C) 一定規模供公眾使用建築物　(D) 十一層以上建築物，地下建築物。

（**D**）65. 除中央主管機關指定之建築物外尚有何種建築物，其管理權有分屬時，管理權人應協議制定共同消防防護計畫？
(A) 十一層以上建築物　(B) 供公眾使用建築物，地下建築物　(C) 高層建築物、地下建築物　(D) 十一層以上建築物、地下建築物。

（**B**）66. 下列有關防火管理制度之敘述何者不正確？
(A) 管理權人依僱用契約權限委任防火管理人　(B) 防火管理人應制定消防防護計畫書，並由防火管理人員報請消防機關核備　(C) 防火管理人應為管理或監督層次人員　(D) 防火管理人未制定消防防護計畫及執行者，依消防法應處分管理權人。

（**C**）67. 依消防法規定，違反防火管理制度規定，經通知限期改善，逾期不改善者處其管理權人新台幣 1 萬元以上 5 萬元以下罰鍰，並得連續處罰，下列何者非該處罰之要件：
(A) 防火管理人之遴用、異動未報請備查　(B) 防火管理人未制定消防防護計畫及執行者　(C) 防火管理人，無正當理由不接受每二年之講習訓練時，未能結訓者　(D) 各管理權人拒絕依協議制定共同消防防護計畫者。

（**D**）68. 公共危險物品及可燃性高壓氣體之範圍及分類、製造、儲存或處理場所之位置、構造及設備之設置標準，儲存、處理及搬運之安全管理辦法，依消防法規定，由何單位定之？
(A) 內政部　(B) 行政院勞委會　(C) 經濟部　(D) 內政部會同中央目的事業主管機關定之。

（**C**）69. 消防安全設備檢修申報制度，是由何人委託消防專業技術人員定期檢修消防安全設備？
(A) 政府　(B) 當地消防機關　(C) 管理權人　(D) 防火管理人。

（**C**）70. 有關防焰物品之規定，下列敘述何者不正確？
(A) 地面樓層達十一層以上之建築物其管理權人應使用具防焰標示之物品　(B) 地下建築物其管理權人應使用具防焰標示之物品　(C) 依規定應使用防焰物品之場所經通知限期改善，逾期不改善，處其管理權人新台幣 3 千元以上 1 萬 5 千元以下罰鍰　(D) 經處罰鍰仍不改善者，得連續處罰。

（**D**）71. 就消防法規定，何種情形可處新台幣 3 千元以上 1 萬 5 千元以下罰鍰？
(A) 消防設備師（士）為消防安全設備不實檢修報告者　(B) 山林、田野未經當地消防機關申請許可而引火燃燒者　(C) 毀損消防瞭望台、警鐘台、無線電塔台、閉路電視塔台或其相關設備者　(D) 無故撥火警電話者。

（**D**）72. 依消防法規定，謊報火警應受何種罰則？
(A) 三年以下有期徒刑　(B) 五年以下有期徒刑　(C) 5 千以下罰鍰　(D) 3 千元以上 1 萬 5 千元以下罰鍰。

（**B**）73. 關於消防法中所規定之火災預防事項，下列何者為正確？①施放煙火係易生災害之行為，應向直轄市、縣（市）警察局派出所申請許可；②供公眾使用建築物應視需要設置消防管理人員，並受消防編組訓練，其範

圍由各地主管機關自行規範之；③工廠、倉庫、林場屬應設置消防安全設備之場所；④直轄市、縣（市）政府，應舉辦防火教育宣導

(A)①② 　(B)③④ 　(C)①②③ 　(D)①③④。

(**A**) 74. 消防主管機關在縣（市）為：
(A) 縣（市）政府　(B) 消防局　(C) 警察局　(D) 消防隊。

(**C**) 75. 消防主管機關其業務在中央由何單位承辦？
(A) 行政院　(B) 內政部　(C) 消防署　(D) 行政院研考會。

(**D**) 76. 各級消防機關應設何單位，以統籌指揮、調度、管制及聯繫救災、救護相關事宜？
(A) 災害搶救課　(B) 災害預防課　(C) 緊急救護課　(D) 救災救護指揮中心。

(**D**) 77. 火災發生時，消防人員對於火災處所及其周邊之處置規定，下列何者為非？
(A) 使用　(B) 損壞　(C) 限制使用　(D) 任意損毀。

(**D**) 78. 有關消防指揮人員，下列何者為非？
(A) 為搶救火災得使用附近各種水源　(B) 可通知自來水事業機關集中供水　(C) 對火災處所周邊得劃定警戒區　(D) 為防止火災擴大得逕行截斷電源、瓦斯。

(**C**) 79. 依消防法第二十條規定所為之警戒區劃定後，應如何實施警戒？
(A) 只能由消防人員自行劃定並警戒　(B) 應要求民間業者自行警戒
(C) 得通知當地員警分局或分駐所協同警戒　(D) 應通知當地司法機關自行警戒。

(**C**) 80. 當發現公共危險物品、高壓氣體等顯有發生火災爆炸之虞時，消防機關依權責得劃定警戒區，限制人車進入，強制疏散，對於不聽從者，最高可處新台幣多少之罰鍰？
(A) 3 千元　(B) 6 千元　(C) 1 萬 5 千元　(D) 3 萬元。

(**A**) 81. 下列何者非屬於消防機關應配合搶救與救護之範圍？
(A) 工廠排放廢水　(B) 天然災害　(C) 空難　(D) 車禍。

(**B**) 82. 無故撥火警電話者，可處新台幣多少元之罰鍰？
(A) 1 千元以上 6 千元以下　(B) 3 千元以上 1 萬 5 千元以下　(C) 1 萬元以上 5 萬元以下　(D) 2 萬元以上 10 萬元以下。

(**A**) 83. 消防法的罰則規定中，下列那些行為屬於刑事罪？
(A) 毀損消防瞭望台、警鐘台　(B) 謊報火警　(C) 破壞火災現場
(D) 違反防火管理制度。

(**C**) 84. 下列那些行為違反消防法之規定，係屬處新台幣 3 千元以上 1 萬 5 千元以下罰鍰者？
(A) 施放煙火未申許可者　(B) 未使用防焰物品者　(C) 無故撥火警電話者　(D) 毀損供消防使用之蓄、供水設備。

(**D**) 85. 下列何項不得向消防主管機關請求賠償？
(A) 人民應消防機關要求從事救災救護，致裝備耗損、患病者　(B) 受消

防主管機關調度之車輛、船舶、航空器之交通運輸費　(C) 受消防主管機關調度之車輛、船舶、航空器之毀損修復　(D) 消防人員對應負引起火災責任者的火災處所土地、建築物及其周邊之使用、損壞或限制使用所致之損失。

(D)　86. 依現行消防法第十條規定供公眾使用建築物之消防安全設備圖說，應由直轄市、縣（市）政府消防機關於主管建築機關許可開工前，審查完成。條文中所謂「供公眾使用建築物」之認定，應依何種法令規定？
(A) 消防法　(B) 消防法行細則　(C) 各類場所消防安全設備設置標準
(D) 建築法　(E) 建築技術規則。

(B)　87. 下列何種場所非屬於應使用防焰物品之處所？
(A) 十一樓以上建築物　(B) 六至十樓建築物　(C) 地下建築物　(D) 中央主管機關指定之場所。

(A)　88. 消防法所處之罰鍰，經限期繳納逾期未繳納者，由主管機關移送何單位處理？
(A) 法院　(B) 法務部　(C) 警察局　(D) 消防局。

(C)　89. 依消防法規定，應處罰者若有犯罪嫌疑時，應如何處理？
(A) 新台幣 1 千元以上 6 千元以下罰鍰　(B) 新台幣 3 千元以上 1 萬 5 千元以下罰鍰　(C) 移送司法機關處理　(D) 移送法院強制執行。

(C)　*90. 依相關消防法規對產品認可之規定，下列敘述何者錯誤？
(A) 液化石油氣容器，應經中央主管機關型式認可及個別認可合格，並附加合格標示後始可使用　(B) 消防法第 11 條第 1 項所稱展示用廣告板及其他指定之防焰物品，展示用廣告板係指室內展示用廣告合板
(C) 消防機具、器材及設備，非經中央主管機關所登錄機構之認可，並附加認可標示者，不得銷售、陳列或設置使用　(D) 地下建築物管理權人應使用附有防焰標示之防焰物品，其防焰物品或其材料非附有防焰標示，不得銷售及陳列

消防法施行細則

■修正日期：中華民國 113 年 01 月 22 日

第一條（法源依據）

本細則依消防法（以下簡稱本法）第四十六條規定訂定之。

第二條（主管機關）

本法第三條所定主管機關，其業務在內政部，由消防署承辦；在直轄市、縣（市）政府，由所屬消防局承辦。

第三條（防火教育）

直轄市、縣（市）主管機關每年應訂定年度計畫，結合機關、學校、團體及志工等資源，並運用傳播媒體、社區參與或辦理體驗活動等方式，經常推動防火教育及宣導。

前項年度計畫應包括下列事項：

一、前一年度轄區火災分析。

二、依前款分析規劃防火教育與宣導執行內容及時程。

三、傳統節日增加用火用電致易生火災相關預防措施之宣導。

【解說】

**1.為落實本法第五條所定防火教育及宣導，並擴大執行效益，第一項定明各直轄市、縣（市）主管機關每年應訂定年度計畫，並結合各方資源加強宣導。

**2.依內政部消防署（以下簡稱消防署）九十九年六月十八日消署預字第○九九○五○五○七號函頒防火宣導須知略以，年度計畫內容應包含轄區特性概述、回顧與分析火災案件、就重點時節、對象或主題規劃防火宣導事宜，爰於第二項定明年度計畫應包括之事項，分析轄區內過往火災案例，針對火災風險較高場所、常見起火原因、常發生火災之時段與傳統節日（如春節、元宵節、清明節及中秋節等），加強防火教育及宣導。

第四條

本法第七條第一項所定消防安全設備之設計、監造、測試及檢修，其工作項目如下：

1.設計：指消防安全設備種類及數量之規劃，並製作消防安全設備圖說。

2.監造：指消防安全設備施工中須經試驗或勘驗事項之查核，並製作紀錄。

3.測試：指消防安全設備施工完成後之功能測試，並製作消防安全設備測試報告書。

4.檢修：指依本法第九條第一項規定，受託檢查各類場所之消防安全設備，並製作消防安全設備檢修報告書。

第五條（消防防護計畫）

本法第十三條第一項所定消防防護計畫，應包括下列事項：

1.自衛消防編組：員工在 10 人以上者，至少編組滅火班、通報班及避難引導班；員工在 50 人以上者，應增編安全防護班及救護班。

2.防火避難設施之自行檢查：每月至少檢查一次，檢查結果遇有缺失，應報告管理權人立即改善。

3.消防安全設備之維護管理。

4.火災與其他災害發生時之滅火行動、通報聯絡及避難引導。

5.滅火、通報及避難訓練之實施；每半年至少應舉辦一次，每次不得少於 4 小時，並應事先通報當地直轄市、縣（市）主管機關。

6.防災應變之教育訓練。

7.用火及用電之監督管理。

8.防止縱火措施。

9.場所之位置圖、逃生避難圖及平面圖。

10. 其他防災應變上之必要事項。

**第六條（施工中消防防護計畫）

本法第十三條第三項所定施工中消防防護計畫，應包括下列事項：

一、施工概要、日程表及範圍。

二、影響防火避難設施功能之替代措施。

三、影響消防安全設備功能之替代措施。

四、使用會產生火源設備或危險物品之火災預防措施。

五、對員工及施工人員之防災教育及訓練。

六、火災與其他災害發生時之因應對策、消防機關之通報、互相聯絡機制及避難引導。

七、用火及用電之監督管理。

八、防範縱火及擴大延燒措施。

九、施工場所之位置圖、平面圖、逃生避難圖及逃生指示圖。

十、其他防災應變上之必要事項。

前項施工中消防防護計畫，管理權人應於施工三日前報請施工場所所在地之直轄市、縣（市）主管機關備查。

【解說】

1.本條新增。

2.為健全施工中防火管理制度，爰於第一項定明施工中消防防護計畫應包括事項，俾利防火管理人有所依循。

3.為使建築物所在地之直轄市、縣（市）主管機關能於場所施工前掌握必要資訊及進行相關行政作業，爰參照消防署九十年二月十二日消署預字第九〇 E 〇一〇三號函頒現有建築物（場所）施工中消防防護計畫指導須知，於第二項定明管理權人應於施工三日前將施工中消防防護計畫報請直轄市、縣（市）主管機關備查。

第七條（共同消防防護計畫）

本法第十三條第五項所定共同消防防護計畫，應包括下列事項：

一、共同防火管理協議會（以下簡稱協議會）之設置及運作。

二、自衛消防編組應包括指揮中心及地區隊：

（一）指揮中心應設指揮班、通報班及滅火班，並得視需要增編避難引導班、安全防護班及救護班等，其所需人員由協議會協議組成之。

（二）地區隊由各場所防火管理人依事業單位規模編組之。

三、防火避難設施之維護管理及自行檢查；每月至少檢查一次，檢查結果遇有缺失，應立即改善。

四、消防安全設備之維護管理。

五、火災與其他災害發生時之因應對策、消防機關之通報、互相聯絡機制及避難引導。

六、滅火、通報及避難訓練之實施；每半年至少應舉辦一次，每次不得少於四小時，並應事先通報當地直轄市、縣（市）主管機關。

七、用火及用電之監督管理。

八、防範縱火及擴大延燒措施。

九、場所之位置圖、平面圖及逃生避難圖。

十、建築物共有部分增建、改建、修建、變更使用或室內裝修工程施工中之安全對策。

十一、其他防災應變上之必要事項。

**第八條（消防防災計畫）

本法第十五條之六第一項第一款所定消防防災計畫，應包括下列事項：

一、自衛消防編組：員工在十人以上者，應編組滅火班、通報班及避難引導班；員工在五十人以上者，應增編安全防護班及救護班。

二、公共危險物品場所消防安全設備之維護管理。

三、公共危險物品場所構造及設備之維護管理。

四、火災與其他災害發生時之滅火行動、通報聯絡及避難引導。

五、滅火、通報及避難訓練之實施；每半年至少應舉辦一次，每次不得少於四小時，並應事先通報當地直轄市、縣（市）主管機關。

六、公共危險物品場所安全管理對策：

（一）公共危險物品之搬運、處理及儲存安全。

（二）場所用火及用電安全。

（三）場所施工安全。

（四）防範縱火及擴大延燒措施。

（五）爆炸及洩漏等意外事故之應變措施。

七、公共危險物品場所防災應變之教育訓練。

八、公共危險物品場所之位置圖、平面圖及逃生避難圖。

九、其他防災應變上之必要事項。

【解說】

1. 本條新增。

2. 定明製造、儲存及處理公共危險物品合計達管制量三十倍以上場所，保安監督人訂定消防防災計畫時應包括之事項，使管理權人及保安監督人有所依循，以推動公共危險物品場所保安監督自主管理，俾利完備平時預防及災時應變工作，以預防災害及降低損失。

3. 參照內政部一百零三年九月九日內授消字第一○三○八二三三○二號令修正公共危險物品各類事業場所消防防災計畫內容，定明消防防災計畫應包括事項。

4. 另有關本法第十五條之六第一項第一款所稱危險物品管理必要之業務，指自衛消防編組、公共危險物品場所消防安全設備之維護管理、公共危險物品場所構造及設備之維護管理、滅火、通報及避難訓練之實施等事項。

第九條（消防栓之設置）

依本法第十七條規定設置之消防栓，以採用地上雙口式為原則，消防栓規格由中央主管機關定之。

當地自來水事業應依本法第十七條規定，負責保養及維護消防栓，並應配合直轄市、縣（市）主管機關實施測試，以保持堪用狀態。

第十條（蓄水池及消防水源）

直轄市、縣（市）政府對轄內無自來水供應或消防栓設置不足地區，應籌建或整修蓄水池及其他消防水源，並由當地消防機關列管檢查。

第十一條（集中供水或截斷瓦斯電源）

直轄市、縣（市）轄內之電力、公用氣體燃料事業機構及自來水事業應指定專責單位，於接獲消防指揮人員依本法第二十一條及第二十二條規定所為之通知時，立即派員迅速集中供水或截斷電源及瓦斯。

第十二條（協同警戒）

消防指揮人員、直轄市、縣（市）主管機關依本法第二十條及第二十三條規定劃定警戒區後，得通知當地警察分局或分駐（派出）所協同警戒之。

第十三條（請求補償）

依本法第三十二條規定請求補償時，應以書面向當地直轄市、縣（市）主管機關請求之。

直轄市、縣（市）主管機關對於前項請求，應即與請求人進行協議，協議成立時，應作成協議書。

第十四條（火災調查）

直轄市、縣（市）消防機關依本法第二十六條第一項規定調查、鑑定火災原因後，應即製作火災原因調查鑑定書，移送當地警察機關依法處理。

直轄市、縣（市）主管機關調查、鑑定火災原因，必要時，得會同當地警察機關辦理。

第一項火災原因調查鑑定書應於火災撲滅後次日起十五日內完成；必要時，得延長至三十日。但有召開火災鑑定會或進行補充調查之案件，應於召開會議或完成補充調查後十五日內完成。

【解說】

**1.火災原因調查係自火災撲滅後始進入火災現場進行之調查作為。近年因新興能源、智慧科技產品所引發之火災類型，導致火災調查困難度日趨複雜，需將證物送專業機關鑑定、進行比對或召開火災鑑定會等工作，致無法於三十日內完成，爰修正第三項。

第十五條（火災現場之保護）

檢察、警察機關或主管機關得封鎖火災現場，於調查、鑑定完畢後撤除之。

火災現場尚未完成調查、鑑定者，應保護現場狀態，非經調查、鑑定人員之許可，任何人不得進入或變動。但遇有緊急情形或有進入必要時，得由調查、鑑定人員陪同進入，並於火災原因調查鑑定書中記明其事由。

第十六條（消防訓練及演習）

主管機關為配合救災及緊急救護需要，對於政府機關、公民營事業機構之消防、救災、救護人員、車輛、船舶、航空器及裝備，得舉辦訓練及演習。

第十七條（施行日）

本細則自發布日施行。

第二章◎自我評量

（D） 1. 員工在五十人以上者，其自衛消防編組應增編安全防護班及下列何者？
(A) 滅火班　(B) 通報班　(C) 避難引導班　(D) 救護班。

（D） 2. 施放以火藥為原料，其成品半徑在多少公分以上，射程在多少公尺以上之煙火，其負責人應於三日前向當地消防機關申請許可？
(A) 半徑 5cm 射程 30m　(B) 半徑 7cm 射程 50m　(C) 半徑 8cm 射程 70m(D) 半徑 7.5cm 射程 75m。

（A） 3. 依消防法施行細則之規定，消防栓設置以下列何者型式為原則：
(A) 地上雙口式　(B) 地下雙口式　(C) 地上單口式　(D) 地下單口式。

（C） 4. 消防機關製作火災原因調查報告書，應於火災發生後幾日內完成？
(A) 七日　(B) 十日　(C) 十五日　(D) 三十日。

（C） 5. 為開墾整地之需而引火燃燒者，引火人依規定，應於幾日前向當地消防機關申請許可？
(A) 三日　(B) 四日　(C) 五日　(D) 六日。

（A） 6. 依消防法第十一條第三項規定申請防焰性能認證者，下列何者非必檢具之物品？
(A) 經指定機關檢定之報告　(B) 申請書　(C)試樣或相關文件　(D) 審查費。

（D） 7. 廠商取得型式承認後，依檢定作業規定，應於多久時間內申請個別檢定？
(A) 半年　(B) 一年　(C) 一年半　(D) 二年。

（B） 8. 依消防法受中央主管機關委託檢驗消防機具、器材之機構，隔多久應予檢討考核一次？

（A) 三個月　(B) 半年　(C) 一年　(D) 二年。

（**C**）　9. 下列何者不屬於消防法所稱一定規模以上供公眾使用建築物？
(A) 總樓地板面積 800m² 之超級市場　(B) 總樓地板面積 500m² 之餐廳
(C) 總樓地板面積 150m² 之補習班　(D) 指壓按摩場所。

（**A**）　10. 防火管理人多久至少應接受講習訓練一次？
(A) 每二年　(B) 每三年　(C) 每四年　(D) 每五年。

（**C**）　11. 防火管理人應經中央消防機關認可之專業機構講習訓練最少多少小時領
有合格證書者，始得充任？
(A) 10　(B) 12　(C) 16　(D) 20。

（**A**）　12. 消防防護計畫中之滅火、通報及避難訓練，依規定多久至少應舉辦一
次？
(A) 半年　(B) 一年　(C) 一年半　(D) 二年。

（**D**）　13. 消防產品在未大量生產前，先將其試品就形狀、構造、材質、成分及性
能送至檢驗單位作檢查，若符合國家標準或中央主管機關所定基準，則
給予認可，此一程序係指下列何者？
(A) 定期檢驗　(B) 隨時抽驗　(C) 個別檢定　(D) 型式承認。

（**B**）　14. 大客車之消防安全設備檢查，由何單位檢查？
(A) 當地消防機關　(B) 公路監理機關　(C) 當地員警機關　(D) 由當地
消防機關會同各該交通主管機關檢查。

（**B**）　15. 田野引火燃燒，引火人除事先應向當地消防機關申請許可外，於引火前
並應在引火地點四周設置幾公尺之防火間隔，並應配置適當之滅火設
備？
(A) 2　(B) 3　(C) 4　(D) 5。

（**B**）　16. 使用炸藥爆破施工，其負責人應檢附相關證件於幾日前向當地消防機關
申請許可？
(A) 三日　(B) 五日　(C) 七日　(D) 十日。

（**D**）　17. 下列何種場所應由管理權人遴用防火管理人？
(A) 總樓地板面積在 300m² 以上之超級市場　(B) 員工在三十人以上之
工廠 (C) 補習班　(D) 療養院。

（**A**）　18. 公共危險物品製造場所內之各作業場所間，至少應保留幾公尺以上寬度
之空地？
(A) 3　(B) 4　(C) 5　(D) 8。

（**B**）　19. 下列有關施放煙火申請規定，何者正確？
(A) 施放成品半徑在 7.5cm 以上，射程在 50m 以下之煙火，應提出申請
許可　(B) 應於施放三日前向當地消防機關申請　(C) 違反施放煙火申請
規定者，處新台幣 1 千元以上 5 千元以下罰鍰　(D) 以上皆是。

（**B**）　20. 製造球徑 7.5cm 以上，或發射距離 75m 以上之爆竹煙火，其自有或有
使用權之空地距離為：
(A) 30m　(B) 45m　(C) 60m　(D) 100m。

（**D**） 21. 下列何者非屬實施都市計畫地區供公眾使用建築物？
(A) 公共浴室　　(B) 加油站　　(C) 總樓地板面積在 200m² 以上之補習班
(D) 總樓地板面積在 300m² 以上之超級市場。

（**C**） 22. 下列有關火災調查與鑑定之敘述，何者正確？
(A) 火災原因調查報告書應於火災發生後七日內完成　　(B) 火災原因調查
報告書於火災發生後，必要時得延長至十五日內完成　　(C) 申請火災證
明內容以火災發生之時間及地點為限　　(D) 破壞火災現場者，處新台幣
1 萬元以上 5 萬元以下罰鍰。

（**B**） 23. 直轄市、縣（市）消防機關或中央消防機關認可之專業機構，辦理防火
管理人講習訓練合格之時間，不得少於幾小時？
(A) 8　(B) 16　(C) 20　(D) 24。

（**C**） 24. 山林、田野引火燃燒，其引火人在申請許可後，於引火前，在引火地點
四周設置幾公尺寬之防火間隔？
(A) 1　(B) 2　(C) 3　(D) 5。

（**D**） 25. 山林、田野引火燃燒，在申請許可後，引火應於何時為之？
(A) 未有規定引火時段　　(B) 中午 12 時前　　(C) 下午 5 時前　　(D) 上午 6
時後下午 6 時前。

（**D**） 26. 員工在五十人以上之自衛消防編組應增編：
(A) 滅火班及通報班　　(B) 通報班及救護班　　(C) 避難引導班及救護班
(D) 安全防護班及救護班。

（**C**） 27. 大客車之消防安全設備檢查係由何單位辦理？
(A) 當地消防機關　　(B) 當地消防機關會同當地交通主管機關　　(C) 委託
省（市）公路監理機關　　(D) 以上皆非。

（**C**） 28. 餐廳之專用樓梯地板面積合計在多少以上應設置防焰物品？
(A) 100m²　(B) 150m²　(C) 300m²　(D) 500m²。

（**C**） 29. 使用炸藥爆破施工，其負責人應於幾日前向當地消防機關申請許可？
(A) 一日　(B) 三日　(C) 五日　(D) 七日。

（**B**） 30. 依消防法第十七條設置之消防栓，以採何型式為原則？
(A) 地上單口　(B) 地上雙口　(C) 地下單口　(D) 地下雙口。

（**A**） 31. 消防防護計畫中防火避難設施之自行檢查，每月至少檢查幾次？
(A) 一次　(B) 二次　(C) 三次　(D) 四次。

（**B**） 32. 消防防護計畫中滅火、通報及避難訓練之實施，每半年至少應舉辦一
次，每次不得少於幾小時？
(A) 2 小時　(B) 4 小時　(C) 6 小時　(D) 8 小時。

（**C**） 33. 山林、田野引火燃燒，引火人應於幾日前向當地消防機關申請許可？
(A) 一日　(B) 三日　(C) 五日　(D) 七日。

（**A**） 34. 火災證明內容以何為限？
(A) 火災發生時間及地點　　(B) 火災發生時間及財物損失金額　　(C) 火災
發生時間及傷亡人員名單　　(D) 以上皆非。

（**A**） 35. 暫行從事消防安全設備設計、監造、裝置及檢修人員之執業期限，自即日起至下列何種情況下之翌年六月三十日止？
(A) 消防設備師人數滿 5 百人且消防設備士人數滿 5 千人　(B) 消防設備師人數滿 5 百人或消防設備士人數滿 5 千人　(C) 消防設備師人數滿 5 千人或消防設備士人數滿 5 百人　(D) 消防設備師人數滿 5 千人且消防設備士人數滿 5 百人。

（**D**） 36. 消防設備經取得型式承認後，應依檢定作業規定於多久內申請個別檢定？
(A) 一個月　(B) 三個月　(C) 一年　(D) 二年。

（**D**） 37. 下列何者非消防法第十三條第一項所稱一定規模以上供公眾使用建築物範圍？
(A) 酒吧　(B) 國際觀光旅館　(C) 學校　(D) 診所。

（**C**） 38. 防火管理人每隔多久至少應接受講習訓練一次？
(A) 六個月　(B) 一年　(C) 二年　(D) 三年。

（**C**） 39. 大客車以外之大眾運輸工具，其消防安全設備應由何機關負責檢查？
(A) 當地消防機關　(B) 當地交通機關　(C) 當地消防機關會同各該交通主管機關　(D) 以上皆非。

（**A**） 40. 依消防法施行細則之規定，下述有關山林、田野引火之規定何者有誤？
(A) 應在三日前向當地消防機關申請許可　(B) 應在引火地點四周設置 3m 寬之防火間隔　(C) 配置適當之滅火設備　(D) 應將引火日期、時間、地點通知鄰接地所有人與管理人。

（**C**） 41. 防火管理人經直轄市、縣（市）消防機關或中央消防機關認可之專業機構講習訓練合格領有證書始得充任，而此講習訓練之時間不得少於幾小時：
(A) 20 小時　(B) 18 小時　(C) 16 小時　(D) 14 小時。

（**A**） 42. 一定規模以上供公眾使用建築物之消防防護計畫由何者制定？
(A) 防火管理人　(B) 管理權人　(C) 消防設備師　(D) 建築師　(E) 消防隊員。

（**A**） 43. 依現行消防法施行細則第十三條規定，下列何者非屬一定規模以上供公眾使用建築物範圍，可免遴用防火管理人？
(A) 總樓地板面積 250m^2 之餐廳　(B) 總樓地板面積 250m^2 之補習班
(C) 總樓地板面積 250m^2 之三溫暖　(D) 總樓地板面積 250m^2 之俱樂部。

（**B**） 44. 有關防火管理人之敘述，下列何者為誤？
(A) 應為管理或監督層次之幹部　(B) 每三年至少再講習一次　(C) 講習時間不得少於 16 小時　(D) 一定規模以上供公眾使用建築物，應設有防火管理人。

（**A**） 45. 依消防法規定應實施檢驗之消防機具、器材與設備由何單位公告？
(A) 內政部　(B) 消防署　(C) 經濟部　(D) 直轄市、縣（市）政府。

（**D**） 46. 林場其消防安全設備如何檢查？
(A) 由當地消防機關會同農林課檢查　(B) 由交通主管機關檢查　(C) 由

當地消防機關檢查　　(D) 由當地消防機關會同林業管理機關檢查。

（D）47. 在實施都市計畫地區，下列何者非為供公眾使用建物？
(A) 總樓地板面積在 $500m^2$ 之市場　　(B) 總樓地板面積在 $300m^2$ 之餐廳
(C) 總樓地板面積在 $500m^2$ 之一般行政機關　　(D) 五層之集合住宅。

（C）48. 依消防法規定，消防器材之檢驗方式，除經濟部公告應施驗品目外，如何實施：
(A) 依序實施個別檢定及型式承認　　(B) 以定期檢驗及隨時抽驗方式
(C) 依序實施型式承認及個別檢定　　(D) 審核認可。

（B）49. 依消防法規定，消防機具器材與設備經取型式承認後，應於幾年內申請個別檢定：
(A) 一年　　(B) 二年　　(C) 三年　　(D) 五年。

（B）50. 受託執行檢驗消防機具、器材、設備之機關（構）、學校、團體、中央主管機關至少多久檢討考核一次：
(A) 三個月　　(B) 半年　　(C) 一年　　(D) 二年。

（B）51. 消防機具、器材與設備之型式，其形狀、構造、材質及性能，符合國家標準或中央消防機關所定之基準稱為：
(A) 個別檢定　　(B) 型式承認　　(C) 抽樣檢驗　　(D) 定期檢驗。

（D）52. 消防器材檢驗之型式承認，係指消防機具、器材與設備之型式其形狀、構造、材質、成分及性能，應符合何種規定：
(A) 國家標準　　(B) 各類場所消防安全設備設置標準　　(C) 消防署所定之基準 (D) 國家標準或中央機關所定之基準。

（D）53. 工廠或機關（構）在何種條件下，應由管理權人遴用防火管理人，推行防火管理制度？
(A) 總樓地板在 $500m^2$ 以上　　(B) 總樓地板面積在 $200m^2$ 以上，其員工在三十人以上　　(C) 總樓地板在 $500m^2$ 以上或其員工在三十人以上
(D) 總樓地板面積在 $500m^2$ 以上且其員工在三十人以上。

（A）*54. 下列何種場所無面積之限制，均屬消防法所稱一定規模以上供公眾使用建築物，應推行防火管理制度？
(A) 國際觀光旅館　　(B) 工廠或機關（構）　　(C) 餐廳　　(D) 補習班。

（C）55. 下列何項非防火管理人應具備之資格條件？
(A) 應為管理或監督層次幹部　　(B) 經直轄市、縣（市）消防機關或消防署認可之專業機構講習訓練合格領有證書者　　(C) 與場所之管理權人需為不同人　　(D) 接受消防機關或專業機構之講習訓練時間，不得少於 16 小時。

（D）56. 有關共同消防防護計畫應包括事項由甲定之，各管理權人無法互相召集人時，管理權人得申請乙指定，甲、乙各指何單位？
(A) 甲：內政部，乙：消防署　　(B) 甲、乙均為消防署　　(C) 甲：消防署，乙：直轄市、縣（市）政府消防局　　(D) 甲：內政部，乙：直轄市、縣（市）政府消防局。

（B）57. 消防防護計畫內有關滅火、通報及避難訓練之實施，應多久至少舉辦一

次，每次不得少於 4 小時：

(A) 每季　(B) 半年　(C) 每月　(D) 一年。

（A）58. 依消防法規定，消防防護計畫內之自衛消防編組，在員工多少人以上時，方需編組？

(A) 十人　(B) 二十人　(C) 三十人　(D) 五十人。

（B）59. 下列有關防火管理制度時限規定，何者為非？

(A) 防火管理人每二年至少接受講習一次　(B) 消防防護計畫書內容有關防火避難設施之自行檢查，每三個月至少檢查一次　(C) 消防防護計畫書內有關滅火通報及避難訓練之實施，每半年至少應舉辦一次，每次不得少於 4 小時　(D) 管理或監督層次幹部須經至少 16 小時之專業講習訓練，取得證書者始得充任防火管理人。

（D）60. 防火管理人應制定消防防護計畫書，但於何種時機，要另定消防防護計畫，以監督施工單位用火、用電情形？

(A) 增建時　(B) 增建、改建時　(C) 增建、改建、修建時　(D) 增建、改建、修建、室內裝修施工時。

（D）61. 防火管理人依消防法規定，應制定消防防護計畫書，下列何項非屬消防防護計畫書應包括事項？

(A) 自衛消防編組　(B) 防止縱火措施　(C) 消防安全設備之維護、管理　(D) 防焰物品之設置。

（B）62. 有關山林、田野引火燃燒，下列敘述何者不正確？

(A) 是由開墾、整地、驅除病蟲害為限　(B) 引火人應於三日前向當地消防機關申請許可　(C) 防火措施為引火地點四周設置 3m 寬之防火間隔及適當之滅火設備　(D) 引火時限為上午六時後，下午六時前。

（D）63. 有關施放煙火，下列敘述何者為正確？

(A) 施放以火藥及金屬粉末為原料、成品半徑在 7.5cm 以上、射程在 75m 以上之煙火，其負責人應申請許可　(B) 申請程式應於三日前向直轄市、縣（市）政府申請許可　(C) 當地消防機關於人煙稠密及有安全顧慮場所，得公告禁止施放煙火　(D) 以上皆非。

（B）64. 施放以火藥及金屬粉末為主要原料其成品半徑在 A 以上者，射程在 B 以上者之煙火，負責人應向當地申請許可，甲乙各為何？

(A)A：75cm，B：75m　(B)A：7.5cm，B：75m　(C)A：5cm，B：50m　(D)A：10cm，B：100m。

（B）65. 消防法所稱之大眾運輸工具，下列何者非屬之？

(A) 火車　(B) 大貨車　(C) 大客車　(D) 大眾捷運車輛。

（D）66. 有關大眾運輸工具及林場，依消防法規定消防安全設備之檢查方式，下列敘述何者正確？

(A) 林場由消防署會同林業管理機關辦理　(B) 大客車由當地消防機關會同省（市）公路監理機關檢查　(C) 大眾運輸工具均由當地消防機關檢查　(D) 大客車委託省（市）公路監理機關檢查。

（C）67. 下列敘述何者為正確？（依消防施行細則之規定）

(A) 火災原因調查報告書應於火災發生後三十日內完成，必要時得延長至六十日　(B) 逾期未繳納罰鍰，消防主管機關得以書面催告受處分人於十五日內繳納　(C) 山林田野引火燃燒有延燒之虞者，應在上午六時後，下午六時前為之　(D) 施放以火藥及金屬粉末為主要原料之煙火，其成品半徑在 5cm 以上者，負責人應向當地消防機關申請許可。

(**B**)　68. 防火教育與宣導之舉辦機關為何？
(A) 內政部　(B) 直轄市、縣（市）政府　(C) 農委會　(D) 教育部。

(**A**)　69. 下列何者非屬於消防法施行細則中所稱之「大眾運輸工具」？
(A) 計程車　(B) 火車　(C) 大客車　(D) 大眾捷運車輛。

(**A**)　70. 下列何者非為消防機具、器材與設備「型式承認」所指之項目？
(A) 個別檢驗　(B) 形狀　(C) 構造　(D) 材質。

(**D**)　71. 依現行消防法施行細則第十三條規定，下列何者非現行消防法第十三條所稱一定規模以上供公眾使用建築物範圍？
(A) 電影院　(B) 歌廳　(C) 錄影節目帶播映場所（MTV）　(D) 總樓地板面積在 300m^2 以上之百貨商場。

(**A**)　72. 依現行消防法施行細則第十三條規定，下列何者非屬一定規模以上供公眾使用建築物範圍，可免遴用防火管理人？
(A) 總樓地板面積 250m^2 之餐廳　(B) 總樓地板面積 250m^2 之補習班
(C) 總樓地板面積 250m^2 之三溫暖　(D) 總樓地板面積 250m^2 之俱樂部。

(**D**)　73. 下列何者非消防法第十三條第一項所稱一定規模以上供公眾使用建築物範圍？
(A) 酒吧　(B) 國際觀光旅館　(C) 學校　(D) 診所。

(**A**)　74. 下列何者非屬於應實施防火管理之建築物範圍？
(A) 250m^2 之餐廳　(B) 150m^2 之視聽歌唱場所　(C) 500m^2 之醫院
(D) 300m^2 之訓練班。

(**B**)　75. 下列何種建築物，其管理權有分屬時，各管理權人應協議制定共同消防防護計畫，並報請消防機關核備？
(A) 地面樓層達十層之集合住宅　(B) 地下建築物　(C) 地面樓層達六層之辦公室　(D) 地面樓層達二層之綜合用途的百貨公司。

(**A**)　76. 下列何種情形有管理權公屬時，依規定必須實施共同防火管理？
(A) 十一樓以上建築物　(B) 六至十樓建築物　(C) 五樓以下建築物
(D) 地下停車場。

(**D**)　*77. 依據消防法施行細則，下列何者並非消防防護計畫應包括事項？
(A) 自衛消防編組：員工在 10 人以上者，至少編組滅火班、通報班及避難引導班；員工在 50 人以上者，應增編安全防護班及救護班　(B) 防火避難設施之自行檢查：每月至少檢查一次，檢查結果遇有缺失，應報告管理權人立即改善　(C) 滅火、通報及避難訓練之實施；每半年至少應舉辦一次，每次不得少於 4 小時，並應事先通報當地消防機關
(D) 經中央主管機關評鑑合格之試驗機構出具之防焰性能試驗合格報告書

（**A**）[*]78. 下列那些場所應實施防火管理：①榮譽國民之家②鐵路地下化車站③收
容人數在 20 人以上（含員工）之幼兒園④收容人數在 20 人以上之視
障按摩場所
(A)①② (B)①③ (C)①②③ (D)①②③④

第 3 篇

水系統
消防安全設備

消防幫浦加壓送水裝置

1-1　各類場所消防安全設備

【解說】

設備	說明	設備分類
（一）滅火設備	以水或其他滅火藥劑滅火之器具或設備。	1. 滅火器、消防砂。 2. 室內消防栓設備。 3. 室外消防栓設備。 4. 自動撒水設備。 5. 水霧滅火設備。 6. 泡沫滅火設備。 7. 二氧化碳滅火設備。 8. 惰性氣體滅火設備。 9. 鹵化烴滅火設備。 10. 乾粉滅火設備。 11. 簡易自動滅火設備。
（二）警報設備	報知火災發生之器具或設備。	1. 火警自動警報設備。 2. 手動報警設備。 3. 緊急廣播設備。 4. 瓦斯漏氣火警自動警報設備。
（三）避難逃生設備	火災發生時為避難而使用之器具或設備。	1. 標示設備：(1)出口標示燈。 　　　　　　　(2)避難方向指示燈。 　　　　　　　(3)觀眾席引導燈 　　　　　　　(4)避難指標。 2. 避難器具：(1)滑臺。 　　　　　　　(2)避難梯。 　　　　　　　(3)避難橋。 　　　　　　　(4)救助袋。 　　　　　　　(5)緩降機。 　　　　　　　(6)避難繩索。 　　　　　　　(7)滑杆。 　　　　　　　(8)其他避難器具。 3 .緊急照明設備。
（四）消防搶救上之必要設備	火警發生時，消防人員從事搶救活動上必需之器具或設備。	1. 連結送水管。 2. 消防專用蓄水池。 3. 排煙設備：(1)緊急昇降機間。 　　　　　　　(2)特別安全梯間排煙設備。 　　　　　　　(3)室內排煙設備。 4. 緊急電源插座。 5. 無線電通信輔助設備。
（五）其他經中央主管機關認定之消防安全設備	—	—

現行建築防火安全與消防設備規定

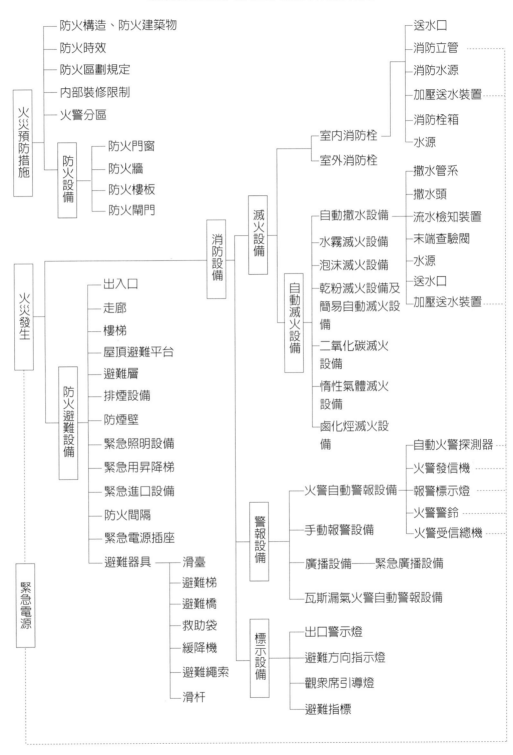

1-2　各類場所用途分類

【解說】　各類場所用途分類

（一）甲類場所	1. 電影片映演場所（戲院、電影院）、歌廳、舞廳、夜總會、俱樂部、理容院（觀光理髮、視廳理容等）、指壓按摩場所、錄影節目帶播映場所（MTV等）、視聽歌唱場所（KTV等）、酒家、酒吧、酒店（廊）。 2. 保齡球館、撞球場、集會堂、健身休閒中心（含提供指壓、三溫暖等設施之美容瘦身場所）、室內螢幕式高爾夫練習場、遊藝場所、電子遊戲場、資訊休閒場所。 3. 觀光旅館、飯店、旅館、招待所（限有寢室客房者）。 4. 商場、市場、百貨商場、超級市場、零售市場、展覽場。 5. 餐廳、飲食店、咖啡廳、茶藝館。 6. 醫院、療養院、榮譽國民之家、長期照顧服務機構（限機構住宿式、社區式之建築物使用類組非屬 H-2 之日間照顧、團體家屋及小規模多機能）、老人福利機構（限長期照護型、養護型、失智照顧型之長期照顧機構、安養機構）、兒童及少年福利機構（限托嬰中心、早期療育機構、有收容未滿二歲兒童之安置及教養機構）、護理機構（限一般護理之家、精神護理之家、產後護理機構）、身心障礙福利機構（限供住宿養護、日間服務、臨時及短期照顧者）、身心障礙者職業訓練機構（限提供住宿或使用特殊機具者）、啓明、啓智、啓聽等特殊學校。 7. 三溫暖、公共浴室。
（二）乙類場所	1. 車站、飛機場大廈、候船室。 2. 期貨經紀業、證券交易所、金融機構。 3. 學校教室、兒童課後照顧服務中心、補習班、訓練班、K 書中心、前款第六目以外之安置及教養機構及身心障礙者職業訓練機構。 4. 圖書館、博物館、美術館、陳列館、史蹟資料館、紀念館及其他類似場所。 5. 寺廟、宗祠、教堂、供存放骨灰（骸）之納骨堂（塔）及其他類似場所。 6. 辦公室、靶場、診所、長期照顧服務機構（限社區式之建築物使用類組屬 H-2 之日間照顧、團體家屋及小規模多機能）、日間型精神復健機構、兒童及少年心理輔導或家庭諮詢機構、身心障礙者就業服務機構、老人文康機構、前款第六目以外之老人福利機構及身心障礙福利機構。 7. 集合住宅、寄宿舍、住宿型精神復健機構。 8. 體育館、活動中心。 9. 室內溜冰場、室內游泳池。 10. 電影攝影場、電視播送場。 11. 倉庫、傢俱展示販售場。 12. 幼兒園。
（三）丙類場所	1. 電信機器室。 2. 汽車修護廠、飛機修理廠、飛機庫。 3. 室內停車場、建築物依法附設之室內停車空間。
（四）丁類場所	1. 高度危險工作場所。 2. 中度危險工作場所。 3. 低度危險工作場所。
（五）戊類場所	1. 複合用途建築物中，有供本條第一款用途者。 2. 前目以外供本條第二款至第四款用途之複合用途建築物。 3. 地下建築物。
（六）其他	其他經中央主管機關核定之場所。

1-3 加壓送水裝置及其附屬裝置之組成

【解說】

（一）加壓送水裝置及其附屬裝置之組成：

加壓送水裝置	1.幫浦	設置於地面上，且電動機與幫浦軸心直結（以聯結器連接），且屬單段或多段渦輪型幫浦者。
	2.電動機	即俗稱之「馬達」。
加壓送水裝置之附屬裝置	1.控制盤	對加壓送水裝置等之監視或操作者。
	2.呼水裝置	(1)水源之水位低於幫浦位置者。 (2)常時充水於幫浦及配管之裝置。
	3.防止水溫上升用排放裝置	加壓送水裝置關閉運轉，為防止幫浦水溫上升之裝置。
	4.幫浦性能試驗裝置	確認加壓送水裝置之全揚程及出水量之試驗裝置。
	5.啟動用水壓開關裝置	消防栓開關開啟，配管內水壓降低，或撒水頭動作，自動啟動加壓送水裝置之裝置。
	6.底閥	水源之水位低於幫浦之位置時，設於吸水管前端之逆止閥有過濾裝置者。

※ 加壓送水裝置（消防幫浦）之構成圖示：

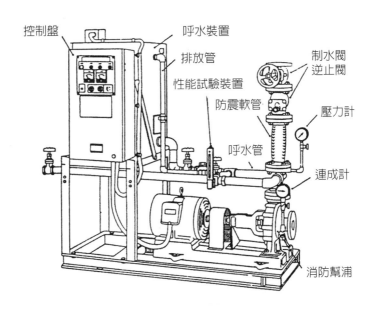

控制盤　呼水裝置　排放管　性能試驗裝置　防震軟管　呼水管　制水閥　逆止閥　壓力計　連成計　消防幫浦

※ 幫浦與電動機之示意圖：

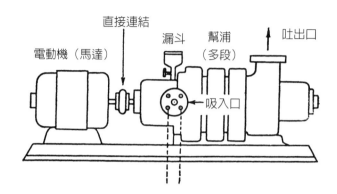

※ 消防幫浦加壓送水裝置昇位圖：

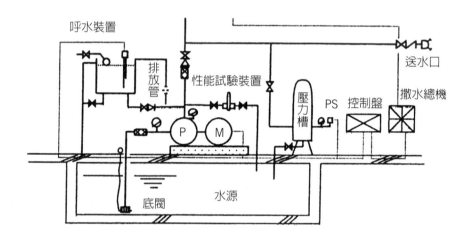

1-4 消防幫浦之性能規定

【解說】

（一）幫浦出水量及全揚程之性能曲線	1. $1.0 \leq \dfrac{H_2}{H_0} \leq 1.1$ 2. $\dfrac{H_3}{H_2} \geq 0.65$ 3. $\dfrac{H_1}{H_2} \leq 1.4$	H_0：額定全揚程（m）（標示揚程） H_1：全閉揚程（m） H_2：Q_0 時，性能曲線上之全揚程（m） H_3：Q_1 時，性能曲線上之全揚程（m）（全開揚程）

（二）幫浦之吸水性能	應在額定出水量下具有最大吸水全揚程以上，且不得有異常現象。			
	額定出水量（ℓ/min）	900 未滿	900～2700	2700～5000	5000～8500
	最大吸水全揚程（m）	6.0	5.5	4.5	4.0

（上表為六欄結構，以下重新列出）

（二）幫浦之吸水性能	應在額定出水量下具有最大吸水全揚程以上，且不得有異常現象。				
	額定出水量（ℓ/min）	900 未滿	900～2700	2700～5000	5000～8500
	最大吸水全揚程（m）	6.0	5.5	4.5	4.0

（三）幫浦所消耗之動力	1. 在額定出水量（Q_0）時，幫浦軸動力≤馬達之額定輸出馬力。 2. 額定出水量 × 150% 時，幫浦軸動力≤馬達之額定輸出馬力 × 110%
（四）幫浦之軸承	幫浦在啟動時，其軸承不得發生過熱，噪音或異常振動之現象。
（五）幫浦之效率	應依額定出水量，在曲線規定值以上。
（六）幫浦之耐壓	1. 幫浦本體耐壓≥最高水壓 × 1.5 倍 2. 3min 無洩漏現象為合格。 （最高水壓 = 全閉揚程 + 最高之押入壓力）

※最大吸水全揚程：
幫浦吸水運轉時，輪葉入口附近壓力最低，該壓力值如在當時溫度的飽和蒸氣壓以下，會產生空蝕現象（Cavitation），致無法吸水。因此在設計時，應特別考量幫浦的吸入揚程，使其不會發生空蝕現象，因此明定消防幫浦之吸水性能，應依額定出水量之大小，具有最大吸水全揚程以上，且不得有異常現象

1-5 消防幫浦性能曲線之規定

【解說】

（一）性能規定	$1.0 \leq \dfrac{H_1}{H_0} \leq 1.1$	幫浦所標示之出水量（額定出水量，Q_0），在其性能能曲線上之全揚程（H_2），必須達到所標示揚程（額定揚程，H_0）之 100～110% 之間。
	$\dfrac{H_3}{H_2} \geq 0.65$	幫浦之出水量在額定出水量之 150% 時（$Q_1 = 1.5Q_0$），其全揚程（H_3）應為性能曲線上全揚程（H_2）之 65% 以上。
	$\dfrac{H_1}{H_2} \leq 1.4$	全閉揚程（H_1）應為性能曲線上全揚程（H_2）之 140% 以下。

（二）圖示	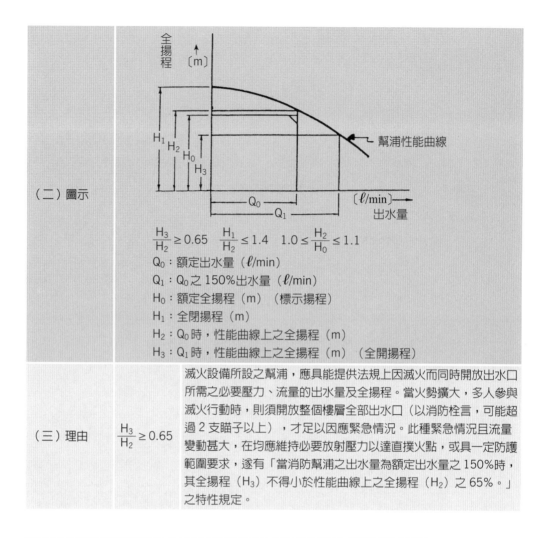$\dfrac{H_3}{H_2} \geq 0.65 \quad \dfrac{H_1}{H_2} \leq 1.4 \quad 1.0 \leq \dfrac{H_2}{H_0} \leq 1.1$ Q_0：額定出水量（ℓ/min） Q_1：Q_0 之 150% 出水量（ℓ/min） H_0：額定全揚程（m）（標示揚程） H_1：全閉揚程（m） H_2：Q_0 時，性能曲線上之全揚程（m） H_3：Q_1 時，性能曲線上之全揚程（m）（全開揚程）
（三）理由 $\dfrac{H_3}{H_2} \geq 0.65$	滅火設備所設之幫浦，應具能提供法規上因滅火而同時開放出水口所需之必要壓力、流量的出水量及全揚程。當火勢擴大，多人參與滅火行動時，則須開放整個樓層全部出水口（以消防栓言，可能超過 2 支瞄子以上），才足以因應緊急情況。此種緊急情況且流量變動甚大，在均應維持必要放射壓力以達直撲火點，或具一定防護範圍要求，遂有「當消防幫浦之出水量為額定出水量之 150% 時，其全揚程（H_3）不得小於性能曲線上之全揚程（H_2）之 65%。」之特性規定。

1-6 消防幫浦電動機之規定

【解說】

（一）使用型式	1. 單向誘導馬達之電動機。 2. 低壓三相誘導鼠籠式電動機。 3. 3KV 以上之三相誘導鼠籠式電動機。
（二）構造	1. 應能確實動作，對機械強度、電氣性能應具充分耐久性，且操作維修、更換零件、修理須簡便。 2. 各部分之零件應確實固定，不得有任意鬆動之現象。
（三）機能	1. 幫浦在額定負荷狀態下，應能順利啓動。 2. 電動機在額定輸出連續運轉 8hr 後，不得發生異狀，且在超過額定輸出之 10% 輸出力運轉 1hr，仍不致發生障礙，引起過熱現象。
（四）絕緣電阻	應符合屋內線路裝置規則之規定。

（五）馬力	$$L = \frac{0.163 \times Q \times H}{E} \times K$$ L：額定馬力（KW） Q：額定出水量（m³/min） H：額定全揚程（m） E：效率（%） K：傳動係數（＝1.1）		
（六）啟動方式	1.交流電動機之啟動	(1)輸出功率＜11kW	①直接啟動（限輸出功率＜11kW）。 ②星角（Y-△）啟動。 ③電抗器（Reactor）啟動。 ④閉路式星角啟動。 ⑤補償器（Compensator）啟動。 ⑥二次電阻啟動。 ⑦其他特殊啟動方式。
		(2)輸出功率 ≥ 11kW	①星角（Y-△）啟動。 ②閉路式星角啟動。 ③電抗器（Reactor）啟動。 ④補償器（Compensator）啟動。 ⑤二次電阻啟動。 ⑥其他特殊啟動方式。
	2.直流電動機之啟動	應使用具有與交流電動機之啟動方式同等以上，能降低啟動電流者。	
	3.當電源切換為緊急電源時，其啟動裝置應具有不必再操作、能繼續運轉之構造。		
	4.使用電磁式星角啟動方式，加壓送水裝置在停止狀態時，應有不使電壓加於電動機線圈之措施。		
（七）標示	電動機上面應以不易磨滅方式標示。但幫浦與電動機構成一體者得劃一標示之。 1.製造廠商或商標。 2.品名及型式號碼。 3.出廠年、月。 4.額定輸出或額定容量。 5.出廠編號。 6.額定電壓。 7.額定電流。 8.額定轉速。 9.額定種類。 10.相數及頻率數。 11.規格符號。		

1-7 呼水裝置之規定

【解說】

（一）目的	1. 水源之水位低於幫浦位置時，常時充水於幫浦及配管，不致因空氣之進入而產生孔蝕現象，確保運轉機能。 2. 利用幫浦加壓送水時，若抽水管內有空氣，則會造成幫浦空轉而無法揚水，或揚水能力減低，呼水裝置則是使抽水管可經常保持滿水狀態之裝置。	
（二）構成機件	1. 呼水槽	(1)應有 100ℓ以上之有效儲存量。 (2)應使用鋼板，並予有效防銹處理，或使用具有防火能力之塑膠槽。
	2. 溢水用排水管	管徑 ≥ 50A
	3. 補給水管（含止水閥）	管徑 ≥ 15A
	4. 呼水管（含逆止閥、止水閥）	(1)管徑 ≥ 25A (2)呼水槽底與呼水管逆止閥中心線間距離 ≤ 1m 時，呼水管徑須 ≥ 40A。
	5. 減水警報裝置	(1)發訊裝置：應採用浮筒開關或電極方式。 (2)當呼水槽水位降至其容量 $\frac{1}{2}$ 時，應能發出警報音響至平時有人駐在處。
	6. 自動給水裝置	應使用自來水管或屋頂水箱，經由球塞（浮球）自動給水。
（三）圖示	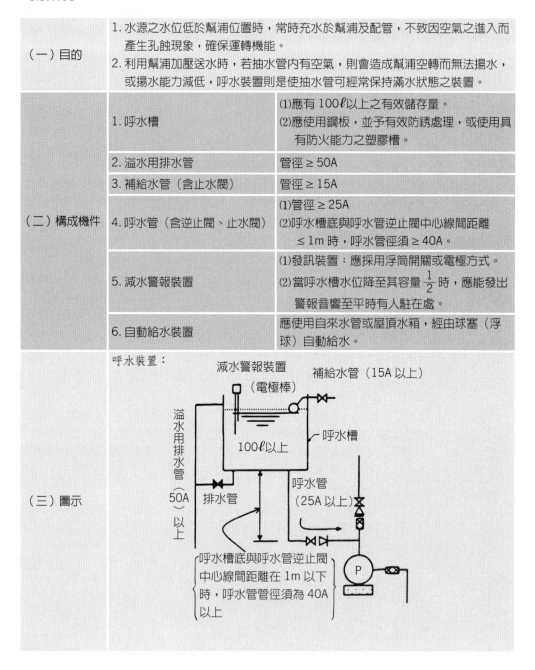	

1-8　室內消防栓設備其呼水裝置之試驗方法

【解說】

（一）外觀檢查		1.目視確認呼水槽有無變形、漏水、腐蝕及水量是否正常。 2.目視確認給水管之閥類有無洩漏、變形、開關位置是否正常。
（二）性能檢查	1.閥件	用手操作確認閥之開關容易動作。
	2.自動給水裝置	(1)確認有無變形、腐蝕。 (2)打開排水閥，確認自動給水性能正常。
	3.減水警報裝置	(1)確認有無變形、腐蝕。 (2)確認減水警報功能： 　①關閉補給水管上之給水閥。 　②打開排水管上之排水閥。 　③當呼水槽水位降至 $\frac{V}{2}$ 以下時會發出警報。（檢查警報開關應在「開」的位置） 　④按下「Reset」，警報音響停止，但警示燈保持亮著。 　⑤將給水閥與排水閥復歸。 　⑥超過 $\frac{V}{2}$ 以上水位時，警示燈熄滅。
	4.底閥	(1)拉上吸水管或檢查用鏈條，確認有無異物附著或阻塞。 (2)打開幫浦本體呼水漏斗制水閥，確認呼水漏斗有無連續溢水出來。 (3)打開幫浦本體呼水漏斗制水閥，開關呼水管制水閥，確認底閥逆止效果，即呼水漏斗之水應無減少。

1-9　消防幫浦之防止水溫上升用排放裝置之規定

【解說】

目的		防止水溫上升排放裝置又稱「逃逸管」，幫浦於關閉運轉（幫浦在運轉卻未出水之狀態）時，由於幫浦室內之水無法吐出，經由輪葉之拍打，由動能轉為熱能而造成水溫上升，因此為了防止幫浦內之水溫上升，造成幫浦損毀，而設置一處最小回流量之限流孔，稱為「防止水溫上升用排放裝置」，使幫浦連續運轉時有少量的水在流動，不致成為關閉運轉的狀態，且不使幫浦內部水溫升高 30℃以上。
設置規定	1.排放管	應從呼水管逆止閥之靠幫浦側連結。
	2.限流孔	中途應設限流孔，使幫浦在運轉中能排水至水槽內。
	3.控制閥（止水閥）	配管中途須裝設控制閥。
	4.排放管徑	≥ 15mm
	5.排放水量	①當幫浦在全閉狀態下運轉時，不使幫浦內部水溫升高 30℃以上。 ②公式：$q = \dfrac{Ls \times C}{60 \times \Delta t}$

設置規定	5. 排放水量	q：排放水量（ℓ/min） Ls：幫浦關閉運轉時之出力（KW） C：幫浦運轉時，出力 IKW·hr 之發熱量 　　C = 860Kcal/KW·hr Δt：幫浦的水溫上升限度（30℃時每 1ℓ水之吸熱量） 　　Δt = 30Kcal/ℓ

※(1) C 值：幫浦關閉運轉時，因未出水，其動能轉為熱能，故幫浦運轉時，每 1KW 出力，每小時的發熱量（C）為：

$$C = 0.24 \times I^2 \times R \times t \ (P = IV = I^2R)$$
$$= 0.24 \times P \times t$$
$$= 0.24 \times 1KW \times 3600sec$$
$$= 864 \ (Kcal/KW·hr)$$

(2)Δt 值：

1 公升水 = 1000g

1cal = 1g 水溫度上升 1℃所需之熱量

$$Δt = 1000g \times 30℃ = 30000cal/\ell = 30Kcal/\ell$$

※防止水溫上升用排放裝置之圖示：

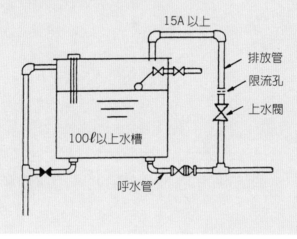

15A 以上

排放管

限流孔

上水閥

100ℓ以上水槽

呼水管

1-10　若室內消防栓之消防幫浦全閉運轉之出力為20KW，試問該防止水溫上升用排放裝置之流量大小？

【解說】

公式：$q = \dfrac{Ls \times C}{60 \times Δt}$

q：排放水量（ℓ/min）

Ls：幫浦關閉運轉時之出力（KW）

C：幫浦運轉時，出力 1KW·hr 之發熱量，

C = 860Kcal/KW·hr

60：單位：min/hr

Δt：幫浦的水溫上升限度（$\Delta t = 30$Kca1/ℓ）（30℃時每 1ℓ 水之吸熱量）

排放水量：$q = \dfrac{Ls \times C}{60 \times \Delta t} = \dfrac{20KW \times 860Kcal/KW \cdot hr}{60min/hr \times 30Kcal/\ell} = 9.6\ \ell/min$

1-11　幫浦性能試驗裝置之構造與試驗程序

【解說】

（一）目的	消防設備平時備而不用，消防幫浦很難得在額定負荷狀態下運轉，一有火災，能否確實發揮作用無從得知，因此為確認幫浦在額定負荷狀態的機能，應設性能試驗裝置。
（二）構造	1. 配管　(1)應從幫浦出口側逆止閥一次側分歧接出，中途應裝設流量調整閥及流量計。 (2)所用配管應能適應額定出水量之管徑。
	2. 流量計　(1)應使用差壓式，並能直接測定至額定出水量（Q_0）。 (2)但流量計附有流量換算表時，得免使用直接讀示者。
	3. 整流　在流量計前後留設之直管部分，應有適合該流量計性能之直管長度。
	4. 圖示 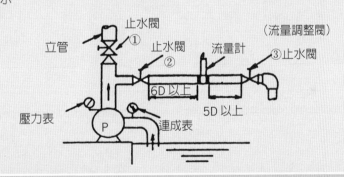
（三）試驗程序	1. 關閉止水閥①、②。 2. 將控制盤選擇鈕由自動（A）轉到手動（M），並關掉所有連動警報。 3. 打開止水閥②。 4. 啟動幫浦進行測試，此時流量計 Q＝0，由壓力表得 P_1（kgf/cm^2）× 10 ＝ H_1（m），即為全閉揚程。 5. 打開閥③，調整流量計至 Q＝Q_0（ℓ/min）（額定出水量）時，由壓力表得 P_0 × 10 ＝ H_0（m），即為額定揚程。 6. 調整閥③至流量計 Q＝1.5Q_0（ℓ/min），由壓力表得 P_3（kgf/cm^2）× 10 ＝ H_3（m），即為全開揚程。 7. 測試完畢，關閉閥②、③，打開閥①。

8.按幫浦停止開關,使幫浦停止運轉。

9.將控制盤之手動位置再轉回自動啟動位置,使幫浦成待機狀態。

10.幫浦之性能應符合下列規定:

(1) $1.0 \leq \dfrac{H_2}{H_0} \leq 1.1$	幫浦所標示之出水量(額定出水量,Q_0),在其性能曲線上全揚程(H_2),必須達到所標示揚程(額定揚程,H_0)之100~110%之間。
(2) $\dfrac{H_3}{H_2} \geq 0.65$	幫浦之出水量在額定出水量之150%時($Q_1 = 1.5Q_0$),其全揚程(H_3)應為性能曲線上全揚程(H_2)之65%以上。
(3) $\dfrac{H_1}{H_2} \leq 1.4$	全閉揚程(H_1)應為性能曲線上全揚程(H_2)之140%以下。

圖示說明:

(三) 試驗
程序

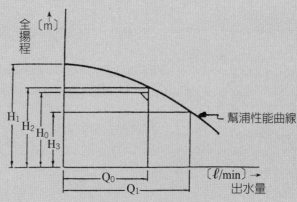

$\dfrac{H_3}{H_2} \geq 0.65$

  Q_0:額定出水量(ℓ/min)

  Q_1:Q_0之150%出水量(ℓ/min)

  H_0:額定全揚程(m)(標示揚程)

  H_1:全閉揚程(m)

  H_2:Q_0時,性能曲線上之全揚程(m)

  H_3:Q_1時,性能曲線上之全揚程(m)(全開揚程)

※差壓式流量計(Orifice Flowmeter):

係利用管線中插入流孔板,則水在管線中流動時遇流孔板,則其上下游產生一高低壓差,利用 $Q = 0.653D^2\sqrt{P}$。可得知直徑愈大流量愈大;壓力差愈大,代表其流量也愈大。

1-12　消防幫浦啓動用水壓開關裝置（啓動用壓力槽）之設置規定

【解說】

（一）目的	1. 當消防栓射水時，啓動用壓力槽壓力會降低，當降至設定值時，啓動用水壓開關就會動作，將信號傳至控制盤，以啓動幫浦。當壓力增加到設定的壓力時，能因控制盤的作用而使幫浦停止運轉。 2. 啓動用壓力槽之設置，其主要目的在防止因微小的壓力變化就啓動幫浦，瞬間因系統容量變化很小，隨即又停止幫浦，此時很容易造成嚴重的水錘現象而致使設備損壞，為維持某一壓力變化較大時才啓動或停止，乃是設置啓動用壓力槽之目的。	
（二）設置規定	1. 啓動用壓力槽（Pressure Chamber）（即「壓力桶」）	容量 ≥ 100ℓ（以空氣壓力作緩衝，減少動作頻度，故有最少容積≥100ℓ之規定）
	2. 啓動用壓力槽構造	應符合：危險性機械及設備安全檢查規則之規定。
	3. 啓動用壓力槽規定	(1)應使用口徑 25mm 以上之配管。 (2)與幫浦出水側逆止閥之二次側配管連接。 (3)在中途應設止水閥。
	4. 在啓動壓力槽上或在其近旁	應裝設： (1)壓力表。 (2)啓動用水壓開關（P.S.）。 (3)試驗幫浦啓動用之排水閥。
	5. 壓力設定	設定壓力不得有顯著之變動。
（三）圖示	啟動用水壓開關裝置： 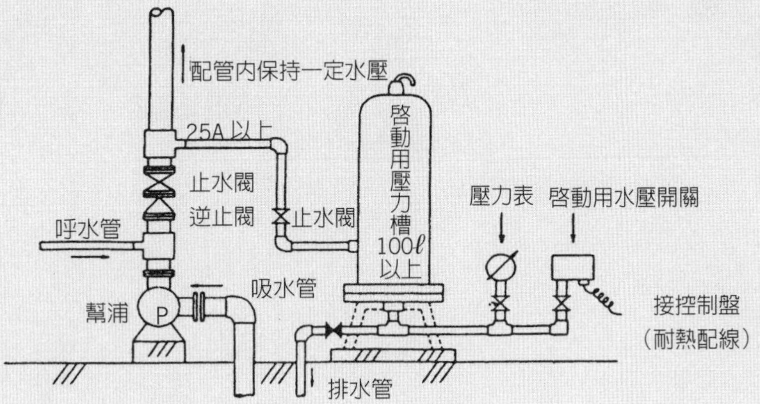	

1-13 消防幫浦設置底閥之時機、位置及設置規定

【解說】

（一）時機	水源之水位低於幫浦之位置時。
（二）位置	設於吸水管前端之逆止閥有過濾裝置。
（三）設置規定	1. 蓄水池低於幫浦吸水口時，須裝設底閥。 2. 底閥應設有過濾裝置，且繫以鍊條、鋼索等用人工可以操作之構造。 3. 底閥之主要零件，如閥箱、過濾裝置、閥蓋、閥座等應使用 CNS 2472、8499 及 4125 之規定者，或同等以上強度且耐蝕性之材料。
（四）圖示	1. 底閥內之逆止閥，裝置於水池內幫浦吸入水的前端，前端之濾網可防止雜物進入。 2. 逆止閥可使底閥至幫浦間管徑內的水不致流失，管內隨時充滿水，使幫浦隨時啟動均能吸取出水。 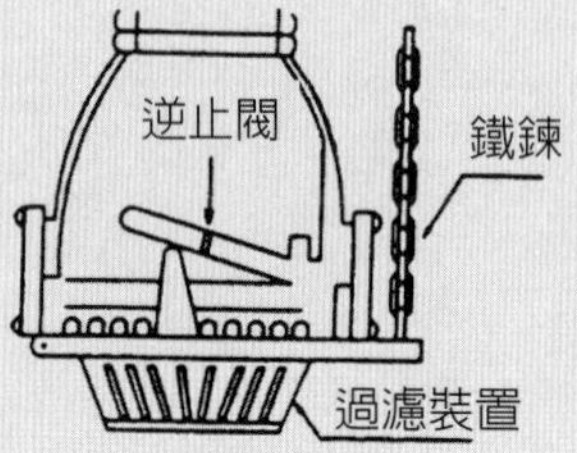 底閥 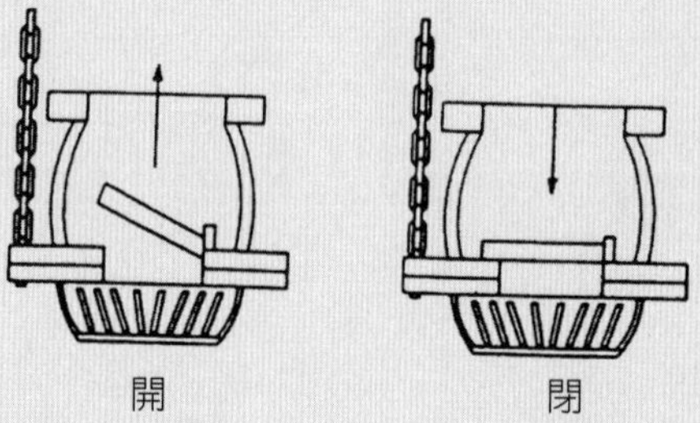 開　　閉 底閥

1-14　　配管之摩擦損失計算公式

【解說】

（一）配管之摩擦損失水頭	$H = \sum_{n=1}^{N} H_n + 5m$ 其中 H：配管摩擦損失水頭（m） 　　 N：H_n 數 　　 H_n：各配管管徑之摩擦損失水頭（m） 　　 5m：流水檢知裝置之摩擦損失水頭
（二）各配管管徑之摩擦損失水頭	$H_n = 1.2 \dfrac{Q_k^{1.85}}{D_k^{4.87}} \left(\dfrac{I_k' + I_k''}{100} \right)$ 其中 Q_k：標稱管徑 k 配管之流量（ℓ/min） 　　 D_k：標稱管徑 k 管之內徑絕對值（cm） 　　 I_k'：標稱管徑 k 直管長之合計（m） 　　 I_k''：標稱管徑 k 接頭、閥等之等價管長之合計（m）

1-15　　室內消防栓瞄子之放水性能測試

【解說】

（一）測試步驟	1. 將直線用瞄子接在測試出水口。 2. 打開消防栓使瞄子放水。 3. 將比托管之進水口置於瞄子出水口 $\dfrac{D}{2}$ 距離處。 4. 打開比托管之進水閥。 5. 讀取壓力計之壓力指示值（P）。 6. 再以 $Q = 0.653 D^2 \sqrt{P}$ 求出放水量（Q）。 　　 Q：瞄子放水量（ℓ/min） 　　 D：瞄子口徑（mm） 　　 P：瞄子壓力（kgf/cm^2）
（二）圖示	瞄子放水性能測試之比托管（計）（Pitot Tube）： 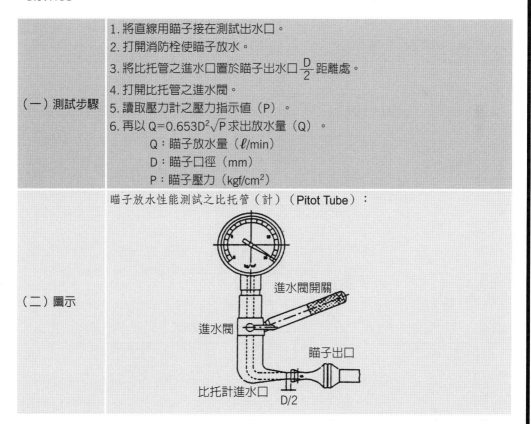

第一章◎自我評量

（一）問答題

1. 試說明各類場所消防安全設備包括哪些？
2. 試說明加壓送水裝置及其附屬裝置之組成？
3. 試說明消防幫浦之性能規定？
4. 試說明消防幫浦性能曲線之相關規定？並說明其理由。
5. 試說明消防幫浦電動機之相關規定？
6. 試說明呼水裝置之規定？
7. 試說明呼水裝置之試驗方法？
8. 試說明消防幫浦之防止水溫上升用排放裝置之規定？
9. 試說明幫浦性能試驗裝置之構造與試驗程序？
10. 消防幫浦啓動用水壓開關裝置（啓動用壓力槽）之設置規定爲何？
11. 試說明消防幫浦設置底閥之時機、位置及設置規定？
12. 試說明配管之摩擦損失計算公式？
13. 如何以比托管（Pitot Tube）來測試室內消防栓瞄子之放水性能？

（二）測驗題

（C）　1. 消防幫浦所標示之出水量，在其性能曲線上之全揚程必須達到所標示揚程之多少？
(A)120% 到 130% 之間　(B)65% 到 100% 之間　(C)100% 到 110% 之間　(D)110% 到 120% 之間。

（A）　2. 下列對消防幫浦之敘述何者錯誤？
(A) 需能耐最高水壓 1.5 倍以上，加壓 2 分鐘後，各部位仍無洩漏現象
(B) 啓動時其軸承不得發生過熱、噪音或異常震動現象　(C) 應標示製造廠商名稱或廠牌標誌　(D) 全閉揚程應爲性能曲線上全揚程之 140% 以下。

（D）　3. 消防泵浦本體必須能耐最高揚水壓力 1.5 倍以上，且加壓 3 分鐘後各部位無漏水現象才算合格，其最高揚水壓力指下列何者？
(A) 額定揚程換算水頭壓力與押入壓力之總和　(B) 額定揚程扣除押入揚程結果值換算水頭壓力值　(C) 全閉揚程扣除押入揚程結果值換算水頭壓力值　(D) 全閉揚程換算水頭壓力與押入壓力之總和。

（D）　4. 消防泵浦性能需求條件，下列敘述何者爲誤？
(A) 關閉全揚程應爲性能曲線上全揚程之 140% 以下　(B) 額定揚水量的 1.5 倍時，其全揚程達到額定揚水量性能曲線上全揚程 0.65 以上
(C) 額定揚水量的 150% 時，其軸動力不得超過額定輸出馬力之 110%

(D) 全閉運轉時，泵浦內水溫不得超過 40℃。

（**D**）　5. 下列有關消防幫浦呼水裝置的性能檢查正常之判定，何者錯誤？
(A) 呼水槽之水量減少時應能自動給水　　(B) 呼水槽之水量減少至 1/2 前應發出警報　　(C) 呼水漏斗的水量應無減少　　(D) 呼水漏斗應不得溢水出來。

（**B**）　6. 消防幫浦採離心式幫浦，其原動機若為電動機者，應符合下列何項規定？
(A) 電路使用電壓 110V 時，絕緣電阻值應為 0.2MΩ　　(B) 輸出功率 11KW 以上時，不得使用直接啓動方式　　(C) 輸出功率 5KW 以下時，應使用 Y-△ 星角啓動方式　　(D) 超過額定輸出之 10% 運轉八小時後，仍不致發生異狀。

（**A**）　7. 消防幫浦本體必須能耐最高水壓幾倍以上，且加壓多少分鐘後，各部位仍無洩漏現象才算合格？
(A) 水壓 1.5 倍，加壓 3 分鐘　　(B) 水壓 1.5 倍，加壓 1 分鐘　　(C) 水壓 1 倍，加壓 30 分鐘　　(D) 水壓 1 倍，加壓 1 小時。

（**A**）　8. 消防幫浦在出水量 150%，其軸動力不得超過馬達額定輸出馬力之多少 %？
(A)110%　　(B)130%　　(C)150%　　(D)160%。

（**B**）　9. 下列有關電動機所需馬力之計算公式中（L=0.613×Q×H×1/E×K）何者敘述有誤？
(A)K：傳動係數（= 1.1）　　(B)E：額定全揚程　　(C)Q：額定出水量　　(D)L：額定馬力。

（**B**）　10. 依「消防幫浦加壓送水裝置等及配管摩擦損失計算基準」，下列有關幫浦性能規定之敘述，何者為誤？
(A) 吸水性能在額定出水量未滿 900ℓ/min 者，其最大吸水揚程應在 6.0m 以上　　(B) 在額定出水量，其軸動力不得小於馬達之額定輸出馬力　　(C) 額定出水量 l50% 時，其軸動力不得超過馬達額定輸出馬力 110%　　(D) 幫浦本體必須能耐最高水壓 1.5 倍以上。

（**B**）　11. 依各類場所消防安全設備設置標準之規定，滅火設備有幾種？
(A) 七種　　(B) 九種　　(C) 十種　　(D) 十一種。

（**A**）　12. 醫院是屬於何類場所？
(A) 甲類　　(B) 乙類　　(C) 丙類　　(D) 丁類。

（**A**）　13. 保齡球館是屬於何類場所？
(A) 甲類　　(B) 乙類　　(C) 丙類　　(D) 丁類。

（**A**）　14. 以水或其他滅火藥劑滅火之器具或設備，係屬下列何種設備？
(A) 滅火設備　　(B) 警報設備　　(C) 避難逃生設備　　(D) 消防搶救上之必要設備。

（**C**）　15. 緊急照明設備是屬於下列何種設備？
(A) 滅火設備　　(B) 警報設備　　(C) 避難逃生設備　　(D) 消防搶救上之必要設備。

（**C**） 16. 下列何者非屬於消防搶救上之必要設備？
(A) 連結送水管 　(B) 消防專用蓄水池 　(C) 室內消防栓設備 　(D) 緊急電源插座。

（**C**） 17. 消防安全設備中，下列何者係警報設備？
(A) 無線電通信輔助設備 　(B) 緊急照明設備 　(C) 緊急廣播設備
(D) 避難指標。

（**B**） 18. 消防安全設備中，下列何者係避難逃生設備？
(A) 手動報警設備 　(B) 緊急照明設備 　(C) 緊急廣播設備 　(D) 瓦斯漏氣火警自動警報設備。

（**C**） 19. 消防安全設備中，下列何者係消防搶救上之必要設備？
(A) 乾粉滅火設備 　(B) 緊急廣播設備 　(C) 排煙設備 　(D) 室內消防栓設備。

（**D**） 20. 若室內消防栓之消防幫浦全閉運轉之功率為 30KW，則該防止水溫上升用排放裝置之排放水量為何？
(A)7.5L/min 　(B)9.6L/min 　(C)12.5L/min 　(D)14.3L/min。

（**A**） 21. 消防幫浦加壓送水裝置之電動機，在額定輸出連續運轉多少小時後，不得發生異狀？
(A)8 　(B)12 　(C)16 　(D)24。

（**C**） 22. 消防幫浦加壓送水裝置之啟動用水壓開關裝置，下列規定何者錯誤？
(A) 啟動用壓力槽容量應有 100L 以上 　(B) 啟動用壓力槽之構造應符合危險性機械及設備安全檢查規則之規定 　(C) 啟動用壓力儲槽應使用口徑 25mm 以上配管，與幫浦出水側逆止閥之一次側配管連接 　(D) 在啟動用壓力槽上或其近傍應裝設壓力表、啟動用水壓開關及試驗幫浦啟動用之排水閥。

室內消防栓設備

2-1　室內消防栓設備設置之目的與組成構件

【解說】

（一）室內消防栓設備	係指設置於室內，為消防人員或其他相關人員專門應付建築物內部火災，以消防水帶對準火源射水，所採取滅火措施之消防設備。
（二）設置目的	1. 初期火災時，可提供該棟建築物居民或附近民眾，藉該項滅火設備立刻撲滅火源，或避免火勢擴大成災。 2. 火勢一旦擴大成災，則於消防隊趕抵火場時，可利用此室內消防栓設備，由消防栓送水口供水，可爭取時效，迅速展開搶救作業，使災害損失減低至最少程度。
（三）組成構件	1. 水源。 2. 加壓送水裝置。 3. 配管（包含立管）及相關管配件。 4. 啟動裝置。 5. 室內消防栓： 　(1)水帶接續口。 　(2)開關閥。 6. 室內消防栓箱： 　(1)水帶。 　(2)瞄子。 　(3)水帶架（一種）或管盤（二種）。 7. 緊急電源。 8. 其他附屬裝置。

2-2　應設置室內消防栓設備之場所及免設置之場所

【解說】

§15　應設室內消防栓設備之場所

	樓層高度	使用場所	樓地板面積（m²）	設置樓層
（一）應設置場所	1. ≤ 5F	(1)甲 1（電影院等）	任一 F ≥ 300	整棟
		(2)甲 2～甲 7（除甲 1 外）乙、丙、丁類	任一 F ≥ 500	整棟
		(3)學校教室	任一 F ≥ 1400	整棟
	2. ≥ 6F	甲、乙、丙、丁類	任一 F ≥ 150	整棟
	3. 地下建築物	—	總 F ≥ 150	全部
	4. 地下層或無開口樓層之樓層	(1)甲 1（電影院等）	F ≥ 100	該樓層
		(2)甲 2～甲 7（除甲 1 外）乙、丙、丁類	F ≥ 150	該樓層

（二）免設置場所	1. 依本標準設有自動撒水（含補助撒水栓）、水霧、泡沫、CO$_2$、惰性氣體、鹵化烴、乾粉或室外消防栓等滅火設備者 →在該有效範圍內，得免設室內消防栓。 2. 設有室外消防栓，在第一層水平距離 40m 以下、第二層步行距離 40m 以下有效滅火範圍內 →限 1F、2F 得免設室內消防栓。	

2-3　第一種及第二種室內消防栓之比較

【解說】

項目	種類	室內消防栓第一種	室內消防栓第二種
（一）消防栓	1. 防護水平距離	≤ 25m	≤ 25m
	2. 放水壓力	1.7～7kgf/cm^2 （0.17～0.7Mpa）	1.7～7kgf/cm^2 （0.17～0.7Mpa）
	3. 放水量	≥ 130 ℓ/min	≥ 80 ℓ/min
	4. 消防栓口徑	38mm 或 50mm × 1 個	25mm × 1 個
	5. 水帶或皮管	(1)水帶： 　① 15m × 2 條 　②水平距離 ≤ 15m 時 　⇒ 10m × 2 條 　（並附快式接頭） (2)水帶架 × 1 組	(1)皮管：30m × 1 條 (2)管盤 × 1 具
	6. 瞄子	(1) 13mm 以上 × 1 具 (2)直線、水霧二用	(1) 1 具（無規定口徑） (2)直線、水霧二用（設容易開關裝置）
	7. 開關閥高度	0.3m ≤ h ≤ 1.5m	
	8. 設置位置	(1)走廊或防火構造樓梯間附近便於取用處。 (2)供集會或娛樂處所：設於舞台二側、觀眾席後二側、包廂後側。	
（二）消防栓箱	1. 箱身	厚度 ≥ 1.6mm 之銅板或具同等性能以上之不燃材料者。	
	2. 箱面表面積	A ≥ 0.7m^2	
	3. 深度	足夠裝消防栓、水帶、瞄子等裝備。	
	4. 箱面標示	明顯不易脫落之消防栓字樣，每字 ≥ 20cm^2	
	5. 啟動裝置	手動啟動裝置：應設於每一消防栓箱內。	
	6. 啟動表示燈	設於消防栓箱上方。	
（三）加壓送水裝置	1. 出水量	150ℓ/min × 2	90ℓ/min × 2
	2. 啟動方式	設自動或手動啟動裝置，而其停止僅限於手動操作。	

	3. 位置	設在便於檢修，且無火災等災害損害之處。	
	4. 四周構造	(1)應以具一小時防火時效之牆壁、樓地板及防火門窗等防火設備區劃分隔。 (2)設於屋頂或屋外時，設有不受積水及雨水侵襲之防水措施者，不在此限。	
	5. 減壓措施	瞄子放水壓力≥7kgf/cm² 時：應採取有效之減壓措施。	
	6. 防震措施	應採取有效之防震措施。	
（四）水源	1. 容量	(1) n＝1（支） 　　V＝2.6m³ (2) n＝2（支） 　　V＝5.2m³	(1) n＝1（支） 　　V＝1.6m³ (2) n＝2（支） 　　V＝3.2m³
	2. 其他規定	(1)消防用水與普通用水合併使用時：應採取必要措施，確保規定之水源容量，在有效水量範圍內。 (2)消防栓設備水源得與其他滅火設備水源併設。但其總容量≥各滅火設備應設水量之合計。	
（五）配管	1. 立管管徑	D ≥ 63mm （依水力計算）	D ≥ 50mm （依水力計算）
	2. 位置	應裝置於不受外來損傷及火災不易殃及之位置。	
	3. 強度	(1)應符合 CNS 6445，4626，6331 或具同等以上之強度、耐腐蝕性或耐熱性。 (2)經中央消防主管機關認可具氣密性、強度、耐腐蝕性、耐候性及耐熱性等性能之合成樹脂管。	
	4. 屋頂水箱	立管應連接屋頂水箱、重力水箱或壓力水箱，使配管平時充滿水。	
	5. 屋頂水箱水量	V ≥ 0.5m³	V ≥ 0.3m³
（六）測試出水口		(1)在屋頂適當位置至少設置一個測試用出水口，並標示測試出水口字樣。 (2)斜屋頂設置測試出水口有困難時，得免設。	
（七）緊急電源		(1)應使用蓄電池或發電機設備，其供應容量：有效動作 30min 以上。 (2)緊急電源在供應危險工作所時：得使用具有相同效果之引擎動力系統。	
（八）設置重點		以「滅火能力」為重點。	以「操作簡便」為重點。
（九）設置場所		(1)倉庫、傢俱展示販售場或丁類場所。 　（具火載量大，且延燒速度快等特性） (2)其他各類場所。	(1)倉庫、傢俱展示販售場或丁類以外之各類場所。 (2)飯店、社會福利設施、醫院等具宿泊設施之場所，基於夜間能否有效因應初期火災之考量，以設置第二種室內消防栓為宜。

※爲因應國際化之世界潮流，與世界接軌，使用世界性之國際標準單位（SI），壓力單位增列 Mpa，其中單位換算之些許差距，可忽略不計。

※爲使室內消防栓與設置環境融爲一體，使其更美觀及讓使用人接受，要求消防栓箱得以不燃材料設置，其顏色、形狀配合場所特性配置。

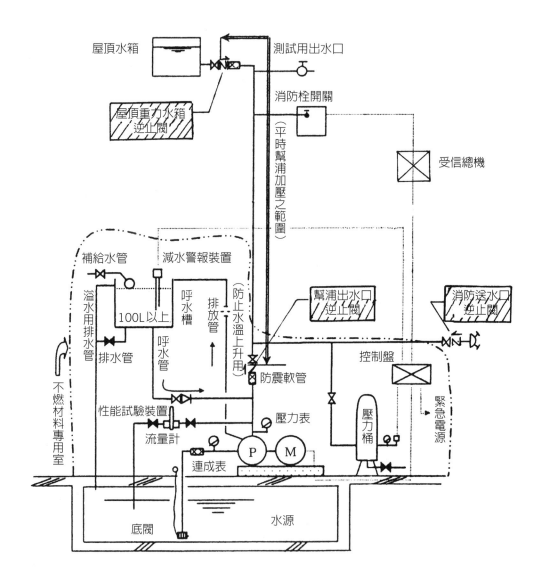

■ 室內消防栓設備系統圖

▶◀ ： 常時關

▷◁ ： 常時開

2-4 室內消防栓加壓送水裝置之啓動用水壓開關裝置啓動壓力

【解說】

	1. 使用啓動用水壓開關裝置連動啓動，該啓動用水壓開關裝置壓力開關處之配管內壓，降至下列二者較大壓力值時 ⇒ 加壓送水裝置應即啓動。	
（一）減壓啓動	2. (1)第一種消防栓	① $A = H_1 + 2\,kgf/cm^2$ 　H_1：最高或最遠消防栓開關至啓動用水壓開關裝置壓力開關間之落差壓力 ② $B = H_2 + 0.5\,kgf/cm^2$ 　H_2：屋頂水箱至啓動用水壓開關裝置壓力開關之落差壓力 ⇒ 取A、B其中較大值為壓力開關之啓動壓力值。
	(2)第二種消防栓	① $A = H_0 + H_1 + 2\,kgf/cm^2$ 　H_0：第二種消防栓之開關、水帶、瞄子之摩擦損失 ② $B = H_2 + 0.5\,kgf/cm^2$ ⇒ 取A、B其中較大值為壓力開關之啓動壓力值。
（二）圖示	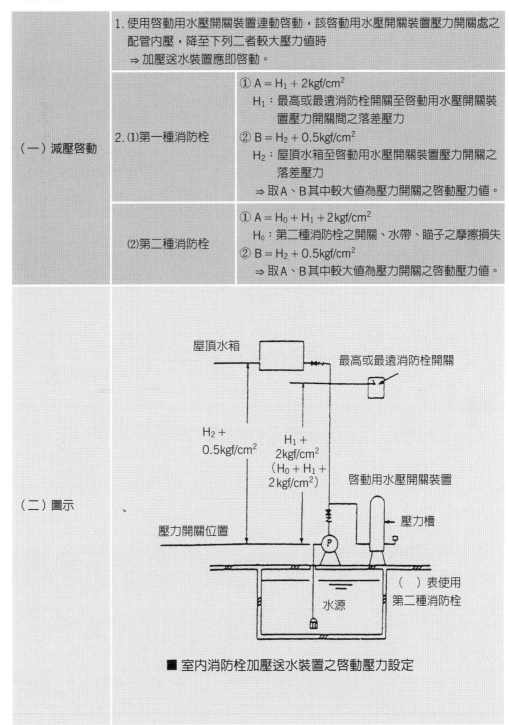 ■ 室內消防栓加壓送水裝置之啓動壓力設定	

2-5　室內消防栓設備之配管、配件與屋頂水箱之設置

【解說】

§32　室內消防栓配管、配件與屋頂水箱

（一）配管部分

項目	說明
1. 專用	(1)應為專用。 (2)但與室外消防栓、自動撒水設備及連結送水管等滅火系統共用，無礙其功能者，不在此限。 ※以水為滅火劑設備管系之水量、壓力等功能符合規定需求，及不妨礙使用時，配管得與室外消防栓、自動撒水及連結送水管等水系統共用。
2. 強度	(1)應符合： 　① CNS 6445 配管用碳鋼鋼管。 　② CNS 4626 壓力配管用碳鋼鋼管。 　③ CNS 6331 配管用不銹鋼鋼管。 　④或具同等以上強度、耐腐蝕性及耐熱性者。 (2)經中央主管機關認可具氣密性、強度、耐腐蝕性、耐候性及耐熱性等性能之合成樹脂管。 ※因應配管使用需求及多元化，參酌 NFPA13，得使用鐵管、鋼管、銅管、氯化聚氯乙烯管（CPVC，又稱合成樹脂管）等材質。
3. 管徑	(1)依水力計算配置。 (2)立管與連結送水管共用時，其管徑應 ≥ 100mm。
4. 立管管徑	(1)第一種 D ≥ 63mm。 (2)第二種 D ≥ 50mm。
5. 立管位置	應裝置於不受外來損傷及火災不易殃及之位置。
6. 配管平時充滿水	管應連接屋頂水箱、重力水箱或壓力水箱，使配管平時充滿水。
7. 防震措施	應採取有效之防震措施。

（二）配件部分

項目	說明
1. 止水閥	止水閥以明顯之方式標示開關之狀態。
2. 逆止閥	逆止閥標示水流之方向，並應符合 CNS 規定。 ※為確保閥類之功能，及便於安裝、平時維修及判定系統是否正常，止水閥、逆止閥以明顯方式標示開、關、水流方向等。

（三）屋頂水箱部分

項目	說明
1. 水箱水量	(1)第一種：V ≥ 0.5m³。 (2)第二種：V ≥ 0.3m³。 (3)與其他滅火設備並用時，水量應取其最大值。
2. 防震措施	應採取有效之防震措施。 ※為避免因基地沉陷或地震造成管路受剪力而變形，配管、屋頂水箱應檢討設置防震軟管或採能吸收變位量之防止措施。以確保消防系統於一定震動下，仍正常運作。
3. 免設	斜屋頂建築物得免設屋頂水箱。 ※鑑於斜屋頂建築物設置屋頂水箱確有困難，依據內政部 85 年 7 月份「消防安全設備會審（勘）執法疑義研討會」提議一決議，得免設之。

2-6 ｜ 立管竣工時之加壓試驗

【解說】

§33　立管竣工之加壓試驗

§45　自動撒水設備之空壓試驗

（一）室內消防栓、自動撒水（密閉乾式除外）、水霧設備、泡沫設備等之竣工加壓試驗	1. 試驗壓力：試驗壓力 ≥ 全閉揚程 × 1.5 倍 2. 試驗時間：維持 2 小時無漏水現象為合格。
（二）密閉乾式管系除上述水壓試驗外，應併行空壓試驗	1. 試驗空氣壓力 ≥ 2.8kgf/cm² 2. 壓力維持時間 24 小時 3. 漏氣減壓量：不得超過 0.1kgf/cm² 為合格。

※ 比較：

（一）加壓試驗	加壓送水裝置全閉揚程 × 1.5 倍，2 小時無漏水現象。
（二）空壓試驗	使空氣壓力達 2.8kgf/cm²（0.28Mpa）， 24 小時之漏氣量 ≤ 0.1kgf/cm²（0.01Mpa）。
（三）連結送水管之配管水壓試驗	1.送水設計壓力（H = h_1 + h_2 + h_3 + 60m）× 1.5 倍之水壓，且持續 30min 不漏水。 2.設有中繼幫浦時→幫浦二次測配管承受中繼幫浦全閉揚程 × 1.5 倍之水壓。

2-7 室內消防栓之加壓送水裝置之規定

【解說】

§37 室內消防栓加壓送水裝置

規定＼種類		重力水箱	壓力水箱	消防幫浦
（一）必要落差、必要壓力、幫浦全揚程	第一種	必要落差	必要壓力	幫浦全揚程
		$H \geq h_1 + h_2 + 17m$	$P \geq P_1 + P_2 + P_3 + 1.7kgf/cm^2$	$H \geq h_1 + h_2 + h_3 + 17m$
	第二種	$H \geq h_1 + h_2 + 17m$	$P \geq P_1 + P_2 + P_3 + 1.7kgf/cm^2$	$H \geq h_1 + h_2 + h_3 + 17m$
	符號說明	H：必要落差 h_1：水帶摩擦損失水頭 h_2：配管摩擦損失水頭	P：必要壓力 P_1：水帶摩擦損失水頭 P_2：配管摩擦損失水頭 P_3：落差	H：幫浦全揚程 h_1：水帶摩擦損失水頭 h_2：配管摩擦損失水頭 h_3：落差
（二）必要裝置		1. 水位計。 2. 排水管。 3. 溢水用排水管。 4. 補給水管。 5. 人孔。	1. 壓力表。 2. 水位計。 3. 排水管。 4. 補給水管。 5. 給氣管。 6. 空氣壓縮機。 7. 人孔。	─
（三）相關規定		─	1. 水箱內空氣 $\geq$ 水箱容積 $\times \dfrac{1}{3}$ 2. 水箱內壓力 $\geq$ 建築物最高處之消防栓規定放水壓力。 3. 水箱內壓力及液面減低時，能自動補充加壓。 4. 空氣壓縮機以及加壓幫浦與緊急電源相接。	1. 應為專用（但與其他滅火設備併用時，若無妨礙各種設備性能，可併用）。 2. 連接緊急電源。
（四）共同規定（重力水箱除外）	1. 設置場所	設在便於檢修，且無受火災等災害損失之處。		
	2. 區劃間隔	(1)具一小時防火時效之牆壁、樓地板及防火門窗等防火設備區劃分隔。 (2)但設於屋頂或屋外時，設有不受積水及雨水侵襲之防水措施者，不在此限。		
	3. 啓動裝置	(1)應設自動或手動啓動裝置。 (2)停止僅限於手動操作。 (3)手動啓動裝置應設於每一室內消防栓箱內。 (4)室內消防栓箱上方：應有紅色啓動表示燈。 （此係明示加壓送水裝置開始正常啓動之用）		

4. 減壓措施	瞄子放水壓力 ≥ 7kgf/cm² 時 ⇒ 應採取有效之減壓措施
5. 防震措施	採取有效之防震措施

（五）圖示

1. 重力水箱

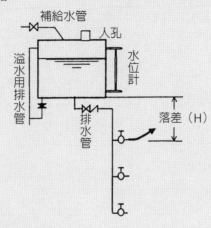

$H \geq h_1 + h_2 + 17m$
H：必要落差
h_1：水帶摩擦損失水頭
h_2：配管摩擦損失水頭
放水壓力：17m

2. 壓力水箱

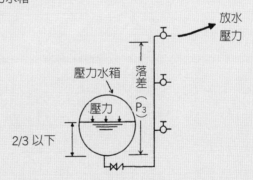

(1) $P \geq P_1 + P_2 + P_3 + 1.7kgf/cm^2$
　　P：必要壓力（水箱內水全部放出後之最終壓力）
　　P_1：水帶摩擦損失水頭
　　P_2：配管摩擦損失水頭
　　P_3：落差
　　放水壓力：$1.7kgf/cm^2$

(2)必要表壓力核算：

$$P_0 = (P+1)\frac{V}{V_0} - 1$$

P_0：水箱內必要之表壓力（kgf/cm²）

P：同上式所核算之最終壓力（kgf/cm²）

V：水箱內容積（m³）

V_0：加壓空氣所佔體積（m³），$V_0 \geq \frac{1}{3}V$

3. 消防幫浦

（五）圖示

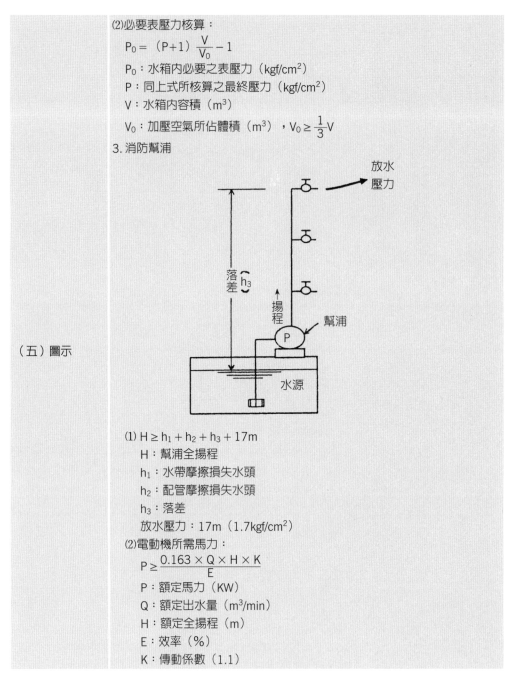

(1) $H \geq h_1 + h_2 + h_3 + 17m$

    H：幫浦全揚程

    h_1：水帶摩擦損失水頭

    h_2：配管摩擦損失水頭

    h_3：落差

    放水壓力：17m（1.7kgf/cm²）

(2)電動機所需馬力：

$$P \geq \frac{0.163 \times Q \times H \times K}{E}$$

    P：額定馬力（KW）

    Q：額定出水量（m³/min）

    H：額定全揚程（m）

    E：效率（%）

    K：傳動係數（1.1）

※ 因重力水箱係以高度為壓力源，其水源容量已符合規定，故所賴以補充水源之揚水幫浦，得不受消防幫浦規定限制。

※ 基於設於室外之加壓送水裝置，受火災波及機率低，故只要能防雨水、積水之鐵絲網或固展鋁圍籬等加蓋頂棚之方式即可，不須達建築防火區劃之要求。

2-8 ｜ 加壓送水裝置之壓力水箱構造及規定

【解說】

（一）構造裝置	1. 壓力表。 2. 水位計。 3. 排水管。 4. 補給水管。 5. 給氣管。 6. 空氣壓縮機。 7. 人孔。
（二）圖示	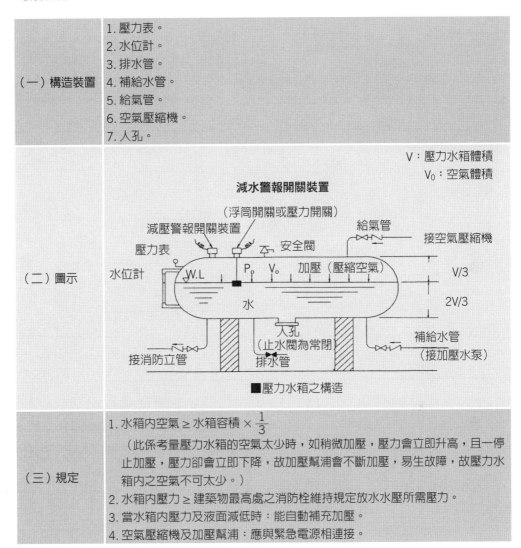 ■壓力水箱之構造
（三）規定	1. 水箱內空氣 $\geq$ 水箱容積 $\times \dfrac{1}{3}$ 　　（此係考量壓力水箱的空氣太少時，如稍微加壓，壓力會立即升高，且一停止加壓，壓力卻會立即下降，故加壓幫浦會不斷加壓，易生故障，故壓力水箱內之空氣不可太少。） 2. 水箱內壓力 $\geq$ 建築物最高處之消防栓維持規定放水水壓所需壓力。 3. 當水箱內壓力及液面減低時：能自動補充加壓。 4. 空氣壓縮機及加壓幫浦：應與緊急電源相連接。

2-9 ｜ 室內消防栓之減壓措施

【解說】

為使室內消防栓便於操作使用，因考量反動力之限度，瞄子放水壓力 7kgf/cm 時要減壓，其有效之減壓措施說明如下：

減壓措施	圖示或說明
（一）分層設置重力水箱	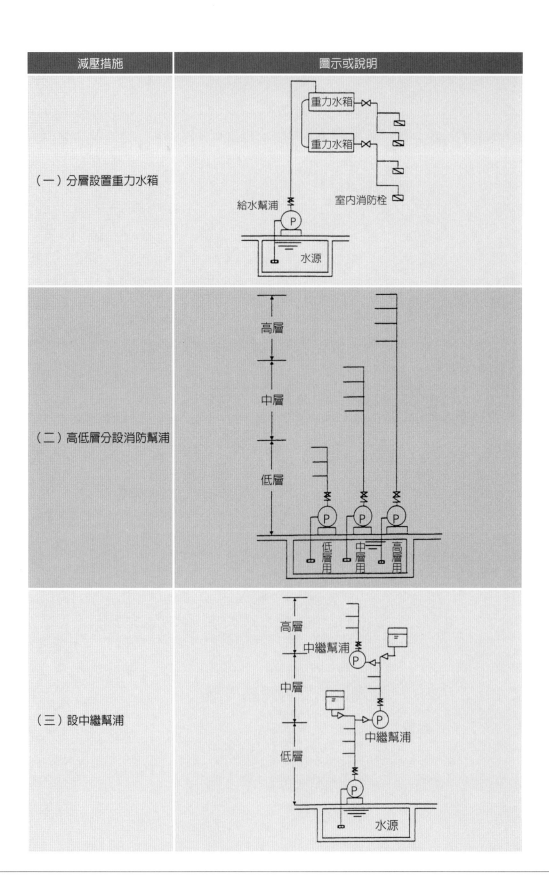
（二）高低層分設消防幫浦	
（三）設中繼幫浦	

減壓構件：
1. 可變限流孔（金屬、橡膠）。
　(1)用金屬限流孔變位來減壓。
　(2)用橡膠限流孔變形來減壓。
2. 固定限流孔。

（四）消防栓開關設減壓構件	可變限流孔（橡膠） 可變限流孔（金屬）
（五）裝設減壓閥等壓力調整裝置	須符合下列規定： 1. 減壓閥須為減壓專用閥。 2. 須依水壓使水流經過口徑自動變化，進行壓力調整。 3. 減壓閥的連接口徑，須在接裝配管口徑或同等口徑以上。 4. 設減壓閥之樓層，與最底層須相距在三層以內。 5. 須在減壓閥附近明顯易見處，設有「減壓閥」之標識。

2-10　室內消防栓與室外消防栓之瞄子放水量與瞄子反動力之計算

【解說】

比較項目	室內消防栓		室外消防栓
	第一種	第二種	
（一）防護水平距離	25m	25m	40m
（二）瞄子放水壓力（P）	1.7～7kgf/cm²	1.7～7kgf/cm²	2.5～6kgf/cm²
（三）瞄子口徑（D）	13mm 以上	未規定 （一般為 8mm）	19mm 以上
（四）瞄子放水量（Q）	最小 Q = 144ℓ/min > 130ℓ/min 最大 Q = 292ℓ/min > 130ℓ/min	最小 Q = 72ℓ/min > 80ℓ/min 最大 Q = 142ℓ/min > 60ℓ/min	最小 Q = 373ℓ/min > 350ℓ/min 最大 Q = 577ℓ/min > 350ℓ/min

	最小 F $= 4.3kgf < 18kgf$ 最大 F $= 17.7kgf < 18kgf$	最小 F $= 1.7kgf < 18kgf$ 最大 F $= 6.8kgf < 18kgf$	最小 F $= 13.5kgf < 18kgf$ 最大 F $= 33kgf < 18kgf$ （不好操作）
（五）瞄子反動力（F）			
（六）反動力臨界值 （1 人操作）	$\leq 18kgf$	$\leq 18kgf$	$\leq 18kgf$
（七）公式	1.瞄子放水量：$Q = 0.653D^2\sqrt{P}$ 　其中 Q：瞄子放水量（ℓ/min） 　　　　D：瞄子口徑（mm） 　　　　P：瞄子放水壓力（kgf/cm^2） 2.瞄子反動力：$F = 1.5D^2P$ 　其中 F：瞄子反動力（kgf） 　　　　D：瞄子口徑（cm） 　　　　P：瞄子放水壓力（kgf/cm^2）		

※ 一般而言，反動力的承受界限，一人爲 18kgf，二人爲 30kgf。

種類	瞄子口徑（D）	最高放水壓力（P）	反動力（＝1.5D^{2}P）
第一種室內消防栓	13mm	7kgf/cm^2	17kgf
第二種室內消防栓	8mm	7kgf/cm^2	6.8kgf
室外消防栓	19mm	6kgf/cm^2	32kgf

1. 就瞄子操作之容易度：
   第二種室內消防栓第一種室內消防栓室外消防栓
   （因反動力愈小，瞄子操作愈容易）
2. 基於安全考量，室內消防栓於設計時放水壓力以控制在 4kgf/cm^2 爲宜（反動力 ≒ 10kgf）。
3. 使用第一種室內消防栓時，如爲直線放水，一般以二個人全力使用較安全，如僅一人操作，則以切換至水霧放水（反動力小）爲宜。
4. 因第一種室內消防栓若放水壓力 7kgf/cm^2，其反動力會大於 18kgf，所以應有減壓措施。

2-11　（一）有一幢十層樓之建築物，每層樓均設有第一種室內消防栓七支，求水源容量及幫浦出水量。
　　　　（二）若改為第二種室內消防栓，求水源容量及幫浦出水量。

【解說】

（一）第一種室內消防栓：

(1) 水源容量 V = 130ℓ/min×20min×2（支）= 5200ℓ = 5.2m³

(2) 幫浦出水量 Q = 150ℓ/min×2 = 300ℓ/min

（二）第二種室內消防栓：

(1) 水源容量 V = 80ℓ/min×20min×2（支）= 3200ℓ = 3.2m³

(2) 幫浦出水量 Q = 90ℓ/min×2 = 180ℓ/min

2-12　有一建築物，各樓層設有2具室內消防栓（第一種），配管之摩擦損失13m，落差23m，水帶每100m有12m摩擦損失，幫浦效率為45%，試求：
（一）幫浦出水量。（二）全場程。（三）水源容量。（四）電動機出力。

【解說】

（一）幫浦出水量：Q = 150ℓ/min×2（支）= 300ℓ/min（室內消防栓第一種）

（二）全場程：$H = h_{配管} + h_{水帶} + h_{落差} + 17m$

$$= 13m + 15m \times 2 \times \frac{12m}{100m} + 23m + 17m$$

$$= 56.6m$$

（三）水源容量：V = 130ℓ/min×20min×2 = 5200ℓ = 5.2m³

（四）電動機出力：$P = \dfrac{0.163 \times Q \times H}{E} \times K$

$$= \frac{0.163 \times 0.3m^3/min \times 56.6m}{0.45} \times 1.1 = 6.8KW$$

因 6.8KW < 7.5KW（CNS 規定之最小電動機出力）故應採 7.5KW 之電動機

> **2-13** 某六層建築物，依規定每層設置第一種室內消防栓一支，其立體昇位圖如下：（使用CNS 6445 SGP配管及螺紋式管配件）試求：
> （一）放水量。（二）水源容量。（三）使用消防幫浦之全揚程。（四）消防幫浦之電動機出力。

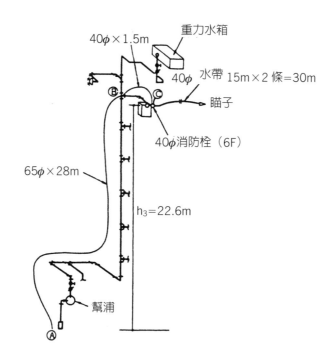

【解說】

採第一種室內消防栓

（一）放水量：

　　瞄子放水量 = 130ℓ/min

（二）水源容量：

　　1. 水源容量 V = 瞄子放水量 ×20min×N

　　　　　　　= 130ℓ/min×20min×1（支）

　　　　　　　= 2.6m³

　　2. 消防栓數量 N = 1

3. 立管管徑 $D = 2\sqrt{\dfrac{Q}{\pi \times \upsilon}} = 2\sqrt{\dfrac{0.3m^3/min}{3.14 \times 150m/min}} = 0.05m = 5$

所以採用 63mm 之立管管徑

（三）全揚程：

全揚程 $H = h_1 + h_2 + h_3 + 17m$

1. h_1：消防水帶摩擦損失水頭

40mm 橡皮水帶，$Q = 130\ell/min$，水帶長 15m×2 = 30m

由表 1 得知水帶之摩擦損失水頭為 $\dfrac{12m}{100m}$

$h_1 = 30m \times \dfrac{12m}{100m} = 3.6m$

2. h_2：配管摩擦損失水頭

(1) Ⓐ ～ Ⓑ 間：$\phi = 65mm$，$Q = 130\ell/min$

$$h_2{}^{AB} = 1.2\dfrac{Q^{1.85}}{D^{4.87}}\left(\dfrac{l'_k + l''_k}{100}\right) = 1.2 \times \dfrac{130^{1.85}}{6.5^{4.87}} \times \left(\dfrac{l'_k + l''_k}{100}\right)$$

$$= 1.074 \times \left(\dfrac{l'_k + l''_k}{100}\right)$$

（亦可查圖或表 2 得到損失）

使用配管用碳鋼管（CNS 6445）SGP

直管（l'_k）	—		= 28m
管件（螺紋式）（l''_k）	90° 彎頭	5 個 × 2.0m	= 10m
	90° T（分流）	1 個 × 4.1m	= 4.1m
閥類（l''_k）	底閥	1 個 × 11.3m	= 11.3m
	逆止閥	1 個 × 5.6m	= 5.6m
	閘閥（止水閥）	1 個 × 0.4m	= 0.4m
			$l'_k + l''_k = 59.4m$

$$\therefore h_2{}^{AB} = 1.074 \times \dfrac{59.4m}{100m} \fallingdotseq 0.64m$$

(2) Ⓑ ～ Ⓒ 間：$\phi = 40mm$，$Q = 130\ell/min$

$$h_2{}^{BC} = 1.2 \times \dfrac{130^{1.85}}{4.0^{4.87}} \times \left(\dfrac{l'_k + l''_k}{100}\right) = 11.43 \times \left(\dfrac{l'_k + l''_k}{100}\right)$$

直管（I'_k）	—		= 1.5m
管件（I'_k）	90° 彎頭	1 個 × 1.3m	= 1.3m
閥類（I''_k）	消防栓開關（角閥）	1 個 × 7.0m	= 7.0m
			$I'_k + I''_k = 9.8m$

$$\therefore h_2{}^{BC} = 11.43 \times \frac{9.8m}{100m} \fallingdotseq 1.12m$$

$$h_2 = h_2{}^{AB} + h_2{}^{BC} = 0.64m + 1.12m = 1.76m$$

3. h_3：落差

$$h_3 = 22.6m$$

故全揚程 $H = h_1 + h_2 + h_3 + 17m = 3.6m + 1.76m + 22.6m + 17m$

$$= 44.96m \fallingdotseq 45m$$

（四）消防幫浦之電動機出力：

1. 消防幫浦出水量 $= 150\ell/min \times 2$（支）$= 300\ell/min = 0.3m^3/min$

2. 電動機之出力：

$Q = 0.3m^3/min$

$H = 45m$

$E = 0.45$（幫浦口徑 65mm）

$K = 1.1$（直結電動機）

$$P \geq \frac{0.163 \times Q \times H}{E} \times K = \frac{0.163 \times 0.3 \times 45}{0.45} \times 1.1 \fallingdotseq 5.4KW < 7.5KW$$

由於 CNS 規定，若電動機之出力 <7.5KW 者，以 7.5KW 計算之。

故依廠商型錄，採用大於 7.5KW 之電動機。

表1　水帶之磨擦損失水頭（每100m）　　　　　單位：m

流量 （ℓ/min）　口徑種類	水帶直徑（mm）					
	40		50		60	
	麻製水帶	橡皮水帶	麻製水帶	橡皮水帶	麻製水帶	橡皮水帶
130	26	12	7	3	—	—
350	—	—	—	—	10	4

表2　使用配管用碳鋼管（CNS 6445）SGP之管接頭及閥類之換算等價管長（m）

種別		口徑 A	25	32	40	50	65	80	90	100	125	150	200	250	300	350
		B	1	$1\frac{1}{4}$	$1\frac{1}{2}$	2	$2\frac{1}{2}$	3	$3\frac{1}{2}$	4	5	6	8	10	12	14
管接頭	螺紋式	45°彎頭（肘管）	0.4	0.5	0.6	0.7	0.9	1.1	1.3	1.5	1.8	2.2	2.9	3.6	4.3	4.8
		90°彎頭	0.8	1.1	1.3	1.6	2.0	2.4	2.8	3.2	3.9	4.7	6.2	7.6	9.2	10.2
		回轉彎頭（180°）	2.0	2.6	3.0	3.9	5.0	5.9	6.8	7.7	9.6	11.3	15.0	18.6	22.3	24.8
		T型或十字型接頭（分流90°）	1.7	2.2	2.5	3.2	4.1	4.9	5.6	6.3	7.9	9.3	12.3	15.3	18.3	20.4
	熔接式	45°彎頭　長	0.2	0.3	0.3	0.4	0.5	0.6	0.7	0.8	0.9	1.2	1.5	1.8	2.0	
		90°彎頭　短	0.5	0.6	0.7	0.9	1.1	1.3	1.5	1.7	2.1	2.5	3.3	4.1	4.9	5.4
		長	0.3	0.4	0.5	0.6	0.8	1.0	1.1	1.3	1.6	1.9	2.5	3.1	3.7	4.1
		T型或十字型接頭（分流90°）	1.3	1.6	1.9	2.4	3.1	3.6	4.2	4.7	5.9	7.0	9.2	11.4	13.7	15.3
閥類	一般用閥	閘閥	0.2	0.2	0.3	0.3	0.4	0.5	0.6	0.7	0.8	1.0	1.3	1.6	2.0	2.2
		球閥	9.2	11.9	13.9	17.6	22.6	26.9	31.0	35.1	43.6	51.7	68.2	84.7	101.5	113.2
		底閥	4.6	6.0	7.0	8.9	11.3	13.5	15.6	17.6	21.9	26.0	34.2	42.5	50.9	56.8
		逆止閥（擺動閥）	2.3	3.0	3.5	4.4	5.6	6.7	7.7	8.7	10.9	12.9	17.0	21.1	25.3	28.2
	消防栓等開關閥	角閥	—	—	7.0	9.0	14.0	—	—	—	—	—	—	—	—	—
		180°型球閥	—	—	16.0	18.0	14.0	—	—	—	—	—	—	—	—	—
		90°型球閥	—	—	19.0	21.0	14.0	—	—	—	—	—	—	—	—	—

※1. 以直流使用T型或十字型（包含口徑不同）者，以直管計算之。

　2. 以分流90°使用之口徑不同T型或十字型者，以上流側大口徑計算之。

表3　管之磨擦損失水頭（每100m）　　　　　單位：m

管徑（A） ＼ 流量（ℓ/min）	130	260	390	520	650
40	9.44	34.03	72.06	122.69	185.40
50	2.93	10.56	22.36	38.07	57.52
65	0.87	3.13	6.63	11.29	17.06
80	0.37	1.35	2.86	4.87	7.36
100	0.10	0.37	0.78	1.33	2.01

表4　E與K之值

幫浦口徑（mm）	E 值
40	0.4～0.45
50～60	0.45～0.55
80	0.55～0.6
100	0.6～0.65
125～150	0.65～0.7

動力之型式	K 值
直結電動機	1.1
電動機以外之原動機	1.15～1.2

第二章◎自我評量

（一）問答題

1. 何謂室內消防栓設備？其設置之目的為何？其組成構件有哪些？
2. 試說明應設置室內消防栓設備之場所？及免設置之場所？
3. 室內消防栓設備有第一種及第二種消防栓之別，試述此二種消防栓之區別？
4. 試說明室內消防栓加壓送水裝置之啓動用水壓開關裝置啓動壓力如何設定？
5. 試說明室內消防栓設備之配管、配件與屋頂水箱之設置標準，請依法規要求說明之。
6. 室內消防栓設備、自動撒水設備、自動水霧設備、自動泡沫滅火設備，在立管竣工時，應進行驗收進行加壓試驗，請分別比較其驗收標準？
7. 試說明室內消防栓之加壓送水裝置的相關規定？
8. 試說明加壓送水裝置之壓力水箱構造及規定？
9. 試說明室內消防栓設備之有效減壓措施？
10. 試比較室內消防栓與室外消防栓之瞄子放水量與瞄子反動力之計算比較值？

（二）測驗題

（**B**）　1. 室內消防栓設備之消防立管管系竣工時，應做加壓測試，測試壓力不得小於加壓送水裝置全閉揚程多少倍以上之水壓？
(A)1 倍　(B)1.5 倍　(C)2 倍　(D)2.5 倍。

（**D**）　2. 一建築物計有 5 層樓高，每層皆設有 3 座第一種室內消防栓，則其消防水源容量不得低於多少立方公尺？

(A) 1.2　(B) 2.0　(C) 2.6　(D) 5.2。

(D)　3. 室內消防栓之屋頂水箱水量，在第一種消防栓不得小於多少立方公尺？
(A) 0.2　(B) 0.3　(C) 0.4　(D) 0.5。

(C)　4. 下列有關第一種室內消防栓之敘述，何者正確？
(A) 各層任一點至消防栓接頭之水平距離不得超過 20 公尺　(B) 瞄子放水壓力不得小於每平方公分 2.7 公斤　(C) 其放水量不得小於每分鐘 130 公升　(D) 配有口徑 15 公釐以上之直線水霧兩用瞄子一具。

(C)　5. 室內消防栓設備之水源與其他設備之水源併設時，下列敘述何者正確？
(A) 立管直徑採用較寬者　(B) 其水源總容量採較大者之水量計算　(C) 其水源容量不得小於各滅火設備應設水量之合計　(D) 其水源總容量以室內消防栓之水源容量計算。

(C)　6. 第一種室內消防栓設備進行射水試驗，放水瞄子口徑為 12.7 公釐，放水壓力為 1.7kgf/cm^2，放水量為 137 ℓ/min，若放水壓力增加為 3.0kgf/cm^2，其放水量為多少 ℓ/min？
(A) 137　(B) 150　(C) 182　(D) 250。

(C)　7. 第一種室內消防栓之性能，應符合下列何項規定？
(A) 放水壓力應在 1.7kgf/cm^2 以上，9kgf/cm^2 以下　(B) 水帶長度 30 公尺一條　(C) 放水量應在 130 ℓ/min 以上，260 ℓ/min 以下　(D) 口徑 13 公釐以上之水霧瞄子一具。

(B)　8. 某大樓的消防幫浦壓力水槽之壓力開關位置距頂層遠端之消防栓開關為 30 公尺，距屋頂水箱出水口為 38 公尺，則消防幫浦之啟動壓力值應設定為多少？
(A) 4.3kgf/cm^2　(B) 5.0kgf/cm^2　(C) 5.8kgf/cm^2　(D) 6.0kgf/cm^2。

(A)　9. 有關第一種室內消防栓之綜合檢查方法，下列敘述何者正確？
(A) 皮托管應置於瞄子前端瞄子口徑 1/2 距離處測壓　(B) 於高樓之壓頂消防栓試驗口測試放水性能　(C) 最高樓層較遠端之任一個消防栓放水試驗　(D) 放水量依 Q = 0.653 $\sqrt{P}$ 計算式計算。

(B)　10. 室內消防栓設備之水源與其他滅火設備之水源併設時，下列敘述何者正確？
(A) 其水源總容量以室內消防栓之水源容量計算　(B) 其水源總容量不得小於各滅火設備應設水量之合計　(C) 其水源總容量採較大者之水量計算　(D) 立管直徑採用較寬者。

(C)　11. 壓力水箱內上方之壓縮氣體為何？
(A) 壓縮氮氣　(B) 壓縮氬氣　(C) 壓縮空氣　(D) 壓縮二氧化碳。

(C)　12. 一建築物計有五層樓高，每層皆設有三座第一種室內消防栓，則其消防水源容量不得低於多少立方公尺？
(A) 1.2 立方公尺　(B) 1.8 立方公尺　(C) 2.6 立方公尺　(D) 5.2 立方公尺。

(C)　13. 設置第二種室內消防栓的場所，任一點至消防栓接頭之水平距離不得超過多少公尺？

(A) 15　(B) 20　(C) 25　(D) 35。

(C)　14. 消防安全設備的檢查方式，不包括下列何項目？

(A) 外觀檢查　(B) 綜合檢查　(C) 型式檢查　(D) 性能檢查。

(C)　15. 室內消防栓之消防幫浦其出水量，第二種消防栓不得小於每支消防栓每分鐘多少公升以上之水量？

(A) 50　(B) 60　(C) 90　(D) 150。

(B)　16. 下列有關「第二種消防栓」設置規定之敘述，何者為正確？a 各層任一點至消防栓接頭之水平距離不得超過 15m；b 各瞄子放水壓力不得小於 1.7kgf/cm^2；c 放水量不得小於每分鐘 70ℓ；d 應配置口徑 25mm 消防栓連同管盤長 20m 之皮管

(A) abc　(B) bcd　(C) acd　(D) abd。

(B)　17. 下列有關「第一種消防栓」之設置規定敘述，何者為正確？a 各層任一點至消防栓接頭之水平距離不得超過 15m；b 各瞄子放水壓力不得小於 1.7kgf/cm^2；c 放水量不得小於 130ℓ/min；d 應配置口徑 38mm 或 50mm 之消防栓一個

(A) abc　(B) bcd　(C) acd　(D) abd。

(A)　18. 一室內消防栓於檢驗時發現，其瞄子放水壓力可能會超過每平方公分 10 公斤時，為避免發生意外應採有效之減壓措施，使其水壓低於每平方公分多少公斤？

(A) 7 公斤　(B) 8 公斤　(C) 9 公斤　(D) 10 公斤。

(C)　19. 室內消防栓箱，箱面字樣每字不得小於多少平方公分？

(A) 10 平方公分　(B) 15 平方公分　(C) 20 平方公分　(D) 25 平方公分。

(C)　20. 室內消防栓設備設置，下列敘述何者有誤？

(A) 應為專用　(B) 立管直徑，在第一種消防栓不得小於 63 公釐　(C) 立管直徑，在第二種消防栓不得小於 45 公釐　(D) 立管應置於火災不易殃及之位置。

(D)　21. 某一大樓計有七層樓高，每層皆設有四座第一種室內消防栓，則其消防幫浦出水量不得低於多少公升？

(A) 70 公升　(B) 110 公升　(C) 150 公升　(D) 300 公升。

(A)　22. 某一建築物採第二種室內消防栓設計，其專用蓄水池使用加壓送水裝置時，若落差為 15 公尺，水帶及配管摩擦損失合計為 5 公尺，則幫浦最小揚程應為多少公尺？

(A) 37 公尺　(B) 40 公尺　(C) 45 公尺　(D) 57 公尺。

(C)　23. 室內消防栓應設置於何處？

(A) 於娛樂處所應設於隱密處以免有礙觀瞻　(B) 於餐廳應設於廚房內以便第一時間滅火　(C) 應設於走廊或防火構造樓梯間附近便於取用處　(D) 供集會處所應設於觀眾席前兩側、包廂左右兩側之位置。

(D)　24. 下列有關室內消防栓箱之敘述，何者正確？

(A) 廂身應為厚度 1.0 公釐以上之鋼板製箱　(B) 箱面表面積應在 0.5 平方公分以上　(C) 廂面應有明顯而不易脫落之「室內消防栓箱」字樣

(D) 應具有足夠裝設消防栓、水帶及瞄子等裝備之深度。

（**A**）　25. 下列有關第二種室內消防栓之敘述，何者正確？
(A) 各層任一點至消防栓接頭之水平距離不得超過 25 公尺　　(B) 其瞄子放水壓力不得小於每平方公分 2.7 公斤　　(C) 其放水量不得小於每分鐘 130 公升 (D) 配有口徑 15 公釐以上之直線水霧兩用瞄子一具。

（**D**）　26. 室內消防栓設備之消防立管管系竣工時，應做加壓試驗，試驗壓力不得小於加壓送水裝置全閉揚程 X 倍以上之水壓。試驗壓力以繼續維持 Y 小時無漏水現象為合格。其中 X 與 Y 分別為多少？
(A) X＝2，Y＝24　　(B) X＝1.5，Y＝24　　(C) X＝3，Y＝2　　(D) X＝1.5，Y＝2。

室外消防栓設備

3-1 室外消防栓設備之設置目的與組成構件

【解說】

（一）意義	室外消防栓設備係指以建築物地面層為防護對象，在建築物外部設置消防栓，由外部射水進行搶救之滅火設備。
（二）設置目的	1. 提供建築物地面層外部之滅火工具。 2. 防止建築物火災之外部延燒。 3. 使用者可以有較多安全空間進行滅火。
（三）組成構件	1. 水源。 2. 加壓送水裝置。 3. 配管及相關管配件。 4. 啟動裝置。 5. 室外消防栓： 　⑴水帶接續口。 　⑵開關閥。 6. 水帶箱： 　⑴水帶。 　⑵瞄子。 　⑶水帶盤。 　⑷消防栓閥型開關。 7. 緊急電源。 8. 其他附屬裝置。
（四）適用對象	適合大型建築物、工廠等對象物，及高、中、低度危險工作場所。

3-2 高度危險工作場所、中度危險工作場所及低度危險工作場所

【解說】

（一）高度危險工作場所	1. 儲存一般可燃性固體物質，倉庫之高度 > 5.5m。 2. 儲存可燃性液體物質之場所： 　⑴閃火點 ≤ 60℃，或 　⑵ 37.8℃時，蒸氣壓 ≤ 2.8kgf/cm² （0.28Mpa）。 3. 可燃性氣體製造、儲存、處理場所。

	4. 石化作業場所。	
	5. 木材加工業作業場所。	
	6. 油漆作業場所。	
（二）中度危險 工作場所	1. 儲存一般可燃性固體物質倉庫之高度 ≤ 5.5m。 2. 儲存易燃性液體物質之場所，閃火點 > 60℃。 3. 輕工業場所。	
（三）低度危險 工作場所	有可燃性物質存在，但其存量少，延燒範圍小，延燒速度慢，僅形成小型火災者。	

3-3　應設置室外消防栓設備之場所

【解說】

§16　室外消防栓之設置

（一）應設置 場所	1. 高度危險工作場所	其建築物及儲存場所之第一層及第二層樓地板面積 ≥ 3000m²
	2. 中度危險工作場所	其建築物及儲存場所之第一層及第二層樓地板面積 ≥ 5000m²
	3. 低度危險工作場所	其建築物及儲存場所之第一層及第二層樓地板面積 ≥ 10000m²
	4. 混合型工作場所	$\dfrac{高度危險工作場所}{3000m^2} + \dfrac{中度危險工作場所}{5000m^2} + \dfrac{低度危險工作場所}{10000m^2} > 1$
	5. 同一建築基地	同一建築基地內有二棟以上木造或其他易燃構造建築物時： (1)建築物間外牆與中心線水平距離第一層在 3m 以下，第二層在 5m 以下。 (2)且合計各棟第一、二層樓地板面積 ≥ 3000m²
（二）免設置 場所	依法規標準設有自動撒水、水霧、泡沫、CO_2、乾粉等滅火設備者，在該有效範圍內，得免設室外消防栓。 記憶：外、自、水、泡、二、乾	
（三）距離限制	室外消防栓與建築物一樓外牆各部分之水平距離 ≤ 40m	

※ 鑑於渡假村、KTV、餐廳以小木屋方式經營之場所，地處偏遠，搶救困難，且一旦發生火災可能引起森林火災，獨棟式木屋依其棟間距離，合計第一、二層樓地板面積達 3000m² 以上，應設室外消防栓。

3-4 | 室外消防栓設備之系統構成與設置規定

【解說】

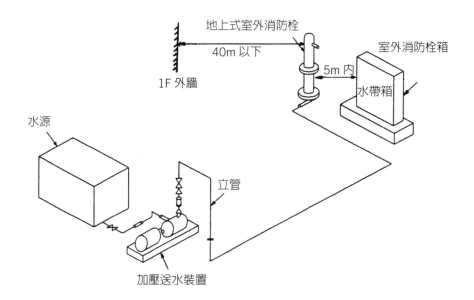

（一）室外消防栓：

1. 口徑為 63mm。
2. 3m 範圍內不得放置障礙物。
3. 於 3m 範圍內設置消防栓標示，並標明「消防栓」字樣。
4. 瞄子出水壓力：2.5 ～ 6kgf/cm² （0.25 ～ 0.6Mpa）
5. 瞄子出水量：350ℓ/min 以上。

（二）水帶箱：

1. 足夠放置水帶及瞄子的深度，箱底二側應設排水孔。
2. 箱面表面積≥ 0.8m²。
3. 箱面有明顯而不易脫落之「水帶箱」字樣，每字≥ 20cm²。
4. 箱內配置：
    (1) 63mm×20m 水帶 2 條。
    (2) 口徑 19mm 以上直線、噴霧兩用瞄子 1 具。
    (3) 消防栓閥型開關 1 把。

（三）防護範圍：

室外消防栓與建築物一樓外牆各部分之水平距離≤ 40m

（四）水源容量：

1. $V = 350\ell/min \times 30min \times N$，$N \geq 2$
2. 得與其他水源併用，但必須確保水源容量在有效水量範圍內。

（五）加壓送水裝置：

1. 重力水箱

$H = h_{水帶} + h_{配管} + 25m$

2. 壓力水箱

$P = P_{水帶} + P_{配管} + P_{落差} + 2.5kgf/cm^2$

3. 消防幫浦

$H = h_{水帶} + h_{配管} + h_{落差} + 25m$

（六）室外消防栓設備系統圖示：

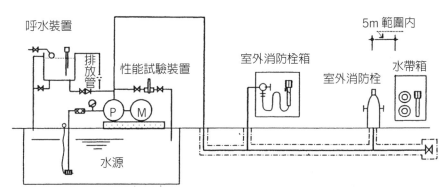

※因水帶箱設於屋外，其金屬製材質常蓄積雨水而鏽蝕，為使積水得以排除，箱底二側應設排水孔。

3-5　室外消防栓設備系統之基本構成、設置基準及維護要點

【解說】

（一）基本構成	1. 水源。 2. 加壓送水裝置。 3. 配管及相關管配件。 4. 啟動裝置。 5. 室外消防栓： 　(1)水帶接續口。 　(2)開關閥。 6. 水帶箱： 　(1)水帶。 　(2)瞄子。 　(3)消防栓閥型開關。 7. 緊急電源。 8. 其他附屬裝置。

	裝置		設置基準
（二）設置基準	1. 立管口徑		≥ 63mm
	2. 與建築物一樓外牆各部分之水平距離		≤ 40m
	3. 瞄子	放水壓力	2.5～6kgf/cm^2
		放水量	≥ 350ℓ/min
	4. 水帶箱	深度	(1)具有足夠裝置水帶及瞄子之深度。 (2)箱底二側應設排水孔。
		箱面表面積	≥ 0.8m^2
		箱面	明顯而不易脫落之「水帶箱」字樣，每字 ≥ 20cm^2
		消防栓口徑	63mm
		水帶	20m × 2 條
		瞄子	(1) 19mm 以上 ×1 具之直線、噴霧兩用瞄子。 (2)消防栓閥型開關 ×1 把。
		設置範圍	距消防栓 5m 以下設置水帶箱。
		水帶	箱內設手動啟動裝置。
		箱上方	設紅色啟動表示燈。
	5. 設置位置		室外消防栓 3m 以內： (1)保持空曠，不得堆放物品或種植花木。 (2)在其附近明顯易見處，標明「消防栓」字樣。

（三）維護要點

1. 消防栓箱保持完整，標示不可脫落，箱內底部設排水孔，防止積水損壞物件。
2. 水池水量保持在法規規定值以上。
3. 消防栓 3m 內保持空曠，不得堆放物品或種植花木。
4. 消防栓箱上之位置指示正常，箱內應保持完整，不得上鎖。
5. 加壓送水裝置正常（呼水槽、啟動用壓力槽、幫浦性能試驗管、控制盤等正常）。
6. 電氣系統正常。
7. 為因故障時方便修護檢查，在管道適當位置設若干之止水閥。

3-6 某建築外設有四具室外消防栓，其水源容量至少應為多少？又其消防栓幫浦之出水量及瞄子出水量各應為多少？

【解說】

§40　室外消防栓之瞄子出水量不得小於 350ℓ/min。

§41　室外消防栓之水源容量，不得小於二具室外消防栓同時放水 30min 之水量。

（一）最小水源容量：

最小水源容量 $= 350ℓ/min \times 30min \times 2$（支）$= 21000ℓ = 21m^3$

（二）消防幫浦之出水量及瞄子出水量：

1. 瞄子出水量 $= 350ℓ/min$
2. 幫浦出水量 $= 350ℓ/min \times (1 + 15\%) \times 2$（支）
　　　　　　$≒ 400ℓ/min \times 2 = 800ℓ/min$

3-7　某室外消防栓系統如下圖所示，試求：（使用CNS 6445 SGP配管及螺紋式管配件）

（一）放水量。（二）水源容量。（三）使用消防幫浦之全揚程。（四）消防幫浦之電動機出力。

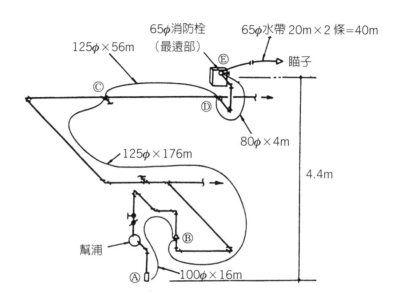

【解說】

（一）放水量：

瞄子放水量 = 350ℓ/min

（二）水源容量：

1. 水源容量 V = 瞄子放水量 ×30min×N

$$= 350ℓ/min×30min×2（支）= 21m^3$$

2. 消防栓數量為 7 個，因設置個數在 2 支以上時以 2 支計算，故 N = 2

（三）全揚程：

全揚程 H = h_1 + h_2 + h_3 + 25m

1. h_1：消防水帶摩擦損失水頭

65mm 橡皮水帶，Q = 350ℓ/min，水帶長 20m×2 = 40m

由 2-13 題表 1 得知，水帶之摩擦損失水頭為 $\dfrac{4m}{100m}$

$h_1 = 40m × \dfrac{4m}{100m} = 1.6m$

2. h_2：配管摩擦損失水頭

(1) Ⓐ～Ⓑ間：$\phi = 100mm$，$Q = 700\ell/min$

$$h_2{}^{AB} = 1.2 \times \frac{Q^{1.85}}{D^{4.87}} \times \left(\frac{I'_k + I''_k}{100}\right) = 1.2 \times \frac{(700)^{1.85}}{(10)^{4.87}} \times \left(\frac{I'_k + I''_k}{100}\right)$$

$$= 2.969 \times \left(\frac{I'_k + I''_k}{100}\right)$$

使用配管用碳鋼管（CNS 6445）SGP

直管（I'_k）		—	$= 16m$
管件（螺紋式）	90° 彎頭	4 個 × 2.0m	$= 12.8m$
閥類	底閥	1 個 × 17.6m	$= 17.6m$
	逆止閥	1 個 × 8.7m	$= 8.7m$
	閘閥（止水閥）	1 個 × 0.7m	$= 0.7m$
			$I'_k + I''_k = 55.8m$

$$h_2{}^{AB} = 2.969m \times \frac{55.8m}{100m} \fallingdotseq 1.66m$$

(2) Ⓑ～Ⓒ間：$\phi = 125mm$，$Q = 700\ell/min$

$$h_2{}^{BC} = 1.2 \times \frac{(700)^{1.85}}{(12.5)^{4.87}} \times \left(\frac{I'_k + I''_k}{100}\right) = 1.002 \times \left(\frac{I'_k + I''_k}{100}\right)$$

直管（I'_k）		—	$= 176m$
管件	90° 彎頭	4 個 × 3.9m	$= 15.6m$
	90° T（分流）	1 個 × 7.9m	$= 7.9m$
			$I'_k + I''_k = 199.5m$

$$h_2{}^{BC} = 1.002m \times \frac{199.5m}{100m} \fallingdotseq 2m$$

(3) Ⓒ～Ⓓ間：$\phi = 125mm$，$Q = 350\ell/min$

$$h_2{}^{CD} = 1.2 \times \frac{(350)^{1.85}}{(12.5)^{4.87}} \times \left(\frac{I'_k + I''_k}{100}\right) = 0.278 \times \left(\frac{I'_k + I''_k}{100}\right)$$

直管（I'_k）		—	$= 56m$
管件	90° T（分流）	1 個	$= 7.9m$
			$I'_k + I''_k = 63.9m$

$$h_2{}^{CD} = 0.278m \times \frac{63.9m}{100m} \fallingdotseq 0.18m$$

(4)ⓓ ～ ⓔ間：$\phi = 80mm$，$Q = 350\ell/min$

$$h_2^{DE} = 1.2 \times \frac{(350)^{1.85}}{(8)^{4.87}} \times \left(\frac{I'_k + I''_k}{100}\right) = 2.442 \times \left(\frac{I'_k + I''_k}{100}\right)$$

直管（I'_k）		—	= 4.0m
管件	90° 彎頭	2 個 × 2.4m	= 4.8m
	消防栓開關（角閥）	1 個 × 14m	= 1.4m
			$I'_k + I''_k$ = 22.8m

$$h_2^{DE} = 2.442m \times \frac{22.8m}{100m} \fallingdotseq 0.56m$$

$$\therefore h_2 = h_2^{AB} + h_2^{BC} + h_2^{CD} + h_2^{DE} = 1.66m + 2m + 0.18m + 0.56m$$
$$= 4.4m$$

3. h_3：落差

　$h_3 = 4.4m$

故全揚程 $H = h_1 + h_2 + h_3 + 25m = 1.6m + 4.4m + 4.4m + 25m$
$$= 35.4m$$

（四）消防幫浦之電動機出力：

1. 消防幫浦出水量 $= 400\ell/min \times 2$（支）$= 800\ell/min = 0.8m^3/min$
2. 電動機之出力：

　$Q = 0.8m^3/min$

　$H = 35.4m$

　$E = 0.6$（幫浦口徑 100mm）

　$K = 1.1$（直結電動機）

$$P \geq \frac{0.163 \times 0.8 \times 35.4}{0.6} \times 1.1 \fallingdotseq 8.5（KW）$$

故選 9KW 之消防幫浦

第三章◎自我評量

（一）問答題

1. 何謂室外消防栓設備？其設置目的為何？組成構件有哪些？及適用對象為何？
2. 何謂高度危險工作場所、中度危險工作場所及低度危險工作場所？試說明之。
3. 試說明應設置室外消防栓設備之場所？又其保護距離有無限制？試分述之。
4. 試以圖示說明室外消防栓設備之系統構成與設置規定。

5. 試說明室外消防栓設備系統之基本構成，並說明室外消防栓設備之設置基準及維護要點。

（二）測驗題

（**B**）　1. 一製造工廠依規定在其廠房外設有四座室外消防栓，其消防水源容量最低需求量為多少立方公尺？
(A) 10.5　(B) 21　(C) 31.5　(D) 42。

（**A**）　2. 一溶劑作業場所，其主要使用溶劑為二甲苯（閃火點為 28℃），則其建築物及儲存面積為多少平方公尺以上時，應依規定設置室外消防栓？
(A) 3 千　(B) 5 千　(C) 8 千　(D) 1 萬。

（**C**）　3. 室外消防栓瞄子之放水壓力至少超過每平方公分多少公斤時，應採取有效之減壓措施？
(A) 4 公斤　(B) 5 公斤　(C) 6 公斤　(D) 7 公斤。

（**B**）　4. 「麵粉工廠」及「稻米處理廠」，其建築物及儲存場所之第一層及第二層樓地板面積為合計多少平方公尺時，應依規定設置室外消防栓？
(A) 3 千　(B) 5 千　(C) 8 千　(D) 1 萬。

（**B**）　5. 下列對室外消防栓之敘述，何者錯誤？
(A) 消防栓閥型開關一把　(B) 63 公釐及長 15 公尺水帶二條　(C) 瞄子出水壓力，不得小於每平方公分 2.5 公斤　(D) 口徑 19 公釐以上直線、噴霧兩用型瞄子一具。

（**D**）　6. 室外消防栓瞄子放水壓力達 6 公斤時必須由兩人操作，係因為其放水產生多少公斤之反動力？
(A) 8 公斤　(B) 15 公斤　(C) 18 公斤　(D) 32 公斤。

（**B**）　7. 室外消防栓設備之緊急電源，應使用發電機設備或蓄電池設備。其供電容量應供其有效動作多少時間以上？
(A) 15 分鐘　(B) 30 分鐘　(C) 45 分鐘　(D) 60 分鐘。

（**C**）　8. 下列對室外消防栓設置之敘述，何者錯誤？
(A) 在其 3 公尺內，應保持空曠　(B) 在其附近明顯易見處，標明消防栓字樣　(C) 立管應接屋頂水箱，使配管平時充滿水　(D) 應為專用。

（**D**）　9. 室外消防栓設備之水源與其他滅火設備併設時，其總容量不得小於下述何者？
(A) 室外消防栓水源容量　(B) 最大滅火設備之水源容量　(C) 最小滅火設備之水源容量　(D) 各滅火設備應設水量之合計。

（**B**）　10. 室外消防栓設備之消防立管管系竣工時，應做加壓測試，測試壓力不得小於加壓送水裝置全閉揚程多少倍以上水壓？
(A) 1 倍　(B) 1.5 倍　(C) 3 倍　(D) 4 倍。

（**B**）　11. 可燃性液體物質之閃火點超過攝氏 60 度之作業場所，是屬於下列何者？
(A) 低度危險工作場所　(B) 中度危險工作場所　(C) 高度危險工作場所

(D) 一般工作場所。

（**C**）12. 儲存一般可燃性固體物質倉庫之高度超過 5.5 公尺者，是屬於下列何者？
(A) 低度危險工作場所　(B) 中度危險工作場所　(C) 高度危險工作場所
(D) 一般工作場所。

（**B**）13. 某油漆作業場所（使用二甲苯，其閃火點為 28°C），其建築物及儲存面積達多少平方公尺以上時，應依規定設置室外消防栓？
(A) 2000 平方公尺　(B) 3000 平方公尺　(C) 5000 平方公尺　(D) 6000 平方公尺。

（**C**）14. 室外消防栓設備之水帶箱設置，箱內應配置口徑 63 公釐及長多少公尺之水帶二條？
(A) 10 公尺　(B) 15 公尺　(C) 20 公尺　(D) 25 公尺。

（**D**）15. 室外消防栓設備之水源容量，不得小於二具室外消防栓同時放水多少分鐘之水量？
(A) 15 分鐘　(B) 18 分鐘　(C) 24 分鐘　(D) 30 分鐘。

（**D**）16. 室外消防栓多少公尺以內，應保持空曠，不得堆放物品或種植花木？
(A) 1 公尺　(B) 1.5 公尺　(C) 2 公尺　(D) 3 公尺。

（**B**）17. 下列有關應設室外消防栓設備之規定敘述，何者有誤？
(A) 高度危險工作場所，其建築物及儲存場所之第一層及第二層樓地板面積合計在 3000 平方公尺以上者　(B) 中度危險工作場所，其建築物及儲存場所之第一層及第二層樓地板面積合計在 4000 平方公尺以上者
(C) 低度危險工作場所，其建築物及儲存場所之第一層及第二層樓地板面積合計在 10000 平方公尺以上者　(D) 已設有效泡沫滅火設備之場所得免設之。

（**B**）18. 下列有關「室外消防栓」設置規定之敘述，何者正確？a 不得小於 63mm；b 瞄子出水壓力不得小於 1.7kgf/cm^2；c 出水量不得小於 350ℓ/min；d 應於 5m 範圍內附設水帶箱
(A) abc　(B) acd　(C) bcd　(D) abd。

自動撒水設備

4-1 ｜ 自動撒水設備之組成構件

【解說】

（一）自動撒水設備	係於防護區域上方，依規定之距離設置撒水頭，並藉適當管線系統，將所有撒水頭連接，配以流水檢知裝置，以及各種控制閥、加壓送水裝置、水源、緊急電源等機件組成。由探測器（或感知撒水頭）感應而啟動加壓送水裝置，逐由撒水頭噴出水流，以防止火勢蔓延、撲滅初期火災之固定式滅火設備。
（二）組成構件	1. 水源。 2. 加壓送水裝置（幫浦、重力水箱、壓力水箱）。 3. 送水口。 4. 撒水頭。 5. 流水檢知裝置。 6. 末端查驗閥。 7. 自動及手動啟動裝置。 8. 配管及管配件。 9. 緊急電源。

※ 自動撒水設備（密閉濕式及開放式）圖示：

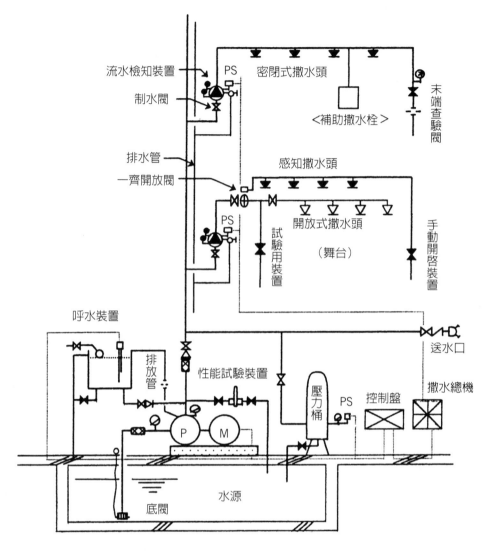

■自動撒水設備系統圖例（密閉濕式及開放式）

4-2　自動撒水設備之種類及其選擇設置原則

【解說】

§43　自動撒水設備設置種類

種類	選擇設置原則	動作流程	各型式圖示
（一）密閉濕式	目前使用最普遍，亦是最常使用之種類。除寒帶地區、精密電腦機房、開放舞台外，均可適用。	平時管內儲滿高壓水，撒水頭動作時，即由撒水頭將水撒出。	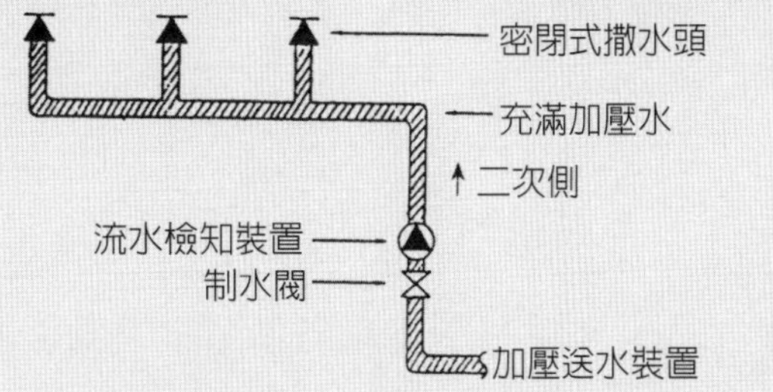 密閉式撒水頭／充滿加壓水／二次側／流水檢知裝置／制水閥／加壓送水裝置
（二）密閉乾式	適用於寒冷地區，管線內之貯水有結冰之虞之場所。	平時管內儲滿高壓空氣，撒水頭動作時先排空氣，繼即撒水。	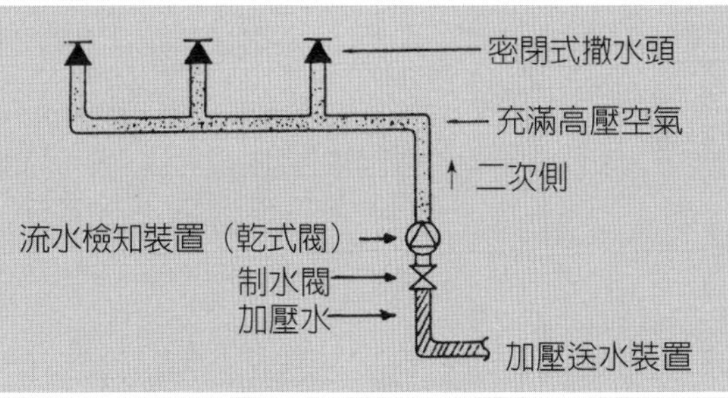 密閉式撒水頭／充滿高壓空氣／二次側／流水檢知裝置（乾式閥）／制水閥／加壓水／加壓送水裝置
（三）開放式	適用於密閉式撒水設備無法有效滅火，有迅速擴大火勢之虞之場所。設置場所：甲類第一目場所及第二目之集會堂使用之舞台。	平時管內無水，作用時由探測器或感知撒水頭自動或手動啓動一齊開放閥，繼即整個放水區域同時撒水。	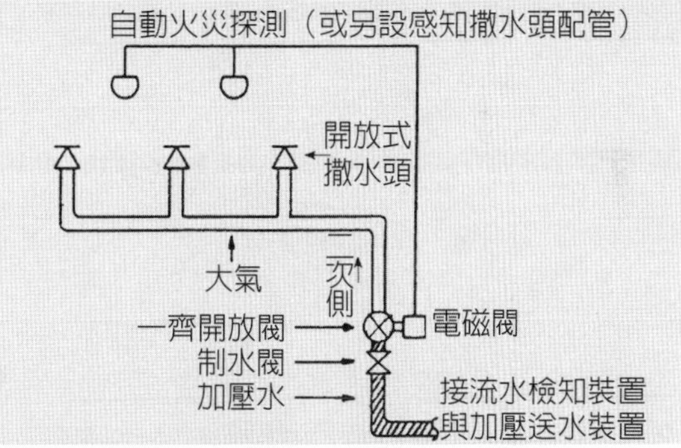 自動火災探測（或另設感知撒水頭配管）／開放式撒水頭／大氣／二次側／一齊開放閥／制水閥／加壓水／電磁閥／接流水檢知裝置與加壓送水裝置
（四）預動式	由於採雙層確認，可有效防止水損，適用於電腦等精密電氣室。	平時管內儲滿低壓空氣，以感知裝置（火警探測器）啓動流水檢知裝置，讓水流入二次側配管待命，俟撒水頭動作時，立即撒水。	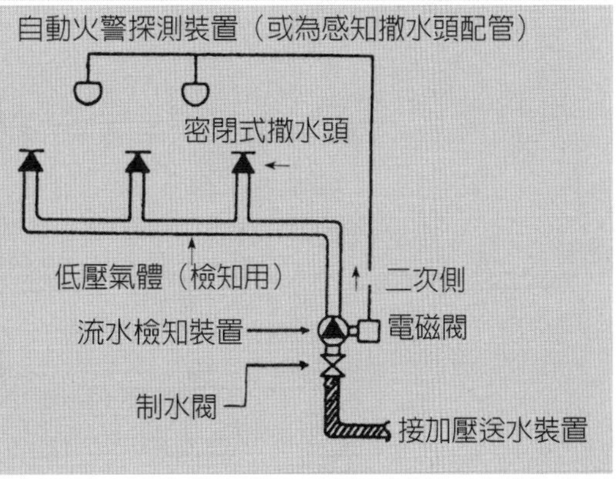 自動火警探測裝置（或為感知撒水頭配管）／密閉式撒水頭／低壓氣體（檢知用）／流水檢知裝置／制水閥／二次側／電磁閥／接加壓送水裝置

	說明	1.自動撒水設備係於防護區域上方,依規定距離設置撒水頭。
		2.並藉適當管線系統將所有撒水頭連接,配以自動警報逆止閥、各式控制閥、加壓送水裝置及水源等構件組成。
		3.火災發生時,可藉由感知撒水頭之感應而啓動撒水頭噴水,俾防止火勢蔓延,是撲滅初期火災之利器。
		4.各國統計數字中均證明自動撒水系統是一非常可靠之滅火設備。
		5.各保險公司均對該系統給予甚為可觀的減免優惠,值得投資設置。

4-3　應設置自動撒水設備之場所及免設置之場所

【解說】

§17　應設置自動撒水設備場所或樓層

		樓層高度	使用場所	樓地板面積（m²）	設置樓層
（一）應設置場所	1. 10F 以下		甲類第 1 目（電影院等）	總 F ≥ 300	該樓層
			甲類（甲類第 1 目除外）乙類第 1 目（車站等）	任一 F ≥ 1500	該樓層
	2. 11F 以上		—	任一 F ≥ 100	該樓層
			甲類或含甲類之複合建築物	—	整棟
	3. 地下層或無開口樓層		甲類	F ≥ 1000	該樓層
	4. 地下建築物		—	總 F ≥ 1000	全部
	5. 甲類所在樓層		複合建築物中之甲類場所	甲類使用合計 F ≥ 3000	甲類樓層
	6. 樓高 ≥ 10m		乙類第 11 目（倉庫）	F ≥ 700	高架儲存倉庫
	7. 高層建築物		—	—	整棟
	8. —		甲類第 6 目 (1)榮譽國民之家 (2)長期照顧服務機構（限機構住宿式、社區式之建築物使用類組非屬 H-2 之日間照顧、團體家屋及小規模多機能）	1. 皆需設置。 2. 總 F ≤ 1000 得設置 (1)水道連結型自動撒水設備 (2)現行法令同等以上效能之滅火設備 (3)中央主管機關公告之措施	該樓層

		(3)老人福利機構（限長期照護型、養護型、失智照顧型之長期照顧機構、安養機構）		
8.—		(4)護理機構（限一般護理之家、精神護理之家）		
		(5)身心障礙福利機構（限照顧植物人、失智症、重癱、長期臥床或身心功能退化者）〕使用之場所。		

（二）免設置場所	依法規標準設有水霧、泡沫、CO₂、惰性氣體、鹵化烴或乾粉等滅火設備者。 記憶：<u>水</u>、<u>泡</u>、<u>二</u>、<u>惰</u>、<u>鹵</u>、<u>乾</u> ⇒ 在有效範圍內，得免設自動撒水設備

4-4　撒水頭之分類

【解說】

分類方式	內容
（一）依安裝方向之不同	1. 標準型撒水頭： 　(1)向上裝接者：向上（UPRIGHT 或 SSU）（Sprinker Standard Up-right）。 　(2)向下裝接者：向下（PENDENT 或 SSP）。 　(3)上下兩用者：上下兩用（CONV 或 C U/P）。 2. 側壁型撒水頭： 　(1)向上裝接者：向上（UPRIGHT 或 SWU）。 　(2)向下裝接者：向下（PENDENT 或 SWP）。 　(3)上下兩用者：上下兩用（SIDEWALL 或 W U/P）。
（二）依放水方式之不同	1. 密閉式（CNS 11254）： 　(1)標準型：將加壓水均勻撒出至以撒水頭軸心為中心之圓形上。 　(2)側壁型：將加壓水均勻撒出至以撒水頭軸心為中心之半圓形上。 2. 開放式：（未列國家標準）
（三）依感熱元件之不同	1. 玻璃球型：將液體密封於玻璃球中。 2. 易熔金屬型：用易熔金屬熔裝或用易熔物質構成之感熱元件。
（四）依標稱管徑之不同	1.10(A)：小口徑（未列國家標準）。 2.15(A)：普通口徑。 3.20(A)：大口徑。

（五）依敏感度之不同	1. 一般反應型。 2. 連動型： 　(1)小區劃型。 　(2)快速反應型（Quick Response Sp.）。 　(3)早期壓制型（ESFR, Early Suppression Fast Response Sp.）。			
（六）依標示溫度及顏色標示（色標）之不同	1. 玻璃球型撒水頭應在其玻璃球工作液中作出相應之色標。 2. 易熔元件型撒水頭則應在其支撐臂上作出相應之色標。 3. 撒水頭上不得塗有易與色標混淆之顏色。			

玻璃球型撒水頭		易熔元件型撒水頭	
標示溫度區分	工作液色標	標示溫度區分	支撐臂色標
57℃	橙	未滿 60℃	黑
68℃	紅	60℃以上 未滿 75℃	無
79℃	黃		
93℃	綠	75℃以上 未滿 121℃	白
100℃	綠		
121℃	藍	121℃以上 未滿 162℃	藍
141℃	藍		
163℃	紫	162℃以上 未滿 200℃	紅
182℃	紫		
204℃	黑	200℃以上 未滿 260℃	綠
227℃	黑		
260℃	黑	260℃以上	藍
343℃	黑		

4-5　補助撒水栓設置之場所及與第二種室內消防栓相關規定之比較

【解說】

§57　補助撒水栓

（一）設置場所	1. 自動撒水設備免設撒水頭處所，除§49-7（外氣流通無法有效探測火災之走廊）及§49-12（禁水性物質）之場所外，均不得視為自動撒水設備之有效範圍，即對非屬有效範圍部分，仍應檢討設置室內消防栓設備。 2. 為了部分免設撒水頭但必須設置室內消防栓設備之處所，必須另整套設室內消防栓設備，尤其是主要構件的加壓送水裝置、水源等，實不符經濟性及合理性，故明定得在自動撒水設備設「補助撒水栓」以為因應，即利用自動撒水設備的配管（限從各層流水檢知裝置二次側），直接連接設置消防栓、瞄子及水帶（類似第二種室內消防栓）來防護，以避免加壓送水裝置及水源等之重複設置。

種類 規定	補助撒水栓	第二種室內消防栓
1.水平距離	15m 以下	25m 以下
2.放水壓力	2.5～10kgf/cm^2	1.7～7kgf/cm^2
3.放水量	60ℓ/min 以上	80ℓ/min 以上
4.瞄子	設有容易開關之裝置	(1)水霧、直線二用。 (2)設有容易開關之裝置。
5.立管管徑	—	依水力計算（D ≥ 50mm）
6.啓動方式	—	(1)自動或手動啓動。 (2)停止僅限於手動操作（控制盤）。
7.箱內裝備	水帶應能便於操作延伸	(1)口徑 25mm 之消防栓。 (2)管盤。 (3)皮管 20m × 1 條。 (4)水霧、直線二用瞄子一具。
8.箱面標示	補助撒水栓	消防栓（每字 ≥ 20cm^2）
9.箱面表面積	—	0.7m^2 以上
10.開關閥高度	1.5m 以下	0.3～1.5m

（二）設置規定之比較

※ 1.為避免消防栓設備重複設置，造成資源浪費，自動撒水設備免設撒水頭處所，得設置補助撒水栓增加滅火能力，並替代室內消防栓。

2.配管應從各層流水檢知裝置二次側配置。

3.補助撒水栓圖示：

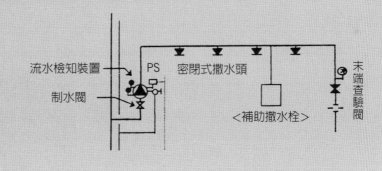

流水檢知裝置　PS　密閉式撒水頭　末端查驗閥

制水閥

<補助撒水栓>

4-6　自動撒水設備之配管、配件及其屋頂水箱的設置規定

【解說】

§44　自動撒水設備之配管、配件及屋頂水箱設置規定

（一）準用	準用室內消防栓§32 第 1、2 款之規定。
（二）密閉乾式或預動式	流水檢知裝置二次側配管： 1. 應施予鍍鋅等防腐蝕處理。 　※此係因二次側配管平時儲滿加壓空氣，為避免空氣中殘留水分，產生氧化作用，應施予防腐蝕處理。 2. 有效排水裝置： 　(1)主管‧每 10m 傾斜 2cm。 　(2)支管：每 10m 傾斜 4cm。 　應於明顯易見處設排水閥，並標明「排水閥」字樣。 　※此係因二次側配管要排除加壓空氣所凝結的水，及系統動作後殘留水，故明定主管及支管應予傾斜，並設排水閥，俾利有效排水。
（三）開放式	一齊開放閥二次側配管鍍鋅等防腐蝕處理。
（四）屋頂水箱	立管連接屋頂水箱時，屋頂水箱之水量 ≥ 1m^3。

4-7　自動撒水設備撒水頭之配置規定

【解說】

§46　撒水頭配置

防護場所			任一點至撒水頭之水平距離
（一）1.戲院、舞廳、夜總會、歌廳、集會堂等表演場所之舞臺。 2.道具室、電影院之放映室。 3.儲存易燃物品之倉庫。			1.7m 以下
（二）汽車修理廠、室內停車空間及昇降機械式停車場。			2.1m 以下
（三）前二款以外之建築物	一般反應型撒水頭（第二種感度）	非防火構造建築物	2.1m 以下
		防火構造建築物	2.3m 以下
	快速反應型撒水頭（第一種感度）	非防火構造建築物	2.3m 以下
		防火構造建築物	2.6m 以下
（四）1.§12 第一款第三目（飯店）、第六目（醫院、福利設施），第二款第七目（集合住宅），第五款第一目等場所之住宿居室、病房及其他類似處所。 2.採用小區劃型撒水頭（以第一種感度為限）。 3.任一撒水頭之防護面積 ≤ 13m^2 　（採正方型配置，撒水頭防護面積 = $2r^2$ = $2 \times (2.6)^2$ ≒ 13m^2）			2.6m 以下

（五）1.前款所列場所之住宿居室等及其走廊、通道與其類似場所。 2.採用側壁型撒水頭（以第一種感度為限）	牆面二側至撒水頭水平距離	1.8m 以下 ｜ —
	牆壁前方至撒水頭水平距離	3.6m 以下 ｜ —
（六）1.中央主管機關認定儲存大量可燃物之場所（天花板高度 ≥ 6m）。 2.或其他場所（天花板高度 ≥ 10m）。 　⇒ 採用放水型撒水頭		—
（七）地下建築物： 1.天花板與樓板間高度 ≥ 50cm 時：天花板與樓板均應配置撒水頭。 2.但天花板以不燃材料裝修者，其樓板得免設撒水頭。		2.1m 以下
（八）高架儲存倉庫	貨架	2.5m 以下（採交錯方式配置）
	天花板或樓板	2.1m 以下

4-8　撒水頭之位置規定

【解說】

§47　撒水頭位置規定

撒水頭裝置位置	圖示
（一）撒水頭軸心應與裝置面成垂直裝置。	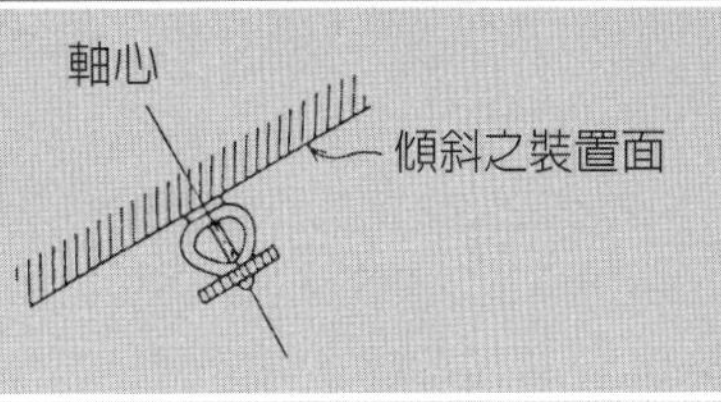 軸心　傾斜之裝置面
（二）撒水頭迴水板下方 45cm 及水平方向 30cm 內，應保持淨空間，不得有障礙物。	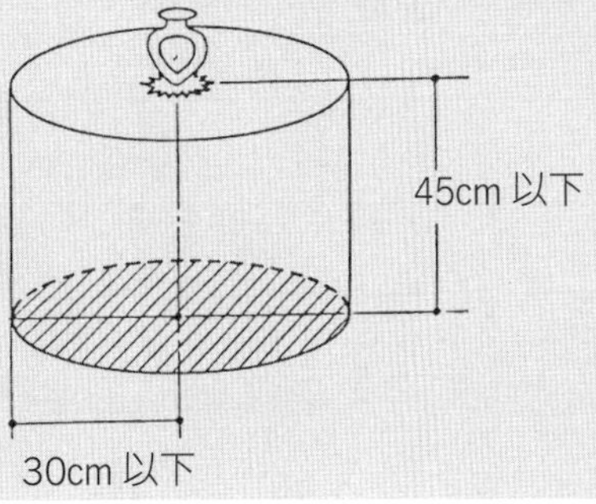 45cm 以下　30cm 以下

（三）密閉式撒水頭迴水板與裝置面之間距 ≤ 30cm。	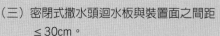
（四）密閉式撒水頭裝置於樑下時，迴水板與樑底之間距 ≤ 10cm，且與樓板、天花板之間距 ≤ 50cm。	
（五）密閉式撒水頭裝置面，四周以淨高 40cm 以上之樑或類似構造體區劃包圍時，應按各區劃裝置。 但該樑或類似構造體之間距 ≤ 180cm 者不在此限。	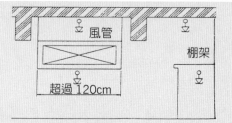
（六）密閉式撒水頭裝置面下方有風管等障礙物，且風管寬度 ≥ 120cm 者，風管下方亦應設置。	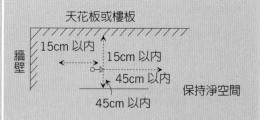
（七）側壁型撒水頭： 1.撒水頭與裝置面（牆壁）之間距 ≤ 15cm 2.撒水頭迴水板與天花板或樓板之間距 ≤ 15cm 3.撒水頭迴水板下方及水平方向 45cm 內，應保持淨空間，不得有障礙物。	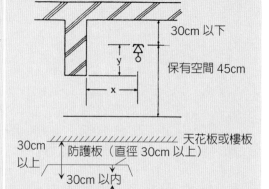

（八）密閉式撒水頭側面有樑時：

1.應依下表裝置：

x	74 以下	75～99	100～149	150 以上
y	0	9 以下	14 以下	29 以下

x：撒水頭與樑側面淨距離（cm）

y：迴水板高出樑底面尺寸（cm）

2.撒水頭迴水板與天花板或樓板之距離 ≥ 30cm 時，應設防護板（Hot Air Collector Plate）。

(1)應使用金屬材料，且直徑 ≥ 30cm

(2)防護板與迴水板之距離 ≤ 30cm

（九）汽車修理廠、室內停車空間及昇降機械式停車場有複層式停車設施者：

1. 其最上層上方之裝置面設撒水頭，並延伸配管至車輛間，使能對下層停車平臺撒水。

→感知撒水頭之設置，得免延伸配管。

→礙於構造，無法在最上層以外之停車平臺配置時，其配管之延伸應就停車構造成一單元部分，在其四周設置撒水頭，使能對四周撒水。

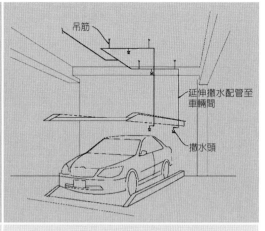

（十）高架儲存倉庫：（此款規定現變更為§46）

1. 設於貨架時：

(1)任一點至撒水頭之水平距離 ≤ 2.5m，並以交錯方式配置。

(2)儲存棉花類、塑膠類、木製品、紙製品、紡織製品等易燃物品時，每 4m 高度至少設置 1 個；儲存其他物品時，每 6m 高度至少設置 1 個。

(3)儲存物品會產生撒水障礙時，該物品下方亦應設置。

(4)應設置符合規定之集熱板。但使用經中央消防主管機關認可之貨架撒水頭者，不在此限。

2. 設於天花板或樓板時：任一點至撒水頭之水平距離 ≤ 2.1m。

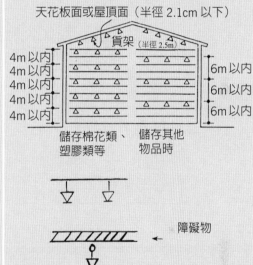

※高架儲存倉庫具高樓板，一有火災，因煙囪效應，燃燒迅速，且難以室內消防栓進行滅火，因此撒水頭之裝置，不能援用一般場所之方式，不只水平方向，連垂直方向在一定間隔亦要設置。

※注意：

撒水頭之位置規定（§47），除（一）與（二）不限制任何型式之撒水頭，其餘規定都以「密閉式撒水頭」為限。

4-9　防護板之設置目的與設置規定

【解說】

（一）設置目的	參考日本東京消防廳監修之預防事務審查・檢修基準 II 第 4 章第 3 自動撒水設備 I 技術基準 2.濕式自動撒水設備(4)か(ウ)所定「防護板」之功用，係為避免火災發生時，配置於上方處之撒水頭作動而淋溼配置於下方處撒水頭之感熱元件，肇致下方處撒水頭之作動時間延遲，影響自動撒水設備整體滅火效能，與「集熱板」之功用相符
（二）設置規定	1. 設置時機：撒水頭、迴水板與天花板或樓板之距離 ≥ 30cm 時，應設防護板。 2. 材質：應使用金屬材料，且直徑 ≥ 30cm。 3. 距離：防護板與迴水板之距離 ≤ 30cm。

4-10　密閉式撒水頭裝置場所平時最高周圍溫度與標示溫度之關係及顏色

【解說】

§48　撒水頭溫度

（一）目的	撒水頭構件的玻璃球或易熔環節等，長時間曝露在其熔融溫度以下之高溫時，會產生潛變現象（Creep），會使撒水頭誤動作或劣化，因此須依撒水頭標示溫度選用不致引起潛變現象者，即應選用適合裝置場所周圍溫度的一定標示溫度之撒水頭。		
（二）關係及顏色	最高周圍溫度（℃）	標示溫度（℃）	顏色
	T < 39	T < 75	無色
	39 ≤ T < 64	75 ≤ T < 121	白色
	64 ≤ T < 106	121 ≤ T < 162	藍色
	106 ≤ T	162 ≤ T	紅色
	記憶：39　64　106（山鳩、六死、一凍肉） 　　　75　121　162（妻無、一二億、易溜了）		
（三）公式	密閉式撒水頭認可基準規定： 最高周圍溫度係依下列公式計算。但標示溫度 75℃ 未滿時，以 39℃ 未滿計： $T_a = 0.9T_m - 27.3$℃ 其中 T_a：最高周圍溫度（℃） 　　　T_m：標示溫度（℃）		

※ 為因應撒水頭設備之檢驗，已由內政部（消防署）依消防機具器材及設備認可作業要點，訂頒密閉式撒水頭認可基準，並公告實施檢驗。

4-11　免裝設撒水頭之場所

【解說】

§49　免裝撒水頭場所

分類	場所
（一）起火危險性小之場所	1.洗手間、浴室、廁所（§49-1）。 2.室內安全梯間、特別安全梯間、緊急昇降機間之排煙室（§49-2）。 3.室內游冰池水面、溜冰場之冰面上方（§49-10）。 4.主要構造為防火構造，且開口設有具一小時防火時效之防火門之金庫（§49-11）。 5.防火區劃符合特定條件者（§49-13）。
（二）不適合水，有產生水損或人命危險或火災等二次火災之場所	1.昇降機機械室、通風換氣設備機械室（§49-4）。 2.電信機械室、電腦室（§49-5）。 3.發電機、變壓器等電器設備室（§49-6）。 4.手術室、產房、X光(放射線)室、加護病房、麻醉室等其他類似處所（§49-8）。 5.儲存鋁粉、碳化鈣、磷化鈣、鈉、生石灰、鎂粉、鉀、過氧化鈉等禁水性物質，或其他遇水時將發生危險之化學品倉庫或房間（§49-12）。
（三）感熱不易，難以初期滅火之場所	1.防火構造之昇降機昇降路、管道間（§49-3）。 2.外氣流通無法有效探測火災之走廊（§49-7）。 3.甲1所列場所及甲2之集會堂使用之觀眾席設有固定座椅部分、且撒水頭裝置面高度在8m以上者（§49-9）。
（四）以防火牆、防火樓板區劃分隔之場所	1.§17第一項第五款之建築物中（複合用途建築物有供甲類場所用途者）（地下層、無開口樓層、第11F以上之樓層除外），供乙、丙、丁類場所使用，與其他部分間以具一小時以上防火時效之牆壁、樓地板區劃分隔，並符合下列規定者（§49-13）。 (1)區劃分隔之牆壁及樓地板開口面積合計 ≤8m²，且任一開口面積 ≤4m²。 (2)開口部： 　①應設具一小時以上防火時效之防火門窗等防火設備。 　②與走廊、樓梯間不得使用防火鐵捲門。 　③開口部面積 ≤4m²，且該區劃分隔部分能二方向避難者：得使用具半小時以上防火時效之防火門窗等防火設備。 2.§17第一項第四款之建築物中（11F以上建築物）（地下層、無開口樓層、第11F以上之樓層除外），供乙、丙、丁類場所使用，與其他部分間以具一小時以上防火時效之牆壁、樓地板區劃分隔，並符合下列規定者（§49-14）。 (1)區劃分隔部分：樓地板面積 ≤200m²。 (2)內部裝修：符合建築技術規則建築設計施工篇88規定。 (3)開口部： 　①應設具一小時以上防火時效之防火門窗等防火設備。 　②與走廊、樓梯間不得使用防火鐵捲門。

※爲避免特別安全梯間撒水，造成避難困難，增列特別安全梯免設撒水頭。

※鼓勵建築物以防火牆、防火樓板進行防火區劃之設計，並符合性能法規替代之精神，以防火牆及樓板之防火區劃，及開口部分加強防護條件下，可免設撒水頭。

4-12　撒水頭採正方形配置

【解說】

（一）撒水頭採正方形配置，其配置如下圖：

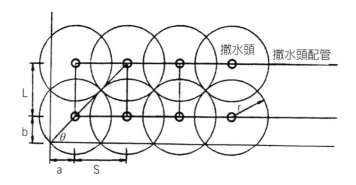

$$S = L = \sqrt{2}r$$

$$a = b = \frac{S}{2} = \frac{L}{2} = \frac{\sqrt{2}}{2}r$$

其中：r：撒水頭防護半徑

S：撒水頭間距

L：配管距離

a：撒水頭與側牆距離

b：配管與側牆距離

（二）因 θ = 45°

1.撒水頭間距	$S = 2r \cdot \cos 45° = \sqrt{2}r$
2.配管距離	$L = 2r \cdot \sin 45° = \sqrt{2}r$
3.撒水頭與側牆距離	$a = \frac{S}{2} = \frac{\sqrt{2}}{2}r$
4.配管與側牆距離	$b = \frac{L}{2} = \frac{\sqrt{2}}{2}r$
5.每個撒水頭有效防護面積	$S \times L = 2r^2$

（三）

撒水頭防護半徑（r）	撒水頭間距（S＝$\sqrt{2}$r）	每個撒水頭有效防護面積（S×L＝2r²）
1.7m	2.40m	5.76m²
2.1m	2.97m	8.82m²
2.3m	3.25m	10.56m²
2.6m	3.68m	13.52m²

4-13 | 撒水頭採交錯形配置

【解說】

（一）撒水頭採交錯形配置，其配置如下圖：

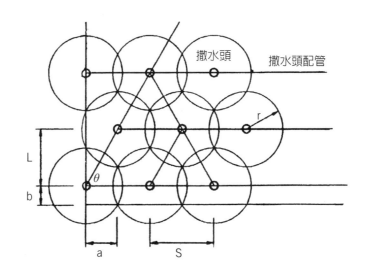

$$S = \sqrt{3}r$$

$$L = 3r/2$$

$$a = \frac{S}{2} = \frac{\sqrt{3}}{2}r$$

$$b = \frac{L}{3} = \frac{r}{2}$$

　　其中：r：撒水頭防護半徑

　　　　　S：撒水頭間距

　　　　　L：配管距離

　　　　　a：撒水頭與側牆距離

　　　　　b：配管與側牆距離

（二）因 θ = 60°

1.撒水頭間距	$S = 2r\cos(\frac{\theta}{2}) = 2r\cos(\frac{60°}{2}) = \sqrt{3}r$
2.配管距離	$L = r + \frac{1}{2}r = \frac{3}{2}r$
3.撒水頭與側牆距離	$a = \frac{S}{2} = \frac{\sqrt{3}}{2}r$
4.配管與側牆距離	$b = \frac{L}{3} = \frac{r}{2}$
5.每個撒水頭有效防護面積	$S \times L = (\sqrt{3}r) \times (\frac{3}{2}r) = \frac{3\sqrt{3}}{2}r^2$

（三）

撒水頭防護半徑（r）	撒水頭間距				每個撒水頭有效防護面積（$S \times L = \frac{3\sqrt{3}}{2}r^2$）
	撒水頭間距 $S = \sqrt{3}r$	撒水頭與側牆距離 $a = \sqrt{3}r/2$	配管間距 $L = \frac{3}{2}r$	配管與側牆距離 $b = \frac{r}{2}$	
1.7m	2.94m	1.47m	2.55m	0.85m	7.50m²
2.1m	3.63m	1.82m	3.15m	1.05m	11.43m²
2.3m	3.94m	1.97m	3.45m	1.15m	13.58m²
2.6m	4.50m	2.25m	3.90m	1.30m	17.56m²

4-14　撒水頭採長方形配置

【解說】

（一）撒水頭採長方形配置，其配置如下圖：

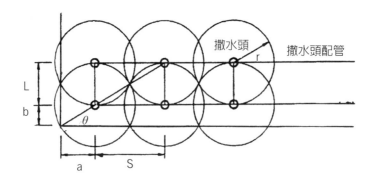

$$a = \frac{S}{2} = r\cos\theta$$

$$b = \frac{L}{2} = r\sin\theta$$

其中：r：撒水頭防護半徑

S：撒水頭間距

L：配管距離

a：撒水頭與側牆距離

b：配管與側牆距離

（二）

1.撒水頭間距	$S = 2r\cos\theta$
2.配管距離	$L = 2r\sin\theta$
3.撒水頭與側牆距離	$a = \dfrac{S}{2} = r\cos\theta$
4.配管與側牆距離	$b = \dfrac{L}{2} = r\sin\theta$
5.每個撒水頭有效防護面積	$S \times L = 4r^2\sin\theta\cos\theta$

（三）1. 採長方形配置時選定 θ 值為 30°～60°，當 θ45° 時，其配置為正方形配置，故長方形配置事實上為正方形配置之變形。又其有效防護面積值與其配置時選定之 θ 值有關。

2. 採長方形配置時，若 θ 值過大或過小時，各撒水頭防護範圍面積相互重疊部分過多，不合經濟原則。就相同水平防護半徑而言，其每個撒水頭有效防護面積值大小，依次為交錯形 > 正方形 > 長方形，故交錯形為最合乎經濟效益之配置方式。

4-15 一棟十六層辦公大樓，第十二層基準層面積為 25m×20m，在不考慮隔間、樑柱條件下，該層配置一般反應型撒水頭數至少幾個？該層立管供水量至少多少？

【解說】

（一）撒水頭數目：

1. 以每一撒水頭有效防護面積計算：

§46：辦公大樓為防火構造建築物，其撒水頭防護半徑 ≤ 2.3m。

則每一撒水頭最大有效防護面積 = $(\sqrt{2}r)^2 = (\sqrt{2} \times 2.3)^2 = 10.56m^2$（正方形配置）

∴撒水頭數目 $= \dfrac{25m \times 20m}{10.56m^2} = 47.3$ 個 ⇒ 以 48 個計

2. 以撒水頭間距計算（實際設計）：

因有整齊配置等美觀因素之考量，須長、寬均衡設置，故實際設置則依下圖配置：

依撒水頭間距（r = 2.3m 時，S = $\sqrt{2}$r = $\sqrt{2}$ × 2.3 = 3.25m）

核算之：（正方形配置）

長：25m÷3.25m = 7.7（個）⇒ 8 個

寬：20m÷3.25m = 6.2（個）⇒ 7 個

∴實際設置撒水頭數目 8×7 = 56（個）

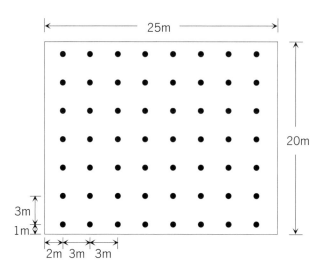

（二）該層立管供水量：

§57：使用密閉撒水頭時，11F 以上建築物，其水量不得小於 15 個撒水頭（一般反應型）繼續放水 20min 之水量。

∴最小水源容量 = 80ℓ/min×20min×15（個）

　　　　　　　 = 24000ℓ = 24m³（此為使用一般反應型撒水頭的最小水源容量）

4-16　流水檢知裝置之規定

【解說】

§51　流水檢知裝置

（一）符合規定		自動撒水設備應該裝置適當之流水檢知裝置。
（二）設置規定	1.數量	(1)各樓層之樓地板面積 ≤ 3000m² 者：應裝設 1 套。 　各樓層之樓地板面積 > 3000m² 者：應裝設 2 套。 (2)上下二層，各層撒水頭數量 ≤ 10 個，且設有火警自動警報設備者：得 2 層共用。 (3)無間隔之樓層內：前款 3000m² 得增為 10,000m²。
	2.警報	撒水頭或一齊開放閥開啟放水時，應即發出警報。
	3.制水閥	應附設制水閥： (1)高度：距樓地板面 0.8～1.5m。 (2)標示：在制水閥附近明顯易見處，設置標明「制水閥」字樣之標示。

※流水檢知裝置：(1)密閉濕式、開放式：一次側（加壓送水裝置）及二次側（撒水頭側）配管內平時充滿加壓水狀態，當二次側撒水頭或一齊開放閥開放流水時即動作。

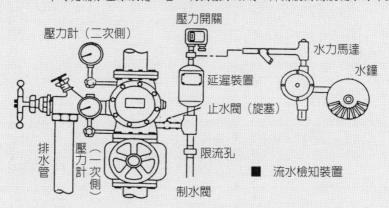

壓力計（二次側）　壓力開關　水力馬達　水鐘　延遲裝置　止水閥（旋塞）　限流孔　排水管　壓力計（一次側）　制水閥　■ 流水檢知裝置

(2)密閉乾式、預動式：平時一次側充滿加壓水，二次側配管內充有加壓空氣，當二次側撒水頭開放壓力下降時，產生壓力差，閥即開啟，一次側之加壓水即流入二次側放水。

※延遲裝置（Retarding Chamber）：因為防止誤動作的發生，於流水檢知裝置與壓力開關之間，設置一個作為延遲裝置的儲水容器，持續進水約 15 秒後，延遲裝置內一旦達到滿水狀態，壓力開關才會發生動作。

4-17 開放式自動撒水設備之啓動裝置

【解說】

§52 開放式之啓動裝置

種類		設置規定
（一）自動啓動裝置	1. 感知撒水頭 （減壓啓動）	(1)使用標示溫度在 79℃以下者，且每 20m² 設置 1 個。 (2)設在裝置面距樓地板面高度 < 5m，且能有效探測火災處。 ※若裝置面高度 > 5m（5～8m） 　①採定溫式一種火警探測器。 　②防護面積 = 30m²。 　③不須做感知撒水頭。
	2. 火警探測器 （加壓啓動）	(1)使用定溫式一種或二種。 (2)每一放水區域（100m²）至少 1 個。 ※定溫式一種：0～8m 　定溫式二種：0～4m
	3. 感知撒水頭開啓或火警探測器感熱動作，能啓動一齊開放閥及加壓送水裝置。	
	4. 免設：受信總機設在平時有人處，且火災時能立即操作啓動裝置者，得免設自動啓動裝置。	
（二）手動啓動裝置	手動啓動開關： 1. 每一個放水區域（100m²）設置 1 個手動啓動開關。 2. 高度距樓地板面 0.8～1.5m。 3. 標明手動啓動開關字樣。 4. 手動啓動開關動作後，能啓動一齊開放閥及加壓送水裝置。	

4-18　開放式自動撒水設備之一齊開放閥及放水區域之設置規定

【解說】

§53　開放式之一齊開放閥

§54　開放式之放水區域

（一）一齊開放閥 （§53）	1.每一放水區域，設置 1 個(一齊開放閥)。 2.一齊開放閥二次側配管： 　裝設試驗用裝置，在該放水區域不放水情形下，能測試一齊開放閥之動作。 3.一齊開放閥所承受之壓力：在其最高使用壓力以下。 ※一齊開放閥（Deluge Valve），因係對所定範圍同時一齊急速放出大量水而為名，故其英文名稱，意指如放出洪水般的閥。其設置目的在於同一樓層中如樓地板面積甚大，則某一點火災發生時，會造成所有的撒水頭動作放水，除水源容量須甚大外，可能造成嚴重水損，因此較大區域予以分區，每一分區設置一個一齊開放閥，惟放水區域應能相互重疊。
（二）放水區域 （§54）	1.每一舞臺之放水區域應在 4 個以下（≤4 個）。 2.放水區域≥2 個時，每一放水區域樓地板面積≥100m²，且鄰接之放水區域應相互重疊，使有效滅火。 ※放水區域係指同時放水滅火，事先設定之區域。因舞臺易燃物多，火災猛烈，因此放水區域 ≤4 個，相對於每一放水區域之撒水頭個數較多，其一齊撒水較容易滅火。

※§53 規定：「一齊開放閥所承受之壓力，在其最高使用壓力以下。」依 CNS 10763 規定，特將其最高使用壓力範圍整理如下表：

標稱壓力（kgf/cm²）	最高使用壓力範圍（kgf/cm²）
10	10 以上，14 以下
16	16 以上，22 以下
20	20 以上，28 以下

4-19　開放式自動撒水設備之一齊開放閥二次側配管的試驗用裝置與測試方法

【解說】

（一）圖示	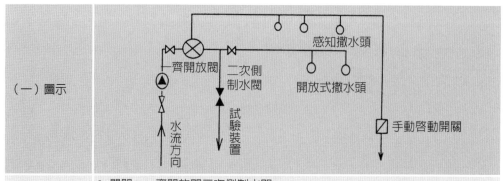
（二）測試方法	1. 關閉：一齊開放閥二次側制水閥。 2. 打開：試驗用裝置之閘門。 3. 開啟：手動啟動開關。 4. 確認：一齊開放閥開啟，受信總機有系統動作指示試驗用裝置有水排出，加壓送水裝置啟動。

4-20　一齊開放閥的種類與特性

【解說】

種類		特性	備註
（一）水壓啟動	1. 減壓型	在感知撒水頭動作或操作手動啟動裝置時，使活塞室產生壓降，可開啟一齊開放閥。	1. 與配管連接處之內徑須在 300mm 以下。 2. 動作時間依 CNS 10763 之規定，應在 15sec 內。
	2. 加壓型	在火警探測器連動或操作手動啟動裝置，開啟平時閉鎖之控制閥（電磁閥等）時，使加壓水進入活塞室，開啟一齊開放閥。	
（二）電氣啟動	1. 電磁型	利用電磁閥來開啟，可瞬間啟動。	
	2. 電動型	利用電動機（馬達）來開啟，一般用於較大口徑，惟馬達轉動開啟費時，須特別注意動作時間之限制。	

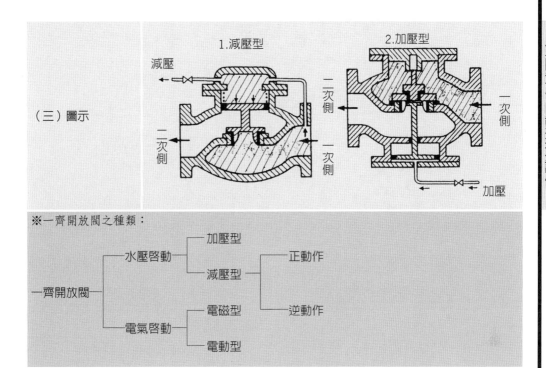

（三）圖示

1.減壓型　　　　　　　　2.加壓型

減壓　　　　　　　　　　　　　　　　　　　　　　一次側

二次側　　　　　　　　　　　　　　　　　　　　一次側

二次側　　　　　　　　　　　　　　　　　　　　一次側

　　　　　　　　　　　　　　　　　　　　　　　　加壓

※一齊開放閥之種類：

```
                    ┌── 加壓型
          ┌─ 水壓啓動 ──┤           ┌── 正動作
          │         └── 減壓型 ──┤
一齊開放閥 ─┤                    └── 逆動作
          │         ┌── 電磁型
          └─ 電氣啓動 ──┤
                    └── 電動型
```

4-21　密閉乾式或預動式自動撒水設備之設置規定

【解說】

§55　密閉乾式、預動式設置規定

（一）流水檢知裝置	1. 密閉乾式或預動式流水檢知裝置二次側之加壓空氣，其空氣壓縮機： 　(1)為專用。 　(2)能在 30min 內，加壓達流水檢知裝置二次側配管之設定壓力值。 2. 二次側之減壓警報：設於平時有人處。 3. 撒水頭動作後： 　流水檢知裝置，應在 1min 內，使撒水頭放水。 ※此係基於盡速放水之考量，且流水檢知裝置二次側配管內空氣量不宜太多，基本上配管容積 ≤ 2800 公升（CNS I0672）。
（二）撒水頭	使用向上型。但配管能採取有效措施者，不在此限。

4-22　密閉式末端查驗閥

【解說】

§56　密閉式配管末端之查驗閥

（一）設置種類	密閉式：1.密閉乾式。2.密閉濕式。3.預動式。
（二）作用	1. 平時檢測法定最低標準放射壓力及放水性能。 2. 測試整個撒水系統能否有效動作。 3. 測試自動警報設備能否有效動作。 4. 防止管系雜物堆積。
（三）配置規定	1. 管徑 ≥ 25mm。 2. 查驗閥依各流水檢知裝置配管系統配置，並接裝在建築物各層放水壓力最低之最遠支管末端。 3. 查驗閥： 　⑴一次側：設壓力計。 　⑵二次側：設有撒水頭同等放水性能之限流孔。 4. 距樓地板面高度 ≤ 2.1m，並附有排水管裝置，並標明「末端查驗閥」字樣。
（四）圖示	1. 末端查驗閥之構造： 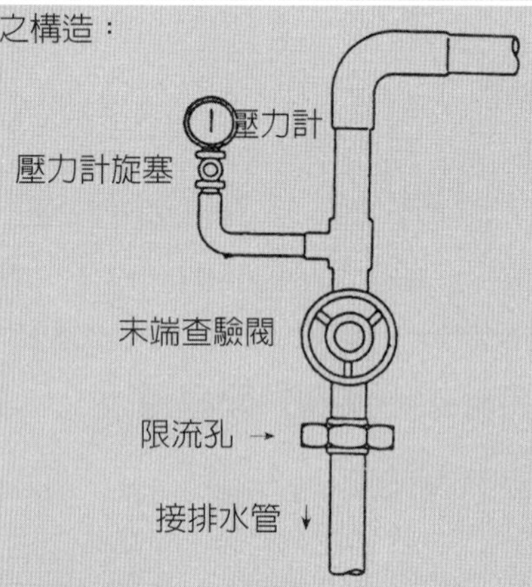 2. 限流孔之構造： 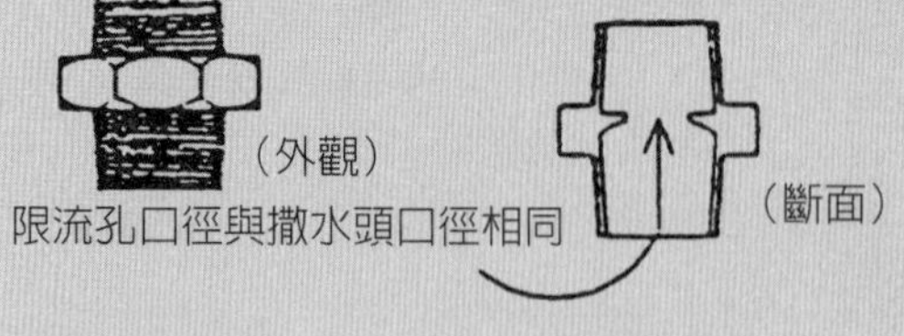 ※開啟查驗閥進行測試時： 　1.要確認流水檢知裝置是否確實發出警報。 　2.查驗壓力計（末端查驗閥之放水壓力）是否在 1kgf/cm² 以上，10kgf/cm² 以下，且幫浦能正常啟動。

4-23　自動撒水設備之水源容量

【解說】

§57　自動撒水設備之水源容量規定

型式	建築物	使用場所	撒水頭個數		放水時間	最小水源容量
密閉式	11樓以上建築物、地下建築物	—	快速反應型	12	20min	$80\ell/min \times 20min \times 12$ 個 $= 19.2m^3$
			一般反應型	15		$80\ell/min \times 20min \times 15$ 個 $= 24m^3$
	10樓以下建築物	百貨商場、複合用途建築物中的百貨商場	快速反應型	12		$80\ell/min \times 20min \times 12$ 個 $= 19.2m^3$
			一般反應型	15		$80\ell/min \times 20min \times 15$ 個 $= 24m^3$
		地下層	快速反應型	12		$80\ell/min \times 20min \times 12$ 個 $= 19.2m^3$
			一般反應型	15		$80\ell/min \times 20min \times 15$ 個 $= 24m^3$
		其他場所	快速反應型	8		$80\ell/min \times 20min \times 8$ 個 $= 12.8m^3$
			一般反應型	10		$80\ell/min \times 20min \times 10$ 個 $= 16m^3$
	汽車修理廠、室內停車空間及昇降機械式停車場	—	快速反應型 一般反應型	15		$80\ell/min \times 20min \times 15$ 個 $= 24m^3$
	高架儲存倉庫	儲存棉花、塑膠、木製品、紡織品等易燃物品之場所	快速反應型	24		$114\ell/min \times 20min \times 24$ 個 $= 54.72m^3$
			一般反應型	30		$114\ell/min \times 20min \times 30$ 個 $= 68.40m^3$
		儲存其他物品場所	快速反應型	16		$114\ell/min \times 20min \times 16$ 個 $= 36.48m^3$
			一般反應型	20		$114\ell/min \times 20min \times 20$ 個 $= 45.60m^3$
開放式	10樓以下建築物	甲類第一目及第二目集會堂之舞臺	不得小於最大放水區域全部撒水頭			$80\ell/min \times 20min \times$（最大放水區域全部撒水頭）
	11層以上建築物		不得小於最大樓層全部撒水頭			$80\ell/min \times 20min \times$（最大樓層全部撒水頭）
側壁型	10樓以下建築物	—	8			$80\ell/min \times 20min \times 8$ 個 $= 12.8m^3$
	11層以上建築物	—	12			$80\ell/min \times 20min \times 12$ 個 $= 19.2m^3$

小區劃型	10樓以下建築物	—	8		$50\ell/min \times 20min$ $\times 8$ 個 $= 8m^3$
	11層以上建築物	—	12		$50\ell/min \times 20min$ $\times 12$ 個 $= 12m^3$
放水型	—	其他場所	實設撒水頭數繼續放水 20min 之水量以上	20min	$5\ell/min \cdot m^2 \times$（每個撒水頭防護面積）$\times 20min \times$（實設撒水頭數）
	—	儲存可燃物場所			$10\ell/min \cdot m^2 \times$（每個撒水頭防護面積）$\times 20min \times$（實設撒水頭數）

※ 前項撒水頭數量之規定，在使用乾式或預動式流水檢知裝置時，應追加 50%。

4-24 自動撒水設備之加壓送水裝置

【解說】

§58 自動撒水設備之加壓送水裝置

規定＼種類	重力水箱	壓力水箱	消防幫浦
	必要落差	必要壓力	幫浦全揚程
（一）必要落差必要壓力幫浦全揚程	$H \geq h_1 + 10m$ H：必要落差 h_1：配管摩擦損失水頭	$P \geq P_1 + P_2 + 1kgf/cm^2$ P：必要壓力 P_1：配管摩擦損失水頭 P_2：落差	$H \geq h_1 + h_2 + 10m$ H：幫浦全揚程 h_1：配管摩擦損失水頭 h_2：落差
（二）必要裝置	1. 水位計 2. 排水管 3. 溢水用排水管 4. 補給水管 5. 人孔	1. 壓力表 2. 水位計 3. 排水管 4. 補給水管 5. 給氣管 6. 空氣壓縮機 7. 人孔	—
（三）相關規定	—	1. 水箱內空氣$\geq$水箱容積$\times \frac{1}{3}$。 2. 水箱內壓力 $\geq$ 建築物最高處之撒水頭維持規定放水壓力。 3. 水箱內壓力及液面減低時，能自動補充加壓。	1. 幫浦出水量： (1)一般反應型、快速反應型： 撒水頭數量 $\times 90\ell/min$ (2)小區劃型： 撒水頭數量 $\times 60\ell/min$ (3)放水型：依中央消防機關認可者計算之。

		4. 空氣壓縮機及加壓幫浦，與緊急電源相連接。	2. 應為專用（但與其他滅火設備併用時，無妨礙各種設備性能，可併用）。 3. 連接緊急電源。
（四）共同規定		1. 準用§37 第二項第 1、2 款規定。 2. 撒水頭放水壓力 ≤ 10kgf/cm² （1MPa）。	

※ 設於高架儲存倉庫之幫浦出水量為 114ℓ/min1.15 倍 130ℓ/min

4-25　自動撒水設備加壓送水裝置之啓動壓力設定

【解說】

	1. 時機：用啓動用水壓開關裝置啓動時。 2. 使用啓動用水壓開關裝置連動啓動，該啓動用水壓開關裝置壓力開關處之配管內壓降至下列三者較大壓力值時 　⇒ 加壓送水裝置應即啓動。
（一）減壓啓動	3. (1) $A = H_1 + 1.5$kgf/cm² 　　　H_1：最高處撒水頭至啓動用水壓開關裝置壓力開關間之落差壓力。 　(2) $B = H_2 + 0.5$kgf/cm² 　　　H_2：屋頂水箱至啓動用水壓開關裝置壓力開關間之落差壓力。 　(3) $C = H_3 + H_0 + 3$kgf/cm² 　　　H_3：設有補助撒水栓時，為最高輔助撒水栓至啓動用水壓開關裝置壓力開關間之落差。 　　　H_0：輔助撒水栓之開關、水帶、瞄子摩擦損失。 　　　⇒ 取 A、B、C 其中較大個為壓力開關之啓動壓力值。
（二）加壓啓動 （流水啓動）	1. 時機：用自動警報逆止閥連動啓動時。 2. (1) 使用自動警報逆止閥連動啓動時可以不用啓動用水壓開關裝置。 　(2) 設有輔助撒水栓時不得使用此種啓動方式。 　　　$A = H + 1.5$kgf/cm² 　　　H：屋頂水箱至最高處撒水頭間之落差。
（三）圖示	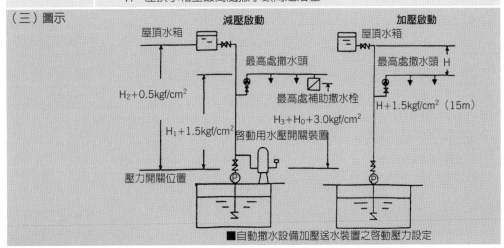 ■自動撒水設備加壓送水裝置之啓動壓力設定

4-26　自動撒水設備送水口設置規定

【解說】

§59　自動撒水之送水口

（一）目的	消防機關人員到達現場時，可利用自動撒水送水口由消防車送水至建築物內（如撒水設備之法定水源用完時），以進行滅火之工作。
（二）位置	於地面層室外臨建築線，消防車容易接近且無送水障礙處設置送水口。
（三）數目	裝置自動撒水設備之樓層： 1. 樓地板面積 ≤ 3000m²：至少設置 1 個。 2. 每超過 3000m²：增設 1 個。 3. 應設數量 > 3 個時：以 3 個計。
（四）配備	1. 接裝陰式快速接頭（雙口型）。 2. 在其附近便於檢修確認處裝置逆止閥、止水閥。 3. 口徑 63mm 之送水口。
（五）高度	距基地地面高度 0.5～1.0m。
（六）管徑	與立管管系連通，其出水口管徑≥立管管徑。
（七）標示	送水口附近明顯易見處，標明自動撒水送水口字樣及送水壓力範圍。

4-27　（一）密閉式撒水頭之反應時間指數RTI（Response Time Index）
　　　　（二）RTI（Response Time Index）大小與理論放射率RDD（Required Delivered Density）、實際放射率ADD（Actual Delivered Density）之關係

【解說】

（一）RTI 之定義：

撒水頭之反應動作時間以 RTI 值表示，RTI 值愈小則表示動作快速，反之動作較慢，可以依下列公式表示之：

$$RTI = \tau \times u^{\frac{1}{2}} = \frac{mc}{hA} \times u^{\frac{1}{2}}$$

其中 RTI：撒水頭反應動作時間指數（$m^{\frac{1}{2}} \cdot sec^{\frac{1}{2}}$）（Response Time Index）

　　　τ：時間常數（sec）

　　　u：熱氣流之流速（m/sec）

m：感熱元件之質量（g）

c：感熱元件之比熱（cal/g・℃）

h：對流熱傳係數（W/m²・℃）

A：感熱元件之受熱表面積（m²）

一般而言，快速撒水頭：$RTI = 28 \sim 31 m^{\frac{1}{2}} \cdot sec^{\frac{1}{2}}$，約在火焰產生後

$30 \sim 45 sec$ 動作。

傳統撒水頭：$RTI = 100 \sim 400 m^{\frac{1}{2}} \cdot sec^{\frac{1}{2}}$，約在火焰產生後

$2.5 \sim 4 min$ 動作。

（二）RTI 之影響因素：

由 RTI 之公式可知，影響 RTI 之因素爲：

1. 感熱元件之質量。
2. 感熱元件之比熱。
3. 感熱元件之受熱表面積。

故消防設計人員應有 RTI 之概念，對於火勢可能快速延燒之場所，應選用 RTI 值較低之撒水頭，俾及早動作，爭取初期火災的控制與撲滅，除可有效滅火減少損失外，並可因滅火所需開啓之撒水頭數較少，而縮小水源容量及幫浦容量之設置，不失爲經濟合理、安全有效之設計概念。

（三）RTI 與 RDD、ADD 之關係：

隨著火災時間之進行，RDD 與 ADD 隨時間 t 之關係如下：

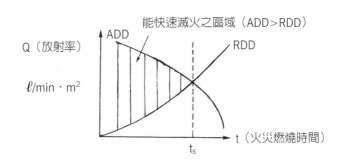

RDD（Required Delivered Density）：理論需要撒水密度

ADD（Actual Delivered Density）：實際需要撒水密度

1. 因火災燃燒時間愈長，其需求之水量愈來愈大，故 t 增加 ⇒ RDD 愈大
2. 因熱氣浮力的因素，致使有些放射水會被浮力、熱氣吸收，所以實際放

射到火災物的水量較小，故 t 增加 ⇒ ADD 減少

3. 而爲達有效滅火，故應選擇撒水頭動作時間在圖中 t_s 以前之 t_0，而 RTI 和 t_0 的關係以下列公式表示：

$$t_0 = \frac{RTI}{\sqrt{u_m}} \times \log_e\left(\frac{T_m - T_\infty}{T_m - T_{op}}\right)$$

其中 t_0：撒水頭動作時間（sec）

T_m：煙柱中心溫度（°K）

T_∞：周圍溫度（°K）

T_{op}：標稱動作溫度（°K）

所以 RTI 要小，才能使 t_0 小於 t_s，使 ADD 大於 RDD，以達有效滅火。

4-28 裝設預動式自動撒水設備之百貨商場，撒水頭採一般反應型，若設有消防幫浦，依法令規定其水源容量、幫浦出水量至少應爲多少？若以壓力水箱爲水源時，其水箱容量應爲多少？

【解說】

（一）最小水源容量：

§57：在使用密閉乾式或預動式流水檢知裝置時，撒水頭數量應追加 50%。

由 §57 百貨商場之密閉式自動撒水設備之撒水頭 ≥ 15 個（一般反應型），故預動式撒水頭數目至少應爲 15 + 15×50% = 22.5 個，取 23 個。

∴最小水源容量 = $80\ell/min \times 20min \times 23$ 個 = 36.8（m³）

（二）幫浦出水量：

§58：依規定所核算之撒水頭數量 ×90ℓ/min

∴幫浦出水量 = $90\ell/min \times 23$ 個 = $2070\ell/min$

（三）壓力水箱容量：

§58：壓力水箱內空氣不得小於水箱容積之 $\frac{1}{3}$

∴壓力水箱容積 = $36.8m^3 \div \frac{2}{3} = 55.2m^3$

4-29　**8F百貨商店（甲類第4目）設密閉濕式撒水設備，撒水頭採一般反應型且平均分配，1～6F共180個，7～8F共100個，幫浦至最上層落差29m，配管損失2m，幫浦效率55%，連結係數1.1，電動機參考容量有18.5，22，30，37，45及55KW。試求最小水源容量、幫浦出水量及電動機馬力。**

【解說】

（一）最小水源容量：

撒水頭採平均分配：1～6F，每層各 30 個（$\frac{180}{6} = 30$）

7～8F，每層各 50 個（$\frac{100}{2} = 50$）

∴最小水源容量 = 80ℓ/min×20min×15 個 = 24（m³）（§57）

（二）幫浦出水量：

§58：依規定所核算之撒水頭數量 ×90ℓ/min

∴幫浦出水量 = 90ℓ/min×15 個 = 1350ℓ/min = 1.35m³/min

（因最小水源容量以 15 個撒水頭計算之）

（三）電動機馬力：

H = h_1 + h_2 + 10m = 29m + 2m + 10m = 41m

電動機馬力 = $\frac{0.163 \times 1.35\text{m}^3/\text{min} \times 41}{0.55} \times 1.1 = 18.04$（KW）

依參考容量，電動機馬力應取 18.5KW

4-30　得設置水道連結型自動撒水設備適用範圍

【解說】

（一）樓地板面積合計未達一千平方公尺者之供第十二條第一款第六目所定榮譽國民之家、長期照顧服務機構（限機構住宿式、社區式之建築物使用類組非屬 H-2 之日間照顧、團體家屋及小規模多機能）、老人福利機構（限長期照護型、養護型、失智照顧型之長期照顧機構、安養機構）、護理機構（限一般護理之家、精神護理之家）、身心障礙福利機構（限照顧植物人、失智症、重癱、長期臥床或身心功能退化者）使用之場所。

（二）各直轄市、縣 (市) 政府依原有合法建築物防火避難設施及消防設備改善辦

法第二條及第二十五條規定，檢討前項所列場所設置自動撒水設備時，採用水道連結型自動撒水設備得視為同等滅火效能之滅火設備

（三）住宅場所亦得自主設置水道連結型自動撒水設備，以提升其主動滅火能力。

4-31　水道連結型自動撒水設備目的

【解說】

為了控制火災、降低火場溫度及阻隔濃煙，而利用場所內自來水系統連結水箱、增壓給水裝置、撒水配管、水道連結型撒水頭之簡易自動撒水滅火設備。

4-32　水道連結型自動撒水設備設置類型

【解說】

（一）1. 民生水箱共用式：由自來水管線供水至民生水箱，連接撒水配管及撒水頭，藉由重力或增壓供水裝置提供水道連結型自動撒水設備撒水頭放射所需之水量及放射壓力，計有二種形式

2. 水道連結型採用民生水箱共用式涉及民生用水之污水預防，應經自來水事業審核確認始得設置使用。自來水用戶用水設置標準相關規定：

⑴水栓及衛生設備供水水壓不得低於每平方公分 0.3 公斤；其因特殊裝置需要高壓或採用直接沖洗閥者，水壓不得低於每平方公分 1 公斤。

⑵水壓未達前項規定者，應備自動控制之壓力水箱、蓄水池或加壓設施。

⑶用戶裝設之抽水機，不得由受水管直接抽水。

⑷自來水與非自來水系統應完全分開。

⑸用水設備之新建或因擴建、改裝導致原用水量需求改變時，應於施工前將設計書送請當地自來水事業核准。

⑹用戶管線裝妥，在未澆置混凝土之前，自來水管承裝商應施行壓力試驗；其試驗水壓為每平方公分 10 公斤，試驗時間必須六十分鐘以上不漏水為合格。

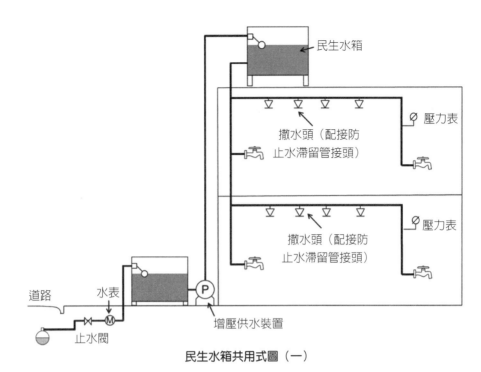

民生水箱共用式圖（一）

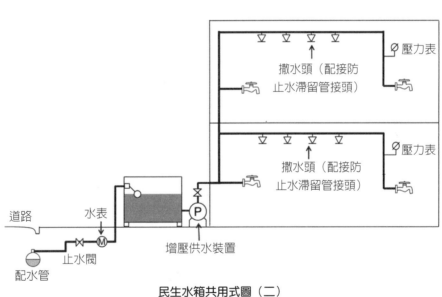

民生水箱共用式圖（二）

（二）獨立水箱式：由自來水管線供水至消防水箱，連接撒水配管及撒水頭，藉由
　　　重力或增壓供水裝置提供水道連結型自動撒水設備撒水頭放射所需之水量及
　　　放射壓力，計有 3 種型式。

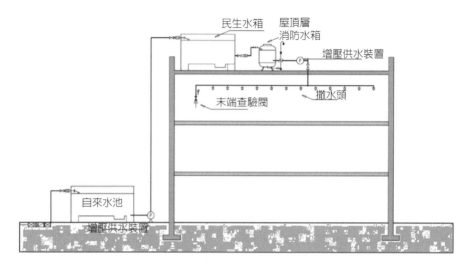

獨立水箱式—屋頂水箱型

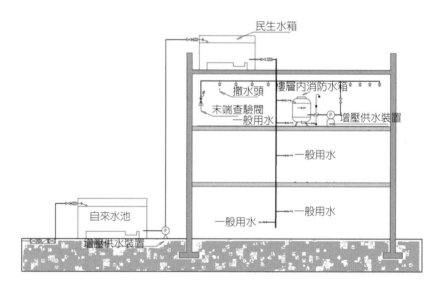

獨立水箱式—樓層水箱型

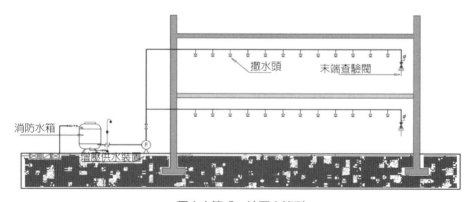

獨立水箱式—地面水箱型

4-33 水道連結型自動撒水設備設置規定

【解說】

（一）水道連結型自動撒水設備得排除設置標準第 44 條至第 46 條、第 50 條至第 55 條、第 57 條至第 60 條之配管、配件、屋頂水箱、竣工時之加壓試驗、配置、放水量、放水壓力、流水檢知裝置、水源容量、加壓送水裝置、送水口及緊急電源等規定；撒水頭放水壓力未符規定者，應設增壓供水裝置或其他有效增壓措施。

（二）水源容量：以四顆水道連結型撒水頭，持續放水二十分鐘以上計算之。

　　1. 水源所需容量計算：4 顆 $\times 30\ell$/min$\times$20min $= 2.4$m^3

　　2. 使用民生水箱合計 >2.4m^3 即可

（三）配管、配件及閥類：

　　1. 民生水箱共用式室內水平配管應避免傾斜且裝置時儘量縮短配管與撒水頭間管距，撒水頭應配接防止水滯留之管接頭，配管末端連結水龍頭或馬桶水箱等日常生活用水設施，俾使配管內水源流動不滯留。

　　2. 民生水箱共用式連結撒水頭之配管材質應符合自來水配管之相關規定，獨立水箱式配管材質應符合下列規定之一：

　　　⑴ 設置標準規定之符合國家標準六四四五配管用碳鋼鋼管、四六二六壓力配管用碳鋼鋼管、六三三一配管用不銹鋼鋼管或具同等以上強度、耐腐蝕性及耐熱性者，或採用經中央主管機關認可具氣密性、強度、耐腐蝕性、耐候性及耐熱性等性能之合成樹脂管。

　　　⑵ 自來水用戶用水設備標準規定之聚乙烯塑膠管、聚氯乙烯塑膠管…碳鋼鋼管、鎳鉻鐵合金管、不銹鋼管或鋼管。

　　3. 設置標準規範之合成樹脂管或自來水用戶用水設備標準規範之聚乙烯塑膠管、聚氯乙烯塑膠管…玻璃纖維強化塑膠管，其立管應設於防火構造之管道間，垂直及水平配管應敷設於耐燃材料內保護。

　　4. 屋外或潮濕場所露出之金屬配管須施以防銹塗裝等防蝕措施，配管材質採不銹鋼鋼管不在此限。

　　5. 管接頭及閥類應符合場所使用壓力值以上。

　　6. 設置於高層建築物之配管管材應符合建築技術規則規定。

（四）撒水頭：

　　1. 設置符合密閉式撒水頭認可基準規範之水道連結型撒水頭，設置數量依各廠牌水道連結型撒水頭之原廠技術手冊所訂防護半徑、防護範圍檢討。

　　2. 除住宅場所外，設置水道連結型自動撒水設備之長期照顧服務機構等場所，其洗手間、浴室或廁所亦應設置水道連結型撒水頭。

3. 水道連結型撒水頭放水量應在每分鐘三十公升以上，最末端放水壓力應在每平方公分零點五公斤以上或零點零五百萬帕斯卡（MPa）以上。

（五）建築物各層放水壓力最低之最遠支管末端，依設置類型應符合下列規定之一：

1. 採獨立水箱式設有末端查驗閥，其配置應符設置標準第 56 條規定。

2. 採民生水箱共用式連結水龍頭或馬桶水箱等日常生活用水設施，並配置壓力表。

（六）每層自來水供水之水龍頭至少一處張貼標示，標示內容應明確記載停水時應強化防火管理對策。

水道連結型自動撒水設備標示		
一、本場所設水道連結型自動撒水設備係利用自來水系統供水。		
二、因停水或低水壓時，恐無法發揮撒水控制火勢效果，應強化防火管理對策。		
三、請注意水龍頭及蓄水槽供水狀態，如有異常情形應聯絡工程施作業者、維護保養業者，或洽詢當地自來水事業確認供水狀態。		
四、聯絡方式：		
工程施作業者	地址：	電話：
維護保養業者	地址：	電話：
當地自來水事業	地址：	電話：

第四章◎自我評量

（一）問答題

1. 何謂自動撒水設備？其組成構件有哪些？

2. 試說明自動撒水設備之種類及其選擇設置原則？

3. 試說明應設置自動撒水設備之場所？哪些場所得免裝設撒水頭？

4. 試說明撒水頭之分類？

5. 試說明補助撒水栓設置之場所？及與第二種室內消防栓相關規定之比較？

6. 試說明自動撒水設備之配管、配件及其屋頂水箱之設置規定？

7. 試說明自動撒水設備撒水頭之配置規定？

8. 試說明自動撒水設備撒水頭之位置規定？

9. 為什麼自動撒水設備之撒水頭設置防護板？其設置規定為何？

10. 試說明密閉式撒水頭裝置場所平時最高周圍溫度與標示溫度之關係及顏色？

11. 供各類場所消防安全設置標準那些場所得利用該建築物原有之自來水系統，設

置水道連結型自動撒水設備？其設置類型型式爲何？

12. 試圖示並演算 r = 1.7m、r = 2.1m、r = 2.3m、r = 2.6m 時，採正方形配置撒水頭，其最大間距及有效防護面積之數值？

13. 試圖示並演算 r = 1.7m、r = 2.1m、r = 2.3m、r = 2.6m 時，採交錯形配置撒水頭，其最大間距及有效防護面積之數值？

14. 試圖示採長方形配置撒水頭，其撒水頭間距及有效防護面積爲多少（設選定之角度爲 θ）？並比較正方形、長方形、交錯形撒水頭配置之不同。

15. 試說明自動撒水設備流水檢知裝置之設置規定？

16. 試說明自動撒水設備之啓動裝置相關規定？

17. 開放式自動撒水設備之一齊開放閥及放水區域之設置規定？

18. 試繪出開放式自動撒水設備之一齊開放閥二次側配管的試驗用裝置，並說明其測試方法？

19. 試說明自動撒水設備之一齊開放閥的種類與特性？

20. 密閉乾式或預動式自動撒水設備，其設置規定爲何？

21. 末端查驗閥之作用爲何？並述其配管規定？

22. 請說明水道連結型自動撒水設備之適用場所。並請比較密閉濕式撒水系統（一般反應型撒水頭）及水道連結型自動撒水設備在放水壓力、每分鐘放水量、水源容量等之異同。

23. 試說明自動撒水設備之加壓送水裝置規定？

24. 試說明自動撒水設備加壓送水裝置之啓動壓力如何設定？

25. 試說明裝置自動撒水之建築物，其送水口的設置規定？

26. ⑴ 何謂密閉式撒水頭之反應時間指數 RTI（Response Time Index）？其影響因素有哪些？試以數學式表示之。

    ⑵ RTI 大小與理論放射率 RDD（Required Delivered Density）、實際放射率 ADD（Actual Delivered Density）之關係如何？

27. *近日物流倉庫發生火災頻傳，造成嚴重的環境污染及財產損失，試說明「高架儲存倉庫」之定義及設置自動撒水設備時，其撒水頭配置及進行外觀檢查時，撒水頭之檢查及判定方法。

28. *請依「各類場所消防安全設備設置標準」說明開放式自動撒水設備的自動及手動啓動裝置之設置規定。另請說明手動啓動裝置進行性能檢查時的檢查方法與判定方法。

（二）測驗題

（**B**）　1. 電影院之放映室其任一點至自動撒水頭之水平距離，應為多少公尺以上？
(A) 1.5　(B) 1.7　(C) 2.1　(D) 2.5。

（**C**）　2. 密閉乾式或預動式之流水檢知裝置二次側配管為有效排水，下列何者為規定之一？
(A) 支管每 10 公尺傾斜 2 公分　(B) 支管每 10 公尺傾斜 3 公分
(C) 主管每 10 公尺傾斜 2 公分　(D) 主管每 10 公尺傾斜 3 公分。

（**D**）　3. 使用密閉式撒水頭之自動撒水設備遇有風管等障礙物之寬度超過多少公分時，該風管等障礙物下方亦應設置撒水頭？
(A) 60 公分　(B) 75 公分　(C) 90 公分　(D) 120 公分。

（**D**）　4. 在樓層高度超過 10 公尺且樓地板面積在 700 平方公尺以上之高架儲存倉庫，其任一點至自動撒水設備水頭之水平距離，應為多少公尺以下？
(A) 1.5 公尺　(B) 1.7 公尺　(C) 2.1 公尺　(D) 2.5 公尺。

（**B**）　5. 某棟七層建築之百貨公司，採用密閉濕式自動撒水設備及快速反應型撒水頭，若其每層樓地板面積為 4000 平方公尺，則水源容量至少應維持多少立方公尺以上？
(A) 15　(B) 19.2　(C) 24　(D) 48。

（**A**）　6. 開放式自動撒水設備，下列敘述何者正確？
(A) 感知撒水頭動作後，能啟動一齊開放閥及加壓送水裝置　(B) 感知撒水頭應設在裝置距樓地板面高度 4 公尺以下　(C) 每一放水區域應設置 2 到 3 個手動啟動開關　(D) 手動啟動開關距樓地板不得高於 1 公尺。

（**B**）　7. 自動撒水設備若需設置防護板時，其撒水頭防護板與迴水板之距離，應在多少公分以內？
(A) 20 公分　(B) 30 公分　(C) 40 公分　(D) 60 公分。

（**D**）　8. 密閉式或預動式流水檢知裝置二次側之加壓空氣，其空氣壓縮機應為專用，並能在多少分鐘內加壓達流水檢知裝置二次側配管之設定壓力值？
(A) 15 分鐘　(B) 20 分鐘　(C) 25 分鐘　(D) 30 分鐘。

（**C**）　9. 自動撒水設備之緊急電源供電容量應達提供有效動作多少分鐘以上？
(A) 10　(B) 20　(C) 30　(D) 60。

（**B**）　10. 十層以下建築物供儲存塑膠之高架儲存倉庫場所使用，採快速反應型撒水頭，採預動式撒水系統時，水源容量不得小於多少個撒水頭繼續放水 20 分鐘之水量？
(A) 20　(B) 24　(C) 30　(D) 40。

（**A**）　11. 自動撒水設備水壓試驗壓力不得小於加壓送水裝置全閉揚程多少倍以上水壓？
(A) 1.5　(B) 2　(C) 3　(D) 5。

（**D**）　12. 自動撒水設備末端查驗管，查驗閥之二次側應設置限流孔，一次側應設置下列何者？

(A) 流量計　　(B) 文氏管　　(C) 壓力開關　　(D) 壓力表。

（**B**）　13. 當撒水頭迴水板與天花板或樓板之距離超過 30 公分時，應設置半徑達多少公分以上之防護板？
(A) 10　(B) 15　(C) 20　(D) 30。

（**B**）　14. 標稱口徑 100 公釐的一齊開放閥，進行動作試驗之檢測，其動作時間需在多少秒以內為合格？
(A) 10　(B) 15　(C) 30　(D) 60。

（**C**）　15. 水系統滅火設備中採用一齊開放閥的動作以啓動設備之放射，其控制方式下列何者為誤？
(A) 電磁式啓動　　(B) 氣動式啓動　　(C) 容器閥式啓動　　(D) 水壓式啓動。

（**D**）　16. 某百貨公司之自動撒水設備，配管摩擦正損失為 0.7kgf/cm，管配件副損失為 0.4kgf/cm^2，落差為 25 公尺，則幫浦所需全揚程不得小於多少？
(A) 25 公尺　　(B) 30 公尺　　(C) 36 公尺　　(D) 46 公尺。

（**A**）　17. 採用開放式撒水系統之舞台，在十一層以上建築物之樓層，水源容量不得小於最大樓層全部撒水頭繼續放水多少分鐘之水量？
(A) 20　(B) 30　(C) 40　(D) 50。

（**D**）　18. 自動撒水設備受信總機在建築設備識圖中，下列何者正確？
(A) ▭⧖　　(B) ▭◧　　(C) ◤◥　　(D) ▭⧖。

（**B**）　19. 自動撒水設備增設補助撒水栓，放水壓力應為下列何者？
(A) 1kgf/cm^2 以上，10kgf/cm^2 以下　　(B) 2.5kgf/cm^2 以上，10kgf/cm^2 以下　　(C) 2.5kgf/cm^2 以上，6kgf/cm^2 以下　　(D) 2.5kgf/cm^2 以上，7kgf/cm^2 以下。

（**D**）　20. 下列有關開放式自動撒水設備之敘述，何者正確？
(A) 平時管內貯滿低壓空氣　　(B) 平時管內貯滿高壓空氣　　(C) 平時管內貯滿高壓水　　(D) 平時管內無水。

（**A**）　21. 半導體科技公司，由於某廠房及製程相關設施與設備昂貴，為能有效且迅速滅火，以有效降低火災所造成之損失，應設置何種自動撒水設備為宜？
(A) 閉濕式　　(B) 閉乾式　　(C) 開放式　　(D) 預動式。

（**D**）　22. 下列處所何者得免裝撒水頭？a 洗手間、浴室；b 手術室、加護病房；c 市場、零售市場；d 存放禁水性物質之化學品倉庫或房間
(A) abc　(B) bca　(C) acd　(D) abd。

（**B**）　23. 撒水頭之迴水板下方多少公分以內及水平方向多少公分以內，應保持淨空間，不得有障礙物？
(A) 下方 30 公分、水平 30 公分　　(B) 下方 45 公分、水平 30 公分
(C) 下方 30 公分、水平 45 公分　　(D) 下方 40 公分、水平 40 公分。

（**D**）　24. 密閉乾式自動撒水設備，其設置應符合：
(A) 撒水頭應使用向下型　　(B) 末端管徑不得小於 19 公釐　　(C) 查驗閥之一次側應設溫度表　　(D) 查驗閥之二次側應設有與撒水頭同等放水性

能之限流孔。

（**A**）25. 某一設於地下室之餐飲店，現採密閉濕式自動撒水設備及一般反應型撒水頭，試問其水源容量應維持多少立方公尺以上？
(A) 24 立方公尺　　(B) 19.2 立方公尺　　(C) 16 立方公尺　　(D) 12.8 立方公尺。

（**C**）26. 使用密閉式撒水頭之自動撒水設備遇有風管等障礙物之寬度超過多少公分時，該風管等障礙物下方亦應設置撒水頭？
(A) 80 公分　　(B) 100 公分　　(C) 120 公分　　(D) 130 公分

（**C**）27. 有關補助撒水栓之設置規定，下列敘述何者錯誤？
(A) 各層任一點至水帶接頭之水平距離在 15m 以下　　(B) 放水量在 60L/min 以上　　(C) 配管從各層流水檢知裝置一次側配置　　(D) 開關閥設在距地板面 1.5m 以下。

（**B**）28. 11 樓以上建築物，若裝置快速反應型撒水頭之自動撒水設備時，其水源容量應符合幾個撒水頭繼續放水 20 分鐘之水量？
(A) 8　　(B) 12　　(C) 15　　(D) 24。

（**A**）29. 某 10 層以下辦公室之建築物，設有自動撒水設備小區劃型撒水頭時，其水源容量至少應為多少？
(A) $8m^3$　　(B) $12m^3$　　(C) $16m^3$　　(D) $24m^3$。

（**C**）30. 設置自動撒水設備末端之查驗閥，下列規定何者正確？
(A) 應於開放式撒水設備使用　　(B) 管徑在 25 公厘以下　　(C) 查驗閥之一次側設壓力表，二次側設有與撒水頭同等放水性能之限流孔　　(D) 距離地板面之高度在 2.3 公尺以下，並附有排水管裝置，並標明末端查驗閥字樣

（**B**）31. 各樓層之樓地板面積為 9000 平方公尺，各層撒水頭數量在 10 個以上，且有隔間，其自動撒水設備應裝設之流水檢知裝置最少需幾套？
(A) 1　　(B) 2　　(C) 3　　(D) 4。

（**B**）32. 依各類場所消防安全設備設置標準規定，下列應設置自動撒水設備場所之樓地板面積未達一千平方公尺者，得設置水道連結型自動撒水設備。
①一般護理之家　　②長期照護型老人福利機構　　③榮譽國民之家
④醫院　　⑤長期照顧服務機構（建築物使用類組屬 H2 類組）
(A) ③④⑤　　(B) ①②③　　(C) ②③⑤　　(D) ①②④

水霧滅火設備

5-1 設置水霧、泡沫、乾粉、CO_2、惰性氣體、鹵化烴等滅火設備場所

【解說】

§18　應選擇設置水霧、泡沫、乾粉、CO_2、惰性氣體、鹵化烴等滅火設備場所

項目	應設場所	水霧	泡沫	二氧化碳或惰性氣體	鹵化烴	乾粉
1	屋頂直昇機停機場（坪）。		○			○
2	飛機修理廠、飛機庫樓地板面積在二百平方公尺以上者。		○			○
3	汽車修理廠、室內停車空間在第一層樓地板面積五百平方公尺以上者；在地下層或第二層以上樓地板面積在二百平方公尺以上者；在屋頂設有停車場樓地板面積在三百平公尺以上者。	○	○	○	○	○
4	昇降機械式停車場可容納十輛以上者。	○	○	○	○	○
5	發電機室、變壓器室及其他類似之電器設備場所，樓地板面積在二百平方公尺以上者。	○		○	○	○
6	鍋爐房、廚房等大量使用火源之場所，樓地板面積在二百平方公尺以上者。			○	○	○
7	電信機械室、電腦室或總機室及其他類似場所，樓地板面積在二百平方公尺上者。			○	○	○

註：
一、大量使用火源場所，指最大消費熱量合計在每小時三十萬千卡以上者。
二、廚房如設有自動撒水設備，且排油煙管及煙罩設簡易自動滅火裝置時，得不受本表限制。
三、停車空間內車輛採一列停放，並能同時通往室外者，得不受本表限制。
四、本表項目三及項目四所列應設場所得設置自動撒水設備；項目七所列應設場所得設置預動式自動撒水設備，不受本表限制。
五、平時有特定或不特定人員使用之中央管理室、防災中心等類似處所，不得設置二氧化碳滅火設備。

※樓地板面積在 300m 以上之餐廳，或供第十二條第一款第六目所定榮譽國民之家、長期照顧服務機構（限機構住宿式、社區式之建築物使用類組非屬 H-2 之日間照顧、團體家屋及小規模多機能）、老人福利機構（限長期照護型、養護型、失智照顧型之長期照顧機構、安養機構）、護理機構（限一般護理之家、精神護理之家）、身心障礙福利機構（限照顧植物人、失智症、重癱、長期臥床或身心功能退化者）使用之場所且樓地板面積合計在五百平方公尺以上者，其廚房排油煙管及煙罩應設簡易自動滅火設備，但已依前項規定設有滅火設備者，得免設簡易自動滅火設備。

※若上列場所常開部分之外牆開口面積達該層樓地板面積 15% 以上者，上列除惰性氣體及鹵化烴外之滅火設備得改採移動式設備。

5-2　水霧滅火設備之主要構成、滅火原理及適用對象

【解說】

（一）主要構成	1. 水源。 2. 配管。 3. 緊急電源。 4. 流水檢知裝置。 5. 啓動裝置（自動啓動、手動啓動）。 6. 一齊開放閥。	7. 水霧噴頭。 8. 加壓送水裝量。 9. 水霧送水口。 10. 排水設備。 11. 自動警報探測裝置。 12. 過濾裝置（一般用 Y 型過濾器）。	
（二）滅火原理	1. 冷卻作用：係利用特殊設計之水霧噴頭，噴出霧狀微小水粒能均勻分佈在燃燒表面，使水蒸發時吸收大量蒸發潛熱，使燃燒表面溫度降低，提高冷卻效果。 2. 窒息作用：當水霧接觸高溫時，快速形成大量水蒸氣，使體積急速膨脹約 1700 倍，氧氣濃度降低，可遮斷火源所需氧氣，達到窒息目的。 3. 乳化作用：霧化之壓力水於噴出時，攪拌油面層，使油氣擴散於水霧中，在可燃性油類表面形成不燃性乳化層，阻止可燃氣釋出，達到滅火目的。 4. 稀釋作用：極性溶液等水溶性可燃液體，霧狀之水霧溶於其中，使液體濃度降低，燃點提高，造成燃燒無法接續。		
（三）適用對象	1. 火災種類	(1)油類火災。 (2)電氣火災。	
	2. 場所（§18）	(1)汽車修理廠、室內停車空間。 (2)昇降機械式停車場。 (3)發電機室、變壓器室及其他類似之電器設備場所。 (4)引擎試驗室、石油試驗室、印刷機房及其他類似危險工作場所。	

5-3 ｜ 水霧噴頭的構造及使水霧化的方式

【解說】

霧化方式	說明	圖示說明
（一）迴水板式	於噴霧出口處設置一齒形迴水板，當高壓之水噴出後撞擊此迴水板，便會向四周擴散成水霧狀。	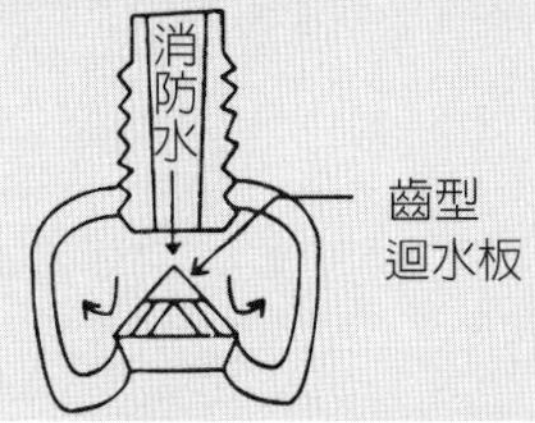 齒型迴水板
（二）限流孔式	利用高壓之消防水經凸擴室，把消防水變成紊流體，撞擊下方出口處之細孔板，消防水瞬間變成水霧狀。	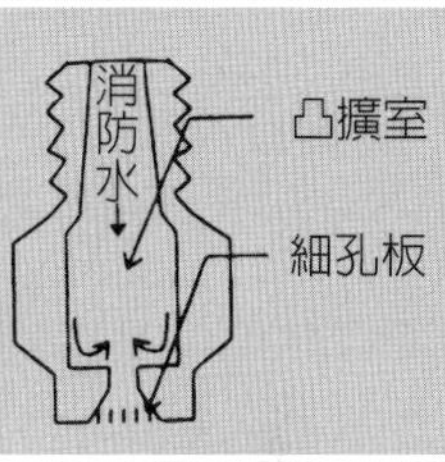 凸擴室　細孔板
（三）渦流式	利用高壓消防水經凸擴室，再經90°大轉彎，把消防水變成紊流體，撞擊下方出口處之限流孔，消防水瞬間變成水霧狀。	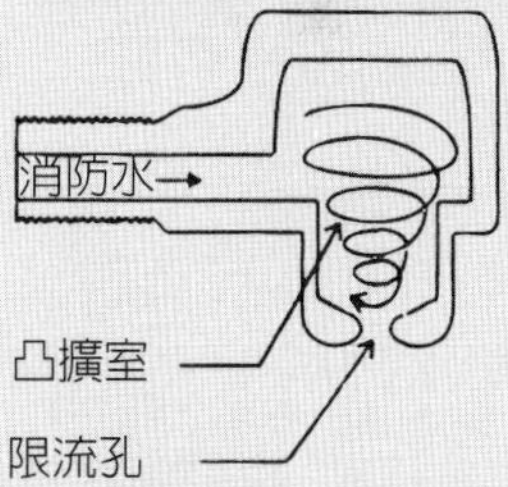 消防水　凸擴室　限流孔
（四）螺旋葉片式	於噴頭內部設置螺旋葉片裝置，將高壓之水直線噴出衝擊到此葉片裝置，因快速旋轉之緣故，而把消防水高速迴旋，經限流孔變成水霧狀噴出。	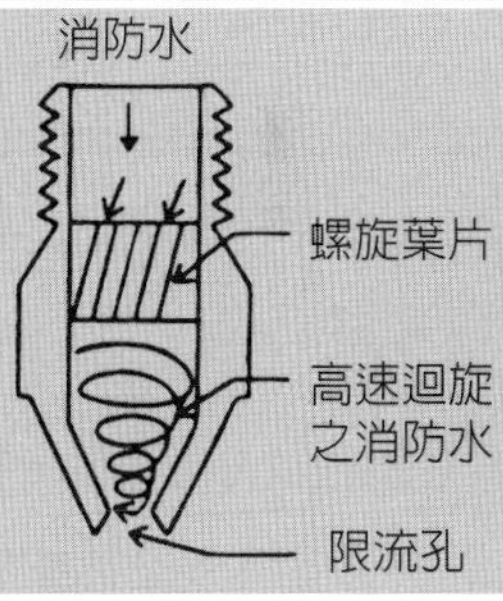 消防水　螺旋葉片　高速迴旋之消防水　限流孔
（五）交叉螺旋葉片式	於噴頭內部設置2個交叉螺旋葉片，使高壓之水噴射於此2葉片，因高速迴旋相互撞擊，經限流孔變成水霧狀噴出。	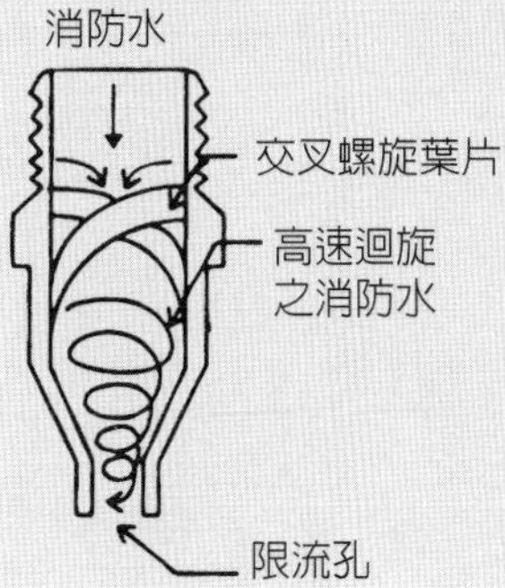 消防水　交叉螺旋葉片　高速迴旋之消防水　限流孔

5-4　水霧滅火設備之設置規定

【解說】

構件	設置規定
（一）配管（§32、§44）	1. 應為專用。 2. 具耐腐蝕性及耐熱性能。 3. 管徑應依水力計算配置。 4. 立管應裝置於不受外來損傷及火災不易殃及之位置。 5. 立管應連接屋頂水箱、重力水箱或壓力水箱，使配管平時充滿水。
（二）立管竣工加壓試驗（§33）	1. 時機：水霧滅火設備立管管系竣工時。 2. 試驗壓力：不得小於加壓送水裝置全閉揚程 1.5 倍以上之水壓。 3. 時間：維持 2 小時無漏水現象為合格。
（三）緊急電源（§38）	1. 設備：發電機設備、蓄電池設備。 2. 供電容量：有效動作時間 30min 以上。
（四）流水檢知裝置（§51）	1. 數量： 各樓層之樓地板面積≤3000m²者：應裝設 1 套。 各樓層之樓地板面積＞3000m²者：應裝設 2 套。 2. 無隔間之樓層，面積 3000m²者得增為 10000m²。 3. 一齊開放閥：開啟放水時，應即發出警報。 4. 制水閥：高度距離樓地板面 0.8～1.5m，並在制水閥附近明顯易見處，設置標示制水閥字樣之標示。
（五）啟動裝置（§52）	1. 自動啟動裝置 　(1)感知撒水頭或探測器動作後，能啟動一齊開放閥及加壓送水裝置。 　(2)感知撒水頭： 　　使用標示溫度 79℃以下者，每 20m²設置 1 個。 　　設在裝置面距樓地板高度≤5m，且能有效探測火災處。 　(3)火警探測器： 　　使用定溫式一種或二種，每一放水區域至少 1 個。 2. 手動啟動裝置 　(1)每一放水區域設置 1 個。 　(2)高度距樓地板面 0.8～1.5m，並應標明手動啟動開關字樣。 　(3)手動啟動開關動作後，能啟動一齊開放閥及加壓送水裝置。
（六）一齊開放閥（§53）	1. 每一放水區域設置 1 個。 2. 試驗用裝置：一齊開放閥二次側配管裝置，在該放水區域不放水情形下，能測試一齊開放閥之動作。 3. 承受壓力：在其最高使用壓力以下。

（七）水霧噴頭（§61）	1. 防護面積：在各水霧噴頭放水之有效防護範圍內。 2. 防護半徑：應在 2.1m 以下。 3. 配置數量：依裝設之放水角度、放水量、防護區域面積核算。 4. 放水量： 　(1)室內停車空間等：≥20ℓ/min·m² （放水密度） 　(2)其他場所：≥10ℓ/min·m² （放水密度）
（八）放射區域（§63）	1. 定義：一只一齊開放閥啓動放射之區域。 2. 面積：每一區域以 50m² 為原則。 3. 主管管徑：放射區域有二區域以上者，主管管徑≥100mm。
（九）水源容量（§64）	1. 1 個放射區域：20m³以上。 2. 2 個放射區域以上：40m³以上。 3. 水源應連結加壓送水裝置。
（十）加壓送水裝置 　　（消防幫浦）（§65）	1. 出水量： 　(1) 1 個放射區域：1200ℓ/min 以上。 　(2) 2 個放射區域以上：2000ℓ/min 以上。 2. 出水壓力： 　(1)管系最末端一個放射區域全部水霧噴頭放水壓力 　　≥2.7kgf/cm²(0.27Mpa)。 　(2)用於防護電器設備之放水壓力＞3.5kgf/cm²(0.35Mpa)。 ※水霧滅火設備使用於電器設備時，為使水霧粒子更細微，以 　達隔絕滅火且絕緣之功能，因此水霧用於防護電器設備時，壓 　力應達 3.5kgf/cm²(0.35Mpa)。
（十一）水霧噴頭及配管與高 　　　壓電器設備保持之距 　　　離（§66）	詳見下表
（十二）水霧送水口（§67、 　　　§59）	1. 位置：設置於地面層室外臨建築線，消防車容易接近且無送 　水障礙處。 2. 規格：口徑 63mm 雙口形送水口。 3. 數量：裝置水霧滅火設備之樓層。

（十一）表格：

離開距離（mm）		電壓（KV）
最低	標準	
150	250	7 以下
200	300	10 以下
300	400	20 以下
400	500	30 以下
700	1000	60 以下
800	1100	70 以下
1100	1500	100 以下
1500	1900	140 以下
2100	2600	200 以下
2600	3300	345 以下

樓地板面積	數量
3000m² 以下	1 個
3000～6000m²	2 個
6000m² 以上	3 個

4. 裝設高度：距基地地面 0.5～1.0m。
5. 管徑：不得小於立管管徑，並在附近便於檢修確認處，裝置逆止閥及止水閥。
6. 標示：水霧送水口字樣及送水壓力範圍。

（十三）排水設備（室內停車空間）（§68）	1. 地面坡度：車輛停駐場所地面坡度≥2/100。 2. 地區境界堤（溝）：車輛停駐場所，除面臨車道部分外，應設高 10cm 以上之地區境界堤，或深 10cm 寬 10cm 以上之地區境界溝，並與排水溝連通。 3. 排水溝：車道之中央或二側設置。 4. 集水管：排水溝設置集水管，並與滅火坑相連接。 5. 滅火坑：(1)應具備油水分離裝置。 　　　　　(2)位置：設於火災不易殃及之處所。 6. 有效排水：排水溝及集水管之大小及坡度，應具備能將加壓送水裝置之最大能力水量有效排出。 7. 圖示： 　(1)地面坡度： 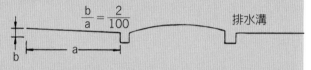 　(2)地區境界堤、排水溝： 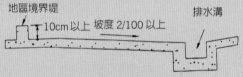 　(3)滅火坑構造（油水分離裝置）、集水管： 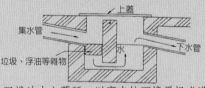 ※基於阻擋油水之蔓延，以高出地面境界堤或溝槽皆有其效果，為考量空間之使用，以地下深 10cm 寬 10cm 之境界溝並予排水溝連通，亦可達效果。 ※排水設備設置目的：室內停車空間發生火警時，水霧滅火設備射出大量之水霧於地面，呈水狀並滯留於地面上，此時若與車輛漏出之燃油接觸混合，將會擴大火災之面積，故為防止延燒現象之發生，應設置排水設備，將放射區域內所有液體迅速排出，減少水損。

第五章◎自我評量

（一）問答題

1. 試列出水霧滅火設備之主要構成，並說明其滅火原理及適用對象？
2. 試說明水霧噴頭的構造及使水霧化的方法？
3. 「設置標準」上對水霧滅火設備之規定為何？試列表說明之。
4. 停車空間設置水霧滅火設備為何要設排水設備？其排水設備之規定為何？

（二）測驗題

（**D**）　1. 水霧滅火設備之加壓送水裝置使用消防幫浦時，出水量每分鐘 1200 公升以上，其放射區域 2 個以上時，應為每分鐘多少公升以上？
(A) 1500 公升　(B) 1600 公升　(C) 1200 公升　(D) 2000 公升。

（**A**）　2. 室內停車空間設置水霧滅火設置，下列敘述何者錯誤？
(A) 車輛停駐場所地面坡度不得高於 2%　(B) 車輛停駐場所除面臨車道部分外，應設高 10 公分以上之地區境界堤　(C) 滅火坑應有油水分離裝置　(D) 車道之中央或兩側應設置排水溝。

（**C**）　3. 室內停車空間採用水霧滅火設備應符合下列何項？
(A) 管系最末端一區放射時噴頭放水壓力均達 2.5kgf/cm^2 以上　(B) 排水設備坡度不得小於 3%　(C) 滅火坑應設有油水分離裝置　(D) 排水溝應每 30 公尺長度設置一個集水管。

（**D**）　4. 地下停車廠配置有水霧滅火設備，放射區域為十區，其加壓送水設置使用消防幫浦，幫浦出水量為下列何者？
(A) 150ℓ/min 以上　(B) 400ℓ/min 以上　(C) 1200ℓ/min 以上　(D) 2000ℓ/min 以上。

（**B**）　5. 變電廠使用水霧滅火設備，水霧噴頭之放射水量應按防護區域面積核算，其放射率至少為下列何者？
(A) 5ℓ/min・m^2　(B) 10ℓ/min・m^2　(C) 15ℓ/min・m^2　(D) 20ℓ/min・m^2。

（**C**）　6. 發電機室、變壓器室等電氣設備場所，樓地板面積在二百平方公尺以上者，應就下列哪些滅火設備等選擇設置之？a 水霧；b 泡沫；c 乾粉；d 二氧化碳
(A) a b c　(B) b c d　(C) a c d　(D) a b d。

（**C**）　7. 汽車修理廠設置水霧滅火設備時，其每平方公尺放水量不得小於每分鐘多少公升？
(A) 10 公升　(B) 15 公升　(C) 20 公升　(D) 25 公升。

（**A**）　8. 水霧滅火設備之加壓送水裝置使用消防幫浦時，其管系最末端一個放射區域全部水霧噴頭放水壓力均能達每平方公分多少公斤以上？
(A) 2.7 公斤　(B) 2.3 公斤　(C) 1.7 公斤　(D) 1.0 公斤。

（**D**） 9. 水霧滅火設備之放射區域有二區以上時，其主管管徑不得小於多少公釐？

(A)38 公釐　(B)63 公釐　(C)85 公釐　(D)100 公釐。

（**A**） 10. 高壓電器設備其電壓 7000 伏特以下時，水霧噴頭及配管與高壓電器設備應保持多少公分之標準離開距離？

(A)25　(B)50　(C)100　(D)250。

（**A**） 11. 依法令規定在應設水霧、泡沫、乾粉、二氧化碳滅火設備之場所，但外牆常時開放部分之開口面積達該層樓地板面積百分之多少以上者，上列滅火設備得採移動式設置？

(A)15　(B)20　(C)25　(D)30。

泡沫滅火設備

6-1　（一）泡沫滅火之原理
　　　　（二）化學泡沫滅火劑與滅火液之差異與化學泡沫產
　　　　生之反應式

【解說】

（一）泡沫滅火原理：

滅火作用	原理
1. 冷卻作用	泡沫內含有大量之水分，可達到吸收熱量，冷卻燃燒物之效果。
2. 隔離作用	將燃燒物與火焰隔離，避免燃燒現象繼續進行。
3. 窒息作用	在油類表面形成一乳化層，阻隔周圍氧氣的繼續供應及抑制可燃性氣體蒸發，而產生窒息效果。
4. 附著作用	泡沫具有黏著性，可附著在燃燒物表面上，兼具保濕性及流動性兩種效果。

（二）化學泡沫與滅火液（機械泡沫）之差異性及反應式：

	化學泡沫	機械泡沫（空氣泡沫）
1. 組成	A 劑（碳酸氫鈉（外筒））＋B 劑（硫酸鋁（內筒））	(1)動植物性蛋白質（黃豆、牛角、獸血等）。 (2)界面活性劑。
2. 泡沫之形成	使用時充分混合而產生以二氧化碳為核心之泡沫。	經機械性混合，同時吸入空氣而形成泡沫。
3. 種類	碳酸氫鈉＋硫酸鋁	(1)蛋白質泡沫液。 (2)合成界面活性泡沫液。 (4)水成膜泡沫液。
4. 反應式	$6NaHCO_3 + Al_2(SO_4)_3 \cdot 18H_2O$ $\rightarrow 6CO_2 + 3Na_2SO_4 +$ $2Al(OH)_3 + 18H_2O$	水＋機械泡沫＋機械混合＋吸入空氣 → 產生泡沫

※ 因化學泡沫之有效期為一年，且經酸鹼中和產生之二氧化碳量有限，滅火效果不足以應付較大型之火災，故已被機械泡沫所取代。

6-2　泡沫滅火設備種類與泡沫放出口之關係

【解說】

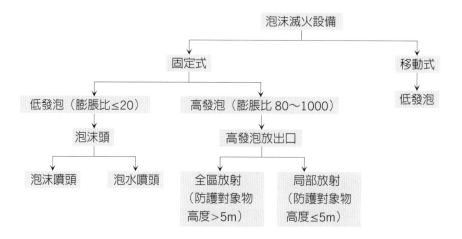

```
                        泡沫滅火設備
              ┌──────────────┼──────────────┐
            固定式                          移動式

        ┌────────────────┐                   低發泡
  低發泡（膨脹比≤20）    高發泡（膨脹比 80～1000）

      泡沫頭              高發泡放出口
    ┌────┴────┐        ┌──────┴──────┐
  泡沫噴頭   泡水噴頭   全區放射        局部放射
                      （防護對象物    （防護對象物
                       高度>5m）       高度≤5m）
```

6-3　泡沫放出口之分類

【解說】

泡沫區分	泡沫膨脹比	泡沫放出口種類		圖示
低發泡	20 以下	泡沫頭	泡沫噴頭（Foam Head）	合成界面活性泡沫用 水成膜泡沫用 蛋白質泡沫用

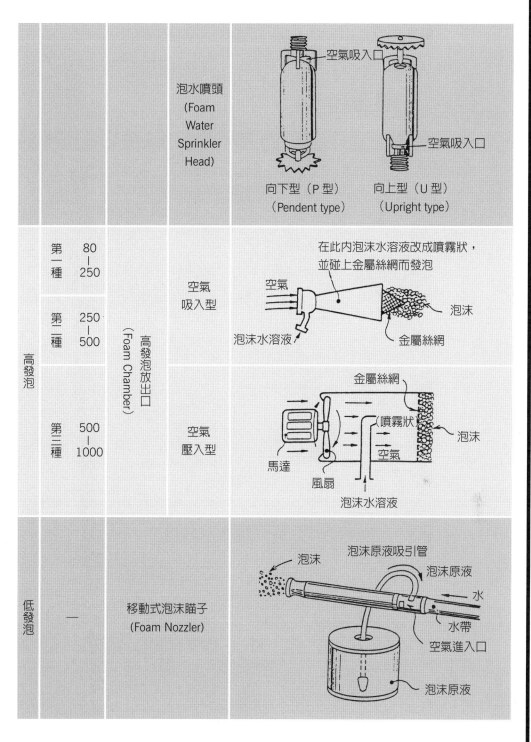

			泡水噴頭 (Foam Water Sprinkler Head)	向下型（P 型）（Pendent type）　　向上型（U 型）（Upright type）
高發泡	第一種	80 — 250	高發泡放出口 （Foam Chamber）	空氣吸入型
	第二種	250 — 500		
	第三種	500 — 1000		空氣壓入型
低發泡	—		移動式泡沫瞄子 (Foam Nozzler)	

6-4　泡沫滅火設備之泡沫頭配置

【解說】

§71　泡沫頭配置

場所	泡沫頭種類	設置規定
（一）飛機庫、飛機修理廠	泡水噴頭	1. 每 8m² 設置 1 個。 2. 使防護對象在其有效範圍內。
（二）室內停車空間或汽車修理廠	泡沫噴頭	1. 每 9m² 設置 1 個。 2. 使防護對象在其有效範圍內。 3. 放射區域內任一點至泡沫頭水平距離 ≤2.1m。 4. 泡沫噴頭側面有樑時，應依下表設置： <table><tr><td>泡沫噴頭與樑側面淨距離(cm)</td><td>迴水板高出樑底面尺寸(cm)</td></tr><tr><td>74 以下</td><td>0</td></tr><tr><td>75～99</td><td>9 以下</td></tr><tr><td>100～149</td><td>14 以下</td></tr><tr><td>150 以上</td><td>29 以下</td></tr></table>
（三）複層式停車設施（屬室內停車空間）	泡沫噴頭	1. 最上層上方裝置面設泡沫噴頭，並應延伸配管至車輛間，使能對下層停車平臺放射泡沫。但若有感知撒水頭之設置，得免延伸配管。 2. 礙於構造，無法在最上層以外之停車平臺配置時→其配管之延伸應就停車構造成一單元部分，在其四周配置泡沫噴頭，使能對四周全體放射泡沫。

6-5　泡沫頭放射量（或放射密度）

【解說】

§72　泡沫頭之放射量

設置規定　＼　種類	泡沫噴頭	泡水噴頭
（一）防護面積	每 9m² 設置 1 個	每 8m² 設置 1 個
（二）放射密度或放射量	1. 水成膜泡沫液 $\geq 3.7\ell/min \cdot m^2$ 2. 蛋白質泡沫液 $\geq 6.5\ell/min \cdot m^2$ 3. 合成界面性泡沫液 $\geq 8.0\ell/min \cdot m^2$ 記憶：由小→大：水、蛋、合	$\geq 75\ell/min$
（三）適用場所	1. 室內停車空間 2. 汽車修理廠	飛機庫等
（四）水平距離	任一點至噴頭水平距離≤2.1m	──

6-6　泡沫噴頭和泡水噴頭之放射量

【解說】

泡沫噴頭	泡水噴頭
1. 水成膜泡沫液： 放射量 $\geq 3.7\ell/\text{min} \cdot \text{m}^2 \times 9\text{m}^2 = 33.3\ell/\text{min}$ ∴ 取放射量 $\geq 35\ell/\text{min}$	
2. 蛋白質泡沫液： 放射量 $\geq 6.5\ell/\text{min} \cdot \text{m}^2 \times 9\text{m}^2 = 58.5\ell/\text{min}$ ∴ 取放射量 $\geq 60\ell/\text{min}$	放射量 $\geq 75\ell/\text{min}$
3. 合成界面活性泡沫液： 放射量 $\geq 8.0\ell/\text{min} \cdot \text{m}^2 \times 9\text{m}^2 = 72\ell/\text{min}$ ∴ 取放射量 $\geq 75\ell/\text{min}$	

※ 放射量之單位：ℓ/min

放射密度之單位：$\ell/\text{min·m}^2$（每平方公尺之放射量）

6-7　高發泡放出口之設置

【解說】

§73　高發泡放出口之設置

（一）全區放射	1. 防護區域開口部	(1)在泡沫水溶液放射前自動關閉。 (2)但能有效補充開口部洩漏量者 → 得免設自動關閉裝置。		
	2. 泡沫水溶液放射量	場所	膨脹比	每分鐘每立方公尺冠泡體積之泡沫水溶液放射量（$\ell/\text{min} \cdot \text{m}^3$）
		飛機庫	80～250（一種）	2.0
			250～500（二種）	0.5
			500～1000（三種）	0.29
		室內停車空間或汽車修理廠	80～250（一種）	1.11
			250～500（二種）	0.28
			500～1000（三種）	0.16
		引擎試驗室、石油試驗室、印刷機房	80～250（一種）	1.25
			250～500（二種）	0.31
			500～1000（三種）	0.18

		第 18 修表 第 8 項之場所	80～250（一種）	1.25
			250～500（二種）	0.31
			500～1000（三種）	0.18
	3.放出口數量	(1)每 500 m² 設 1 個放出口，且能有效放射至該區域。 (2)附設泡沫放出停止裝置。		
	4.放出口位置	高於防護對象物最高點。		
	5.使用時機	防護對象距樓地板高度＞5m，且使用高發泡放出口 ⇒應為全區放射。		
	6.放射密度	≥ 2ℓ/min·m²		
（二）局部放射	單一防護對象	(1)防護對象相互鄰接，且鄰接處有延燒之虞，則「防護對象 ＋ 有延燒之虞範圍內之對象」視為單一防護對象，設置高發泡 放出口。 (2)例外： ❶以具有 1 小時以上防火時效之牆壁區劃，或 ❷防護對象物相距 ≥ 3m ⇒免視為單一防護對象		

※§18 表第 8 項之場所（引擎試驗室、石油試驗室、印刷機房及其他類似危險工作場所），具有可燃性固體或液體，選用高發泡沫滅火設備時，冠泡體積計算之需求，依不同的膨脹比，明定其每分鐘每平方公尺之放射量。

6-8 （一）全區放射之冠泡體積
（二）局部放射之防護面積
（三）局部放射之單一防護對象物

【解說】

（一）全區放射之冠泡體積：

1. 係指防護區域自樓地板面至高出防護對象物最高點 0.5m 所圍體積。
2. 應用於高發泡放出口：計算泡沫水溶液放射量及水源容量。
3. 滅火即是以此大量的泡沫，使每個房間浸泡在泡沫中之方法，因此將此種泡沫稱為冠泡。

冠泡體積 V = L×W×(H ＋ 0.5m)

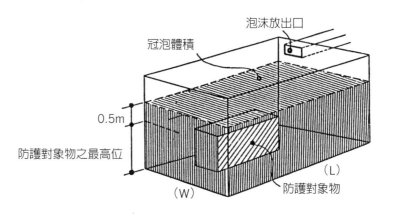

（二）局部放射之防護面積：

係指防護對象外周線以高出防護對象物高度 3 倍數值所包圍之面積。但 3H < 1m，以 1m 計。

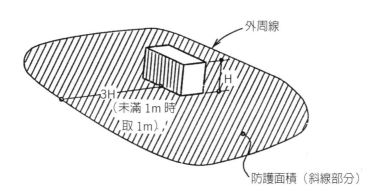

防護面積 A = (a + 6H)(b + 6H) → 當 3H ≥ 1m 時
防護面積 A = (a + 2)(b + 2)　　→ 當 3H < 1m 時

（三）局部放射之單一防護對象物：

1. 防護對象物相互鄰接，且鄰接處有延燒之虞，則「防護對象＋有延燒之虞範圍內之對象」⇒ 視為單一防護對象。

2. 例外：

   ⑴ 以具有 1 小時以上防火時效之牆壁或

   ⑵ 防護對象物相距≥ 3m

   ⇒ 免視為單一防護對象物

6-9　泡沫滅火設備之水源容量

【解說】

§76　泡沫滅火設備水源容量

噴頭種類	泡沫原液	最小水源容量
（一）泡沫頭 1.泡沫噴頭	水成膜泡沫	$3.7\ell/min\cdot m^2 \times A_{max}(50\sim100m^2) \times 20min$
	蛋白質泡沫	$6.5\ell/min\cdot m^2 \times A_{max}(50\sim100m^2) \times 20min$
	合成界面活性泡沫	$8.0\ell/min\cdot m^2 \times A_{max}(50\sim100m^2) \times 20min$
2.泡水噴頭	——	$75\ell/min \times \dfrac{A_{max}(一個最大放射區域面積)}{8m^2} \times 20min$ 其中 A_{max}：(1)樓地板面積 $\geq 200m^2$ 時： 　　A：（樓地板面積）$\times \dfrac{1}{3}$ ⎫ 　　A：$200m^2$ ⎭ 取大值 　　(2)樓地板面積 $< 200m^2$ 時： 　　A：實際樓地板面積

放射方式	膨脹比	最小水源容量
（二）高發泡放出口 1.全區放射（依膨脹比分類）	$80\sim250$	$(0.040\dfrac{m^3}{m^3} \times 冠泡體積) + 充滿配管所需之泡沫水溶液量$
	$250\sim500$	$(0.013\dfrac{m^3}{m^3} \times 冠泡體積) + 充滿配管所需之泡沫水溶液量$
	$500\sim1000$	$(0.008\dfrac{m^3}{m^3} \times 冠泡體積) + 充滿配管所需之泡沫水溶液量$ 其中：冠泡體積 $= L \times W \times (H + 0.5)m^3$ 　　L，W＝防護區之長及寬（m） 　　H＝防護對象物之高度（m）
2.局部放射	——	$2\ell/min\cdot m^2 \times A_{max} \times 20min$ 其中 A_{max}：防護面積 (1)若 $3H\geq1m$ 　　$A = (a + 6H)(b + 6H)$ (2)若 $3H<1m$，取 $3H = 1m$ 　　$A = (a + 2)(b + 2)$ 　　H：防護對象物高度（m） 　　a、b：防護對象物之長及寬（m）
（三）移動式	——	$100\ell/min \times 15min \times 2（支）= 3m^3$

※(1) 為確保泡沫滅火設備放射水溶液量，使用高發泡放出口時，其應加算充滿配管所需之泡沫水溶液量，並以總泡水泡液量之 $\dfrac{20}{100}$ 加算之。

(2) 使用高發泡放出口採全區放射時，防護區域開口部未能自動閉鎖者，應加算開口洩漏泡沫水溶液量。

6-10　泡沫滅火設備加壓送水裝置

【解說】

§77　泡沫滅火設備之加壓送水裝置

（一）泡沫滅火設備之水源，應連結加壓送水裝置。

（二）加壓送水裝置使用消防幫浦時：

泡沫頭、高發泡放出口	出水量	泡沫放射區域有 2 區域以上時 ⇨ 以最大一個泡沫放射區域之最低出水量加倍計算
	出水壓力	核算最末端一個泡沫放射區域全部泡沫頭放射壓力 $\geq 1\text{kgf/cm}^2$（0.1MPa）
	——	應連接緊急電源
移動式泡沫滅火設備	出水量	1.同一樓層設 1 個泡沫消防栓箱時，出水量 $\geq 130\ell/\text{min}$ 2.同一樓層設 2 個以上泡沫消防栓箱時，出水量 $\geq 260\ell/\text{min}$
	出水壓力	核算最末端 1 個泡沫消防栓放射壓力 $\geq 3.5\text{kgf/cm}^2$（0.35MPa）
	——	應連接緊急電源

（三）⑴同一棟建築物內，採用低發泡原液，分層配置固定式及移動式放射方式泡沫滅火設備時，得共用配管及消防幫浦。

　　　⑵幫浦之出水量、揚程與泡沫原液儲存量：應採其放射式中較大者。

※基於一定建築物採用低發泡原液同一泡沫滅火設備，採不同放射方式者，其管系、消防幫浦應得共用，揚程、出水量取其最大者。

6-11 泡沫滅火設備中泡沫放出口之規定

【解說】

設置標準	種類規定	泡沫頭				高發泡發出口			移動式泡沫瞄子
		泡沫噴頭			泡水噴頭	全區放射		局部放射	
		水成膜泡沫液	蛋白質泡沫液	合成界面活性泡沫液		飛機庫	室內停車空間或汽車修理廠		
§71	防護面積	9m²			8m²	——		——	—
§72	放射量	$35\dfrac{\ell}{\min}$ ($\fallingdotseq 3.7 \times 9$)	$60\dfrac{\ell}{\min}$ ($\fallingdotseq 6.5 \times 9$)	$75\dfrac{\ell}{\min}$ ($\fallingdotseq 8 \times 9$)	$75\dfrac{\ell}{\min}$	膨脹比	每分鐘每 m³ 冠泡體積之泡沫水溶液放射量（ℓ/min·m³）	——	$100\dfrac{\ell}{\min}$
						80～250	2.0 1.11		
						250～500	0.5 0.28		
	放射密度	$3.7\dfrac{\ell}{\min \cdot m^2}$	$6.5\dfrac{\ell}{\min \cdot m^2}$	$8\dfrac{\ell}{\min \cdot m^2}$	——	50～1000	0.29 0.16	$2\dfrac{\ell}{\min \cdot m^2}$	—
§75	放射區域	50～100m²			$\geq 200m^2$	——		——	—
§76	放射時間	20min							15min
§76	最小水源容量	3.7～7.4m³	6.5～13m³	8～16m³	37.5m³ (A = 200m² 時) $75\dfrac{\ell}{\min} \times \dfrac{200m^2}{8m^2} \times 20min$	80～250： $0.04\dfrac{m^3}{m^3} \times$ 冠泡體積 ＋充滿配管所需之泡沫水溶液量 250～500： $0.013\dfrac{m^3}{m^3} \times$ 冠泡體積 ＋充滿配管所需之泡沫水溶液量 500～1000： $0.008\dfrac{m^3}{m^3} \times$ 冠泡體積 ＋充滿配管所需之泡沫水溶液量		$21\dfrac{\ell}{\min \cdot m^2} \times A_{max} \times 20min = 0.04A(m^3)$	3m³ ＝ $100\dfrac{\ell}{\min} \times 15min \times 2$
§77	放射壓力	$\geq 1kgf/cm^2$							$\geq 3.5 kgf/cm^2$

6-12　移動式泡沫滅火設備

【解說】

§80　移動式泡沫滅火設備設置規定

規格	設置規定
（一）適用場合 （§18）	外牆開口（常時開放部分）面積達樓地板面積 $\frac{15}{100}$ 以上時，得設移動式。
（二）防護半徑 （§69）	水帶接頭至防護對象任一點之水平距離 ≤ 15m。
（三）放射壓力	P ≥ 3.5kgf/cm² （0.35MPa）
（四）放射量	Q ≥ 100ℓ/min（超過 2 支時，以同時使用 2 支計）
（五）水源容量	V ≥ 100ℓ/min×15min×2（支）= 3m³
（六）泡沫原液	使用低發泡。
（七）泡沫消防栓箱	1. 位置：在水帶接頭 3m 範圍內。 2. 配備： 　⑴箱內配置長 20m 以上水帶。 　⑵泡沫瞄子 1 具。 3. 箱面表面積：0.8m² 以上。 4. 標示：箱面標明「移動式泡沫滅火設備」字樣。 5. 啟動表示燈：泡沫消防箱上方設置紅色幫浦啟動表示燈。
（八）消防幫浦 （§77）	出水量　1.同一樓層設 1 個泡沫消防栓箱時，出水量 ≥ 130ℓ/min 　　　　2.同一樓層設 2 個以上泡沫消防栓箱時，出水量 ≥ 260/ℓmin
	出水壓力　應核算最末端 1 個泡沫消防栓放射壓力 ≥ 3.5kgf/cm²
	—　應連接緊急電源。

6-13　（一）泡沫原液與水混合使用之濃度
　　　　（二）泡沫原液儲槽設置規定

【解說】

§79　泡沫原液與水混合使用濃度

§81　泡沫原液儲槽設置規定

（一）泡沫原液與水混合使用之濃度：

　　1. 水成膜泡沫液：3% 或 6%
　　2. 蛋白質泡沫液：3% 或 6%

3. 合成界面活性泡沫液：1% 或 3%

（二）泡沫原液儲槽，依下列規定設置：

1. 設有便於確認藥劑量之液面計或計量棒。

2. 平時在加壓狀態者，應附設壓力表。

3. 設置於溫度 40°C 以下，且無日光曝曬之處。

4. 採取有效防震措施。

6-14 泡沫混合方式

【解說】

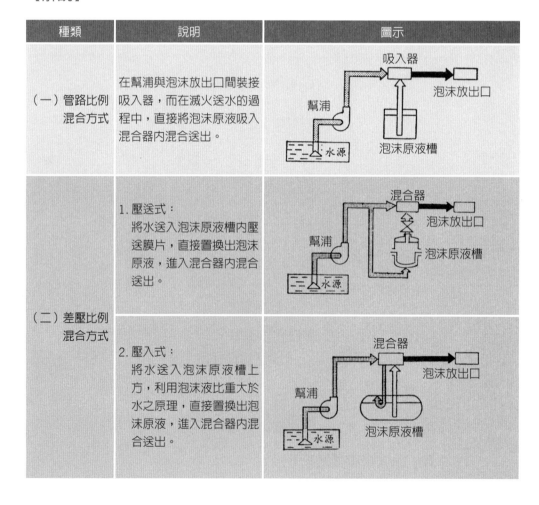

種類	說明	圖示
（一）管路比例混合方式	在幫浦與泡沫放出口間裝接吸入器，而在滅火送水的過程中，直接將泡沫原液吸入混合器內混合送出。	
（二）差壓比例混合方式	1. 壓送式： 將水送入泡沫原液槽內壓送膜片，直接置換出泡沫原液，進入混合器內混合送出。	
	2. 壓入式： 將水送入泡沫原液槽上方，利用泡沫液比重大於水之原理，直接置換出泡沫原液，進入混合器內混合送出。	

（三）加壓比例混合方式	直接設一專用泡沫原液幫浦，將泡沫原液送入混合器內混合，而送至泡沫放出口。	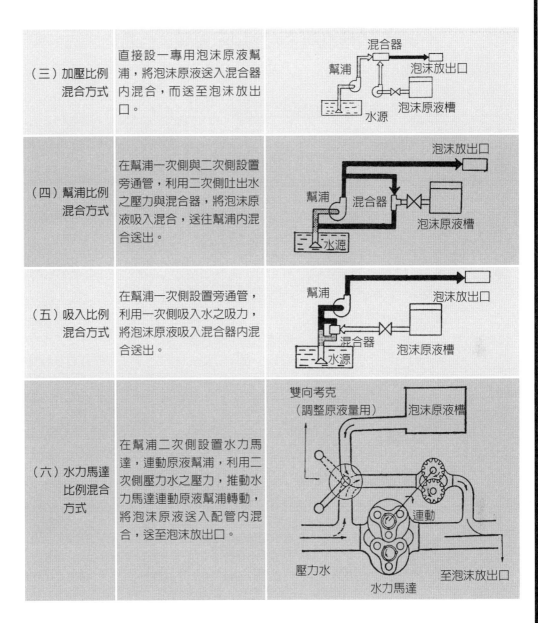
（四）幫浦比例混合方式	在幫浦一次側與二次側設置旁通管，利用二次側吐出水之壓力與混合器，將泡沫原液吸入混合，送往幫浦內混合送出。	
（五）吸入比例混合方式	在幫浦一次側設置旁通管，利用一次側吸入水之吸力，將泡沫原液吸入混合器內混合送出。	
（六）水力馬達比例混合方式	在幫浦二次側設置水力馬達，連動原液幫浦，利用二次側壓力水之壓力，推動水力馬達連動原液幫浦轉動，將泡沫原液送入配管內混合，送至泡沫放出口。	

6-15 | 油槽用泡沫放出口之種類及構造特性

【解說】

§213 泡沫放出口種類

放出口構造	放出口種類	I 型	II 型	III 型	IV 型	特殊型
（一）油庫儲槽		固定頂	固定頂 內浮頂	固定頂	固定頂	外浮頂
（二）注入位置		儲槽上部	儲槽上部	儲槽槽底	儲槽槽底	儲槽上部
（三）泡沫反射板		－	○	－	－	○
（四）泡沫導管		○	－	－	○	○
（五）阻止危險物蒸氣逆流之構造		○	○	○	－	－
（六）動作情形		1. I 型：將泡沫放出口設於儲槽側板上方，具有泡沫導管或滑道等附屬裝置，不使泡沫沉入液面下或攪動液面，而使泡沫在液面展開有效滅火，並且具有可以阻止儲槽內之公共危險物品逆流之構造。 2. II 型：在泡沫放出口上附設泡沫反射板，可以使放出之泡沫能沿著儲槽之側板內面流下，又不使泡沫沉入液面下或攪動液面，可在液面展開有效滅火，並且具有可以阻止儲槽內之公共危險物品蒸氣逆流之構造。 3. III 型：泡沫放出口由泡沫輸送管（具有可以阻止儲槽內之公共危險物品由該配管逆流之構造或機械）將發泡器或泡沫發生機所發生之泡沫予以輸送注入儲槽內，並由泡沫放出口放出泡沫。 4. IV 型：將泡沫輸送管末端與平時設在儲槽液面下底部之存放筒（包括具有在送入泡沫時可以很容易脫開之蓋者）所存放之特殊軟管等相連接，於送入泡沫時可使特殊軟管等伸直，使特殊軟管等之前端到達液面而放出泡沫。 5. 特殊型：於泡沫放出口附設有泡沫反射板，可以將泡沫注入於儲槽側板與泡沫隔板所形成之環狀部分。該泡沫隔板係指在浮頂之上方設有高度在 0.3m 以上，具距離儲槽內側在 0.3m 以上鋼製隔板，具可以阻止放出之泡沫外流，具視該儲槽設置地點預期之最大降雨量，設有可充分排水之排水口之構造者為限。				
（七）備註		1. II 型：內浮頂儲槽浮頂採用鋼製雙層甲板（Double deck）或鋼製浮筒式（Pantoon）甲板，其泡沫系統之泡沫放出口種類，得比照外浮頂儲槽設置。 2. III 型：放出口限於儲存或處理 20°C 時 100 公克水溶解量未滿 1 公克之公共危險物品（以下稱「非水溶性物質」）及儲存溫度 50°C 以下或動黏度在 100cst 以下之公共危險物品儲槽使用。 3. 特殊型：使用安裝在浮頂上方者，得免附設泡沫反射板。				

（八）圖示

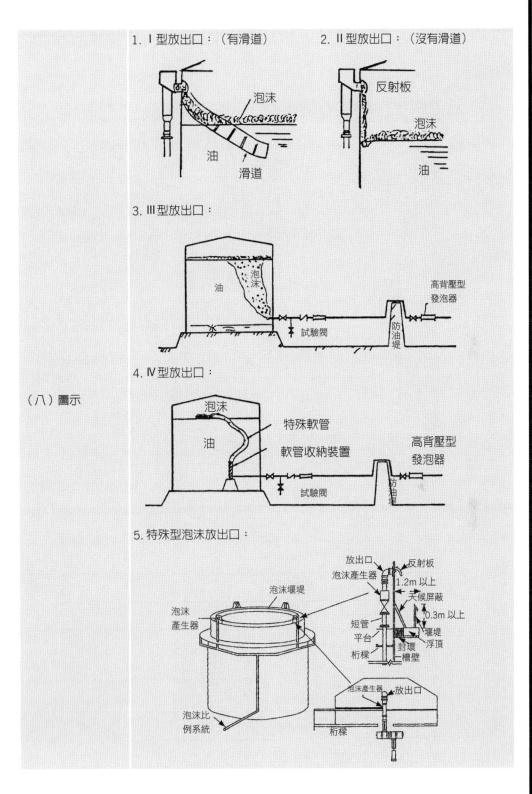

1. I型放出口：（有滑道）

2. II型放出口：（沒有滑道）

3. III型放出口：

4. IV型放出口：

5. 特殊型泡沫放出口：

6-16　泡沫滅火設備之25%還原（液）時間之測定方法

【解說】

適用範圍	水成膜泡沫液	蛋白質泡沫液、合成界面活性泡沫液
測定器具	1.碼錶 × 1 個 2.1000mℓ具刻度之量筒 × 2 個	1.碼錶 × 2 個 2.泡沫試料容器台 × 1 個 3.1000mℓ之透明容器 × 4 個
測定方法	泡沫之 25%還原時間，係指自所採集之泡沫消泡為泡水溶液量，還原至全部泡沫水容液量之 25%所需時間。因其特別著重水之保持能力及泡沫之流動性，故以下列方法測定。測定還原時間係以測量發泡倍率時所用之試料進行，如將泡沫試料之淨重分為四等份，即可得所含泡水溶液量之 25%（單位：mℓ），為測得還原至此量所需時間，應先將量筒置於平面上，利用量筒上之刻度觀察泡水溶液還原至 25%之所需時間。 茲舉一例如下： 假設泡沫試料之淨重為 200g，1g 換算為 1mℓ，25%容量值為 200mℓ ÷ 4 ＝ 50mℓ 所需時間，以判定其性能。 茲舉測定之實例如下： 還原之數值記錄如下： 時間（分）　還原量（mℓ） 　0　　　　　　0 　1.0　　　　　20 　2.0　　　　　40 　3.0　　　　　60 由此記錄可知 25%容量（50mℓ）位於 2 至 3 分鐘之間。即由： {50mℓ（25%容量值）－40mℓ（經過 2 分鐘還原量值）} ÷ {60mℓ（經過 3 分鐘時之還原量值）－40mℓ（經過 2 分鐘時之還原量值）} ＝ 0.5 可得 2.5 分鐘之時間，由此判定性能。	泡沫之 25%還原時間，係指自所採集之泡沫消泡為泡水溶液量，還原至全部泡沫水溶液量之 25%止所需之時間。因其特別著重水之保持能力及泡沫之流性，故以下列方法測定。 測定還原時間係以測量發泡倍率時所用試料進行，如將泡沫試料之淨重分為四等份，即可得所含泡水液量之 25%（單位：mℓ），為測得還原至此量所需時間，應先將試料容器置於容器台上，在一定時間內以 100mℓ透明容器承接還原於容器底部之水溶液。 茲舉一例如下： 假設泡沫試料之淨重為 180g，25%容量值為 180 ÷ 4 ＝ 45（mℓ），而其排液量之數值如下記錄： 時間（分）　　還原量（ml） 　0　　　　　　　0 　0.5　　　　　　10 　1.0　　　　　　20 　1.5　　　　　　30 　2.0　　　　　　40 　2.5　　　　　　50 　3.0　　　　　　60 由此記錄可知 25%容量（45mℓ）位於 2 至 2.5 分鐘之間。即由： {45mℓ（25%容量值）－40mℓ（經過 2 分鐘還原量值）} ÷ {50mℓ（經過 2.5 分鐘時之排液量值）－40mℓ（經過 2 分鐘時之排液量值）} ＝ 0.5 可得 2.25 分鐘之時間，由此判定性能。

※ 泡沫滅火設備使用低發泡者，其 25% 還原時間：

　⑴蛋白質泡沫液、水成膜泡沫液：應為 60sec 以上。

　⑵合成界面活性泡沫液：應為 30sec 以上。

6-17　泡沫滅火設備之發泡倍率（膨脹比）之測定方法

【解說】

適用範圍	水成膜泡沫液	蛋白質泡沫液 合成界面活性泡沫液
測定器具	1. 1000mℓ具刻度之量筒 × 2 個 2. 泡沫試料採集器 × 1 個 3. 1000g 計量器 × 1 個	1. 1400mℓ之泡沫試料容器 × 2 個 2. 泡沫試料採集器 × 1 個 3. 計量器 × 1 個
測定方法	發泡倍率係測量在未混入空氣前之泡沫水溶液量與最終發泡量之比率。故應預先測出刻度 1000mℓ量筒之容器量，次將泡沫試料測量至公克單位，再利用下列公式計算之： $發泡倍率 = \dfrac{最終發泡之體積}{未混入空氣前之泡沫水溶液體積}$ $= \dfrac{1000\text{m}ℓ}{（泡沫含量筒重）-（量筒重）}$	發泡倍率係測量在未混入空氣前之泡沫水溶液量與最終發泡量之比率。故應預先測出泡沫試料容器重量，並將泡沫試料測量至公克單位，再以下列公式計算之： $發泡倍率 = \dfrac{最終發泡之體積}{未混入空氣前之泡沫水溶液體積}$ $= \dfrac{1400\text{m}ℓ}{（泡沫含量筒重）-（量筒重）}$

※ 固定式及移動式之發泡倍率均應在 5 倍以上。

第六章◎自我評量

（一）問答題

1. 試說明泡沫滅火之原理？並說明化學泡沫滅火劑與滅火液之差異？並寫出化學泡沫產生之反應式。
2. 試以流程圖表示泡沫滅火設備與泡沫放出口之關係。
3. 試說明泡沫放出口之分類為何？
4. 試說明泡沫滅火設備之泡沫頭應如何配置？
5. 試說明泡沫頭之放射量（或放射密度）？
6. 試說明泡沫噴頭和泡水噴頭放射量之設置規定？
7. 試說明高發泡放出口之設置規定？
8. 何謂冠泡體積？
9. 試說明泡沫滅火設備之水源容量設置規定？
10. 試說明泡沫滅火設備加壓送水裝置之設置規定？
11. 試說明泡沫滅火設備中泡沫放出口之相關規定？
12. 移動式泡沫滅火設備之設置規定為何？試說明之。
13. 泡沫原液可用哪些濃度與水混合使用？其原液槽應做如何設置？

14. 泡沫混合方式有哪些種類？

15. 試述油槽用泡沫放出口之種類及構造特性。

16. 試說明泡沫滅火設備之 25% 還原（液）時間之測定方法？

17. 試說明泡沫滅火設備之發泡倍率（膨脹比）之測定方法？

（二）測驗題

（**D**） 1. 有一面積為 60 平方公尺之停車場，採水成膜泡沫液（3%），下列有關其泡沫滅火設備敘述，何者有誤？
(A) 泡沫噴頭至少應設置 7 個　(B) 其每 9 平方公尺應設置一泡沫頭
(C) 其水源容量不得少於 4.44 立方公尺　(D) 泡沫噴頭放射量不得小於每分鐘 75 公升。

（**C**） 2. 在高發泡泡沫滅火設備中，冠泡體積係指防護區域自樓地板面至高出防護對象最高為多少公尺所圍之體積？
(A) 1.11 公尺　(B) 0.29 公尺　(C) 0.5 公尺　(D) 2 公尺。

（**A**） 3. 移動式泡沫滅火設備之水源容量，不得小於二具泡沫瞄子同時放水多少分鐘之水量？
(A) 15 分鐘　(B) 20 分鐘　(C) 25 分鐘　(D) 30 分鐘。

（**C**） 4. 下列有關泡沫原液槽之敘述，何者有誤？
(A) 應設置有便於確認藥劑量之液面計　(B) 平時在加壓狀態者，應附設壓力表　(C) 應先按比例與水混合以便不時之需　(D) 應設置於溫度攝氏 40 度以下。

（**A、C**）5. 停車場採用固定式低發泡泡沫滅火設備，綜合檢查應按下列何項方法進行檢查？
(A) 選擇全部放射區域數之 1/5 以上進行放水試驗　(B) 藉手動啟動裝置正常電源供應確認系統正常性　(C) 應利用比色計法測泡沫混合比率
(D) 選擇任一放射區域進行 25% 泡沫還原時間。

（**C**） 6. 有關泡沫滅火設備之設置，下列敘述何者正確？
(A) 停車場使用泡沫頭防護半徑為 2.3 公尺　(B) 飛機庫應採用低壓放射之泡沫噴頭　(C) 浮頂油槽不可採用底部注入式　(D) 錐頂油槽不可採用頂部注入式。

（**D**） 7. 下列何種泡沫撲滅油類火災時，流動擴展性最佳？
(A) 蛋白質泡沫　(B) 氟蛋白泡沫　(C) 化學泡沫　(D) 水成膜泡沫。

（**D**） 8. 移動式泡沫滅火設備，其在同一樓層各瞄子放射量，不得小於每分鐘多少公升？
(A) 20 公升　(B) 40 公升　(C) 80 公升　(D) 100 公升。

（**C**） 9. 下列有關泡沫滅火設備之敘述，何者有誤？
(A) 應視防護對象之形狀、構造、數量及性質配置泡沫放出口　(B) 膨脹比 20 以下，宜採用泡沫噴頭或泡水噴頭　(C) 膨脹比係指泡沫發泡表面

積與發泡所需泡沫水溶液體積之比值　(D) 泡水噴頭放射量不得小於每分鐘 75 公升。

（B）10. 停車空間配置水成膜泡沫滅火設備，檢測泡沫噴頭發泡放射後，泡沫 25% 的還原時間至少應為多少？
(A) 30 秒　(B) 60 秒　(C) 90 秒　(D) 120 秒。

（A）11. 下列有關泡沫原液槽之敘述，何者為錯誤？
(A) 應先按比例與水混合以備不時之需　(B) 應設置於 40℃ 以下之環境
(C) 平時在加壓狀態者，應附設壓力表　(D) 應設置有便於確認藥劑量之液面計。

（B）12. 使用水成膜泡沫液時，樓地板面積每平方公尺之放射量為每鐘多少公升以上？
(A) 3.2 公升　(B) 3.7 公升　(C) 4.2 公升　(D) 4.5 公升。

（B）13. 內浮頂式儲油槽設置泡沫滅火設備，其泡沫放出口之種類應採用下列何種型式？
(A) Ⅰ 型　(B) Ⅱ 型　(C) Ⅳ 型　(D) 特殊型。

（C）14. 下列水系統滅火設備識圖，何者錯誤？
(A) 表示查驗管　　(B) 表示消防栓箱

(C) 表示泡沫噴頭　　(D) 表示逆止閥

（B）15. 下列何者非泡沫原液種類之名稱？
(A) 蛋白質泡沫液　(B) 酒精型泡沫液　(C) 合成界面活性泡沫液
(D) 水成膜泡沫液。

（D）16. 室內停車空間應使用泡沫噴頭，其樓地板面積為每多少平方公尺須設置一個？
(A) 6　(B) 7　(C) 8　(D) 9。

（B）17. 泡沫滅火劑稱為低發泡者，其膨脹比為多少以下？
(A) 10　(B) 20　(C) 30　(D) 50。

（B）18. 泡沫噴頭之放射量，依規定每分鐘不得小於下列何者？
(A) 65 公升　(B) 75 公升　(C) 85 公升　(D) 95 公升。

（C）19. 下列有關泡沫滅火設備規定之敘述，何者正確？a 高發泡放出口在防護區域內，樓地板面積每 $500m^2$ 至少設置一個；b 高發泡放出口位置應低於防護對象物最低點；c 防護對象物位置距離樓地板面高度超過 5m，且使用高發泡放出口時，應為全區放射方式；d 高發泡放出口之泡沫水溶液放射量，防護面積每 $1m^2$ 不得小於 2 公升
(A) abc　(B) bcd　(C) acd　(D) abd。

（A）20. 移動式泡沫滅火設備，其水帶接頭至防護對象任一點之水平距離，依規定應在多少公尺以下？
(A) 15m　(B) 20m　(C) 25m　(D) 30m。

（C）21. 下列何者泡沫放出口非頂部注入式？

(A) Ⅰ型泡沫放出口　　(B) Ⅱ型泡沫放出口　　(C) Ⅲ型泡沫放出口
(D) 特殊型泡沫放出口。

（C）22. 測定泡沫滅火設備之合成界面活性劑中之低發泡的發泡倍率，其測定的
必要器具，包括泡沫試料採集器 1 個、量秤 1 個與多少容量之泡沫試料
容器 2 個？
(A) 100ml　(B) 1000ml　(C) 1400ml　(D) 2000ml。

（C）23. 移動式泡沫滅火設備之加壓送水裝置使用消防幫浦時，若同一樓層設 3
個泡沫消防栓箱時，其出水量應在每分鐘多少公升以上？
(A) 70　(B) 130　(C) 260　(D) 390

（A）24. 泡沫滅火設備使用泡沫噴頭時，每一放射區域之樓地板面積規定應為
何？
(A) 50 平方公尺以上，100 平方公尺以下　(B) 100 平方公尺以上，200
平方公尺以下　(C) 占樓地板面積 1/3 以上　(D) 至少 200 平方公尺

連結送水管

7-1　應設置連結送水管之場所

【解說】

§26　應設置連結送水管場所

（一）應設置場所	1. 5 層或 6 層建築物：總樓地板面積≥6000m²。 2. 7 層以上建築物。 3. 地下建築物：總樓地板面積≥1000m²。 →以上均整棟設置。
（二）圖示	7F　7F層以上建築物（包含 7F） 6F 5F 4F 3F　5F 或 6F⇒TF≥6000m² 2F 1F 地下建築物⇒TF≥1000m²

7-2　連結送水管送水口與供消防專用63mm出水口之目的

【解說】

（一）送水口	於火災發生時，消防幫浦車將水源加壓，經由水帶進入建築物內的連接口。
（二）供消防專用 63mm 出水口	消防人員於建築物內救火災時，以水帶直接連接，而獲得水源之連接口，依規定口徑為 63mm。
（三）實際作用	1. 當建築物之高層部分發生火災時，除由消防幫浦車自外部供水進行滅火活動外，消防人員之進入建築物內部射水，進行滅水搶救行動也同等重要。然此時如由地面將水帶直接延伸至各樓層，則所需水帶條數勢必相當可觀，且不易進行，而也將因放水性能不佳致效果大打折扣。因此，如能使用建築物本身預設之送水口，

（三）實際作用	將可容易地由各樓層所設之出水口順利取得消防水源，因而掌握搶救時效。 2. 這種「連結送水管」設備，並非提供建築物本身內部人員火災時以進行滅火之設施，而是供消防隊實施滅火活動時之專用設施，因此屬於「消防搶救上之必要設備」之一。

7-3 連結送水管之送水口及出水口

【解說】

§180 連結送水管之出水口及送水口

設置規定 ＼ 送水口/出水口	（一）送水口	（二）出水口
1.目的	於火災發生時，消防幫浦車將水源加壓，經由水帶進入建築物內之連接口。	消防人員於建築物內搶救火災時，以水帶直接連接而獲得水源之連接口。
2.位置	於消防車易於接近，且無送水障礙處設置送水口。	地下建築物各層或建築物 3F 以上各層樓梯間，緊急昇降機間等消防人員易於施行救火之位置（5m 以內之處所）。
3.數目	送水口數量≥立管數。	——
4.距離	——	各層任一點至出水口之水平距離≤50m。
5.高度	距基地地面高度：0.5～1.0m	距樓地板面高度：0.5～1.5m
6.配備	(1)接裝口徑 63mm 陰式快速接頭（雙口型）。 (2)在其附近便於確認檢查處：裝設逆止閥、止水閥。	接裝口徑 63mm 快速接頭（雙口型）（10F 以下：單口型）
7.屋頂	——	至少有一個測試用出水口（測試出水壓力）。
8.水帶箱	——	出水口設有： (1)厚度在 1.6mm 以上之鋼板或同等性能以上之不燃材料製箱內。 (2)箱面：短邊≥40m 　　　　長邊≥50cm
9.標示	連結送水管送水口字樣。	出水口字樣，每字≥20cm²

7-4　連結送水管之配管與水帶箱

【解說】

§181　連結送水管之配管

§182　連結送水管之水帶箱

（一）配管	1. 專用。 2. 立管管徑： 　⑴ 100mm 以上。 　⑵與室內消防栓共用立管（建築物高度≤50m）時： 　　　　管徑：100mm 以上。 　　　　支管：65mm 以上。 3. 材質： 　⑴符合 CNS 6445、4624 規定或具同等以上強度、耐腐蝕性、耐熱性。 　⑵送水壓力≥10kgf/cm² 時：用 CNS 4624 管號 Sch40 以上或具同等以上強度、耐腐蝕性及耐熱性之配管。 4. 同一建築物兩支以上立管：應以橫管連通。 5. 管徑依水力計算配置之。 6. 承受水壓： 　⑴送水設計壓力×1.5 倍，且持續 30min 不漏水。 　⑵設有中繼幫浦時→幫浦二次側承受中繼幫浦全閉揚程×1.5 倍之水壓。
（二）水帶箱	1. 11F 以上之樓層，各層距出水口≤5m 範圍內設置。 2. ⑴直線、水霧二用瞄子×1 具。 　⑵水帶：20m×2 條。 3. 深度：足夠裝置水帶及瞄子。 4. 箱表面積≥0.8m²。 5. 標示：水帶箱字樣，每字≥20cm²。 6. 材質：⑴厚度 1.6mm 以上之鋼板，或 　　　　⑵同等性能以上不燃材料。

7-5　中繼幫浦設置目的

【解說】

消防幫浦之送水能力一般為 10 ～ 11kgf/cm²，理論上能把水送至高 100 ～ 110m 處，惟實際上因摩擦損失之存在，致真正揚程較理論值低，即使如此，此其頂端之水也將因放射壓力等於零，而無法進行搶救，因此在供應 $2\frac{1}{2}"$ 水帶救災應有放射壓力之要求下，消防幫浦之有效高度將減為大約 60 ～ 70m 以下，所以超過 60m

以上的部分，需另設置中繼幫浦。

7-6 | 連結送水管送水設計壓力及水量

【解說】

§184 送水設計壓力

（一）送水設計壓力	1.送水設計壓力 $\geq \dfrac{(h_1 + h_2 + h_3 + 60m)}{10m}$。 2.$H \geq h_1 + h_2 + h_3 + 60m$ 　　h_1：消防水帶摩擦損失水頭（＝4m）。 　　h_2：配管摩擦損失水頭。 　　h_3：落差。 　　60m：放水壓力（水頭）。
（二）立管水量 　　（各層出水量）	1.最上與其直下層間：$Q \geq 1200\ell/min$。 2.其他樓層：$Q \geq 2400\ell/min$。
（三）瞄子支管出水量	$Q \geq 600\ell/min$。

7-7 | 連結送水管之設置方式

【解說】

設置方式	圖示
（一）乾式	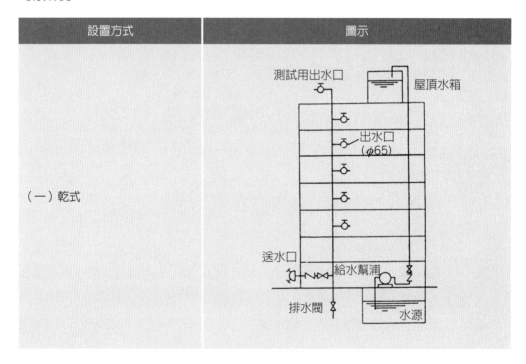

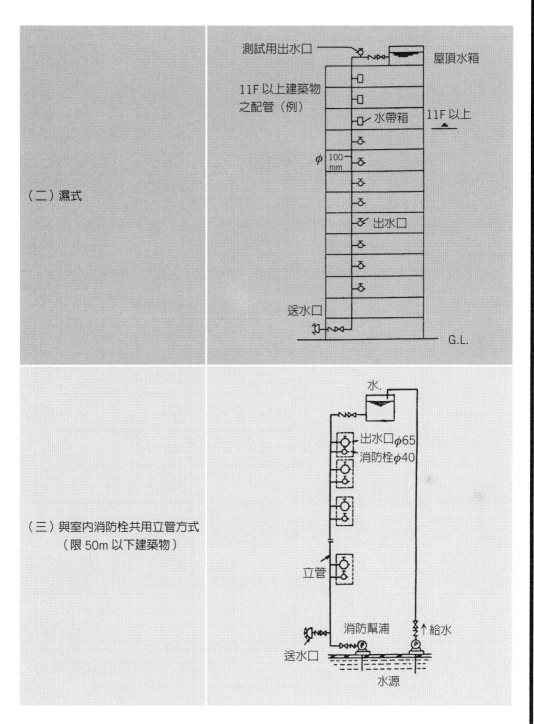

（二）濕式

（三）與室內消防栓共用立管方式
　　（限 50m 以下建築物）

7-8 下圖為一棟13F之建築物，各層樓地板面積皆為400m²，各層樓高如圖表示，試問：
（一）立管管徑？
（二）是否應設水帶箱，其規定如何？
（三）送水口之送水設計壓力？
（四）配管之承受壓力？
（五）應採用何種鋼管？

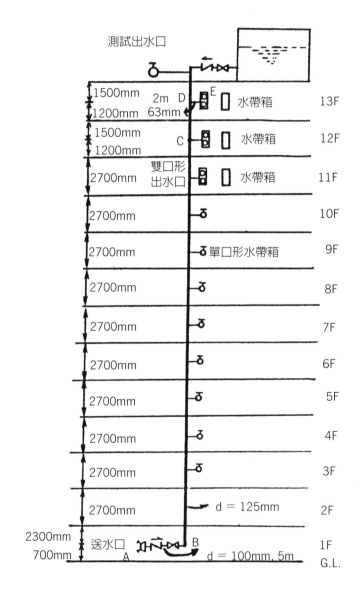

【解說】

（一）立管管徑：

$$D = 2\sqrt{\frac{Q}{\pi \times \upsilon}} = 2 \times \sqrt{\frac{2.4m^3/min}{3.14 \times 150m/min}}$$

採用 125mm（6"）之管徑。

（二）法規 §182 條：

11F 以上之各樓層設置水帶箱，其規定如下：

1. 11F 以上之樓層，各層距出水口 ≤ 5m 範圍內設置。

2. 直線、水霧二用瞄子 ×1 具，水帶：20m×2 條。

3. 深度：足夠裝置水帶及瞄子。

4. 標示：「水帶箱」字樣，每字 ≥ 20cm^2。

5. 材質：⑴ 厚度 1.6mm 以上之鋼板或

⑵ 同等性能以上之不燃材料。

（三）送水口之送水設計壓力：

$H = h_1 + h_2 + h_3 + 60m$。

1. h_1：消防水帶摩擦損失水頭，$h_1 = 4m$。

2. h_2：配管摩擦損失水頭。

　⑴ A ～ B 間：$\phi = 100mm$，$Q = 2400\ell/min$

直管	——	= 5m
管件（螺紋式）	90° 彎頭 1 個 × 3.2m	= 3.2m
閥類	送水口之逆止閥 2 個 ×8.7m 送水口之閘閥 1 個 ×0.7m （止水閥）	= 17.4m = 0.7m
		$l'_k + l''_k = 26.3m$

$$h_2{}^{AB} = 1.2 \times \frac{(2400)^{1.85}}{(10)^{4.87}} \times \left(\frac{l'_k + l''_k}{100}\right)$$

$$= 29.01 \times \frac{21.3m}{100m} = 7.65m$$

　⑵ B ～ C 間：$\phi = 125mm$，$Q = 2400\ell/min$

直管	——	= 30.5m
		$l'_k + l''_k = 30.5m$

$$h_2^{BC} = 1.2 \times \frac{(2400)^{1.85}}{(12.5)^{4.87}} \times \left(\frac{l'_k + l''_k}{100}\right)$$

$$= 9.79 \times \frac{30.5m}{100m} = 2.99m$$

⑶ C～D 間：$\phi = 125mm$，$Q = 1200\ell/min$

直管	——	= 2.7m
管件	90° T（分流）1 個 × 7.9m	= 7.9m
		$l'_k + l''_k = 10.6m$

$$h_2^{CD} = 1.2 \times \frac{(2400)^{1.85}}{(12.5)^{4.87}} \times \left(\frac{l'_k + l''_k}{100}\right)$$

$$= 2.71 \times \frac{10.6m}{100m} = 0.29m$$

⑷ D～E 間：$\phi = 65mm$，$Q = 1200\ell/min$

直管	——	= 2m
閥類	消防栓開關（角閥）1 個 × 14m	= 14m
		$l'_k + l''_k = 16m$

$$h_2^{DE} = 1.2 \times \frac{(1200)^{1.85}}{(6.5)^{4.87}} \times \left(\frac{l'_k + l''_k}{100}\right)$$

$$= 65.58 \times \frac{16m}{100m} = 10.49m$$

$$h_2 = h_2^{AB} + h_2^{BC} + h_2^{CD} + h_2^{DE}$$

$$= 7.65m + 2.99m + 0.29m + 10.49m$$

$$= 21.42m \fallingdotseq 20m$$

3. h_3：落差

$$h_3 = 2.3m + 1.2m + (2.7m \times 11) = 33.2m$$

$$\therefore H = h_1 + h_2 + h_3 + 60m = 4m + 20m + 33.2m + 60m = 117.2m$$

故送水設計壓力 $= \frac{117.2m}{10m} \fallingdotseq 11.7kgf/cm^2$

（四）配管承受壓力：

配管承受壓力 ≥ 送水設計壓力 ×1.5 倍

∴配管承受壓力 ≥ $11.7kgf/cm^2 \times 1.5 = 17.55kgf/cm^2$

（五）應採用壓力配管用碳鋼管（CNS 4626）STGP Sch40 以上，以耐 10kgf/cm² 以上之配管壓力。

7-9 中繼幫浦之設置規定

【解說】

§183 中繼幫浦

§184 送水設計壓力

（一）中繼幫浦設置條件	1. 高度 ≥60m。 2. 連結送水管：採用濕式。
（二）在送水口附近應設置	1. 63mm 雙口型陰式快速接頭。 2. 手動啓動裝置、紅色啓動表示燈。 　得免設條件：設有能由防災中心遙控啓動，且送水口與防災中心設有通話裝置。
（三）中繼幫浦全揚程	$H \geq h_1 + h_2 + h_3 + 60m$。 全揚程≥消防水帶摩擦損失水頭＋配管摩擦損失水頭＋落差＋放水壓力。
（四）閥類設置	1. 一次側：出水口、止水閥、壓力調整閥，並附設旁通管。 2. 二次側：逆止閥、止水閥、送水口。
（五）中繼幫浦出水量	$Q \geq 2400\ell/min$。
（六）旁通管	1. 進水側配管與出水側配管間：設旁通管。 2. 並於旁通管設逆止閥。
（七）水箱容量	1. 屋頂水箱 $\geq 0.5m^3$。 2. 中繼水箱 $\geq 2.5m^3$。
（八）通話裝置	中繼幫浦之機械室及連結送水管送水口處 →設有能與防災中心通話之裝置。
（九）增設時機	全閉揚程〔$H = (h_1 + h_2 + h_3 + 60) \times 1.4$ 倍〕＋押入揚程（≒10m） $\geq 170m$。 →增設中繼幫浦，且串聯運轉。 ※押入揚程：是指立於其下面中繼幫浦之運送該中繼幫浦時之剩餘壓力水頭。
（十）中繼幫浦之屋頂放水測試	1. 從送水口以「送水設計壓力」送水。 2. 瞄子口徑 ＝21mm（瞄子在最頂層測試）。 3. 放水壓力：$P \geq 6kgf/cm^2$（0.6MPa）。 4. 放水量：$Q \geq 600\ell/min$。
（十一）送水設計壓力	送水設計壓力 $\geq \dfrac{(h_1 + h_2 + h_3 + 60m)}{10m}$。 $H \geq h_1 + h_2 + h_3 + 60m$。 h_1：消防水帶摩擦損失水頭（＝4m）。 h_2：配管摩擦損失水頭（由送水口至中繼幫浦設置層之出水口，放規定流量下，接頭與閥類等之摩擦損失）。 h_3：落差（送水口至中繼幫浦設置之高度）。 60m：放水壓力（水頭）。

（十二）立管水量（各層出水量）	1. 最上層與其直下層間：Q ≥ 1200ℓ/min。 2. 其他樓層：Q ≥ 2400ℓ/min。
（十三）瞄子支管出水量	Q ≥ 600ℓ/min。
（十四）送水設計壓力之標明	1. 標明於送水口附近明顯易見處。 2. 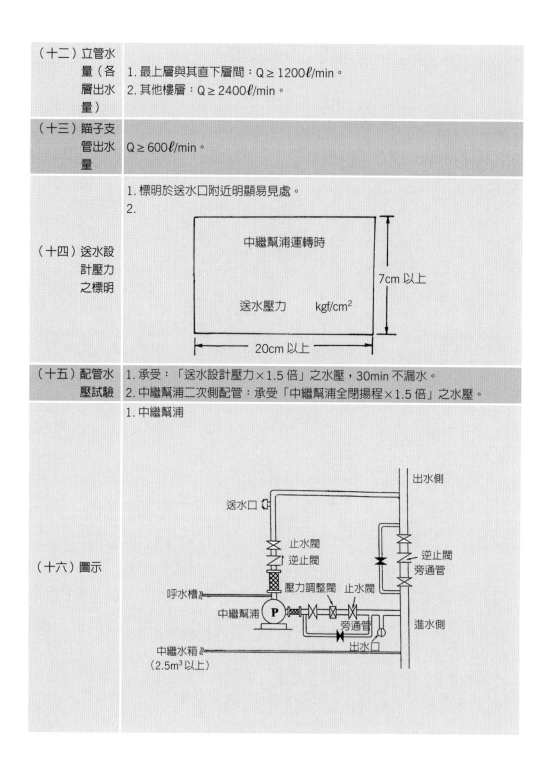
（十五）配管水壓試驗	1. 承受：「送水設計壓力×1.5 倍」之水壓，30min 不漏水。 2. 中繼幫浦二次側配管：承受「中繼幫浦全閉揚程×1.5 倍」之水壓。
（十六）圖示	1. 中繼幫浦

2.連結送水管及中繼幫浦系統圖：

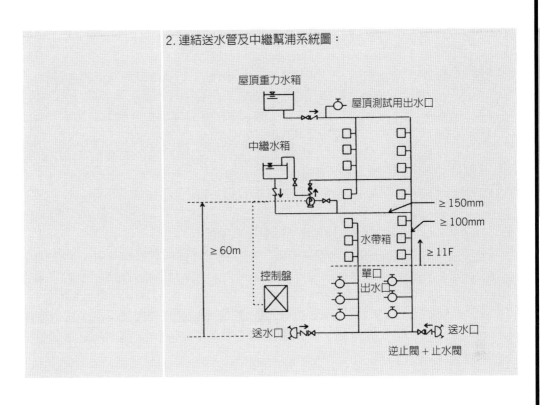

第七章◎自我評量

（一）問答題

1.試說明應設置連結送水管的場所為何？

2.何謂連結送水管送水口與供消防專用 63mm 出水口？又其實際作用何在？
　試申述之。

3.試說明連結送水管之送水口及出水口之設置規定？

4.試說明連結送水管之配管與水帶箱設置規定？

5.當建築物高度超過 60m 以上時，為何規定須設中繼幫浦？

6.連結送水管送水設計壓力及水量如何規定？

7.試繪圖說明連結送水管之設置方式有哪幾種？

（二）測驗題

（C）　1.建築物高度超過 60 公尺者，其連結送水管應採用濕式，且其中繼幫浦
　　　　出水量每分鐘不得小於多少公升？
　　　　(A) 1200 公升　(B) 2000 公升　(C) 2400 公升　(D) 2500 公升。

（A）　2.連結送水管之配管應為專用，但建築物高度在多少公尺以下時，得與室

　　　　內消防栓共用立管？

　　　　(A) 50　　(B) 60　　(C) 80　　(D) 100。

（**D**）　3. 連結送水管中繼泵浦放水測試，下列性能需求何者為誤？

　　　　(A) 應以口徑 21 公釐瞄子在最頂層測試　　(B) 放水壓力不得小於 6kgf/cm^2　　(C) 應從連結送水管送水口以送水設計壓力送水測試　　(D) 放水量不得小於 700ℓ/min。

（**D**）　4. 某建築物高度為 70 公尺，依法應設置連結送水管，下列有關設置上之敘述，何者錯誤？

　　　　(A) 配管應為專用濕式　　(B) 中繼幫浦出水量不得小於 2400ℓ/min

　　　　(C) 中繼水箱不得少於 2.5 平方公尺　　(D) 中繼幫浦全閉揚程 170 公尺以上時，應增設幫浦串聯運轉。

（**B**）　5. 連結送水管之設置，在下列何者條件下得與室內消防栓共用立管？

　　　　(A) 建築物與高層建築物時　　(B) 建築物高度在 50 公尺以下時　　(C) 建築物樓層數在十一層以下時　　(D) 立管管徑為 80 公釐時。

（**C**）　6. 某棟大樓樓高十五層，配置連結送水管設備，若配管之摩擦損失壓力為 1.2kgf/cm^2，頂層至地面層落差為 42m，請問其送水口設計壓力不得小於下列何者？

　　　　(A) 8.3kgf/cm^2　　(B) 11.4kgf/cm^2　　(C) 11.8kgf/cm^2　　(D) 12.8kgf/cm^2。

（**D**）　7. 下列有關連結送水管之設置，何者敘述有誤？

　　　　(A) 送水口應設於消防車易於接近，且無送水障礙處　　(B) 在屋頂上適當位置應至少設置一個測試用出水口　　(C) 出水口應為雙口形　　(D) 設於第十層以下之樓層，其送水口得用單口形。

（**A**）　8. 連結送水管之配管設置，何者敘述有誤？

　　　　(A) 同一建築物內設置二支以上立管時，立管間應做好隔絕　　(B) 其立管管徑不得小於 100 公釐　　(C) 建築物高度在 50 公尺以下時，得與室內消防栓共用立管　　(D) 應為專用。

（**B**）　9. 十一層以上之樓層，各層應於距出水口幾公尺內之處，設置水帶箱？

　　　　(A) 3 公尺　　(B) 5 公尺　　(C) 8 公尺　　(D) 10 公尺。

（**C**）　10. 建築物高度超過六十公尺者，其連結送水管應採用濕式，且其中繼幫浦出水量不得小於每分鐘多少公升？

　　　　(A) 1800 公升　　(B) 2000 公升　　(C) 2400 公升　　(D) 2800 公升。

（**D**）　11. 下列有關連結送水管之敘述，何者有誤？

　　　　(A) 應在屋頂上適當位置至少設置一個測試用出水口　　(B) 同一建築物內裝置二支以上立管時，立管應以橫管連通　　(C) 送水口之數量不得少於立管數　　(D) 出水口應在其附近便於檢查確認處，裝設逆止閥及止水閥。

（**B**）　12. 依各類場所消防安全設備設置標準之規定，建築物高度超過 60 公尺者，連結送水管應採用濕式，其中繼幫浦設置規定之敘述何者錯誤？

　　　　(A) 中繼幫浦出水量在每分鐘 2,400 公升以上　　(B) 屋頂水箱有 0.5 立方公尺以上容量，中繼水箱有 2.0 立方公尺以上　　(C) 全閉揚程與押入揚程合計在 170 公尺以上時，增設幫浦使串聯運轉　　(D) 設置中繼幫浦

之機械室及連結送水管送水口處，設有能與防災中心通話之裝置

（**B**）13. 連結送水管之中繼幫浦放水測試時，其放水壓力不得小於每平方公分多少公斤？
(A) 5kgf/cm^2　(B) 6kgf/cm^2　(C) 7kgf/cm^2　(D) 8kgf/cm^2。

（**D**）14. 五層或六層建築物總樓地板面積在多少平方公尺以上，應設連結送水管？
(A) 3000　(B) 4000　(C) 5000　(D) 6000。

（**C**）15. 下列有關出水口及送水口裝置規定之敘述，何者正確？a 出水口距離樓地板面之高度應在 0.5～1.5m 間；b 送水口距基地地面之高度應在 0.5～1.5m 間；c 設於第十層以下樓層之出水口，得用單口形；d 送水口應為雙口形，接裝口徑 63mm 陰式快速接頭
(A) a b c　(B) a b d　(C) a c d　(D) b c d。

（**B**）16. 下列有關「連結送水管」設置規定之敘述，何者正確？a 建築物高度超過 30m 者，連結送水管應採用濕式；b 其中繼幫浦出水量不得小於 2400 ℓ/min；c 屋頂水箱應有 0.5m 以上容量；d 中繼水箱容量不得少於 2.5m
(A) a b c　(B) a b d　(C) a c d　(D) b c d。

（**B**）17. 依「設置標準」，連結送水管之出水口設置，下列敘述何者錯誤？
(A) 出水口設於地下建築物各層或建築物第三層以上各層樓梯間或緊急升降機間等消防人員易於施行救火之位置　(B) 各層任一點至出水口之水平距離在 25 公尺以下　(C) 出水口為雙口形，接裝口徑 63 毫米快速接頭，但設於第 10 層以下之樓層，得用單口形　(D) 出水口距樓地板面之高度在 0.5 公尺以上 1.5 公尺以下

（**B**）18. 某建築物樓高 7 層，設置連結送水管設備，若配管摩擦損失水頭為 9m，落差為 21m，其送水設計壓力不得小於多少？
(A) 9.0kgf/cm^2　(B) 9.4kgf/cm^2　(C) 10.4kgf/cm^2　(D) 11.4kgf/cm^2。

消防專用蓄水池

8-1　應設置消防專用蓄水池之場所

【解說】

§27　應設置消防專用蓄水池場所

種類	說明	圖示
（一）廣大基地內之大規模建築物	1. 基地面積 ≥ 20000m^2，且 2. 任一層面積 ≥ 1500m^2 記憶：21500	任一層 1500m^{2}以上 基地面積 20000m^{2}以上
（二）高層建築物	1. 各類場所高度 ≥ 31m，且 2. 總樓地板面積 ≥ 25000m^2 記憶：25031	31m 以上 總樓地板面積 25000m^{2}以上 不管基地面積
（三）同一基地內有2棟以上建築物	1. 建築物間外牆與中心線之水平距離： 　⑴ 1F：3m 以下 　⑵ 2F：5m 以下，且 2. 各棟 1F + 2F ≥ 10000m^2	7F 6F 5F 4F 3F 2F A2　5m 5m　B2 1F A1　3m 3m　B1 A1 + A2 + B1 + B2 ≥ 10000m^2
（四）設置目的	消防專用蓄水池主要在於提供大規模建築物火災時，消防隊可專用供水之蓄水池，因此，其設置之目的如下： 1. 因大規模建築物甚易引起延燒，且燃燒面大，無法藉消防車之水量滅火，故消防專用蓄水池可提供大規模建築物火災之必要水源。 2. 使消防人員救災時能夠就近作業，節省消防人員取用水源之時間。 3. 提供滅火所需之充足水源，即必要時可作為附近對象物火災搶救、供水之處所，以加強救災滅火之效果。	

8-2　消防專用蓄水池之設置規定

【解說】

§185　消防專用蓄水池

§186　消防專用蓄水池之機械方式引水

§187　消防專用蓄水池之標示

（一）蓄水池之有效水量	1. 大規模建築物	(1)❶基地面積 ≥ 20000m²，且 ❷任一層面積 ≥ 1500m² ⇒ 1F + 2F 面積合計，每 7500m²，有效水量應設 20m³以上 ⇒ $V \geq \dfrac{A(1F + 2F)}{7500m^2} \times 20m^3$
		(2)❶同一建築基地內，有二棟以上建築物，建築物間外牆與中心線之水平距離，1F 在 3m 以下，2F 在 5m 以下。 ❷合計各棟 A(1F + 2F) + B(1F + 2F) ≥ 10000m² ⇒ $V \geq \dfrac{A(1F + 2F)+B(1F + 2F)}{7500m^2} \times 20m^3$
	2. 高層建築物	(1)建築物高度 ≥ 31m (2)總樓地板面積 ≥ 25000m² ⇒ 總樓地板面積，每 12500m²，有效水量應設 20m³以上。 ⇒ $V \geq \dfrac{總樓地板面積}{12500m^2} \times 20m^3$
	3. 有效水量體積　V ≥ 20m³	
（二）設置場所	1. 任一消防專用蓄水之採水口至建築物各部分之水平距離 ≤ 100m。 　（目的：採水口要分散設置） 2. 設於消防車能接近其 2m 範圍內，易於抽取處。	
（三）投入孔	1. 形狀： 　⑴正方形：邊長 60cm 以上。 　⑵圓形：直徑 60cm 以上。 2. 設鐵蓋保護之。 3. 設置個數： 　⑴水量 < 80m³：設 1 個以上。 　⑵水量 ≥ 80m³：設 2 個以上。	
（四）採水口	1. 口徑：100mm，並接裝陽式螺牙。 2. 設置個數： 　⑴水量 20～40m³：設 1 個以上。 　⑵水量 40～120m³：設 2 個以上。 　⑶水量 120m³以上：設 3 個以上。 　⑷配管口徑：100 mm 以上。 　⑸距基地地面高度：0.5～1m。	

	1. 加壓送水裝置出水量及採水口數：		

有效水量（m³）	加壓送水裝置出水量（ℓ/min）	採水口數（個）
40 未滿	1100	1
40～120（未滿）	2200	2
120 以上	3300	3

（五）機械採水

2. 加壓送水裝置幫浦全揚程：

$$H = h_1 + h_2 + 15m$$

（全揚程 ＝ 配管摩擦損失水頭 ＋ 落差 ＋ 15m）

3. 啓動裝置：

　(1)加壓送水裝置應於採水口附近設啓動裝置紅色啓動表示燈。

　(2)免設：能由防災中心遙控啓動，且採水口與防災中心間設有通話聯絡裝置。

4. 採水口：

　(1)接裝 63mm 陽式快速接頭。

　(2)距基地地面高度：0.5m～1m。

5. 準用§185 ← 蓄水池之有效水量、投入孔、採水口、水平距離 ≤ 100m 等之規定。

（六）標示

1. 進水管投入孔：標明「消防專用蓄水池」字樣。

2. 採水口（包括自然採水、機械採水）：應標明「採水口」或「消防專用蓄水池採水口」字樣。

（七）圖示說明

1. 消防專用蓄水池構造圖（消防車本身引水方式）：

進水管投入孔（邊長 60cm 以上之正方形或直徑 60cm 以上之圓孔）

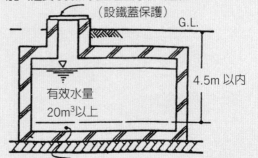

基地地面下 4.5 公尺以下部分不能計為消防上之有效水量

2. 投入孔尺寸：

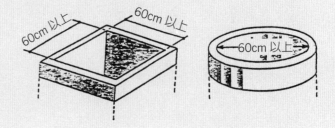

8-3　消防專用蓄水池之機械方式引水

【解說】

§186　消防專用蓄水池之機械方式引水

（一）加壓送水裝置 出水量及採水口數	有效水量（m³）	加壓送水裝置 出水量（ℓ/min）	採水口數（個）
	40 未滿	1100	1
	40～120（未滿）	2200	2
	120 以上	3300	3
（二）加壓送水裝置 幫浦全揚程	$H = h_1 + h_2 + 15m$（全揚程＝配管摩擦損失水頭＋落差＋15m）		
（三）加壓送水裝置之 啓動裝置	1. 加壓送水裝置於採水口附近設啓動裝置及紅色啓動表示燈。 2. 免設： 　(1)能由防災中心遙控啓動，且 　(2)採水口與防災中心間設有通話聯絡裝置。		
（四）採水口	1. 接裝 63mm 陽式快速接頭。 2. 距基地地面高度：0.5～1.0m。		
（五）其他	準用§185 蓄水池之有效水量、投入孔、採水口、水平距離 ≤ 100m 等之規定。		

8-4　消防隊引用「消防專用蓄水池」內之水源方式

【解說】

分類	引水方式
（一）基地地面下 4.5m 範 圍 內 之 水 源（消防車本身引水方式）	由消防車本身之柴油引擎抽取引用之，即利用消防車本身動力之引水方式來引水。 1. 投入孔方式： 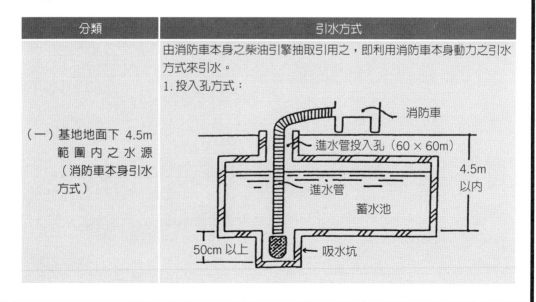

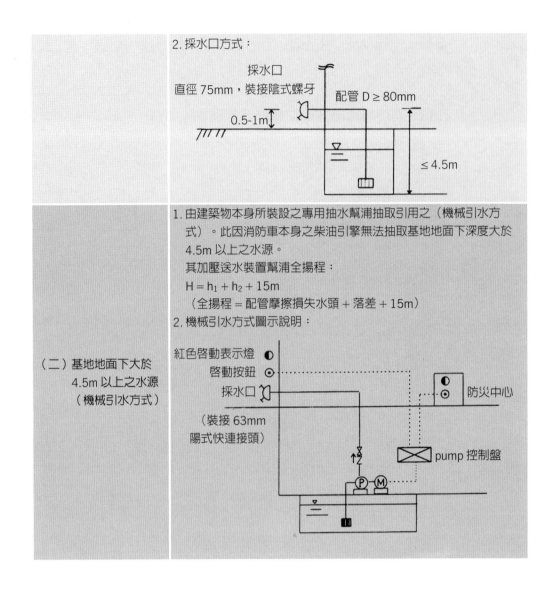

	2. 採水口方式： 採水口 直徑 75mm，裝接陰式螺牙 0.5-1m 配管 D ≥ 80mm ≤ 4.5m
（二）基地地面下大於 4.5m 以上之水源 （機械引水方式）	1. 由建築物本身所裝設之專用抽水幫浦抽取引用之（機械引水方式）。此因消防車本身之柴油引擎無法抽取基地地面下深度大於 4.5m 以上之水源。 其加壓送水裝置幫浦全揚程： $H = h_1 + h_2 + 15m$ （全揚程＝配管摩擦損失水頭＋落差＋15m） 2. 機械引水方式圖示說明： 紅色啓動表示燈 啓動按鈕 採水口 防災中心 （裝接 63mm 陽式快連接頭） pump 控制盤

第八章◎自我評量

（一）問答題

1. 試說明應設置消防專用蓄水池的場所爲何？

2. 試說明消防專用蓄水池之相關設置規定？

3. 消防專用蓄水池採機械方式引水時，其加壓送水裝置及採水口應如何設置？

4. 試說明消防隊如何引用「消防專用蓄水池」內之水源，以利其救火工作之進行？

（二）測驗題

（**A**）　1. 一室內消防專用蓄水池，採加壓送水裝置時，若落差為 10 公尺，水帶
及配管摩擦損失水頭為 12 公尺，則幫浦最小揚程應為多少公尺？
(A) 37 公尺　(B) 41 公尺　(C) 45 公尺　(D) 47 公尺。

（**C**）　2. 100 噸之消防專用蓄水池，採用機械方式引水時，下列敘述何者為正
確？
(A) 應設有三個採水口　(B) 採水口應接裝 63 公釐之陰式快速接頭
(C) 加壓送水裝置出水量為 2200ℓ/min　(D) 採水口距離基地地面之高度
為 0.5～1.5 公尺。

（**A**）　3. 消防專用蓄水池採消防幫浦方式引水時，其加壓送水裝置及採水口應符
合下列何者？
(A) 採水幫浦出水量為 2200ℓ/min 時，採水口應為 2 個　(B) 消防專
用蓄水池水量為 120m³ 時，採水口應為 2 個　(C) 採水口應為口徑
75mm，並接裝陽式快速接頭　(D) 幫浦全揚程為配管摩擦損失水頭與
落差之和。

（**A**）　4. 消防專用蓄水池之設置，應符合：
(A) 有進水管投入後，能有效抽取所需水量之構造　(B) 應設於消防車能
接近至其 5 公尺範圍內，易於抽取處　(C) 可與社區游泳池共用
(D) 其有效水量在 15 立方公尺以上。

（**D**）　5. 任一消防專用蓄水池至建築物各部分之水平距離為何？
(A) 不得超過 20 公尺　(B) 不得超過 40 公尺　(C) 不得超過 60 公尺
(D) 不得超過 100 公尺。

（**C**）　6. 任何一層樓地板面積在 1500 平方公尺以上，且建築基地面積在多少平
方公尺以上者，應設消防專用蓄水池？
(A) 10000　(B) 15000　(C) 20000　(D) 25000。

（**A**）　7. 各類場所其高度超過 31m，且總樓地板面積在多少平方公尺以上應設置
消防專用蓄水池？
(A) 25000m²　(B) 2000m²　(C) 1500m²　(D) 10500m²。

（**B**）　8. 消防專用蓄水池，依「各類場所消防安全設置標準」之規定，其有效水
量應在多少立方公尺以上？
(A) 15m³ 以上　(B) 20m³ 以上　(C) 25m³ 以上　(D) 30m³ 以上。

（**B**）　9. 有一 15 層樓高之建築物樓高共 60m，總樓地板面積為 50000m²，其
消防專用蓄水池之有效水量為何？
(A) 60m³　(B) 80m³　(C) 100m³　(D) 120m³。

（**D**）　10. 消防專用蓄水池依規定設置之投入孔尺寸，應為邊長 A 公分以上之正方
形或直徑 B 公分以上之圓孔。下列 A，B 何者正確？
(A) A ＝ 50，B ＝ 60　(B) A ＝ 60，B ＝ 50　(C) A ＝ 50，B ＝ 50
(D) A ＝ 60，B ＝ 60

第 4 篇

化學系統
消防安全設備

滅火器

1-1 滅火器之定義與滅火器之分類

【解說】

（一）**滅火器之定義**：係指使用水或其他滅火劑驅動噴射壓力，進行滅火用之器具，且由人力操作者。（但以固定狀態使用及噴霧式簡易滅火器除外）

（二）**滅火器之分類**：

　　1. 依藥劑的不同：

系統	滅火器種類		滅火藥劑	註
液體系統	(1)水滅火器		H_2O＋界面活性劑	滅火器認可基準
	(2)酸鹼滅火器		$NaHCO_3＋H_2SO_4$	目前很少用
	(3)泡沫滅火器	機械泡沫	①水成膜泡沫液 ②蛋白質泡沫液 ③合成界面活性泡沫液	滅火器認可基準
		化學泡沫	$NaHCO_3＋Al_2(SO_4)_3 \cdot 18H_2O$	－
氣體系統	(1)二氧化碳滅火器		CO_2	滅火器認可基準
	(2)鹵化烷滅火器	Halon 1301	CF_3Br	滅火器認可基準 目前已有海龍替代品
		Halon 1211	CF_2ClBr	
固體系統	乾粉滅火器	BC （第一種乾粉）	$NaHCO_3$（碳酸氫鈉）	滅火器認可基準
		KBC （第二種乾粉）	$KHCO_3$（碳酸氫鉀）	
		ABC （第三種乾粉）	$NH_4H_2PO_4$（磷酸二氫銨）	
		XBC （第四種乾粉）	$KHCO_3＋CO(NH_2)_2$ （碳酸氫鉀＋尿素）	

2. 依操作方式的不同：可分爲手提式、背負式及輪架式。

3. 依大小的不同：可分爲大型滅火器及小型滅火器。

（三）各種滅火器圖示：

滅火種類	圖示
1. 水滅火器（蓄壓式）	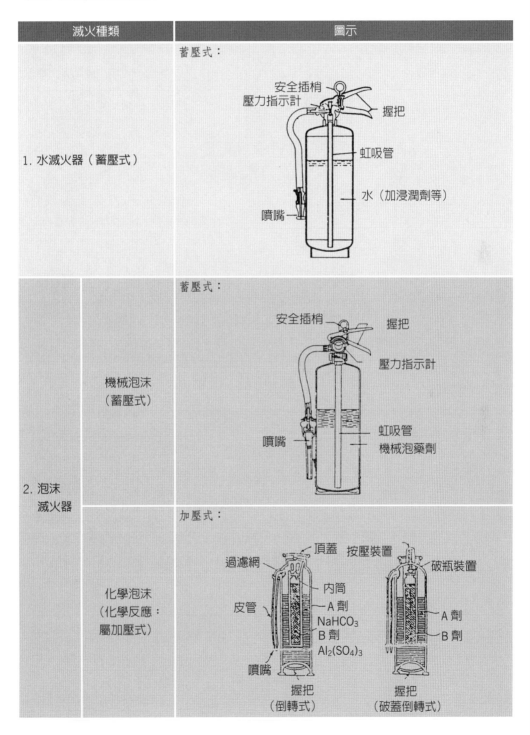
2. 泡沫滅火器	

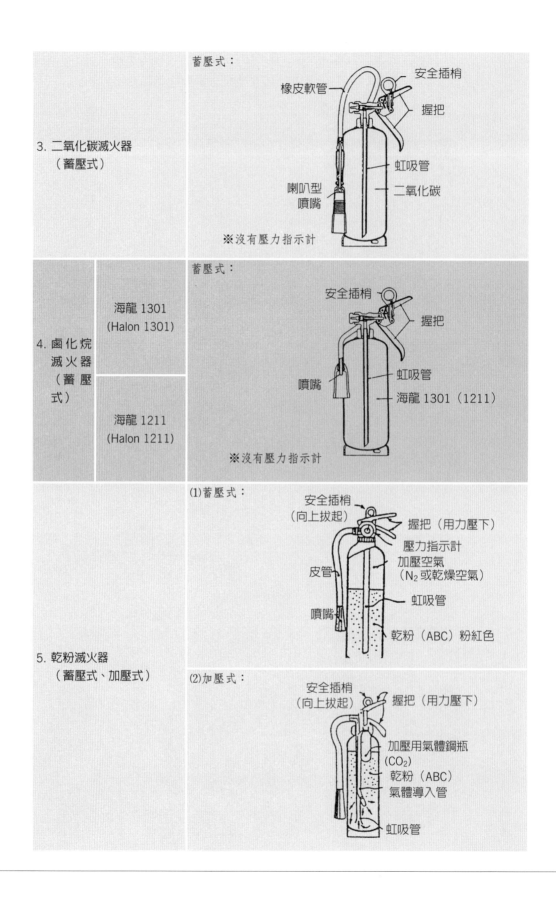

3. 二氧化碳滅火器 （蓄壓式）	蓄壓式： 橡皮軟管　安全插梢 握把 虹吸管 喇叭型噴嘴　二氧化碳 ※沒有壓力指示計	
4. 鹵化烷滅火器（蓄壓式）	海龍 1301 （Halon 1301）	蓄壓式： 安全插梢 握把 噴嘴　虹吸管 海龍 1301（1211） ※沒有壓力指示計
	海龍 1211 （Halon 1211）	
5. 乾粉滅火器 （蓄壓式、加壓式）		(1)蓄壓式： 安全插梢（向上拔起） 握把（用力壓下） 壓力指示計 加壓空氣（N₂ 或乾燥空氣） 皮管　虹吸管 噴嘴　乾粉（ABC）粉紅色
		(2)加壓式： 安全插梢（向上拔起）　握把（用力壓下） 加壓用氣體鋼瓶（CO₂） 乾粉（ABC） 氣體導入管 虹吸管

1-2　各種滅火器之使用方法

【解說】

滅火器種類		使用方法
（一）泡沫滅火器	1.機械泡沫（蓄壓式）	(1)拉斷封條，取下安全插梢。 (2)將噴嘴從固定架取下。 (3)持滅火器由上風處接近火源，將噴嘴對準火源基部，壓下動作用握把，此時泡沫即放射出。 (4)機械泡沫放射時，將噴嘴左右慢慢移動，先從近處之四周噴放，再逐漸向前移動。 (5)火熄滅後，必須將滅火器倒置，俾釋放出筒內剩餘殘壓，並仔細觀察有無回火之虞，確定火完全熄滅後，始可離開。
	2.機械泡沫（加壓式）	(1)拉斷封條，取下安全插梢。 (2)將噴嘴從固定架取下。 (3)將滅火器由上風處接近火源，將噴嘴對準火源基部，壓下動作用握把（撞針撞破高壓氣體鋼瓶封板），此時泡沫即放射出。 (4)機械泡沫放射時，將噴嘴左右慢慢移動，先從近處之四周噴放，再逐漸向前移動。 (5)火熄滅後，必須將滅火器倒置，俾釋放出筒內剩餘殘壓，並仔細觀察有無回火之虞，確定火完全熄滅後，始可離開。
	3.化學泡沫（化學反應：屬加壓式）	(1)將噴嘴從固定架取下。 (2)一手握住噴嘴，一手握住滅火器手把，將滅火器倒置，將滅火器由上風處接近火源，此時泡沫即放射出去。 (3)化學泡沫放射時，將噴嘴左右慢慢移動，先從近處之四周噴放，再逐漸向前移動。 (4)火熄滅後，必須將滅火器倒置，俾釋放出筒內剩餘殘壓，並仔細觀察有無回火之虞，確定火完全熄滅後，始可離開。
（二）二氧化碳滅火器（蓄壓式）		同機械泡沫滅火器（蓄壓式）操作方法。
（三）鹵化烷滅火器（蓄壓式）		同機械泡沫滅火器（蓄壓式）操作方法。
（四）乾粉滅火器	1.手提蓄壓式	同機械泡沫滅火器（蓄壓式）操作方法。
	2.手提加壓式	同機械泡沫滅火器（加壓式）操作方法。
	3.輪架式	(1)將 N_2 瓶上閥門旋開。 (2)將乾粉輪架車，拖到上風適當距離。 (3)將橡皮管從支架上全部取下，並打開扭結部分。 (4)將噴嘴開至開放位置。 (5)火焰熄滅後，關閉噴嘴及 N_2 瓶上活門，將乾粉傾斜，手把觸地，開放噴嘴，釋放出乾粉筒內剩餘殘壓，並仔細觀察有無回火之虞，確定完全熄滅後，始可離開。

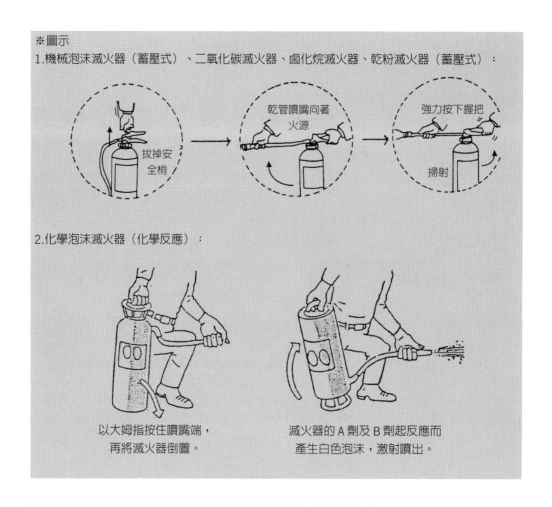

※圖示

1.機械泡沫滅火器（蓄壓式）、二氧化碳滅火器、鹵化烷滅火器、乾粉滅火器（蓄壓式）：

拔掉安全梢

乾管噴嘴向著火源

強力按下握把

掃射

2.化學泡沫滅火器（化學反應）：

以大姆指按住噴嘴端，再將滅火器倒置。

滅火器的A劑及B劑起反應而產生白色泡沫，激射噴出。

1-3　乾粉滅火器之藥劑種類、主成分及化學反應式

【解說】

（一）乾粉滅火器之藥劑種類、主成分等相關規定如下：

項目 乾粉	主成分	簡稱	俗稱	適用火災	顏色	滅火效果
1.第一種乾粉	碳酸氫鈉 （$NaHCO_3$）	BC乾粉	普通乾粉	B、C火災	白色	低
2.第二種乾粉	碳酸氫鉀 （$KHCO_3$）	KBC乾粉	紫焰乾粉	B、C火災	紫色	中
3.第三種乾粉	磷酸二氫胺 （$NH_4H_2PO_4$）	ABC乾粉	多效能乾粉	A、B、C火災	粉紅色	中
4.第四種乾粉	碳酸氫鉀＋尿素 （$KHCO_3＋H_2NCONH_2$）	XBC乾粉	錳鈉克斯乾粉	B、C火災	灰色	高

（二）乾粉滅火器藥劑之化學反應式如下：

乾粉種類	化學反應式
1.第一種乾粉	$2NaHCO_3 \xrightarrow[\triangle]{\geq 50°C} Na_2CO_3 + CO_2 + H_2O$
2.第二種乾粉	$2KHCO_3 \xrightarrow[\triangle]{\geq 70°C} K_2CO_3 + CO_2 + H_2O$
3.第三種乾粉	$NH_4H_2PO_4 \xrightarrow[\triangle]{\geq 190°C} H_3PO_4 + NH_3$ （磷酸二氫銨）　（磷酸） $2H_3PO_4 \xrightarrow[\triangle]{\geq 216°C} H_4P_2O_7 + H_2O$ （焦磷酸） $H_4P_2O_7 \xrightarrow[\triangle]{\geq 360°C} 2HPO_3 + H_2O$ （偏磷酸） $2HPO_3 \xrightarrow{\triangle} P_2O_5 + H_2O$ （五氧化二磷）
4.第四種乾粉	$KHCO_3 + H_2NCONH_2 \rightarrow KC_2N_2H_3O_3 + H_2O$

1-4　滅火器之滅火效能值意義

【解說】

（一）滅火效能值定義：

滅火器之滅火效能值是以數值來表示滅火器對 A、B、C 類火災的滅火能力，要判定滅火器的滅火效能值：

1. A 類火災：使用 A 類火災滅火效能值測定模型進行火災滅火試驗，實驗結果以數值來表示對 A 類火災的滅火效能值。

2. B 類火災：使用 B 類火災滅火效能值測定模型進行火災滅火試驗，實驗結果以數值來表示對 B 類火災的滅火效能值。

3. C 類火災：C 類火災之滅火效能值尚無測定法，僅在滅火器上標明來表示滅火劑之不導電性，適用 C 類火災。

（二）滅火器之滅火效能值，對 A、B 類火災須有 1 以上。但大型滅火器之滅火效能值適用於 A 類火災者，應有 10 以上，適用於 B 類火災者，應有 20 以上。

（三）例如一支 35kg 之 10 型 ABC 乾粉滅火器（A-3，B-10，C），其對 A 類火災之滅火效能值為 3，表示為 A-3。對 B 類火災之滅火效能值為 10，表示為 B-10。對 C 類火災為不導電性，僅表示為 C。

1-5　滅火器之滅火效能值判定方法

【解說】

滅火效能值之判定方法如下：

火災類別	項目	說　明
（一）A類火災	1.第一種滅火試驗	模型種類與規格： (1)第一模型：滅火效能值為 A-2 單位／個。 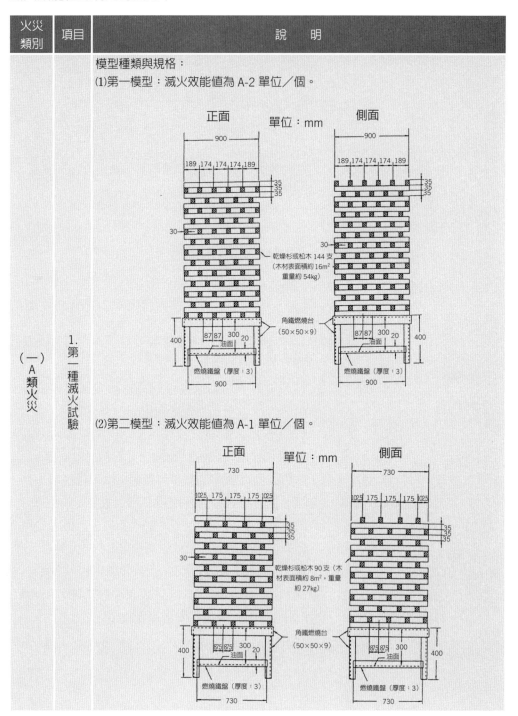 (2)第二模型：滅火效能值為 A-1 單位／個。

（一）A類火災	2.判定方法	(1)應使用 CNS 1387 規定之第一模型（乾燥杉 144 支）或第二模型（乾燥杉 90 支）測定。但第二模型不得使用 2 個以上。 (2)模型之配列方式如下： 　①採用 S 個第一模型（圖①）： 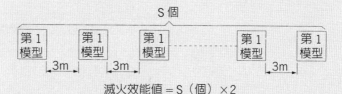 滅火效能值＝S（個）×2 　②採用 S 個第一模型及 1 個第二模型（圖②）：  滅火效能值＝S（個）×2＋1 (3)於第一模型之燃燒盤內盛入 3.0ℓ汽油，於第二模型之燃燒盤內則盛入 1.5ℓ汽油，依序點火，但如係圖②情形者應由第一模型開始點火。 (4)滅火動作，應於最先模型點火 3min 後才開始，並按照點火順序進行。尚有餘焰時不得對下一個模型進行滅火。 (5)操作滅火器人員得穿著防火衣及面具，實施滅火實驗時，應與滅火模型保持 1m 以上距離。 (6)應在無風狀態（風速 3.0m/sec 以下之狀態）下進行。 (7)判定：滅火藥劑噴射完畢時，並無餘焰且於噴射完畢後 2min 以內不再復燃者，則可判定已經完全熄滅。 (8)最高滅火效能值：①手提型滅火器：A-5。②輪架型滅火器：A-10。
（二）B類火災	1.第二種滅火試驗	模型應具有如下圖所示形狀，並於下表所列模型種類中，採用模型號碼數值 1 以上之 1 個模型來測試。 (1)模型形狀： 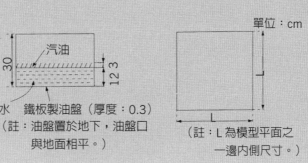

		(2)模型種類：				

<table>
<tr><td colspan="7" align="center">B 類滅火效能值試驗</td></tr>
<tr><th>油盤模型
號碼</th><th>燃燒表面積
（m²）</th><th colspan="2">正四方型鋼盤一邊之
長度（cm）</th><th>汽油量
（ℓ）</th><th colspan="2">滅火
效能值</th></tr>
<tr><td>1</td><td>0.2</td><td colspan="2">44.7</td><td>6</td><td colspan="2">B-1</td></tr>
<tr><td>2</td><td>0.4</td><td colspan="2">63.3</td><td>12</td><td colspan="2">B-2</td></tr>
<tr><td>3</td><td>0.6</td><td colspan="2">77.5</td><td>18</td><td colspan="2">B-3</td></tr>
<tr><td>4</td><td>0.8</td><td colspan="2">89.4</td><td>24</td><td colspan="2">B-4</td></tr>
<tr><td>5</td><td>1.0</td><td colspan="2">100</td><td>30</td><td colspan="2">B-5</td></tr>
<tr><td>6</td><td>1.2</td><td colspan="2">109.5</td><td>36</td><td colspan="2">B-6</td></tr>
<tr><td>8</td><td>1.6</td><td colspan="2">126.5</td><td>48</td><td colspan="2">B-8</td></tr>
<tr><td>10</td><td>2.0</td><td colspan="2">141.3</td><td>60</td><td colspan="2">B-10</td></tr>
<tr><td>12</td><td>2.4</td><td colspan="2">155.0</td><td>72</td><td colspan="2">B-12</td></tr>
<tr><td>14</td><td>2.8</td><td colspan="2">167.4</td><td>84</td><td colspan="2">B-14</td></tr>
<tr><td>16</td><td>3.2</td><td colspan="2">178.9</td><td>96</td><td colspan="2">B-16</td></tr>
<tr><td>18</td><td>3.6</td><td colspan="2">189.7</td><td>108</td><td colspan="2">B-18</td></tr>
<tr><td>20</td><td>4.0</td><td colspan="2">200.0</td><td>120</td><td colspan="2">B-20</td></tr>
<tr><td>24</td><td>4.8</td><td colspan="2">219.1</td><td>144</td><td colspan="2">B-24</td></tr>
<tr><td>26</td><td>5.2</td><td colspan="2">228.0</td><td>156</td><td colspan="2">B-26</td></tr>
<tr><td>28</td><td>5.6</td><td colspan="2">237.0</td><td>168</td><td colspan="2">B-28</td></tr>
<tr><td>30</td><td>6.0</td><td colspan="2">244.9</td><td>180</td><td colspan="2">B-30</td></tr>
<tr><td>32</td><td>6.4</td><td colspan="2">252.4</td><td>192</td><td colspan="2">B-32</td></tr>
<tr><td>40</td><td>8.0</td><td colspan="2">282.8</td><td>240</td><td colspan="2">B-40</td></tr>
</table>

（二）B類火災

①奇數：B1、B3、B5
②偶數：B2～B20（沒有 B22）、B24、B26
　　　　B28～B32（沒有 B34、B36、B38）、B40
※油盤汽油量＝油盤模型分類號碼×6
　油盤表面積＝油盤模型分類號碼／5

2.判定方法

(1)滅火動作應於點火 1min 後才開始。
(2)操作滅火器人員得穿著防火衣及面具，實施滅火試驗時，應與油盤保持 1m 以上距離。
(3)應在無風狀態（風速 3.0m/sec 以下之狀態）進行。
(4)判定：滅火藥劑噴射完畢時，並無餘焰且於噴射完畢後 1min 以內不再復燃者，則可判定已經完全熄滅。
(5) A、B 類滅火試驗第一次不合格者，得再給予一次測試機會。惟以第二次測驗結果，作為判定依據。
(6)在測試滅火器 A、B 滅火效能值時，需先撲滅 A 類火災模型合格後，始可進行 B 類火災之滅火試驗。若 A 類火災滅火試驗不合格時，不得再進行 B 類火災滅火試驗。

3.計算方式

(1)滅火器如撲滅 1 號油盤模型，其滅火效能值表示為 B-1。
(2)如滅火器撲滅 4 號油盤模型，其滅火效能值表示為 B-4。
　最高滅火效能值：①手提型滅火器：B-30。
　　　　　　　　　②輪架型滅火器：B-40。

（三）C類火災	計算方式	可滅火，又不導電性之滅火器就直接判定為 C，只是定性而不定量。

1-6　應設置滅火器之場所與滅火器之設置規定

【解說】

§14 應設置滅火器場所

§31 滅火器

（一）應設置滅火器之場所（§14）：

場所用途	樓地板面積	設置樓層
1. 甲類場所，地下建築物、幼兒園	——	全棟設置
2. 乙、丙、丁類場所	總樓地板面積 ≥ 150m²	全棟設置
3. 地下層、無開口樓層	樓地板面積 ≥ 50m²	該樓層設置
4. 放映室、變壓室、配電盤等其他類似電氣設備之各類場所	——	——
5. 鍋爐室、廚房等大量使用火源之各類場所	——	——

（二）滅火器之設置規定（§31）：

項目	設置規定	
1. 滅火效能值	視各類場所潛在火災性質設置，並依規定核算其最低滅火效能值：	
	應設場所	**設置規定**
	(1)甲類場所、複合用途建築物、地下建築物。	各層樓地板面積每 100m² 有一滅火效能值。
	(2)乙、丙、丁類場所（總樓地板面積 ≥ 150m²）。	各層樓地板面積每 200m² 有一滅火效能值。
	(3)鍋爐房、廚房等大量使用火源之各類場所。	樓地板面積每 25m² 有一滅火效能值。
2. 放映室、電氣室等	電影片映演場所放映室、電氣設備使用之場所：每 100m² 另設一滅火器。	

3.防護半徑	設有滅火器之樓層，自樓面居室任一點至滅火器之步行距離：不得超過20m。
4.標識	(1)固定放置於取用方便之明顯處所。 (2)以紅底白字標明「滅火器」字樣之標識，其每字應在20cm²以上。但與室內消防栓箱等設備併設於箱體內並於箱面標明滅火器字樣者，其標識顏色不在此限。
5. 上端與樓地板面距離	懸掛於牆上或放置滅火器箱中之滅火器，其上端與樓地板面距離： (1)≥ 18kg：1m 以下。 (2)< 18kg：1.5m 以下。

1-7 某車站樓地板面積為80m×30m，試計算其所需之滅火器效能值為何？滅火器數量及可能設置位置？（採用10型ABC乾粉滅火器，滅火效能值為（A-3，B-10，C）/支，重量3.5kg/支）

【解說】

（一）滅火效能值：

車站為乙類場所，樓地板面積每 200m² 有一滅火效能值。

$$滅火效能值 = \frac{80m \times 30m}{200m^2} = 12$$

（二）滅火器數量：

1. 計算值：車站屬 A 類火災，10 型 ABC 乾粉滅火器之滅火效能值為 A-3。

   ∴滅火器個數（計算值）$= \dfrac{12}{3} = 4$（支）

2. 實際值：實際設計時，需考慮滅火器防護半徑 20m/ 支，若超過 20m 時，需適當增加設置位置。

   ∴滅火器個數（實際值）$= 4$（支）

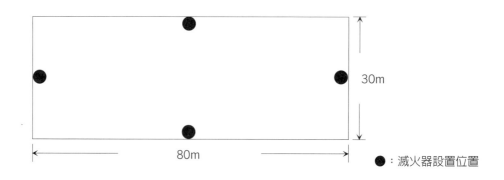

●：滅火器設置位置

1-8　公共危險物品製造、儲存或處理場所應設置第五種滅火設備時，滅火效能值記算標準之規定

【解說】

§199 製造、儲存或處理場所第五種滅火設備最低滅火效能值

項目	最低滅火效能值
（一）公共危險物品製造或處理場所之建築物	1. 外牆為防火構造者： 總樓地板面積每 100m² （含未滿）：應有一滅火效能值。 2. 外牆為非防火構造者： 總樓地板面積每 50m² （含未滿）：應有一滅火效能值。
（二）公共危險物品儲存場所之建築物	1. 外牆為防火構造者： 總樓地板面積每 150m² （含未滿）：應有一滅火效能值。 2. 外牆為非防火構造者： 總樓地板面積每 75m² （含未滿）：應有一滅火效能值。
（三）位於公共危險物品製造、儲存或處理場所之室外具有連帶使用關係之附屬設施	1. 以該設施水平最大面積為其樓地板面積。 2. 準用前 2 款外牆為防火構造者，核算其滅火效能值。
（四）管制量	公共危險物品每達管制量之 10 倍（含未滿）：應有一滅火效能值。

※ 製造、儲存或處理場所，外牆為防火構造者，依其場所面積核算滅火效能值時，面積得加倍計算。

※ 位於製造、儲存或處理場所之室外具有連帶使用關係之附屬設施，基於安全之考量，比照製造、儲存或處理場所之建築物，核算其滅火效能值。

1-9　第五種滅火設備（滅火器除外），其滅火效能值之核算規定

【解說】

§200 第五種滅火設備（滅火器除外）滅火效能值

項目	滅火效能值
（一）8 公升之消防專用水桶	每 3 個為 1 滅火效能值。
（二）水槽	每 80 公升為 1.5 滅火效能值。
（三）乾燥砂	每 50 公升為 0.5 滅火效能值。
（四）膨脹蛭石或膨脹珍珠岩	每 160 公升為 1 滅火效能值。

1-10　第五種滅火設備之設置規定

【解說】

§225 第五種滅火設備之設置規定

項目	設置規定
（一）防護距離	1.設於能有效滅火之處所。 2.且至防護對象任一點之步行距離 ≤ 20m。 3.但與第一種、第二種、第三種或第四種滅火設備併設者，不在此限。
（二）選設水槽	前項選設水槽應備有： 1.3 個 1 公升之消防專用水桶。 2.乾燥砂。 3.膨脹蛭石及膨脹珍珠岩應備有鏟子。

1-11　可燃性高壓氣體場所、加氣站及天然氣儲槽之滅火器設置規定

【解說】

§207 應設置滅火器之場所

§228 可燃性高壓氣體場所、加氣站及天然氣儲槽之滅火器

項目	設置規定
（一）設置滅火器之場所	1.可燃性高壓氣體製造、儲存或處理場所。 2.加氣站。 3.天然氣儲槽。
（二）設置數量	1.製造、儲存或處理場所： 　(1)樓地板面積 200m² 以下者：2 具。 　(2)樓地板面積 200m² 以上者：每 50m²（含未滿）增設一具。 2.儲槽：3 具以上。 　(1)儲氣槽區：4 具以上。 　(2)加氣機每臺：1 具以上。 　(3)用火設備處所：1 具以上。 　(4)建築物： 　　①每層樓地板面積在 100m² 以下：2 具。 　　②每層樓地板面積在 100m² 以上：每增加 100m²（含未滿）增設一具。
（三）步行距離	1.儲存場所任一點至滅火器之步行距離 ≤ 15m。 2.滅火器不得防礙出入作業。

（四）屋外設置	設於屋外者，滅火器應置於箱內或有不受雨水侵襲之措施。
（五）滅火效能值	每具滅火器： 1.對普通火災：具有 4 個以上之滅火效能值。 2.對油類火災：應具有 10 個以上之滅火效能值。
（六）準用規定	滅火器之放置及標示：準用第 31 條第 4 款之規定。

1-12　「滅火器認可基準」大型滅火器之定義

【解說】

大型滅火器所充填之滅火劑量規定如下（滅火器認可基準）：

（一）滅火藥劑量：

大型滅火器種類	充填量規定
1.機械泡沫滅火器	應有 20ℓ 以上
2.二氧化碳滅火器	應有 45kg 以上
3.乾粉滅火器	應有 18kg 以上
4.水滅火器、化學泡沫滅火器	應有 80ℓ 以上
5.強化液滅火器	應有 60ℓ 以上

（二）滅火能力：

1. 適用於 A 類火災者，其滅火效能值在 10 以上者。
2. 適用於 B 類火災者，其滅火效能值在 20 以上者。

第一章◎自我評量

（一）問答題

1.試說明滅火器之定義？並說明滅火器之分類？
2.試說明各種滅火器之使用方法？
3.試說明乾粉滅火器之藥劑種類、主成分及化學反應式？
4.試說明滅火器之滅火效能值意義？
5.試說明滅火器之滅火效能值如何判定？
6.試說明應設置滅火器之場所？並說明其設置規定？
7.試說明公共危險物品製造、儲存或處理場所應設置第五種滅火設備時，滅火效能值計算標準之規定？
8.試說明第五種滅火設備（滅火器除外），其滅火效能值之核算規定？

9. 試說明第五種滅火設備之設置規定？

10. 試說明可燃性高壓氣體場所、加氣站及天然氣儲槽之滅火器設置規定？

11.*依據消防安全設備及必要檢修項目檢修基準第一章，有關滅火器檢修的一般注意事項為何？

（二）測驗題

（C） 1. 下列有關滅火器之敘述，何者有誤？
(A) 應固定置於取用方便之明顯處所　(B) 應以紅底白字標明「滅火器」字樣 (C) 自樓面居室任一點至滅火器之水平距離不得超過 20 公尺
(D)滅火器未滿18公斤者，其上端與樓地板面之距離不得超過1.5公尺。

（B） 2. 樓地板面積為 550 平方公尺之公共浴室，依規定應設置多少效能值之滅火器？
(A) 3　(B) 6　(C) 9　(D) 21。

（D） 3. 鍋爐房、廚房等大量使用火源之處所，以樓地板面積多少平方公尺應有一滅火效能值？
(A) 200 平方公尺　(B) 100 平方公尺　(C) 50 平方公尺　(D) 25 平方公尺。

（C） 4. 視各類場所潛在火災性質設置滅火器，如倉庫、電信機器室使用之場所，各層樓地板面積每多少平方公尺應有一滅火效能值？
(A) 一百（含未滿）　(B) 一百五十（含未滿）　(C) 二百（含未滿）
(D) 三百（含未滿）。

（C） 5. 有關滅火器設置場所之檢查，下列敘述何者錯誤？
(A) 於使用溫度範圍外之處所應有保溫措施　(B) 濕氣較重之處所應有防潮措施　(C) 於避難通道障礙時應有防護措施　(D) 化工廠或電鍍廠應有耐腐蝕措施。

（C） 6. 坐月子中心等是以嬰兒與坐月子之母親為主之處所，這類場所各層樓地板面積每多少平方公尺應有一滅火效能值？
(A) 25 平方公尺　(B) 50 平方公尺　(C) 100 平方公尺　(D) 200 平方公尺。

（C） 7. 下列有關滅火器之敘述，何者錯誤？
(A) 自樓面居室任一點至滅火器之步行距離不得超過 20 公尺　(B) 應固定放置於取用方便之明顯處所　(C) 滅火器十八公斤以上者，其上端與樓地板面積之距離不得超過 1.5 公尺　(D) 應以紅底白字標明「滅火器」字樣之標示。

（B） 8. 地下室停車空間樓地板面積 600 平方公尺，其中含變（電）壓室面積 50 平方公尺，若選擇滅火效能值 A-2，B-5，C 之滅火器至少需設置多少具？
(A) 二　(B) 三　(C) 四　(D) 五。

（A） 9. 依據我國國家標準（CNS），大型滅火器之要件下列何者為誤？
(A) 適用於 A 類火災之滅火效能值應有 A-12 以上　(B) 適用於 B 類火災之滅火效能值應有 B-20 以上　(C) 乾粉滅火器藥劑應有 18 公斤以上
(D) 二氧化碳滅火藥劑有 45 公斤以上。

（**C**）10. 某觀光飯店餐廳的廚房面積 600 平方公尺，其使用火源處所設置滅火器核算之最低滅火效能值應為多少？
(A) 3　(B) 6　(C) 24　(D) 30

（**A**）11. 鍋爐房、廚房等大量使用火源之處所，以樓地板面積多少平方公尺應有一滅火效能值？
(A) 25　(B) 50　(C) 100　(D) 200。

（**C**）12. 依各類場所消防安全設備標準之規定，下列有關滅火器設置之敘述，何者有誤？
(A) 飯店應設滅火器　(B) 地下建築物應設滅火器　(C) 辦公室、教室總樓地板面積 50 平方公尺以上者，應設滅火器　(D) 鍋爐應設滅火器。

（**B**）13. 設有滅火器之樓層，自樓面居室任一點至滅火器之步行距離不得超過多少公尺？
(A) 10　(B) 20　(C) 25　(D) 30。

（**A**）14. 公共危險物品製造場所之建築物樓地板面積為 500 平方公尺，其外牆為防火構造，設置第五種滅火設備時至少應有多少滅火效能值？
(A) 5　(B) 10　(C) 4　(D) 7。

（**C**）15. 新建建築物進行消防安全設備竣工查驗時，各一點至所設置滅火器之步行距離應在多少距離以下？
(A) 10 公尺　(B) 15 公尺　(C) 20 公尺　(D) 25 公尺。

（**C**）16. 有關大型滅火器之敘述，下列何者正確？
(A) 充填機械泡沫時，滅火劑量需達 18 公升以上　(B) 公共危險物品等場所中設置之大型滅火器，距防護對象任一點之步行距離應在 15 公尺以下　(C) 大型滅火器之滅火效能值，適用於 A 類火災者，應在 10 個以上；適用於 B 類火災者，應在 20 個以上　(D) 在公共危險物品等場所中，大型滅火器歸類為第五種滅火設備

（**B**）17. 有關可燃性高壓氣體儲槽區滅火器之設置，每具滅火器對普通火災應具有 4 個以上之滅火效能值，對油類火災具有多少個以上之滅火效能值？
(A) 5 個　(B) 10 個　(C) 15 個　(D) 20 個。

（**A**）18. 大型滅火器之滅火效能值適用於 A 類火災者，應在多少以上？
(A) 10 個　(B) 15 個　(C) 20 個　(D) 25 個。

（**B**）19. 乾粉滅火器實施第一種滅火試驗時，滅火器之對 A 類火災之滅火效能值，如完全滅火 2 個之第 1 模型及 1 個第 2 模型時，核算之滅火效能值為多少？
(A) 3 個　(B) 5 個　(C) 7 個　(D) 9 個。

（**A**）20. 滅火器滅火效能值之第二種滅火試驗，滅火劑噴射完畢後多少分鐘以內不再復燃，可判定已完全熄滅？
(A) 1　(B) 2　(C) 3　(D) 4。

（**D**）21. 依「滅火器認可基準」規定，大型 CO_2 滅火器所充填之滅火劑量應有多少以上？
(A) 10kg　(B) 18kg　(C) 20kg　(D) 45kg。

二氧化碳、惰性氣體、鹵化烴滅火設備

2-1　二氧化碳滅火設備適用與不適用之災害，及二氧化碳滅火優缺點及滅火原理

【解說】

（一）適用之災害	1. 易燃性液體、氣體火災（B 類火災）。 2. 電氣火災：如變壓器、油斷路器、配電盤、電信設施、電腦等電氣設備所引起之火災（C 類火災）。 3. 使用汽油及其他易燃液體燃料之引擎。 4. 普通可燃物質：如木材、紙張、塑膠等（A 類火災）。 5. 危險性固體。 6. 重要文物火災防護。
（二）不適用之災害	1. 能自行供給氧氣之化學物質（過氧化物），如硝化棉、火藥等。 2. Na、K、Mg 等禁水性物質所引起之火災。 3. 金屬氫化物。
（三）滅火優點	1. 無污損：滅火後不留污損痕跡，沒有污染、腐蝕、潮濕。 2. 比重大：比空氣重 1.5 倍，能滲透任何間隙，適合深層火災使用。 3. 絕緣性高：絕緣性高，適合電氣火災。 4. 安定性高：不燃性氣體，安定性高，不產生化學反應，採窒息滅火方式。 5. 液化容易：容易充填於鋼瓶，便宜且不占空間，小體積保存卻能氣體膨脹之大體積使用。 6. 氣體：可擴散至任何場所。
（四）滅火缺點	1. 保安措施：放射時對人體產生窒息效果（毒性），故應有保安措施。 2. 高壓設備：因需高壓液化，故配管及容器須有耐高壓設備。 3. 放射時會造成巨大噪音，影響視線，若皮膚直接接觸會造成凍傷。
（五）滅火原理	1. 窒息作用（物理作用滅火）： 　(1)為 CO_2 滅火最重要的作用。 　(2)大量之 CO_2 不燃氣體，可稀釋空氣中氧氣，且 CO_2 又比空氣重，可在防護對象物表面形成一層保護膜，阻止氧氣的繼續供應，而達到窒息與稀釋雙重的滅火效果。 2. 冷卻作用：CO_2 係液化壓縮儲存於高壓氣體容器內，當釋放時因減壓氣化，大量膨脹而吸收周圍熱量，使周圍溫度降低，達到冷卻之滅火作用。

2-2　二氧化碳滅火設備之分類

【解說】

分類方式	說明
（一）依放射方式	1. 全區放射方式。 2. 局部放射方式。 3. 移動放射方式。
（二）依設備形成	1. 固定式。 2. 移動式。
（三）依壓力高低	1. 高壓式。 2. 低壓式。
（四）依操作方式	1. 自動式：(1)完全自動方式。 　　　　　　(2)自動、手動切換方式。 2. 手動式：(1)直接手動方式。 　　　　　　(2)氣壓遙控手動方式。 　　　　　　(3)電動遙控手動方式。

2-3　二氧化碳滅火設備檢查會審（勘）應注意事項

【解說】

會審（勘）項目	注意事項
（一）審查時	業主需檢附： 1. 系統設計圖。 2. 動作流程圖。 3. 設計手冊（附原廠相關設計手冊）。 4. 壓力損失計算書。 5. 藥劑原廠證明文件。
（二）會勘時 （全區及局部放射方式）	須做放射試驗，應注意事項： 1. 高壓式：放射所需藥劑量≧該放射區域應設滅火藥瓶數之 10%以上。（小數點以下有尾數時進 1） 2. 低壓式：放射所需藥劑量≧該放射區域應設滅火藥瓶數之 10%以上（或使用 40ℓ裝之氮氣瓶 5 瓶以上作為替代藥劑）。（小數點以下有尾數時進 1） 3. 以氣體啓動方式時：啓動用氣體容器則須使用設備相同量之氣體進行放射試驗。 4. 操作啓動裝置：手動或自動擇一為之。

	5.須檢視下列事項： (1)警報裝置：是否確實鳴動（距警鈴或音箱 1m 處之音量 ≥ 90 分貝）。 (2)遲延裝置：是否確實動作（20sec 以上）。 (3)①開口部之自動閉鎖裝置：是否正常動作。 　　②通風換氣裝置：是否確實停止。 (4)放射區域之選擇閥：是否動作確實。 (5)放射表示燈：是否點燈。 (6)配管：有無洩漏 CO_2 藥劑。
（三）會勘時 　　（移動放射方式）	亦須做放射試驗，應注意事項： 1.放射所需藥劑量：每 5 支噴射瞄子內以該設備 1 具儲存容器量試射之。 2.試驗時皮管及接頭：不得洩漏 CO_2 藥劑。 3.橡皮管全長（包括噴嘴部分）：20m 以上。
（四）各種標示規格	1. 手動啟動裝置標示規格： 　　┌─────────────┐ B│二氧化碳滅火設備│ 　│手動啟動裝置　│ 　　└─────A─────┘ ①尺寸 A：300mm 以上。 ②尺寸 B：100mm 以上。 ③底為紅色。 ④字為白色。 2. 放射表示燈規格： 　　┌─────────────┐ B│二氧化碳放射中│ 　│危險‧禁止進入│ 　　└─────A─────┘ ①尺寸 A：280mm 以上。 　尺寸 B：80mm 以上。 ②字體大小： 　第一行字長、寬為 35mm 以上。 　第二行字長、寬為 25mm 以上。 ③平時底及字樣均為白色。 ④點燈時底為為白色，字為紅色。 ⑤燈具本體為紅色。 3. 移動放射方式標示規格： 　　┌─────────────┐ 　│移動式　　　　│ B│二氧化碳滅火設備│ 　　└─────A─────┘ ①尺寸 A：300mm 以上。 　尺寸 B：100mm 以上。 ②底為紅色。 ③字樣為白色。 4. 音響警報裝置標示，須設於室內明顯之處所。 　　┌─────────────┐ 　│室內設有二氧化碳│ 　│（CO_2）滅火設備，│ B│滅火劑放射前警鈴響│ 　│時，請立即退避室外│ 　　└─────A─────┘ ①尺寸 A：480mm 以上。 　尺寸 B：270mm 以上。 ②底為黃色，字樣為黑色。 ③每字大小為 25mm × 25mm 以上。

2-4　二氧化碳滅火設備之放射方式

【解說】

§82　CO_2 滅火設備之放射方式

放射方式	說明
（一）全區放射方式	1. 係指滅火系統中儲存容器至配管、噴頭為止全部都固定，且 CO_2 放射時，由於其周圍為密閉區劃，故區劃內 CO_2 濃度，能迅速達到滅火設計濃度之放射方式。 2. 放射方式之決定：用不燃材料建造之牆、柱、樓地板或天花板等區劃間隔，且開口部設有自動關閉裝置之區域，其噴頭設置數量、位置及放射量，應視該部分容積及防護對象之性質作有效之滅火。但能有效補充開口部洩漏量者，得免設自動關閉裝置。 3. 適用對象：一般適用於電信機械室、總機室、電腦室或其他類似之密閉空間深層火災之場所。（適用於深層火災或表面火災）
（二）局部放射方式	1. 係指滅火系統中儲存容器至配管、噴頭為止全部都固定，噴頭須固定在防護對象周圍，於 CO_2 放射時能迅速撲滅其表面火災之放射方式。 2. 放射方式之決定：視防護對象之形狀、構造、數量及性質。配置噴頭，其設置數量、位置及放射量，應能有效滅火。 3. 適用對象：可燃性固體或可燃性液體存放於上方開放式容器，火災發生時，燃燒限於一面且可燃物無向外飛散之虞者。例如油槽或油池火災。（適用於表面火災）
（三）移動放射方式	1. 係指滅火系統中之配管（皮管）、噴嘴（瞄子）為可移動式。利用皮管接頭與皮管，將 CO_2 放射至皮管防護半徑內之任一火災對象物上。 2. 放射方式之決定：皮管接頭至防護對象任一部分之水平距離 $\leq 15m$。 3. 適用對象：當外牆開口面積（常時開放部分）達 15% 以上者，且又無法採局部放射方式時使用。（適用於表面火災）
（四）圖示	1. 全區放射方式： 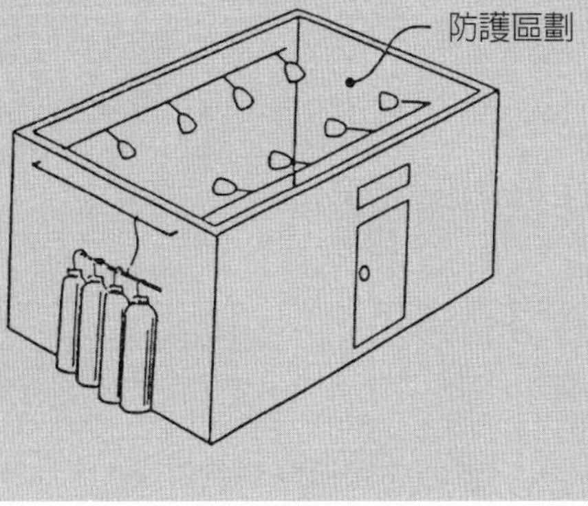 防護區劃

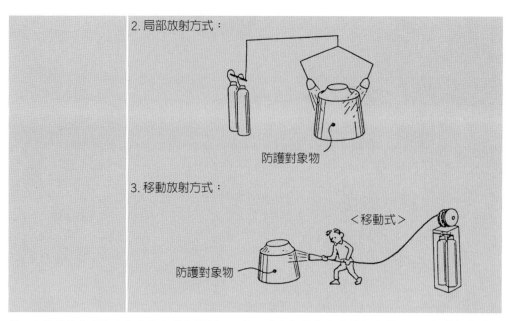

註：全區放射方式與局部放射方式之選擇：一般而言大都採取全區放射方式，除了設計較容易之外，其效果亦較好。而局部放射方式是針對特殊場所，若其空間較大，但須防範者僅占小部分者，採取全區放射方式明顯的過於浪費，且效果亦不好，此種情形必須採取區部放射方式。

2-4-1 惰性氣體滅火設備之放射方式

【解說】

§82 惰性氣體滅火設備之放射方式

放射方式	說明
（一）全區放射	1. 藥劑種類分為：氮氣（IG-100）、氬氣（IG-01）、氮氣50%＋氬氣50%（IG-55）、氮氣52%＋氬氣40%＋二氧化碳8%（IG-541） 2. 裝置規定：用不燃材料建造之牆、柱、樓地板或天花板等區劃間隔，且開口部設有自動關閉裝置之區域，其噴頭設置數量、位置與放射量應視該部分容積及防護對象之性質作有效之滅火。 3. 防護區域之開口部應設置自動關閉裝置，並於滅火藥劑放射前自動關閉開口。

2-5　二氧化碳滅火設備之主要構成

【解說】

（一）CO_2 滅火設備之主要構成：

功能	主要構成
1. 感知	採測器。
2. 啓動	(1)手動啓動裝置。 (2)自動啓動裝置。 (3)啓動用氣體容器與電磁閥。 (4)緊急停止裝置。
3. 音響	(1)音響警報裝置（揚聲器）。 (2)人語廣播裝置。
4. 顯示	放射表示燈。
5. 連動	(1)通風換氣設備停止裝置。 (2)開口部自動關閉裝置。
6. 排放	排放裝置。
7. 控制	(1)控制盤。 (2)受信總機。
8. 儲存容器	CO_2 儲存容器（容器閥）。
9. 配管	(1)集合管。 (2)選擇閥。 (3)安全裝置。 (4)壓力開關。 (5)噴頭。
10.電力	緊急電源。

（二）滅火設備系統圖：

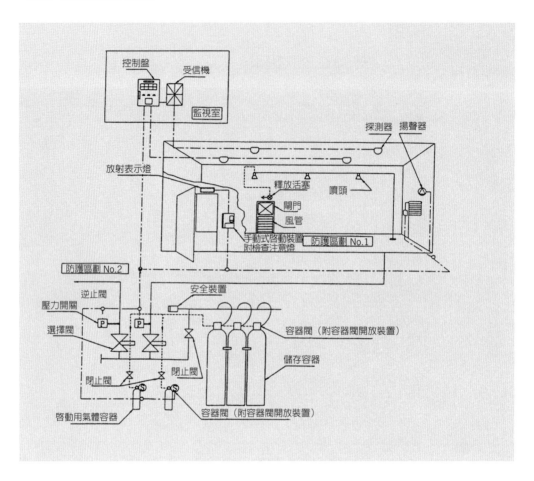

2-6　二氧化碳滅火設備動作流程

【解說】

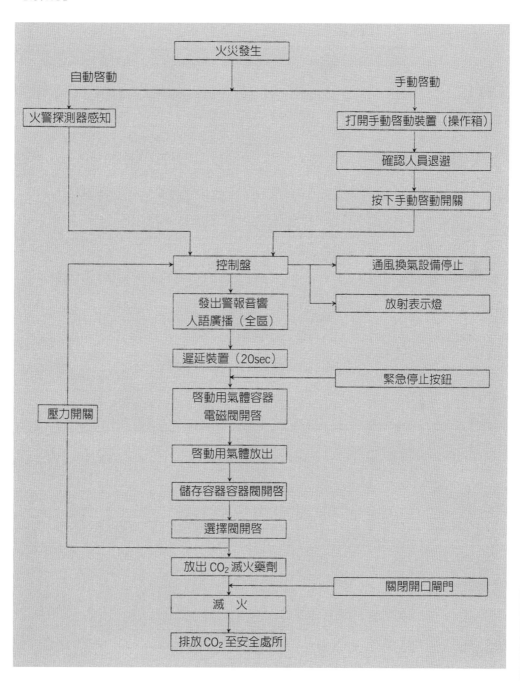

2-7　二氧化碳滅火設備之滅火藥劑量計算規定

【解說】

§83　CO_2 滅火藥劑量規定

放射方式			說　明			
（一）全區放射方式	1.適用對象		一般適用於電信機械室、總機室、電腦室或其他類似之密閉空間深層火災之場所。（適用於深層火災或表面火災）			
	2.計算表	設置場所		每 m^3 防護區域所需滅火藥劑量 Q（kg/m^3）	每 m^2 開口部所需追加滅火藥劑量 D（kg/m^2）	滅火藥劑之基本需要量（kg）
		乾式電器設備室（油浸機器除外）	＜50m^3	1.6	20	－
			≥50m^3	1.33	20	－
		電信機械室、總機室		1.2	10	
		其他（表面火災）	＜50m^3	1.0	5	－
			50〜150m^3	0.9	5	50
			150〜1500m^3	0.8	5	135
			≥1500m^3	0.75	5	1200
	3.公式	CO_2 滅火藥劑量 G(kg) = Q(kg/m^3) × V(m^3) + D(kg/m^2) × A(m^2) 其中：Q：每 m^3 防護區域所需滅火藥劑量（kg/m^3） 　　　V：防護區域體積（m^3）＝長×寬×高 　　　D：每 m^2 開口部所需追加滅火藥劑量（kg/m^2） 　　　A：開口部面積（m^2）				
	4.適用對象	(1)可燃性固體或易燃性液體存放於上方開放式容器，火災發生時，燃燒限於一面，且可燃物無向外飛散之虞者。（適用於表面火災） (2)例如：油槽或油池火災。				
（二）局部放射方式（面積法）	1.公式	局部放射方式（面積法）： CO_2 滅火藥劑量 G(kg) = D(kg/m^2) × A(m^2) × K（倍） 其中：G：CO_2 滅火藥劑量（kg） 　　　D：防護對象每 m^2 表面積所需之藥劑量（kg/m^2） 　　　　　D = 13kg/m^2 　　　A：防護對象表面積（m^2） 　　　　　A＝長×寬，長 ≥ 0.6m，寬 ≥ 0.6m 　　　　　（若小於 0.6m，以 0.6m 計） 　　　K：追加倍數 　　　　　高壓式：K = 1.4 　　　　　低壓式：K = 1.1 ∴CO_2 滅火藥劑量 G(kg) = D(kg/m^2) × A(m^2) × 1.4（高壓式） 　　　　　　　　　　　 = D(kg/m^2) × A(m^2) × 1.1（低壓式）				

（三）局部放射方式（體積法）	1.適用對象	針對防護對象物為立體物，火災時不僅為平面火災，或是火災危險不只是樓地板，亦有可能是高處等複雜之情形。
	2.公式	局部放射公式（體積法）： CO_2 滅火藥劑量 $G(kg) = Q(kg/m^3) \times V(m^3) \times K$（倍） 其中：G：$CO_2$ 滅火藥劑量（kg） 　　　　Q：假設防護空間單位體積滅火藥劑量（kg/m^3） 　　　　　又 $Q(kg/m^3) = 8 - 6 \times \dfrac{a}{A}$ 　　　　　a：防護對象周圍實存牆壁面積之合計（m^2） 　　　　　A：假想防護空間牆壁面積之合計（m^2） 　　　　V：假想防護空間體積（m^3） 　　　　　（距防護對象任一點 0.6m 所圍成之體積） 　　　　　$V = (L + 0.6 \times 2)(W + 0.6 \times 2)(H + 0.6)$ 　　　　K：追加倍數 　　　　　高壓式：K = 1.4 　　　　　低壓式：K = 1.1 　　　　∴CO_2 滅火藥劑量 $G(kg) = Q(kg/m^3) \times V(m^3) \times 1.4$（高壓式） 　　　　　　　　　　　　　 $= Q(kg/m^3) \times V(m^3) \times 1.1$（低壓式）
（四）移動放射方式	1.適用對象	當外牆開口面積（當時開放部分）達 15%以上者，且又無法採局部放射方式時使用之。（適用於表面火災）
	2.藥劑量	每一具噴射瞄子所需滅火藥劑量 ≥ 90kg。
	3.放射量	每一具瞄子之藥劑放射量（於 25℃ 時）≥ 60kg/min。
	4.放射時間	1.5min 以上$\left(= \dfrac{90kg}{60kg/min} \right)$。

2-7-1　惰性氣體滅火設備之滅火藥劑量計算規定

【解說】

§83-1　惰性氣體滅火設備之藥劑設計濃度規定

防護對象	理論滅火濃度
一般場所	×1.2 倍
含易燃液體之場所	×1.3 倍
含通電中之電氣設備之場所	×1.35 倍

註 1：常時有人之場所，藥劑最高設計濃度以百分之五十二為限。

註 2：防護對象為含通電中之電氣設備之場所，若持續通電大於四百八十伏特之電氣設備之場所，其設計濃度依中央主管機關認可之值核算。

§83-2　惰性氣體滅火設備之滅火藥劑量規定

$$W = \frac{V}{S}\ln\left(\frac{100}{100-C}\right)$$

W：防護空間所需藥劑量（kg）

V：防護空間淨體積（m^3，得扣除不滲透且不可移動固體體積）

S：防護空間之最低溫度（t℃）、一大氣壓下之比容積（m^3/kg）

滅火藥劑種類	比容積公式
IG-100	s=0.7997+0.00293t
IG-01	s=0.5685+0.00208t
IG-55	s=0.6598+0.00242t
IG-541	s=0.65799+0.00239t

C：設計濃度百分比（%，體積百分比）

註：在同一建築物內有二個以上防護區域時，所需滅火藥劑量取其最大量者。

2-8　二氧化碳滅火設備噴頭之設置規定

【解說】

§84　全區及局部放射之噴頭設置

放射方式	設置規定
（一）全區放射方式	1. 能使放射藥劑迅速且均勻地擴散至整個防護區域。 2. 噴頭放射壓力： 　(1)高壓式（滅火藥劑以常溫儲存者）：14kgf/cm² (1.4MPa) 以上。 　(2)低壓式（滅火藥劑儲存於−18°C以下者）：9kgf/cm² (0.9MPa) 以上。 3. 必須於下列法定規定時間內全部放射完畢： 　(1)電信機械室、總機室：3.5min 內。 　(2)其他場所：1min 內。 　(3)乾式電器設備室（油浸機器除外）：7min 內。（2min 內放射 30%以上）
（二）局部放射方式	1. 噴頭之有效射程內，應涵蓋防護對象所有表面，且所設位置不得因藥劑之放射，使可燃物有飛散之虞。 2. 噴頭放射壓力： 　(1)高壓式（滅火藥劑以常溫儲存者）：14kgf/cm² (1.4MPa) 以上。 　(2)低壓式（滅火藥劑儲存於−18°C以下者）：9kgf/cm² (0.9MPa) 以上。 3. 必須於 30sec 法定規定時間內全部放射完畢。
（三）移動放射方式	1. 每一具瞄子之藥劑放射量（在 20°C 時）：60kg/min 以上。 2. 每一具瞄子藥劑放射時間：$1.5\text{min}\left(=\dfrac{90\text{kg}}{60\text{kg/min}}\right)$以上。 3. 說明：(1)§83：移動放射方式每一具噴射瞄子所需滅火藥量 ≥ 90kg。 　　　　(2)§96：每一具瞄子之藥劑放射量 ≥ 60kg/min。

※ 說明：全區放射時間法規規定電信機械室為 3.5min，其他為 1min，其目的是因電信機械室為深層火災，需較長時間讓滅火藥劑進入深部，以提高滅火效果；而其他則為表面火災，故以較短的時間放射完。

2-8-1　惰性氣體滅火設備噴頭之設置規定

【解說】

§84　惰性氣體滅火設備之噴頭設置

放射方式	設置規定
（一）全區放射方式 （惰性氣體）	1.能使放射藥劑迅速且均勻擴散至整個防護區域。 2.噴頭放射壓力為：19kgf/cm²(1.9MPa) 以上。（經中央主管機關認可者，不在此限） 3.滅火藥劑之放射時間： (1) 含易燃液體之場所：1min 內放射 90% 以上。 (2) 其他場所：2min 內放射 90% 以上。

2-9　二氧化碳全區放射方式防護區域之開口部設置規定

【解說】

§86　全區放射方式之開口部設置

項目	設置規定
（一）位置限制	開口部不得設於面對： 1.安全梯間。 2.特別安全梯間。 3.緊急昇降機間。 4.其他類似場所。
（二）自動關閉規定	開口部位於距樓地板面高 $\frac{2}{3}$ 以下部分，應在滅火藥劑放射前自動關閉。
（三）免設規定	免設自動關閉裝置之開口部總面積： 1.供電信機械室使用時：應在圍壁面積 1%以下。 2.供其他處所時：應在（防護區域體積值或圍壁面積值）兩者中之較小數值 10%以下。

※ 圍壁面積：指防護區域內牆壁、樓地板、天花板等面積之合計。

2-10　二氧化碳全區放射方式防護區劃之基準架構

【解說】

§85　通風換氣裝置

§86　全區放射方式之開口部裝置

基準架構		規定
（一）區劃（§82）		用不燃性材料建造之牆、柱、樓地板或天花板等區劃間隔。
（二）開口部（§86）	1. 位置限制	開口部不得設於面對： ⑴安全梯間。 ⑵特別安全梯間。 ⑶緊急昇降機間。 ⑷其他類似場所。
	2. 自動關閉規定	開口部位於距樓地板面高度 $\frac{2}{3}$ 以下部分，應在滅火藥劑放射前自動關閉。
	3. 免設規定	免設自動關閉裝置之開口部總面積： ⑴供電信機械室使用時：應在圍壁面積 1% 以下。 ⑵供其他處所時：應在（防護區域體積值或圍壁面積值）兩者中之較小數值 10% 以下。
	4. 加算開口部追加藥劑量	每 m^2 開口部所需追加滅火藥劑量： ⑴供電信機械室、總機室使用時：10kg/m^2。 ⑵供其他用途：5kg/m^2。
（三）通風換氣裝置（§85）		應在滅火藥劑放射前停止運轉。 （※目的：是為確保滅火效能，否則 CO_2 會被吹散而減低滅火效果。）

2-11　二氧化碳滅火設備儲存容器之設置規定

【解說】

§87　藥劑儲存容器規定

設置規定	高壓式（常溫）	低壓式（低溫）
（一）充填比	1.5～1.9 （一般為 68ℓ/45kg = 1.5）	1.1～1.4
（二）儲存溫度	15°C	−20°C ～ −18°C （為保持低溫，需設自動冷凍機）
（三）儲存壓力	53kgf/cm^2	19～23kgf/cm^2

設置規定	高壓式（常溫）	低壓式（低溫）
（四）儲存場所	1. 置於防護區域外。 2. 置於溫度 40℃ 以下，溫度變化較少處。 3. 不得置於有日光曝曬或雨水淋濕之處。	
（五）安全裝置	符合 CNS 11176 之規定，或經中央主管機關認可具同等性能以上者。	
（六）容器閥	符合 CNS 10848 及 10849 之規定，或經中央主管機關認可具同等性能以上者。	——
（七）其他	※ 以無縫鋼瓶裝填，台灣目前不生產，直接進口。	1. 應設有液面計、壓力表、壓力警報裝置。 2. 發出警報時機： 　壓力 ≥ 23kgf/cm^2（2.3MPa）或壓力 ≤19kgf/cm^2（1.9MPa）時。
（八）容器閥開放裝置	1. 具有以手動方式可開啟之構造。 2. 容器閥使用電磁閥直接開啟時，同時開啟之儲存容器數在 7 支以上時：該儲存容器應設 2 個以上之電磁閥。	
（九）防震措施	應採取有效的防震措施。	
（十）其他	儲存容器應在明顯位置標示充填滅火藥劑之種類、滅火藥劑量、製造年份及製造商名稱。	

2-11-1　惰性氣體滅火設備儲存容器之設置規定

【解說】

§87　藥劑儲存容器規定

設置規定	說明
（一）充填壓力	在溫度 15℃ 時應在 300 kgf/cm^2（30MPa）以下。
（二）儲存場所	1. 置於防護區域外。 2. 置於溫度 40℃ 以下，溫度變化較少處。 3. 不得置於有日光曝曬或雨水淋濕之處。
（三）安全裝置	符合 CNS11176 之規定，或經中央主管機關認可具同等性能以上者。
（四）容器閥	符合 CNS10848 及 10849 之規定，或經中央主管機關認可具同等性能以上者。
（五）容器閥開放裝置	1. 具有以手動方式可開啟之構造。 2. 容器閥使用電磁閥直接開啟時，同時開啟之儲存容器數在 7 支以上者，該儲存容器應設 2 個以上之電磁閥。
（六）防震措施	應採取有效的防震措施。
（七）其他	儲存容器應在明顯位置標示充填滅火藥劑之種類、滅火藥劑量、製造年份及製造商名稱。

2-12　容器閥種類與其適用之化學滅火設備

【解說】

容器閥種類	適用滅火設備	圖示
（一）封板式	CO_2 滅火設備	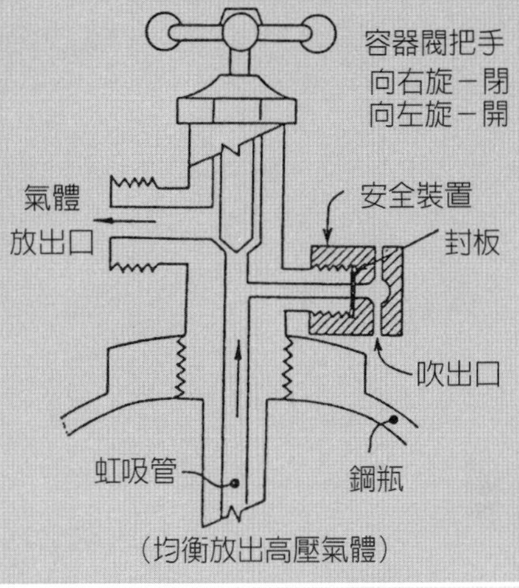 容器閥把手 向右旋－閉 向左旋－開 氣體 放出口 安全裝置 封板 吹出口 虹吸管 鋼瓶 （均衡放出高壓氣體）
（二）熔栓式	乾粉、Halon 滅火設備	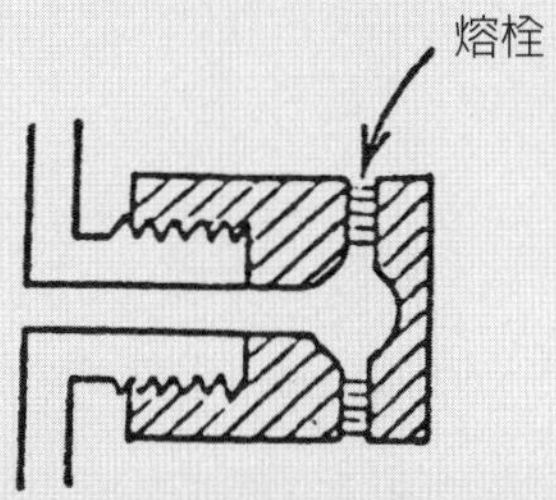 熔栓
（三）封板熔栓式	乾粉、Halon 滅火設備	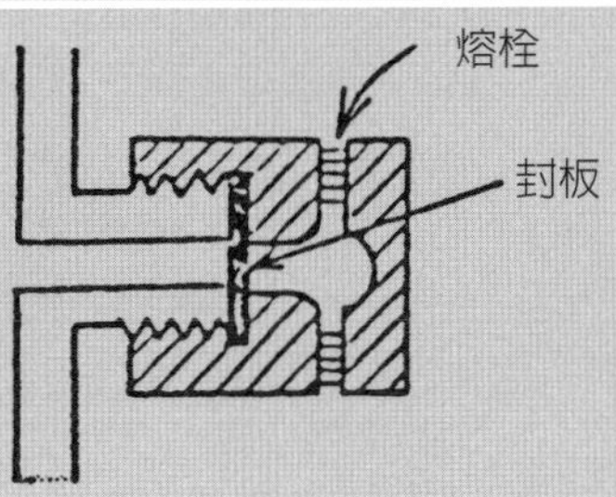 熔栓 封板

2-13 二氧化碳及惰性氣體滅火設備啓動用氣體容器之設置規定

【解說】

§88 啓動用氣體容器規定

啓動用氣體容器	設置規定
（一）耐壓	能耐壓 ≥ 250kgf/cm^2（25MPa）。
（二）內容積、重量、充填比	1. 內容積 ≥ 1ℓ。 2. 儲存之 CO_2 重量 ≥ 0.6kg。 3. 充填比 ≥ 1.5。 　（※目的：充填比值較高是因受熱變化時較有伸縮空間。）
（三）安全裝置及容器閥	符合 CNS 11176 之規定，或經中央主管機關認可具同等性能以上者。
（四）禁止事項	啓動用氣體容器不得兼供防護區域之自動關閉裝置使用。

2-14 二氧化碳滅火設備配管之設置規定

【解說】

§89 配管

項目	設置規定
（一）專用	應為專用，其管徑依流量計算書配置。
（二）鋼管	1. 使用符合 CNS 4624 規定之無縫鋼管，其厚度： 　(1)高壓式：管號 Sch80 以上（鍍鋅等防蝕處理）。 　(2)低壓式：管號 Sch40 以上（鍍鋅等防蝕處理）。 2. 或使用具同等以上強度，且施予鍍鋅等防蝕處理。
（三）銅管	1. 使用符合 CNS 5127 規定之銅及銅合金無縫管，其耐壓： 　(1)高壓式：能耐壓 ≥ 165kgf/cm^2（16.5MPa）。 　(2)低壓式：能耐壓 ≥ 37.5kgf/cm^2（3.75MPa）。 2. 或使用具有同等以上強度者。
（四）接頭、閥類	1. 配管接頭及閥類，其耐壓： 　(1)高壓式：能耐壓 ≥ 165kgf/cm^2（16.5MPa）。 　(2)低壓式：能耐壓 ≥ 37.5kgf/cm^2（3.75MPa）。 2. 並予適當之防蝕處理。
（五）落差	最低配管與最高配管間之落差 ≤ 50m。

說明：配管是由管、接頭、閥類所組成，可分為二種（如下圖所示）：

　　(1)導管（使用鋼管）：是從儲存容器的集氣管至噴頭之配管。

　　(2)控制管（使用銅管）：為操作或啟動選擇閥、放出閥、容器閥等開放裝置之配管。

自動啟動裝置至噴頭之配管：

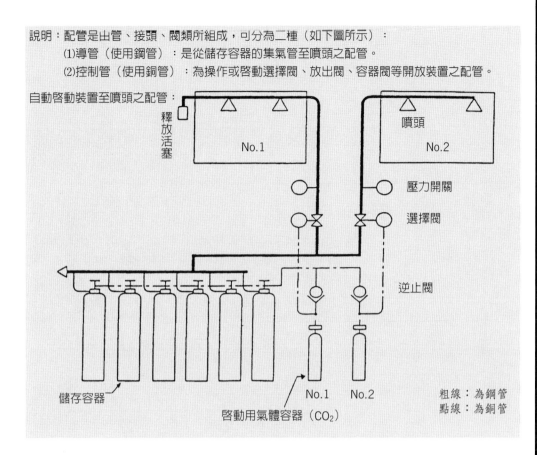

釋放活塞

噴頭

No.1

No.2

壓力開關

選擇閥

逆止閥

儲存容器

啟動用氣體容器（CO_2）

No.1　No.2

粗線：為鋼管

點線：為銅管

2-14-1　惰性氣體滅火設備配管之設置規定

【解說】

§89　配管

項目	設置規定
（一）專用	應為專用，其管徑依流量計算書配置。
（二）鋼管	1.使用符合 CNS4626 規定之無縫鋼管管號 Sch 80 以上厚度（鍍鋅等防蝕處理）。 （但設有壓力調整裝置之二次側配管，得使用溫度 40℃ 時，具耐最高調整壓力以上之鋼管。） 2.或使用具有同等以上強度，且施予鍍鋅等防蝕處理。
（三）銅管	1.使用符合 CNS5127 規定之銅及銅合金無縫管，能耐壓 165 kgf/cm² （16.5MPa）以上。 （但設有壓力調整裝置之二次側配管，得使用溫度 40℃ 時，具耐最高調整壓力以上之銅管。） 2.或使用具有同等以上強度者。

（四）接頭、 　　閥類	1.應具耐內部壓力強度。 2.並予適當之防蝕處理。
（五）落差	最低配管與最高配管間之落差 $\leq$ 50m。

2-15　二氧化碳及惰性氣體滅火設備選擇閥之設置規定

【解說】

§90　選擇閥

（一）目的	防護區域如有 2 個以上時，可以共用儲存容器，藉由選擇閥之控制，使 CO_2 能正確的放射至防護區域，而不必每一個防護區域都要設置一組儲存容器，造成不必要的浪費。
（二）設置規定	1.同一建築物內有 2 個以上之防護區域或防護對象，共用儲存容器時，每一防護區域或防護對象均應設置。 2.設於防護區域外。 　（※此係針對有任何故障時，方便人為操作與檢修。） 3.標明：(1)選擇閥字樣。 　　　　(2)所屬防護區域。 　　　　(3)所屬防護對象。 4.儲存容器與噴頭設有選擇閥時，儲存容器與選擇閥間之配管： 依CNS 11176 之規定，設置安全裝置或破壞板，或經中央主管機關認可具同等性能以上者。 ※此係當閥關閉而造成配管內之壓力過高時之安全對策。

2-16　二氧化碳及惰性氣體滅火設備啓動裝置之設置規定

【解說】

§91　啓動裝置

種類	設置規定
（一）手動啓動裝置	1.設於能看清區域內部，且操作後能容易退避之防護區域外。 2.每一防護區域或防護對象裝設一套。 3.操作部高度：距樓地板面 0.8～1.5m。 4.外殼：漆成紅色或足以辨識之顏色。 5.以電力啓動者，裝置電源表示燈。 6.操作開關或拉桿，操作時同時發出警報音響，且設有透明材質製之有效保護裝置。

	7.在其近旁標示：(1) 防護區域名稱。
	(2) 操作方法。
	(3) 安全上應注意事項。
（二）自動啟動裝置	1.與二回路以上之火警探測器感應連動啟動。
	2.手動或自動啟動裝置，均設置自動及手動切換裝置，其規定如下：
	(1) 設於易於操作之處所。
	(2) 設自動及手動表示燈。
	(3) 自動、手動切換必須以鑰匙或拉桿操作，始能切換。
	(4) 切換裝置近旁標明操作方法。

2-17　為確保人身之安全，裝設CO₂全區放射系統時，其音響警報裝置及安全裝置之設置規定

【解說】

§92　音響警報裝置

§93　全區放射方式之安全裝置

項目	設置規定
（一）音響警報裝置（§92）	1.手動或自動裝置動作後，自動發出警報，且藥劑未全部放射前不得中斷。
	2.音響警報應有效報知防護區域或防護對象內所有人員。
	3.設於全區放射方式之音響警報裝置採用人語發音。但平時無人駐守時，不在此限。
	※音響警報裝置是為警告裡面的人員立即避難，以免 CO 射出時遭受窒息的危險。
（二）全區放射之安全裝置（§93）	1.遲延裝置：啟動裝置開關或拉桿開始動作至儲存容器之容器閥開啟，應設有 20sec 以上之遲延裝置。
	※由於全區放射方式較具窒息之危險，因此規定應有 20sec 以上遲延裝置。在此遲延時間內想中止放射時（如誤報、火已熄滅、尚有人在內等）均可按下緊急停止開關，以停止放射。
	2.手動啟動：應採取在延遲裝置的延遲時間內，滅火藥劑不得放射之措施。
	3.放射表示燈：於防護區域出入口等易於辨認處所設置放射表示燈。
	※在出入口設置放射表示燈，是為避免不知情人員進入，造成不必要的危險。此表示燈一般寫著「放射二氧化碳，危險禁止進入」等字樣。

2-17-1　惰性氣體滅火設備安全裝置之設置規定

【解說】

§93　惰性氣體滅火設備之安全裝置

項目	設置規定
（一）惰性氣體滅火設備之安全裝置	1.防護區域應依流量計算結果採取防止該區域內壓力上升之措施。 2.於防護區域出入口等易於辨認處所設置放射表示燈。

2-18　二氧化碳滅火設備藥劑排放之設置規定

【解說】

§94　放射後滅火藥劑之排放

排放方式	設置規定
（一）機械排放	1.適用於全區放射或局部放射方式。 2.排風機：(1)為專用。 　　　　　　(2)具有 5 次/hr 之換氣量。 　　　　　　(3)與其他設備之排氣裝置共用，無排放障礙者，得共用之。 3.排放裝置之操作開關：須設於防護區域外便於操作處，且在附近應設有標示。 4.排放至室外之滅火藥劑，不得有局部滯留之現象。 5.須於 1hr 內將藥劑排出。
（二）自然排放	1.適用於全區放射或局部放射方式。 2.(1)設有能開啟之開口部。 　(2)開口部面向外氣部分（限防護區域自樓地板面起 $\frac{2}{3}$ H 以下部分）之大小： 　　①佔防護區域樓地板面積 $\frac{1}{10}$ 以上。 　　②容易擴散滅火藥劑。 3.排放裝置之操作開關：須設於防護區域外便於操作處，且其在附近應設有標示。 4.排放至室外之滅火藥劑，不得有局部滯留之現象。 5.須於 1hr 內將藥劑排出。

2-19　二氧化碳滅火設備移動式放射方式之設置規定

【解說】

§82　放射方式

§83　CO_2 滅火藥劑量規定

§87　藥劑儲存容器規定

§96　移動放射方式規定

項目	設置規定
（一）水平防護距離 （§82）	皮管接頭至防護對象物任一部分之水平距離在 15m 以下。
（二）儲存場所 （§87）	1. 置於 40℃ 以下，溫度變化較少處。 2. 不得置於：有日光曝曬或雨水淋濕之處。 3. 設於火災時濃煙不易籠罩之處所。
（三）儲存容器 （§96） （§87）	1. 充填比：(1)高壓式：1.5～1.9。 　　　　　　(2)低壓式：1.1～1.4。 2. 安全裝置：符合 CNS 11176 之規定，或經中央主管機關認可具同等性能以上者。 3. 容器閥： 　(1)符合 CNS 10848 及 10849 之規定，或經中央主管機關認可具同等性能以上者。 　(2)能在皮管出口以手動開關者。 4. 分設於各皮管設置處。 5. 近旁設紅色標示燈及標明「移動式二氧化碳滅火設備」字樣。 6. 應在明顯位置標示充填滅火藥劑之種類、滅火藥劑量、製造年份及製造商名稱。
（四）放射量（§96）	每一具瞄子之藥劑放射量（在 20℃ 時）≥60kg/min。
（五）皮管、噴嘴、管盤（§96）	符合 CNS 11177 之規定。
（六）CO_2 藥劑量 （§83）	每一具噴射瞄子所需滅火藥劑量 ≥ 90kg。
（七）圖示	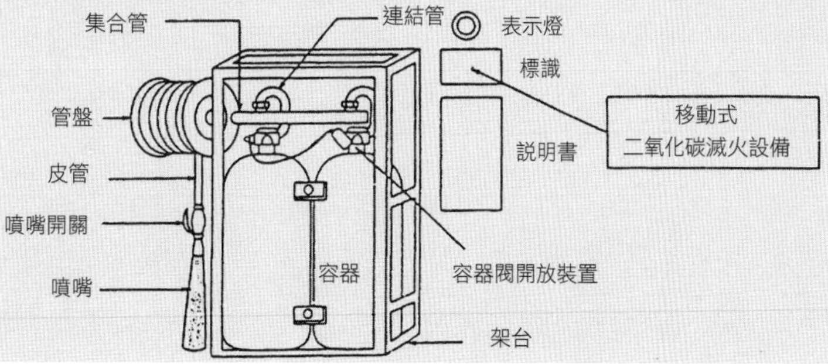

2-20 　二氧化碳滅火設備各種放射方式之規定比較表

【解說】

比較項目　放射方式	全區放射方式	局部放射方式	移動方式
（一）特性	儲存容器至配管、噴頭為止全部都固定，且CO_2放射時，由於其周圍為密閉區劃，能迅速充滿整個區劃之放射方式。	儲存容器至配管、噴頭為止全部都固定，噴頭需固定在防護對象物周圍，於CO_2放射時能迅速撲滅其表面火災之放射方式。	儲存容器及其皮管輪盤為固定，但必須靠人為操作皮管及噴嘴之放射方式。
（二）防護範圍	整個防護區域	防護對象物	皮管噴頭至防護對象物任一水平距離15m以內。
（三）適用對象（§83）	適用於乾式電器設備室（油浸機器除外）、電信機械室、總機室、電腦室或其他類似之密閉空間深層火災之場所。	可燃性固體或易燃性液體在於上方開放式容器，火災發生時，燃燒限於一面，且可燃物無向外飛散之虞者。	外牆開口部達15%以上，且又無法採局部放射方式時使用。
（四）適用火災	表面及深層火災	表面火災	表面火災
（五）噴頭（§84） 放射壓力	1. 高壓式（以常溫儲存者）：14kgf/cm² 以上。 2. 低壓式（−18℃ 儲存者）：9kgf/cm² 以上。	×	
放射時間	1. 電信機械室、總機室：3.5min 內。 2. 其他：1min 內。 3. 乾式電器設備室（油浸機器除外）：7min內。	30sec 內	1.5min $\left(=\dfrac{90kg}{60kg/min}\right)$
性質	能使放射藥劑迅速且均勻地擴散至整個防護區域。	1. 所設噴頭之有效射程內，涵蓋防護對象所有表面。 2. 所設位置不得因藥劑之放射使可燃物有飛散之虞。	×（設噴嘴）
設置	數量、位置、放射量應視： 1. 該部分容積。 2. 防護對象物的性質 ⇒作有效之滅火。	視防護對象之形狀、構造、數量、性質配置噴頭，其設置數量、位置及放射量，應能有效滅火。	×
（六）通風換氣裝置（§85）	在滅火藥劑放射前停止運轉		×
（七）開口部限制（§82）（§86）	1. 距按地板面高度 $\dfrac{2}{3}$ 以下部分，在滅火藥劑放射自動關閉。 2. 若開口部無法自動關閉，必須有效補充其洩漏量。	×	×

（八）儲存容器（§87）	充填比	1. 高壓式：1.5～1.9。 2. 低壓式：1.1～1.4。		
	蓄積壓力	1. 高壓式：53kgf/cm^2。 2. 低壓式：19～23kgf/cm^2。		
	儲存場所	1. 置於防護區域外。 2. 置於 40℃ 以下，溫度變化較少處。 3. 不得置於有日光曝曬或雨水淋濕之處。		(1)置於 40℃ 以下，溫度變化較少處。 (2)不得置於有日光曝曬或雨水淋濕之處。 (3)設於火災時濃煙不易籠罩之處所。
（九）配管（§89）		無縫鋼管或銅管		皮管
（十）選擇閥（§90）		1. 設於防護區外。 2. 儲存容器與選擇閥間之配管設置安全裝置或破壞板，或經中央主管機關認可具同等性能以上者。		×
（十一）啟動裝置		手動或自動		手動
（十二）音響警報裝置（§92）		1. 手動或自動裝置動作，自動發出警報，且藥劑未全部放射前不得中斷。 2. 全區放射採人語發音。		×
（十三）安全裝置（§93）		1. 遲延裝置。 2. 放射表示燈。	×	×
（十四）排放裝置		機械排放或自然排放。		×
（十五）緊急電源（§95）		1. 採用自用發電設備或蓄電池設備。 2. 其容量能使該設備有效動作 1hr 以上。		×

（十六）滅火藥劑量

$$G(kg) = Q\ (kg/m^3) \times V(m^3) + D(kg/m^2) \times A(m^2)$$

場所		D (kg/m^2)	Q (kg/m^3)
乾式電器設備室（油浸機器除外）	< 50m^3	20	1.6
	≧ 50m^3	20	1.33
電信機械室 總機室		10	1.2
其他	< 50m^3	5	1.0
	50～150m^3	5	0.9
	150～1500m^3	5	0.8
	≧ 1500m^3	5	0.75

V：防護區域體積（m^3）
A：開口部面積（m^2）

1. 面積法：

$$G(kg) = D(kg/m^2) \times A(m^2) \times K$$

D = 13kg/m^2

A：防護對象表面積（m^2）
K：追加倍數

高壓式：K = 1.4
低壓式：K = 1.1

2. 體積法：

$$G(kg) = Q(kg/m^3) \times V(m^3) \times K$$

$$Q = 8 - 6 \times \frac{a}{A}$$

其中

V：假想防護空間體積（m^3）
A：假想防護空間之牆壁面積之合計（m^2）
a：防護對象周圍實存牆壁面積之合計（m^2）。

每一具噴射瞄子 ≧ 90kg

2-21 （一）二氧化碳之放出量？
（二）二氧化碳之滅火理論濃度？
（已知：O_2（%）為室內氧氣濃度，O_2'（%）為室內氧氣經二氧化碳滅火後之剩餘濃度，$V(m^3)$ 為防護空間體積，$G(m^3)$ 為二氧化碳放出量）

【解說】

（一）CO_2 之放出量

$O_2'(\%) \times (V+G) = O_2(\%) \times V$

（放射 CO_2 後 O_2 之總量 = 放射 CO_2 前 O_2 之總量）

$O_2' \times (V+G) = 21 \times V$

$O_2' \times V + O_2' \times G = 21 \times V$

$O_2' \times G = 21 \times V - O_2' \times V = V(21 - O_2')$

$\therefore$ $\boxed{G（CO_2 放出量） = \dfrac{21 - O_2'}{O_2'} \times V（m^3）}$

其中：O_2：室內氧氣濃度（%）= 21%

$\qquad O_2'$：室內氧氣經 CO_2 滅火後之剩餘濃度（%）

$\qquad V$：防護空間體積（m^3）

$\qquad G$：二氧化碳放出量（m^3）

（二）CO 之滅火理論濃度

$CO_2(\%) = \dfrac{G}{V+G} \times 100\%$

$\qquad = \dfrac{\left(\dfrac{21 - O_2'}{O_2'} \times V\right)}{V + \left(\dfrac{21 - O_2'}{O_2'} \times V\right)} \times 100\%$

$\qquad = \dfrac{21 - O_2'}{21} \times 100\%$

$\therefore$ $\boxed{CO_2 之滅火理論濃度 \ CO_2(\%) = \dfrac{21 - O_2'}{21} \times 100\%}$

2-22　當空氣中氧氣濃度從21%降至15%時，二氧化碳放出量為多少？又此時濃度（滅火設計濃度）為多少？

【解說】

（一）CO_2 放出量：

　　1. 大氣組成：N_2 ＝ 78.1%（不燃性氣體）

　　　　　　　　O_2 ＝ 21%（燃燒必要條件，下降至 15% 以下時可滅火）

　　　　　　　　Ar ＝ 0.9%（惰性氣體）

　　　　　　　　CO_2 ＝ 0.03%（不燃性氣體）

　　2. CO_2 放出量：
$$G = \frac{21 - O_2{'}}{O_2{'}} \times V$$
$$= \frac{21 - 15}{15} \times V$$
$$= 0.4V(m^3)$$

　　其中 G：CO_2 放出量（m^3）

　　　　$O_2{'}$：室內 O_2 剩餘濃度（%）

　　　　V：防護空間體積（m^3）

　　∴ CO_2 必須加入 0.4 倍（40%）之防護空間體積（V）的量，才可以將空氣中氧氣濃度由 21% 降至 15%，而達到滅火目的。

（二）CO_2 之滅火理論濃度與滅火設計濃度：

　　1. 滅火理論濃度：
$$CO_2(\%) = \frac{21 - O_2{'}}{21} \times 100\%$$
$$= \frac{21 - 15}{21} \times 100\%$$
$$= 28.6\%$$

　　2. 為考慮滅火效果之有效發揮作用，凡考量環境、溫度因素，故採安全係數 ＝1.2

　　　　∴ 滅火設計濃度：$CO_2(\%)$ ＝ 28.6%×1.2 ＝ 34%

　　3. 34% 亦是世界各國對於一般性火災（表面火災）所要求之 CO_2 滅火濃度。

　　　　此時 CO_2 ＝ 34% 濃度時之剩餘 O 濃度為：

　　　　21%×(1 － 34%) ＝ 14%（合乎 NFPA 規定）

2-23 二氧化碳滅火設備之保安措施

【解說】

由於二氧化碳（CO_2）滅火設備動作時所需達到的設計滅火濃度（34%），遠高於其人命安全濃度（10%）。故使用二氧化碳（CO_2）滅火設備時，務必要考慮到設計上的人命保安措施（如下表）：

保安措施	說明
（一）開口部（§86）	1. 全區放射之開口部，不得設於面對安全梯間、特別安全梯間、緊急昇降機間或其他類似場所。 2. 防止高濃度 CO_2 自開口部釋出，距樓地板面高度 $\frac{2}{3}$ 以下部分，在滅火藥劑放射前自動關閉。
（二）啓動用氣體容器（§88）	啓動用氣體容器之安全裝置及容器閥，應符合 CNS 11176 之規定，或經中央主管機關認可具同等性能以上者。
（三）選擇閥（§90）	儲存容器與噴頭設有選擇閥時，儲存容器與選擇閥間之配管符合 CNS 11176 之規定，設置安全裝置或破壞板，或經中央主管機關認可具同等性能以上者。
（四）手動啓動裝置（§91）	1. 設於能看清區域內部，且操作後能容易退避之防護區域外。 2. 操作開關或拉桿，操作時同時發出警報音響，且設有透明材質製之有效保護裝置。 3. 在其近旁標示所防護區域名稱、操作方法及安全上應注意事項。 4. 系統應有自動／手動切換功能，當人員於保護區內時，系統以手動方式操作之。
（五）音響警報裝置（§92）	1. 手動或自動裝置動作後，自動發出警報，且藥劑未全部放射前不得中斷。 2. 音響警報應有效報知防護區域或防護對象內所有人員。 3. 設於全區放射方式之音響警報裝置採用人語發音。但平時無人駐守者，不在此限。
（六）全區放射之安全裝置（§93）	1. 遲延裝置：啓動裝置開關或拉桿開始動作至儲存容器之容器閥開啓，設有 20sec 以上之遲延裝置。 2. 採手動啓動時，應採取在前款延遲時間內，滅火藥劑不得放射之措施。 3. 放射表示燈：於防護區域出入口等易於辨認處所設置放射表示燈。
（七）排放裝置（§94）	1. 排放裝置之操作開關、手動啓動開關、選擇閥：設於防護區域外，且應設有標示。 2. 全區或局部放射後，對放射之滅火藥劑應依規定排放至安全地方。 3. 排放至室外之滅火藥劑，不得有局部滯留現象。
（八）其他裝置	設置緊急停止放射開關。

2-24　**30m×20m×5m（高）之鍋爐房，設全區放射之高壓CO$_2$防護，其無法關閉之開口面積為15m^2，求：**
（一）**開口大小是否符合規定？**
（二）**CO$_2$藥劑量？**
（三）**放射時間如何？**
（四）**使用68ℓ，充填比1.5之鋼瓶幾支？**
（五）**鋼瓶應置於何處？**
（六）**採機械排放時，排風機之風量為何？**
（七）**採自然排放時，最小之開口面積及位置如何？**

【解說】

（一）開口部檢討：

A（圍壁面積）=（30×20+20×5+30×5）×2＝1700(m^2)

V（防護區域體積）=30×20×5＝3000(m^3)

二者取較小數值＝1700

1700×10%＝170>15(m^2)（無法自動關閉之開口面積）

∴符合法規 §86 規定

（二）G（CO$_2$之藥劑量）=Q×V+D×A

$\qquad$ =0.75kg/m^3×3000m^3+5kg/m^2×15m^2

$\qquad$ =2325kg>1200kg（法規規定之滅火藥劑基本需要量）

（三）放射時間 =1min（§84）

（四）充填比$=\dfrac{鋼瓶體積}{鋼瓶重量}\Rightarrow 1.5=\dfrac{68(\ell)}{W}$，$W=\dfrac{68}{1.5}≒45.3$(kg)

∴鋼瓶數量$=\dfrac{CO_2之藥劑量}{每支鋼瓶重量}=\dfrac{2325kg}{45.3kg}≒51.3$（支）$\Rightarrow$ 需 52 支鋼瓶

（五）鋼瓶應置於之場所（§87）：

1. 置於防護區域外。

2. 置於 40℃以下，溫度變化較少處。

3. 不得置於有日光曝曬或雨水淋濕之處。

（六）採機械排放時：排風機為專用，且具有 5 次/hr 之換氣量（§94）

∴Q（排風機之風量）$=V×\dfrac{5}{60min}=3000m^3×\dfrac{5}{60min}=250m^3$/min

（七）採自然排放時：

1. 最小之開口面積 = 防護區域樓地板面積 ×10%

$\qquad$ =(30m×20m)×10%＝60m^2

2. 位置：限防護區域自樓地板面起高度 $\frac{2}{3}$ 以下，且面向室外。

※ 局部放射方式（體積法）之滅火藥劑量計算公式：

$G = Q \times V \times K$

又 $Q = 8 - 6 \times \dfrac{a}{A}$

（一）V：假想防護空間體積（m^3）

$\quad V =（長 +0.6+0.6）\times（寬 +0.6+0.6）\times（高 +0.6）$

（二）A：防護空間體積之牆壁面積之合計（m^2）

$\quad A =（長 +0.6+0.6）\times（高 +0.6）\times 2 +$

$\quad\quad（寬 +0.6+0.6）\times（高 +0.6）\times 2$

（三）a：防護對象周圍實存牆壁面積之合計（m^2）

$\quad$①四面距牆面在 0.6m 以上（四周無牆）。

$\quad\quad a = 0$

$\quad$②一面距牆面在 0.6m 以內（一邊有牆）。

$\quad\quad a =（長 +0.6+0.6）\times（高 +0.6）$

$\quad$③二面距牆面在 0.6m 以內（二邊有牆）。

$\quad\quad a =（長 +0.6）\times（高 +0.6）+（寬 +0.6）\times（高 +0.6）$

2-25 設一電氣設備其尺寸長為2.8m，寬為1.8m，高為1.4m，採局部式CO_2滅火設備防護，四周0.6m內均無實存牆壁面積，則所需最小藥劑量？

【解說】

（一）V（假想防護空間體積）$=（長 +0.6m+0.6m）\times（寬 +0.6m+0.6m）$

$\quad\quad\quad\quad\quad\quad\quad\quad\quad\quad \times（高 +0.6m）$

$\quad\quad\quad\quad\quad =（2.8m+0.6m+0.6m）\times（1.8m+0.6m+0.6m）$

$\quad\quad\quad\quad\quad\quad \times（1.4m+0.6m）= 24m^3$

（二）Q（單位防護空間體積滅火藥劑量）$= 8 - 6 \times \dfrac{a}{A}$

$\quad\quad\quad\quad\quad\quad\quad\quad\quad\quad\quad = 8 - 6 \times \dfrac{0}{A}$

$\quad\quad\quad\quad\quad\quad\quad\quad\quad\quad\quad = 8(kg/m^3)$

（三）G（理論滅火藥劑量）$= Q(kg/m^3) \times V(m^3) \times 1.4$（高壓式）

$\quad\quad\quad\quad\quad\quad\quad\quad = 8kg/m^3 \times 24m^3 \times 1.4$

$\quad\quad\quad\quad\quad\quad\quad\quad = 268.8kg$

（四）如採充填比 1.5〔即 68ℓ（45kg）〕之鋼瓶

所需鋼瓶數 $=\dfrac{268.8kg}{45kg}=5.97$（支）⇒需 6 支鋼瓶

∴實際 CO_2 滅火藥劑量 $=45kg\times6=270kg$

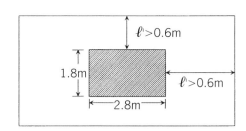

2-26 同上題，但該電氣設備長邊一面貼牆，寬邊一面距牆 **0.4m**，則所需二氧化碳藥劑量多少？

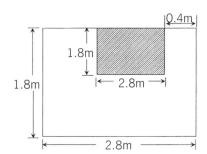

【解說】

（一）V（假想防護空間體積）$=8-6\times\dfrac{a}{A}$

　　 $=$（長 $+0.6m+0.6m$）$\times$（寬 $+0.6m+0.6m$）$\times$（高 $+0.6m$）

　　 $=(2.8m+0.6m+0.6m)\times(1.8m+0.6m+0.6m)\times(1.4m+0.6m)$

　　 $=24m^3$

（二）Q（單位防護空間體積滅火藥劑量）

　　 A$=$（長 $+0.6m+0.6m$）$\times$（高 $+0.6m$）$\times2+$（寬 $+0.6m+0.6m$）$\times$（高 $+0.6m$）$\times2$

　　 $=(2.8m+0.6m+0.6m)\times(1.4m+0.6m)\times2+(1.8m+0.6m+0.6m)\times(1.4m+0.6m)\times2=28m^2$

　　 a$=$（長 $+0.6m$）$\times$（高 $+0.6m$）$+$（寬 $+0.6m$）$\times$（高 $+0.6m$）

$$=(2.8m+0.6m)\times(1.4m+0.6m)+(1.8m+0.6m)\times(1.4m+0.6m)$$
$$=11.6m^2$$
$$Q=8-6\times\frac{a}{A}=8-6\times\frac{11.6}{28}=5.5(kg/m^3)$$

（三）G（理論 CO_2 滅火藥劑量）$=Q\times V\times 1.4$
$$=5.5kg/m^3\times24m^3\times1.4$$
$$=184.8kg$$

（四）如採充填比 1.5〔即 68ℓ（45kg）〕之鋼瓶

所需鋼瓶數 $=\dfrac{184.8kg}{45kg}=4.1$（支）$\Rightarrow$ 需 5 支鋼瓶

$\therefore$ 實際 CO_2 滅火藥劑量 $=45kg\times5=225kg$

※ 由於四周牆壁對火焰有圍阻作用，故本題所需 CO_2 藥劑量較前題的少。

2-27　公共危險物品製造、儲存或處理場所之二氧化碳、惰性氣體、鹵化烴滅火設備設置規定

【解說】

§222　公共危險物品製造、儲存或處理場所之二氧化碳、惰性氣體、鹵化烴滅火設備

項目		設置規定
二氧化碳滅火設備	（一）準用規定	準用第八十二條第一項、第八十三條、第八十四條至第八十八條、第八十九條第一項及第二項、第九十條至第九十二條、第九十三條第一項、第九十四條至第九十六條及第九十七條規定。
	（二）全區放射方式	1.以下表所列防護區域體積及其所列每 m³ 防護區域體積所需之滅火藥劑量，核算其所需之量。 2.但實際量未達所列之量時，以該滅火藥劑之總量所列最低限度之基本量計算。

防護區域體積 V(m³)	每 m3 防護區域體積所需之滅火藥劑量 Q(kg/m³)	滅火藥劑之基本需要量 (kg)
5m³	1.2	1
5～15m³	1.1	6
15～50m³	1.0	17
50～150m³	0.9	50
150～1500m³	0.8	135
1500m³	0.75	1200

		3. 防護區域之開口部未設置自動關閉裝置時：除依前款計算劑量外，應另加算該開口部面積每 5kg/m² 之量。 4. 追加係數：於防護區域內儲存、處理之公共危險物品，依下表之係數，二氧化碳滅火設備全區放射方式乘以第一項、局部放射方式乘以第八十三條第二款。未表列之公共危險物品或滅火藥劑係數，依中央主管機關認可之設計係數值核算之。
	（三）全區放射 方式 CO₂ 藥劑量計 算公式	CO_2 藥劑量 G(kg)[Q(kg/m³)×V(m³) + D(kg/m²)×A(m²)]×K（追加係數） 其中：Q：每 m³ 防護區域體積所需之滅火藥劑量（kg/m³） 　　　V：防護區域體積（m³）長寬高 　　　D：每 m² 開口部所需追加滅火藥劑量（kg/m²） 　　　A：開口部面積（m²） 　　　K：追加係數
惰性氣體滅火設備	（一）準用規定	準用第八十二條第二項之 IG-100、IG-55、IG-541 藥劑及第三項、第八十三條之一、第八十三條之二、第八十四條第一項、第八十五條、第八十七條第一項、第八十八條、第八十九條第一項及第三項、第九十條至第九十二條、第九十三條第二項、第九十四條、第九十五條、第九十六條之一及第九十七條規定。
	（二）滅火藥劑 量計算	1. 依下表之係數 2. 追加係數：於防護區域內或防護對象係為儲存、處理之公共危險物品，依下表之係數，惰性氣體滅火設備乘以第八十三條之二所算出之量。未表列之公共危險物品或滅火藥劑係數，依中央主管機關認可之設計係數值核算之。
鹵化烴滅火設備	（一）準用規定	準用第九十七條之一第一項之 HFC-23、HFC-227ea 藥劑、第二項及第三項、第九十七條之二至第九十七條之十規定。
	（二）滅火藥劑 量計算	1. 依下表之係數 2. 追加係數：於防護區域內或防護對象係為儲存、處理之公共危險物品，依下表之係數乘以第九十七條之三所算出之量。未表列之公共危險物品或係數，依中央主管機關認可之設計係數值核算之。

※ 自動關閉裝置：係指甲種防火門、乙種防火門或使用不燃材料建造之門，在 CO_2 滅火劑放射前能使開口部自動閉鎖之裝置。

公共危險 物品 ＼ 滅火藥劑 種類	二氧化碳	惰性氣體 IG-100、IG-55 及 IG-541	鹵化烴 HFC-23 及 HFC-227ea	乾粉			
				第一種	第二種	第三種	第四種
丙烯腈	1.2			1.2	1.2	1.2	1.2
乙醛				－	－	－	－
氰甲烷	1.0			1.0	1.0	1.0	1.0
丙酮	1.0			1.0	1.0	1.0	1.0

物質							
苯氨				1.0	1.0	1.0	1.0
異辛烷	1.0			−	−	−	−
異戊二烯	1.0						
異丙胺	1.0						
異丙醚	1.0						
異己烷	1.0						
異庚烷	1.0						
異戊烷	1.0						
乙醇	1.2			1.2	1.2	1.2	1.2
乙胺	1.0						
氯乙烯				−	−	1.0	−
辛烷	1.2						
汽油	1.0	1.0	1.0	1.0	1.0	1.0	1.0
甲酸乙酯	1.0						
甲酸丙酯	1.0						
甲酸甲酯	1.0						
輕油	1.0	1.0	1.0	1.0	1.0	1.0	1.0
原油	1.0			1.0	1.0	1.0	1.0
醋酸				1.0	1.0	1.0	1.0
醋酸乙酯	1.0			1.0	1.0	1.0	1.0
醋酸甲酯	1.0						
氧化丙烯	1.8			−	−	−	−
環己烷	1.0						
二乙胺	1.0						
乙醚	1.2			−	−	−	−
二噁烷	1.6			1.2	1.2	1.2	1.2
重油	1.0	1.0	1.0	1.0	1.0	1.0	1.0
潤滑油	1.0			1.0	1.0	1.0	1.0
四氫呋喃	1.0			1.2	1.2	1.2	1.2
煤油	1.0	1.0	1.0	1.0	1.0	1.0	1.0
三乙胺	1.0						
甲苯	1.0			1.0	1.0	1.0	1.0
石腦油	1.0			1.0	1.0	1.0	1.0

菜仔油				1.0	1.0	1.0	1.0
二硫化碳	3.0			－	－	－	－
乙烯基乙烯醚	1.2						
砒碇				1.0	1.0	1.0	1.0
丁醇				1.0	1.0	1.0	1.0
丙醇	1.0			1.0	1.0	1.0	1.0
2-丙醇（異丙醇）	1.0						
丙胺	1.0						
己烷	1.0			1.2	1.2	1.2	1.2
庚烷	1.0			1.0	1.0	1.0	1.0
苯	1.0			1.2	1.2	1.2	1.2
戊烷	1.0			1.4	1.4	1.4	1.4
清油				1.0	1.0	1.0	1.0
甲醛	1.6			1.2	1.2	1.2	1.2
丁酮（甲基乙基酮）	1.0			1.0	1.0	1.2	1.0
氯苯				－	－	1.0	－

註：標有－者不可用為該公共危險物品之滅火劑。

第二章◎自我評量

（一）問答題

1. 試說明二氧化碳滅火設備適用與不適用之災害為何？及二氧化碳滅火優缺點及滅火原理？
2. 試說明二氧化碳滅火設備之分類？
3. 試說明二氧化碳滅火設備檢查會審（勘）應注意事項？
4. 試說明二氧化碳滅火設備之放射方式？
5. 試說明二氧化碳滅火設備之主要構成？並以圖例說明之
6. 試說明二氧化碳滅火設備動作流程圖？
7. 試說明二氧化碳滅火設備之滅火藥劑量如何計算？
8. 試說明二氧化碳滅火設備噴頭之設置規定？
9. 試說明二氧化碳滅火設備全區放射方式防護區域之開口部設置規定？
10. 試說明二氧化碳滅火設備全區放射方式防護區域之基準架構？

11. 試說明二氧化碳滅火設備儲存容器之設置規定？

12. 試說明容器閥的種類？其適用於何種化學滅火設備？

13. 試說明二氧化碳滅火設備啟動用氣體容器之設置規定？

14. 試說明二氧化碳滅火設備配管之設置規定？

15. 試說明二氧化碳滅火設備選擇閥之設置規定？

16. 試說明二氧化碳滅火設備啟動裝置之設置規定？

17. 為確保人身之安全，裝設 CO_2 全區放射系統時，其音響警報裝置及安全裝置之設置規定為何？

18. 試說明二氧化碳滅火設備藥劑排放之設置規定？

19. 試說明二氧化碳滅火設備放射方式之設置規定？

20. 試比較二氧化碳滅火設備各種放射方式之規定？

21. 二氧化碳滅火設備有哪些保安措施？試詳述之。

22. 試說明公共危險物品製造、儲存或處理場所之二氧化碳滅火設備設置規定？

23.*請依「各類場所消防安全設備設置標準」寫出鹵化烴滅火設備所使用之滅火藥劑的中文名稱、英文代號、化學式及設置滅火藥劑量規定。另請說明鹵化烴滅火藥劑儲存容器進行外觀檢查時的檢查方法及判定方法。

（二）測驗題

（D） 1. 下列何項措施非二氧化碳滅火設備全區放射防護區內之人命安全措施？
(A) 延遲放射時間 20 秒以上 (B) 配置暫停釋放裝置 (C) 放射完畢後排氣措施 (D) 集氣管安全閥裝置。

（C） 2. 低壓式二氧化碳滅火設備藥劑儲存槽冷凍機之啟動壓力值為下列何者？
(A) $19 kgf/cm^2$ (B) $21 kgf/cm^2$ (C) $22 kgf/cm^2$ (D) $23 kgf/cm^2$。

（B） 3. 二氧化碳滅火設備若採高壓式全區放射，在竣工後進行放射試驗，放射所需藥劑量為多少？
(A) 放射區設計藥劑總量 (B) 放射區設計藥劑總量之 10% 以上 (C) 以氮氣 200 公升代替 (D) 以每 1 公斤需 $0.015 m^3$ 以上之氮氣替代。

（D） 4. 二氧化碳滅火設備採移動式放射方式，每一具噴射瞄子所需滅火藥劑量不得小於多少公斤？
(A) 60 公斤 (B) 70 公斤 (C) 80 公斤 (D) 90 公斤。

（B） 5. 啟動用二氧化碳小鋼瓶之內容積，應有多少公升以上？
(A) 0.5 公升 (B) 1 公升 (C) 2 公升 (D) 4 公升。

（C） 6. 二氧化碳滅火設備之配管，其低壓銅管應耐多少壓力？
(A) $32.5 kgf/cm^2$ (B) $35.5 kgf/cm^2$ (C) $37.5 kgf/cm^2$ (D) $45 kgf/cm^2$。

（B） 7. 下列有關乾粉、二氧化碳滅火設備音響警報裝置之敘述，何者有誤？
(A) 手動或自動裝置動作後，應自動發出警報，且藥劑未全部放射前不

得中斷　(B) 設於全區放射方式之音響警報裝置應採用蜂鳴器　(C) 設於全區放射方式之音響警報裝置應採用人語發音　(D) 音響警報應有效報知防護區域或防護對象內所有人員。

(**D**)　8. 二氧化碳滅火設備，全區或局部放射之緊急電源，其容量應能使該設備有效動作多少分鐘以上？
(A) 20 分鐘以上　(B) 30 分鐘以上　(C) 45 分鐘以上　(D) 60 分鐘以上。

(**D**)　9. 下列有關二氧化碳滅火設備之敘述，何者有誤？
(A) 高壓式噴頭之放射壓力應達 14kgf/cm^2 以上　(B) 低壓式噴頭之放射壓力應達 9kgf/cm^2 以上　(C) 高壓式藥劑鋼瓶充填比 1.5～1.9　(D) 低壓式藥劑貯槽充填比 0.85～1.45。

(**D**)　10. 同一建築物內設置有二個以上之防護區域的二氧化碳滅火設備，若共用儲存容器時，每一防護區域應有以下何者構件？
(A) 一齊開放閥　(B) 自動警報逆止閥　(C) 壓力指示計　(D) 選擇閥。

(**B**)　11. 化學滅火系統設備全區放射方式之遲延裝置，設定遲延放射之時間上下限分別為多少？
(A) 15～20 秒　(B) 20～60 秒　(C) 1～3.5 分鐘　(D) 10～15 分鐘。

(**B**)　12. 低壓貯存二氧化碳滅火藥劑槽，應經常保持 −18°C 之液溫，壓力則須保持多少 kgf/cm^2？
(A) 15～18　(B) 19～23　(C) 25～40　(D) 50～54。

(**A**)　13. 下列全區二氧化碳滅火設備之敘述，何者有誤？
(A) 應設有 30 秒以上之延遲裝置　(B) 應設有放射表示燈　(C) 緊急電源，其容量應能使該設備有效動作一小時以上　(D) 排至室外之滅火藥劑不得有局部滯留之現象。

(**B**)　14. 二氧化碳滅火設備之防護區，對其放射之滅火藥劑若採機械排放時，排風機應為專用且應具有每小時幾次之換氣量？
(A) 3　(B) 5　(C) 6　(D) 10。

(**A**)　15. 一電氣設備室長寬高分別為 12m、8m 及 4m，若採二氧化碳全區放射滅火設備防護，藥劑放射後採機械排放，則其排風機之風量應為每分鐘多少立方公尺？
(A) 32　(B) 64　(C) 307　(D) 384

(**A**)　16. 二氧化碳滅火設備採移動式放射方式，每一具噴射瞄子所需滅火藥劑量不得小於多少公斤？
(A) 90　(B) 100　(C) 120　(D) 200。

(**B**)　17. 移動式二氧化碳滅火設備之有效防護半徑最大為多少公尺？
(A) 10　(B) 15　(C) 20　(D) 25。

(**B**)　18. 下列有關 CO 放射噴頭設置之規定，何者正確？a 高壓式為 14kgf/cm^2 以上；b 低壓式為 9kgf/cm^2 以上；c 電信機械室之 CO$_2$ 全區放射方式之規定滅火藥劑量應在一分鐘內全部放射完畢；d 局部放射方式之 CO$_2$ 規定滅火藥劑量應於 30 秒內全部放射完畢
(A) a b c　(B) a b d　(C) a c d　(D) b c d。

（**A**）19. 下列有關 CO_2 滅火設備儲存容器及配管之規定敘述，何者正確？a 最低配管與最高配管間差不得超過 50m；b 高壓式充填比為 1.5 以上、1.9 以下；c 低壓式充填比為 1.1 以上、1.4 以下；d 採用銅管配管時，高壓式應能耐壓 37.5kgf/cm^2 以上
(A)a b c　(B)a b d　(C)a c d　(D)b c d。

（**D**）20. 高壓式二氧化碳滅火設備採局部放射時，如採體積法設計，則滅火藥劑量追加倍數為何？
(A)1.1　(B)1.2　(C)1.3　(D)1.4。

（**A**）21. 二氧化碳滅火系統之全區放射防護區域對放射之滅火藥劑採自然排放時，設有面向外氣且為防護區域自樓地板面起高度 2/3 以下，能開啟之開口部大小，應為多少？
(A) 占防護區域樓地板面積 10% 以上　(B) 占防護區域圍壁面積 10% 以上　(C) 占防護區域樓地板面積 20% 以上　(D) 占防護區域圍壁面積 20% 以上。

（**B**）22. 依據「各類場所消防安全設備設置標準」之規定，二氧化碳滅火設備之藥劑放射規定，下列何者正確？
(A) 電信機械室採全區放射時，藥劑需於 7 分鐘內放射完畢　(B) 存放一般物品之無人倉庫採全區放射時，藥劑需於 1 分鐘內放射完畢　(C) 局部放射方式藥劑需於 3.5 分鐘內放射完畢　(D) 移動式放射方式每一具瞄子每分鐘之藥劑放射量應在 90 公斤以上。

（**D**）23. 二氧化碳滅火設備使用氣體啟動者，下列敘述何者正確？
(A) 內容積應有 0.6 公升以上　(B) 所儲存之二氧化碳重量在 1 公斤以上，充填比在 1.5 以上　(C) 不得兼供防護之區選擇閥使用　(D) 啟動用氣體容器要能耐 25MPa 之威力。

（**B**）24. 二氧化碳滅火系統全區放射設計中，藥劑以常溫儲存之高壓式噴頭，其放射壓力為多少 kgf/cm^2？
(A)9　(B)14　(C)19　(D)23。

（**C**）25. 有一電信機械室其大小為 20m（長）×10m（寬）×3m（高），若設置全區放射 CO_2 滅火設備，其開口部皆可在 CO_2 放射前自動關閉，所需滅火藥劑量為多少？
(A)540kg　(B)600kg　(C)720kg　(D)780kg。

（**D**）26. 依各類場所消防安全設備設置標準第 18 條規定，下列場所何者不適合設置二氧化碳滅火設備？
(A) 昇降機械式停車場可容納十輛以上者　(B) 發電機室及其他類似之電器設備場所，樓地板面積在 200 平方公尺以上者　(C) 廚房等大量使用火源之場所，樓地板面積在 200 平方公尺以上者　(D) 屋頂直昇機停機場（坪）

乾粉滅火設備

3-1 乾粉滅火設備適用與不適用之災害、乾粉之滅火優缺點及滅火原理

【解說】

（一）適用之災害	1. 易燃性液體、氣體火災（B類火災）。 2. 電氣火災（C類火災）。 3. 普通可燃物質：如木材、紙張、塑膠等（A類火災）。
（二）不適用之災害	1. 能自行供給氧氣之化學物質（過氧化物），如硝化棉、火藥等。 2. 活化金屬如Na、K、Mg或禁水性物質所引起之火災。 3. 乾粉無法滲透之普通可燃物之深層型火災。
（三）滅火優點	1. 滅火速度快，瞬間可撲滅火災。 2. 對人畜傷害微小，亦不會產生毒性氣體，對臭氧層無影響。 3. 寒帶不需使用防凍劑，低溫場所使用時，其性能不會減低。 4. 可耐長期使用，不必每年更換滅火藥劑（一般每3年更換一次）。 5. 電絕緣性佳，可撲滅電氣火災。 6. 製粉簡單。 7. 乾粉可較長距離輸送，設備可遠離防護區。
（四）滅火缺點	1. 乾粉放射時會降低視線，防礙救災。 2. 使人員暫時性呼吸困難。 3. 具腐蝕性，不可用於電腦室。 4. 易受潮而結塊。
（五）滅火原理	1. 抑制作用： 　(1)為乾粉滅火最主要的作用。 　(2)乾粉受熱分解可產生金屬及銨根離子，這些離子可與燃燒連鎖反應產生的活化基作用，使得連鎖反應無法繼續進行，達到抑制燃燒物繼續燃燒之滅火作用。 2. 冷卻作用： 　(1)冷卻作用就乾粉滅火作用而言，所佔的比例很小。火焰的溫度很高，因此在焰中投入冷固體的乾粉，有冷卻之滅火作用。 　(2)乾粉受熱後會產生吸熱反應及水之冷卻作用。 3. 窒息作用： 　(1)經實驗證明窒息作用不是乾粉滅火的主要機制。 　(2)乾粉加熱後，會分解產生CO_2氣體，因此具有與CO_2一樣之窒息作用。 4. 遮斷作用（隔熱作用）： 　(1)為乾粉滅火明顯因素之一，因此施用乾粉時，應對著火焰的根部噴撒。 　(2)液體燃燒時火焰會藉輻射作用將熱傳回液面，以提供後續液體蒸發所需能量，如果在液體與火焰間噴撒一層粉體粒子，則這層粉體粒子會遮斷火焰輻射回可燃物的能量，即可抑制燃燒，達到滅火目的。 5. 稀釋作用：$NaHCO_3$等乾粉遇高熱會分解並釋放出大量之CO_2、水及較空氣重之不燃性氣體，使燃燒物周圍的O_2濃度降低，具有稀釋作用。但所發生的效果並不大。

3-2 加壓式乾粉滅火設備之主要構成

【解說】

（一）加壓式乾粉滅火設備之主要構成：

功能	主要構成	
1.感知	探測器。	
2.啟動	(1)手動啟動裝置。 (2)自動啟動裝置。	(3)啟動用氣體容器與電磁閥。 (4)緊急停止裝置。
3.音響	(1)音響警報裝置。	(2)人語廣播裝置。
4.顯示	放射表示燈。	
5.連動	(1)通風換氣設備停止裝置。	(2)開口部自動關閉裝置。
6.控制	(1)控制盤。	(2)受信總機。
7.儲存容器	(1)乾粉儲存容器（容器閥）。 (2)定壓動作裝置。 (3)放出閥與放出閥切換開關。	(4)氣體導入閥兼清洗閥。 (5)壓力表。 (6)排氣閥。
8.加壓用氣體	(1)加壓用氣體容器。 (2)壓力調整裝置。	(3)檢修閥。
9.配管	(1)集合管。 (2)選擇閥。 (3)安全裝置。	(4)壓力開關。 (5)噴頭。
10.電力	緊急電源。	

（二）加壓式乾粉滅火設備之構成圖示（全區放射方式）：

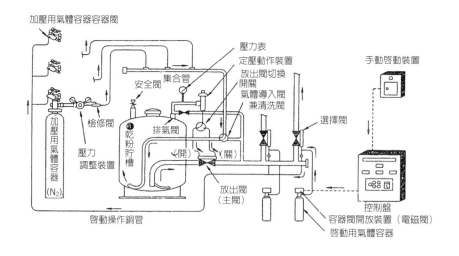

3-3　乾粉滅火設備之滅火藥劑量計算規定

【解說】

§99　乾粉滅火藥劑量規定

放射方式			說明		
（一）全區放射方式	1.適用對象		一般適用於電信機械室、總機室、或其他類似之密閉空間場所。		
	2.計算表	乾粉藥劑種類		每 m^3 防護區域所需滅火藥劑量 Q（kg/m^3）	每 m^2 開口部所需追加滅火藥劑量 D（kg/m^2）
		第一種乾粉（主成分：$NaHCO_3$）		0.6	4.5
		第二種乾粉（主成分：$KHCO_3$）		0.36	2.7
		第三種乾粉（主成分：$NH_4H_2PO_4$）		0.36	2.7
		第四種乾粉（主成分：$KHCO_3$＋尿素）		0.24	1.8
	3.公式	乾粉滅火藥劑量 $G(kg) = Q(kg/m^3) \times V(m^3) + D(kg/m^2) \times A(m^2)$ 其中：Q：每 m^3 防護區域所需滅火藥劑量（kg/m^3） 　　　V：防護區域體積（m^3）＝長×寬×高 　　　D：每 m^2 開口部所需追加滅火藥劑量（kg/m^2） 　　　A：開口部面積（m^2）			
（二）局部放射方式（面積法）	1.適用對象	(1)可燃性固體或易燃性液體存放於上方開放式容器，火災發生時，燃燒限於同一面，且可燃物無向外飛散之虞者。 (2)例如：油槽或油池火災。			
	2.計算表	滅火藥劑種類	防護對象每 m^2 表面積所需之藥劑量 D（kg/m^2）		追加倍數
		第一種乾粉	8.8		1.1
		第二種乾粉或第三種乾粉	5.2		1.1
		第四種乾粉	3.6		1.1
	3.公式	局部放射方式（面積法）： 乾粉滅火藥劑量 $G(kg) = D(kg/m^2) \times A(m^2) \times K$（倍） 其中：G：乾粉滅火藥劑量（kg） 　　　D：防護對象每 m^2 表面積所需之藥劑量（kg/m^2） 　　　A：防護對象表面積（m^2） 　　　　A＝長×寬，長 ≥ 0.6m，寬 ≥ 0.6m 　　　　（若小於 0.6m，以 0.6m 計） 　　　K：追加倍數（＝ 1.1） ∴乾粉滅火藥劑量 $G(kg) = D(kg/m^2) \times A(m^2) \times 1.1$			

<table>
<tr><td rowspan="3">（三）局部放射方式（體積法）</td><td>1. 適用對象</td><td colspan="3">燃燒非侷限於一面，且無法以全區放射方式滅火者。</td></tr>
<tr><td rowspan="1">2. 計算表</td><td colspan="3">

滅火藥劑種類	X 值	Y 值
第一種乾粉	5.2	3.9
第二種乾粉或第三種乾粉	3.2	2.4
第四種乾粉	2.0	1.5

</td></tr>
<tr><td>3. 公式</td><td colspan="3">

局部放射方式（體積法）：

乾粉滅火藥劑量 $G(kg) = Q(kg/m^3) \times V(m^3) \times K$（倍）

其中 G：乾粉滅火藥劑量（kg）

Q：假想防護空間單位體積滅火藥劑量（kg/m³）

又 $Q(kg/m^3) = X - Y \times \dfrac{a}{A}$

a：防護對象周圍實存牆壁面積之合計（m²）

A：假想防護空間牆壁面積之合計（m²）

V：假想防護空間體積（m³）

（距防護對象任一點 0.6m 所圍成之體積）

$V = (L + 0.6 \times 2)(W + 0.6 \times 2)(H + 0.6)$

K：追加倍數（＝1.1）

∴乾粉滅火藥劑量 $G(kg) = Q(kg/m^3) \times V(m^3) \times 1.1$

※電信機械室之乾粉滅火藥劑量 $G(kg) = Q(kg/m^3) \times V(m^3) \times 1.1 \times 0.7$

</td></tr>
</table>

（三）局部放射方式（體積法）

1. 適用對象：燃燒非侷限於一面，且無法以全區放射方式滅火者。

2. 計算表

滅火藥劑種類	X 值	Y 值
第一種乾粉	5.2	3.9
第二種乾粉或第三種乾粉	3.2	2.4
第四種乾粉	2.0	1.5

3. 公式

局部放射方式（體積法）：

乾粉滅火藥劑量 $G(kg) = Q(kg/m^3) \times V(m^3) \times K$（倍）

其中 G：乾粉滅火藥劑量（kg）

    Q：假想防護空間單位體積滅火藥劑量（kg/m³）

    又 $Q(kg/m^3) = X - Y \times \dfrac{a}{A}$

    a：防護對象周圍實存牆壁面積之合計（m²）

    A：假想防護空間牆壁面積之合計（m²）

    V：假想防護空間體積（m³）

    （距防護對象任一點 0.6m 所圍成之體積）

    $V = (L + 0.6 \times 2)(W + 0.6 \times 2)(H + 0.6)$

    K：追加倍數（＝1.1）

∴乾粉滅火藥劑量 $G(kg) = Q(kg/m^3) \times V(m^3) \times 1.1$

※電信機械室之乾粉滅火藥劑量 $G(kg) = Q(kg/m^3) \times V(m^3) \times 1.1 \times 0.7$

（四）移動放射方式

1. 適用對象：當外牆開口面積（常時開放部分）達 15%以上者，且又無法採局部放射方式時使用之。

2. 藥劑量

滅火藥劑種類	滅火藥劑量（kg）
第一種乾粉	≤ 50
第二種乾粉或第三種乾粉	≤ 30
第四種乾粉	≤ 20

3. 放射量

滅火藥劑種類	每分鐘放射量（kg/min）
第一種乾粉	45
第二種乾粉或第三種乾粉	27
第四種乾粉	18

4. 放射時間

滅火藥劑種類	放射時間（min）
第一種乾粉	$1.1\ (= \dfrac{50}{45})$
第二種乾粉或第三種乾粉	$1.1\ (= \dfrac{30}{27})$
第四種乾粉	$1.1\ (= \dfrac{20}{18})$

3-4　乾粉滅火設備噴頭之設置規定

【解說】

§100　全區、局部放射方式之噴頭

項目	全區放射方式	局部放射方式	移動放射方式
（一）噴頭設置規定（§100）	能使放射藥劑迅速均勻地擴散至整個防護區域。	在所設噴頭之有效射程內，涵蓋防護對象所有表面，且所設位置不得因藥劑之放射使可燃物有飛散之虞。	防護半徑 ≤ 15m
（二）放射壓力（§100）	P ≥ 1kgf/cm²(0.1MPa)	P ≥ 1kgf/cm²(0.1MPa)	—
（三）放射時間（§100）	30sec 以內	30sec 以內	1min 以內
	※乾粉之滅火效果，限於表面火災之化學抑制作用，不似水系統或 CO_2 具有滲透可燃物內部之深層火災物理滅火作用，因此藥劑放射時間要求應在 30sec 內放射完畢，俾有效達成快速滅火之目的。		1.第一種乾粉：$\dfrac{50kg}{45kg/min}$ 2.第二、三種乾粉：$\dfrac{30kg}{27kg/min}$ 3.第四種乾粉：$\dfrac{20kg}{18kg/min}$
（四）放射量（§111）	—	—	1.第一種乾粉：45kg/min 2.第二、三種乾粉：27kg/min 3.第四種乾粉：18kg/min

3-5　乾粉滅火設備滅火藥劑儲存容器之設置規定

【解說】

§102　滅火藥劑儲存容器規定

儲存容器	設置規定
（一）充填比	1.第一種乾粉：0.85～1.45。 2.第二、三種乾粉：1.05～1.75。 3.第四種乾粉：1.5～2.5。
（二）儲存場所	1.置於防護區域外。 2.置於溫度 40℃ 以下，溫度變化較少處。 3.不得置於有日光曝曬或雨水淋濕之處。
（三）標示	於明顯處所標示： 1.充填藥劑量。 2.滅火藥劑種類。 3.最高使用壓力（限加壓式）。

	4.製造年限。 5.製造廠商。	
（四）安全裝置	符合 CNS 11176 之規定。	
（五）容器閥	蓄壓式：內壓在 10kgf/cm² （1MPa）以上者，符合 CNS 10848 及 10849 之規定。	
（六）排出裝置	為排除儲存容器之殘留氣體，應設置排出裝置。	
（七）清洗裝置	為處理配管之殘留藥劑，應設置清洗裝置。	
（八）防震措施	採取有效的防震措施。	

3-6　加壓式與蓄壓式乾粉滅火設備之動作原理與動作流程

【解說】

項目	加壓式	蓄壓式
（一）動作原理	係指另用鋼瓶（加壓用氣體容器）裝加壓氣體，當動作時才打開此鋼瓶之容器閥，將其氣體導入乾粉儲存容器，使氣體與乾粉混合而呈流動化，而由定壓動作裝置連動打開放出閥放出乾粉。	係為蓄壓用之氣體（N_2 或 CO_2）已先加至乾粉儲存容器，乾粉儲存容器已為蓄壓狀態，再利用啓動用氣體直接打開儲存容器放出閥，利用儲存容器中內壓 10kgf/cm² 以上之蓄積壓力使乾粉放射出來。
（二）動作流程	火警探測器 ↓ 啓動用氣體容器 ↓ 加壓用氣體容器 ↓ 乾粉儲存容器 ↓ 定壓動作裝置 ↓ 打開放出閥 ↓ 選擇閥開啓 ↓ 放出乾粉滅火藥劑	火警探測器 ↓ 啓動用氣體容器 ↓ 乾粉儲存容器 ↓ 打開放出閥 ↓ 選擇閥開啓 ↓ 放出乾粉滅火藥劑

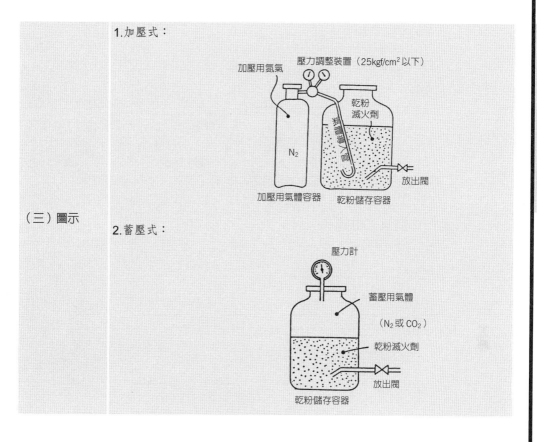

（三）圖示

1.加壓式：

2.蓄壓式：

3-7　乾粉滅火設備加壓或蓄壓用氣體容器之設置規定

【解說】

§104　加壓或蓄壓用氣體容器之設置

種類		設置規定
（一）加壓或蓄壓用氣體		使用 N_2 或 CO_2。
（二）加壓用氣體量	1.使用 N_2 時	在溫度 35℃，大氣壓力（表壓力）0kgf/cm² （0MPa）狀態：每 1kg 乾粉藥劑需 N_2 40ℓ以上。
	2.使用 CO_2 時	在溫度 35℃，大氣壓力（表壓力）0kgf/cm² （0MPa）狀態下：每 1kg 乾粉藥劑需 CO_2 20g，並加算清洗配管所需要量以上。
（三）蓄壓用氣體量	1.使用 N_2 時	在溫度 35℃，大氣壓力（表壓力）0kgf/cm² （0MPa）狀態：每 1kg 乾粉藥劑需 N_2 10ℓ以上，並加算清洗配管所需要量以上。
	2.使用 CO_2 時	在溫度 35℃，大氣壓力（表壓力）0kgf/cm² （0MPa）狀態下：每 1kg 乾粉藥劑需 CO_2 20g，並加算清洗配管所需要量以上。

（四）清洗配管用氣體	另以容器儲存。
（五）防震措施	採取有效之防震措施。

說明：

1. 使用 N_2 或 CO_2，其主要原因是因其均為不燃，且極為穩定之氣體。

2. 乾粉滅火設備一般與 CO_2 滅火設備相似（請參考法規§98），但由於放射的藥劑為固體，而不是如 CO_2 之液體或氣體，故必須利用加壓氣體來輸送乾粉，所以如何均勻的放射乾粉粉末，清除放射完後配管中殘留的乾粉，是異於 CO_2 滅火設備之處。所以乾粉滅火設備的加壓或蓄壓用氣體必須要考慮清洗配管的使用量。

3. 加壓式：(1)使用 N_2 時：一般用於較大型，且鋼瓶一般為 40ℓ 或 60ℓ，小型則 10ℓ 或 13.4ℓ。

※氣體量之計算表：

35℃，0kgf/cm² （表壓力）	1. 加壓用氣體量	(1) $N_2 = 40\ell$/kg 乾粉 　　　 $= 30\ell$/kg 乾粉（加壓用量）$+ 10\ell$/kg 乾粉（清洗用量） (2) $CO_2 = 40$g/kg 乾粉 　　　 $= 20$g/kg 乾粉（加壓用量）$+ 20$g/kg 乾粉（清洗用量）
	2. 蓄壓用氣體量	(1) $N_2 = 20\ell$/kg 乾粉 　　　 $= 10\ell$/kg 乾粉（蓄壓用量）$+ 10\ell$/kg 乾粉（清洗用量） (2) $CO_2 = 40$g/kg 乾粉 　　　 $= 20$g/kg 乾粉（蓄壓用量）$+ 20$g/kg 乾粉（清洗用量）
換算儲存狀態（35℃，135kgf/cm²）之 N_2 體積量		波以耳定律：$\dfrac{P_1V_1}{T_1} = \dfrac{P_2V_2}{T_2}$ P_1：絕對壓力（＝表壓力 $+ 1.033$kgf/cm²） 　　　 1atm $= 1.033$kgf/cm² P_1：$0 + 1.033 = 1.033$（kgf/cm²） T_1：絕對溫度（＝攝氏溫度 $+ 273 = 35 + 273 = 308$(°K)） P_2：$135 + 1.033 = 136.033$（kgf/cm²） T_2：308°K 　　　 由 V_1 可求得 V_2

3-8　乾粉滅火設備配管及閥類之設置規定

【解說】

§105　配管及閥類

項目	設置規定
（一）專用	為專用，其管徑依噴頭流量計算配置。
（二）鋼管	1. 使用符合 CNS 6445，並施予鍍鋅等防蝕處理，或具同等以上強度及耐蝕性之鋼管。 2. 蓄壓式（壓力在 $25\sim42$kgf/cm² 時）：

	(1)符合 CNS 4626 之無縫鋼管，其厚度在 Sch40 以上，並施予防蝕處理。 (2)或具有同等以上強度及耐蝕性之鋼管。
（三）銅管	1. 使用符合 CNS 5127 之銅管，並能承受調整壓力或最高使用壓力的 1.5 倍以上之壓力。 2. 或具同等以上強度及耐蝕性之銅管。
（四）落差	最低配管與最高配管間，落差 ≤ 50m。
（五）配管方式	配管採均分原則，使噴頭同時放射時，放射壓力為均等。
（六）防震措施	配管採取有效之防震措施。
（七）閥類	1.(1)使用符合 CNS 之規定且施予防蝕處理。 　(2)或具有同等以上強度、耐蝕性及耐熱性。 2. 標示開閉位置及方向。 3. 放出閥、加壓氣體容器閥：手動操作部分設於易於接近且安全之處。

※配管之均分原則，一般採用 T 型管使左右均等之分流方法（如下圖）：

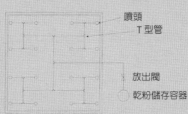

※為明定配管管徑之配置，參考美國防火協會乾粉滅火設備安裝標準（NFPA17）及日本消防法施行規則第 21 條規定，管徑應依噴頭流量計算配置。

3-9　乾粉滅火設備配管與管徑大小限制之設置規定

【解說】

§106　配管任一部分與彎曲部之距離

（一）設置規定	1. 自儲存容器起，其配管任一部分與彎曲部分之距離：應為管徑 20 倍以上。 2. 但能採取乾粉藥劑與加壓或蓄壓用氣體不會分離措施者，不在此限。
（二）理由	1. 乾粉配管如管徑過大，導致流速降低，致使乾粉與加壓用氣體分離，影響乾粉之放射。 2. 由肘管接至 T 型管若距離太短時，因離心力作用，致使乾粉與氣體分離，但其距離在管徑 20 倍以上時則可成為均等（如下圖）。 氣體多量 ← 　　　→ 乾粉多量 設置這樣彎曲的配管，乾粉因比重較大，被壓向一側之後，在 T 字部分乾粉及氣體即分離。

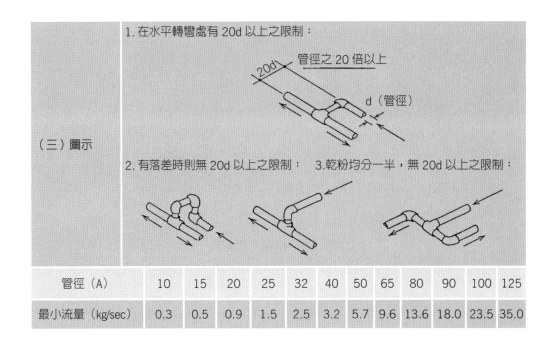

管徑（A）	10	15	20	25	32	40	50	65	80	90	100	125
最小流量（kg/sec）	0.3	0.5	0.9	1.5	2.5	3.2	5.7	9.6	13.6	18.0	23.5	35.0

3-10　乾粉滅火設備壓力調整裝置之設置規定

【解說】

§107　壓力調整裝置

（一）設置規定	加壓式乾粉滅火設備應設壓力調整裝置，可調整壓力至 25kgf/cm²（2.5MPa）以下。
（二）設置理由	在加壓式乾粉滅火設備中，加壓用 N_2 通常是以 150kgf/cm² 之高壓來灌充，其加壓儲存容器耐壓為 250kgf/cm²，如果直接導入乾粉儲存容器，由於乾粉儲存容器之耐壓程度一般僅為 36kgf/cm²，若不減壓勢必產生危險，因此在加壓儲存容器與乾粉儲存容器設有壓力調整裝置，以維持一定壓力，一般約為 25kgf/cm² 以下。
（三）圖示	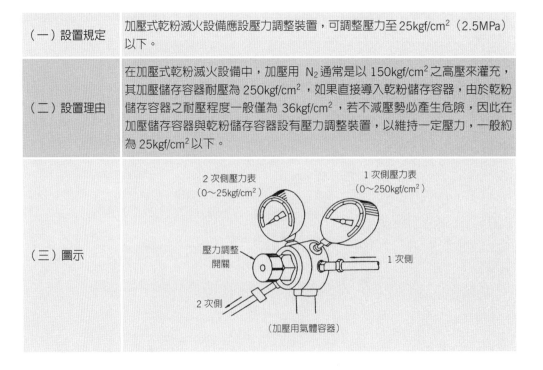

（三）圖示

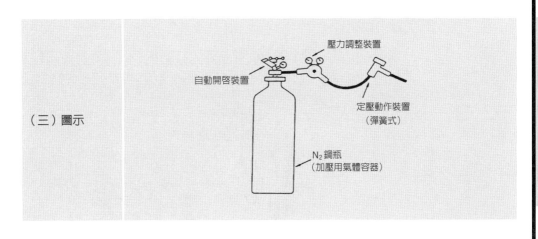

3-11　乾粉滅火設備之壓力調整裝置及定壓動作裝置之設置規定

【解說】

§107　壓力調整裝置

§108　定壓動作裝置

項目	設置規定
壓力調整裝置	可調整壓力至 25kgf/cm^2（2.5MPa）以下。
定壓動作裝置	1.啟動裝置動作後，儲存容器壓力達設定壓力時，應使放出閥開啟。 2.定壓動作裝置設於各儲存容器。

※ **各種定壓動作裝置：**

（一）機械式：

當注入儲存容器的壓力達一定壓力時，藉由其壓力打開放出閥。

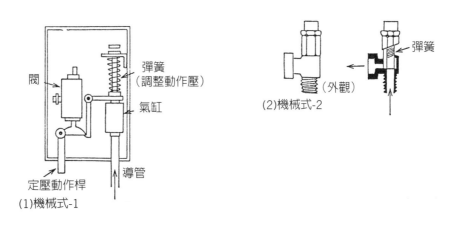

（二）壓力開關式：

達到一定壓力時，壓力開關動作，打開電磁閥，當電磁閥打開，其開放用氣體才能通過，並打開放出閥。因為使用電磁閥，因此需緊急電源。

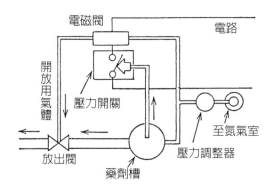

（三）定時開關式：

內壓達一定壓力為只所需時間先行預定之方式。當啟動後，超過設定的時間，會如壓力開關式一樣使電磁閥動作。此方式亦需緊急電源。

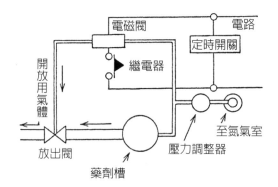

3-12　加壓式乾粉滅火設備之加壓裝置組件構成及相關規定

【解說】

（一）**加壓裝置目的**：為導入所需的氣體壓力至乾粉儲存容器，使氣體與乾粉混合而呈流動化，故需加壓裝置來完成此一動作。加壓裝置是由加壓用氣體容器、加壓用氣體容器閥、加壓用氣體容器閥開放裝置、壓力調整裝置、檢修閥等組件構成。

（二）構成組件：

構成組件	規定
（一）加壓用氣體容器	1. 加壓用氣體應使用 N_2 或 CO_2。 2. 加壓用氣體量： (1)使用 N_2 時：在溫度 35℃，大氣壓力（表壓力）0kgf/cm² 狀態下：每 1kg 乾粉藥劑需 N_2 40ℓ以上。 (2)使用 CO_2 時，在溫度 35℃，大氣壓力（表壓力）0kgf/cm² 狀態下：每 1kg 乾粉藥劑需 CO_2 20g，並加算清洗配管所需要量以上。
（二）加壓用氣體容器閥	容器閥安全裝置：符合 CNS 11176 規定。
（三）加壓用氣體容器閥開放裝置	開放方式有三種： 1. 氣體加壓式。 2. 使用重錘落下而使容器閥之回轉把手轉動，而打開容器閥之方式。 3. 電氣啟動式。
（四）壓力調整裝置	加壓用 N_2 通常是以 150kgf/cm² 之高壓來儲存，如果直接導入乾粉儲存容器，由於乾粉儲存容器之耐壓程度一般為 36kgf/cm²，若不減壓勢必產生危險，因此在加壓儲存容器與乾粉儲存容器間設有壓力調整裝置，以維持一定壓力，一般均為 25kgf/cm² 以下。
（五）檢修閥	1. 位於壓力調整裝置與乾粉儲存容器間之配管上。 2. 平時保持在「開」的狀態，當檢查加壓用氣體容器內壓，及壓力調整裝置之調整時，將檢修閥轉至「閉」的狀態，以測定壓力調整裝置一次側與二次側之壓力。

3-13　乾粉滅火設備啟動用氣體容器之設置規定

【解說】

§110　啟動用氣體容器

項目	設置規定
（一）耐壓	能耐壓 ≥ 250kgf/cm²（25MPa）。
（二）內容積	內容積 ≥ 0.27ℓ。
（三）儲存氣體量	所儲存之氣量 ≥ 145g。
（四）充填比	充填比 ≥ 1.5。
（五）安全裝置、容器閥	啟動用氣體容器之安全裝置及容器閥：符合 CNS 11176 之規定。
（六）禁止事項	啟動用氣體容器不得兼供防護區域之自動關閉裝置使用。

※ 為確保氣體容器啟動正常，啟動用氣體不得使用在防護區域自動關閉裝置上。

3-14　乾粉滅火設備移動式放射方式之設置規定

【解說】

§111　移動放射方式規定

項目	設置規定
（一）設置條件	外牆開口面積（常時開放部分）≧15%。
（二）充填比	1.第一種乾粉：0.85～1.45。 2.第二、三種乾粉：1.05～1.75。 3.第四種乾粉：1.5～2.5。
（三）儲存場所	1.設於溫度 40℃ 以下，溫度變化較少處。 2.不得置於日光曝曬或雨水淋濕之處。 3.設於火災時濃煙不易籠罩之場所。
（四）儲存容器	1. 於明顯處所標示： 　(1)充填藥劑量。 　(2)滅火藥劑種類。 　(3)最高使用壓力（限加壓式）。 　(4)製造年限及製造廠商等。 2. 設置符合 CNS 11176 規定之安全裝置。 3. 儲存容器之容器閥能在皮管出口處以手動開關者。 4. 儲存容器分設於各皮管設置處。 5. 儲存容器近旁： 　(1)設紅色標示燈。 　(2)標明移動式乾粉滅火設備字樣。
（五）瞄子 　　放射量	每一具噴射瞄子每分鐘藥劑放射量規定如下：

乾粉種類　　規定	滅火藥劑量 (kg)	每分鐘放射量 (kg/min)
第一種乾粉	50	45
第二或第三種乾粉	30	27
第四種乾粉	20	18

項目	設置規定
（六）皮管、噴 　　嘴、管盤	1.皮管、噴嘴、管盤符合 CNS 11177 之規定。 2.皮管接頭至防護對象任一部分之水平距離 ≦15m。

3-15　乾粉滅火設備各種放射方式之規定比較

【解說】

比較項目＼放射方式	全區放射方式	局部放射方式	移動方式
（一）特性	儲存容器至配管、噴頭為止全部都固定，且乾粉放射時，由於其周圍為密閉區劃，能迅速充滿整個區劃之放射方式。	儲存容器至配管、噴頭為止全部都固定，噴頭需固定在防護對象物周圍，於乾粉放射時能迅速撲滅其表面火災之放射方式。	儲存容器及其皮管輪盤為固定，但必須靠人為操作皮管及噴嘴之放射方式。
（二）防護範圍	整個防護區域	防護對象物	皮管噴頭至防護對象物任一水平距離 15m 內。
（三）適用對象（§99）	適用於電信機械室、總機室或其他類似之密閉空間之場所。	1. 無法封閉區劃隔間之場所。 2. 空間太大，防護對象物僅佔少部分之場所。	外牆開口達15%以上，且又無法採局部放射方式時使用。
（四）適用火災	表面火災	表面火災	表面火災
（五）噴頭（§100）放射壓力	1kgf/cm² 以上		1kgf/cm² 以上
（五）噴頭（§100）放射時間	30sec 以下		1.1min
（五）噴頭（§100）放射量	×		第一種：45kg/min 第二、三種：27kg/min 第四種：18kg/min
（五）噴頭（§100）性質	能使放射藥劑迅速均勻地擴散至整個防護區域。	1. 所設噴頭之有效射程應涵蓋防護對象所有表面。 2. 所設位置不得因藥劑之放射使可燃物有飛散之虞。	×（設噴嘴）
（五）噴頭（§100）設置	數量、位置、放射量應視： 1. 該部分容積 2. 防護對象物的性質作有效之滅火。	視防護對象之形狀、構造、數量、性質配置噴頭，其設置數量、位置及放射量，應能有效滅火。	×
（六）通風換氣裝置	在滅火藥劑放射前停止運轉。		×

（七）開口部限制（§82）（§86）		1. 距樓地板面高度 $\frac{2}{3}$ 以下部分，在滅火藥劑放射前自動關閉。 2. 若開口部無法自動關閉，必須有效補充其洩漏量。	×	×
（八）儲存容器（§102）	充填比	1. 第一種乾粉：0.85～1.45。 2. 第二、三種乾粉：1.05～1.75。 3. 第四種乾粉：1.5～2.5。		
	儲存場所	1. 置於防護區域外。 2. 置於40℃以下，溫度變化較少處。 3. 不得置於日光曝曬或雨水淋濕之處。	1. 置於40℃以下，溫度變化較少處。 2. 不得置於日光曝曬或雨水淋濕之處。 3. 設於火災時濃煙不易籠罩之處所。	
（九）配管（§105）		無縫鋼管或銅管	皮管	
（十）選擇閥		1. 設於防護區外。 2. 儲存容器與選擇閥之配管設置安全裝置或破壞板。	×	
（十一）啟動裝置		手動或自動	手動	
（十二）音響警報裝置		1. 手動或自動裝置動作後，自動發出警報，且藥劑未全部放射前不得中斷。 2. 全區放射採人語發音。	×	
（十三）安全裝置		1. 遲延裝置。 2. 放射表示燈。	×	×
（十四）排放裝置		機械排放或自然排放。	×	
（十五）緊急電源		1. 採用自用發電設備或蓄電池設備。 2. 其容量能使該設備有效動作 1hr 以上。	×	

（十六）滅火藥劑量（§99）

$$G(kg) = Q(kg/m^3) \times V(m^3) + D(kg/m^2) \times A(m^2)$$

乾粉	Q(kg/m³)	D(kg/m²)
第一種	0.6	4.5
第二或第三種	0.36	2.7
第四種	0.24	1.8

其中：V：防護區域體積（m³）
A：開口部面積（m²）

1. 面積法：

$$G(kg) = D(kg/m^2) \times A(m^2) \times K$$

乾粉	D(kg/m²)	追加倍數
第一種	8.8	1.1
第二或第三種	5.2	1.1
第四種	3.6	1.1

其中：
D：防護對象每 m² 表面積所需之藥劑量（kg/m²）
A：防護對象表面積（m²）

每一具噴射瞄子所需滅火藥劑量不得小於下表之規定：

乾粉	滅火藥劑量
第一種	50kg
第二或第三種	30kg
第四種	20kg

	2.體積法 $G(kg) = Q(kg/m^3) \times V(m^3) \times K$

乾粉	x	y
第一種	5.2	3.9
第二或第三種	3.2	2.4
第四種	2.0	1.5

（十六）滅火藥劑量（§99）

$$Q = X - Y \times \frac{a}{A}$$

其中：V：假想防護空間體積（m^3）

　　　A：假想防護空間之牆壁面積之合計（m^2）

　　　a：防護對象周圍實存牆壁面積之合計（m^2）

3-16　乾粉滅火設備加壓混合、殘壓排除及清洗之閥件操作

【解說】

乾粉滅火設備滅完火之後，要先進行殘壓排放，再清洗乾粉槽放出閥以外的所有設備。

動作流程	圖示
（一）平時各閥件均關閉。 　　　註：●：表關閉。 　　　　　○：表開放。	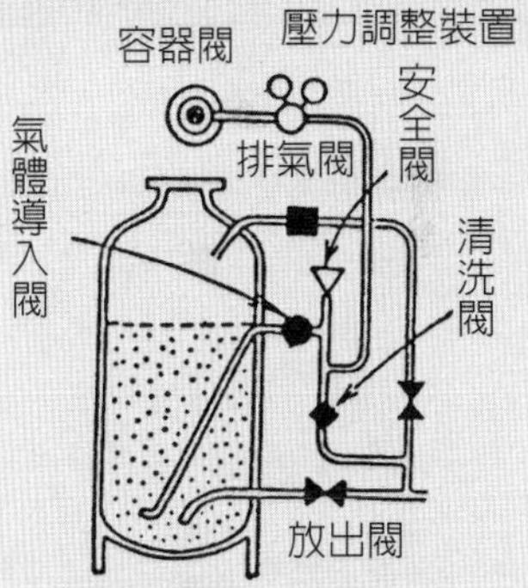
（二）加壓、混合操作： 　　　關閉排氣閥、清洗閥。 　　　打開氣體導入閥、放出閥。	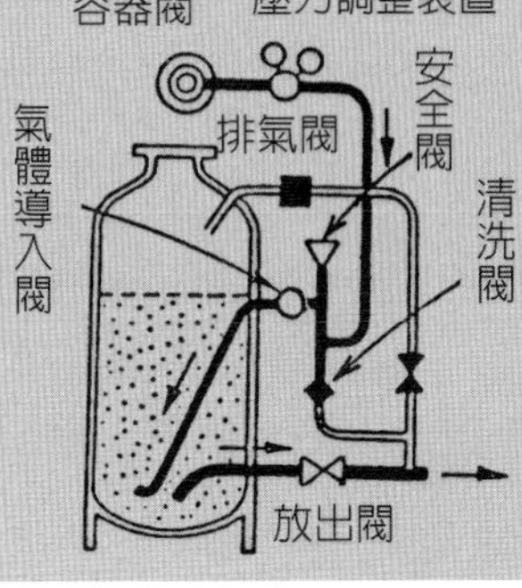

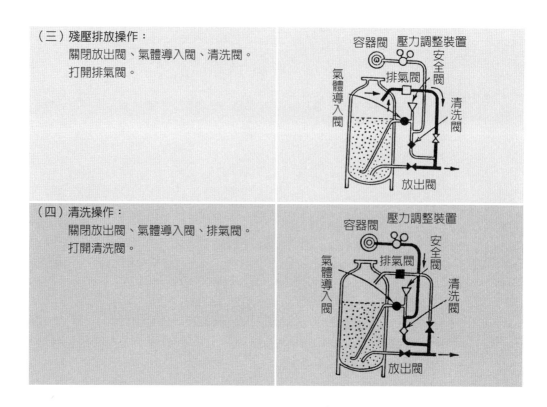

（三）殘壓排放操作： 關閉放出閥、氣體導入閥、清洗閥。 打開排氣閥。	
（四）清洗操作： 關閉放出閥、氣體導入閥、排氣閥。 打開清洗閥。	

3-17　二氧化碳、惰性氣體、鹵化烴及乾粉滅火設備緊急供電系統之配線規定

【解說】

§236　緊急供電系統之配線（耐燃或耐熱保護）

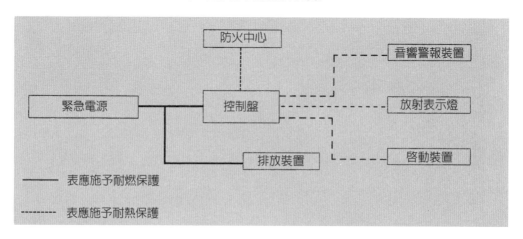

3-18　定壓動作裝置之種類與其設置規定

【解說】

項目	說明
（一）定壓動作裝置之動作原理	1. 加壓式乾粉滅火設備，平時乾粉槽內只有乾粉藥劑，一旦防護區域發生火災，藉由自動火災探測器或手動遙控，連動啟動加壓用氣體容器，這時加壓用 N_2 將快速進入乾粉槽內，準備將乾粉藥劑快速送至火災區。 2. 在進入乾粉槽的加壓氣體，應使之與乾粉藥劑充分混合後再釋出，才不會發生氣粉分離之不良情形，導致滅火效果的降低。因此乾粉槽應附設一定壓裝置，使內部 N_2 與藥劑充分混合並加壓至某一設定值時，才允許主閥（放出閥）連動啟動，俾將藥劑放射出去。 3. 所以定壓動作裝置，可定義為與放出閥連動，當乾粉滅火藥劑達到放射之合適程度時（設定壓力時），才打開放出閥之裝置。
（二）種類	1.機械動作式　(1)原理：①加壓用氣體導入儲槽內，達一定壓力時，連動啟動放出閥。②又可分為機械連動式及彈簧式。 (2)圖示：▲機械連動式： 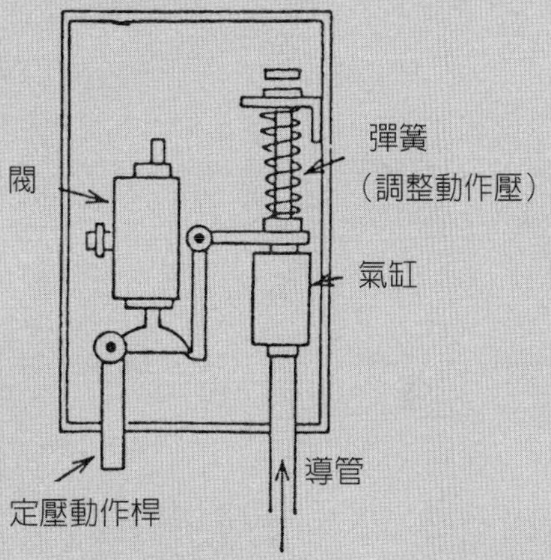 ▲彈簧式： 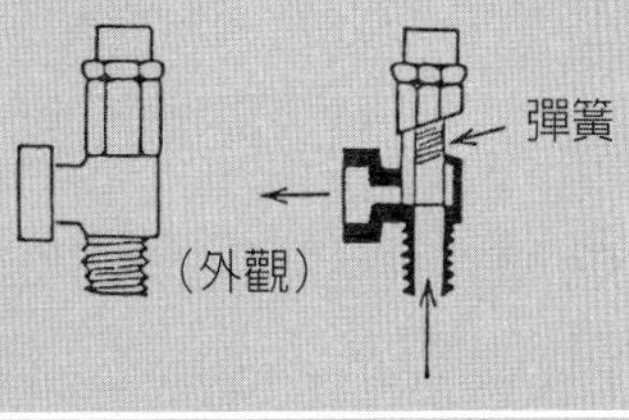
	2.壓力開關式　(1)原理：槽內達一定壓力時，壓力開關動作，開啟電磁閥，使 N_2 經輸送管打開放出閥。 (2)圖示：▲壓力開關式

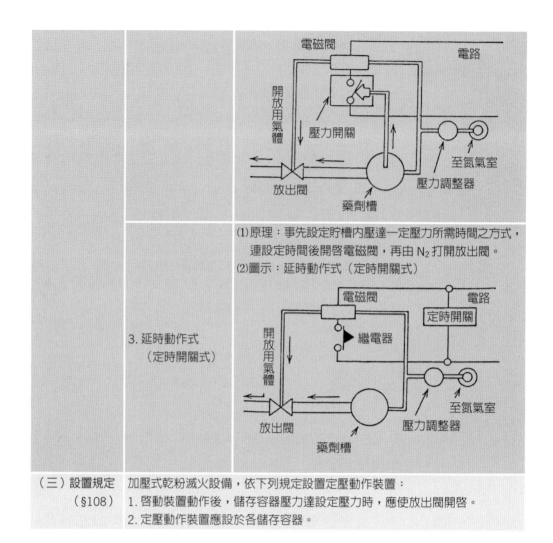

	(1)原理：事先設定貯槽內壓達一定壓力所需時間之方式，連設定時間後開啓電磁閥，再由 N_2 打開放出閥。
	(2)圖示：延時動作式（定時開關式）
3. 延時動作式 （定時開關式）	

（三）設置規定 （§108）	加壓式乾粉滅火設備，依下列規定設置定壓動作裝置： 1. 啓動裝置動作後，儲存容器壓力達設定定壓力時，應使放出閥開啓。 2. 定壓動作裝置應設於各儲存容器。

3-19　公共危險物品製造、儲存或處理場所之乾粉滅火設備設置規定

【解說】

§223　公共危險物品製造、儲存或處理場所之乾粉滅火設備

項目	設置規定
（一）準用規定	準用§98～111 規定。
（二）全區放射方式	1. 於防護區域內或防護對象係為儲存、處理之公共危險物品，依第 222 條第三項表列滅火藥劑之係數（追加係數），乘以第§99 條所算出之量。 2. 第§222 條第三項未表列出之公共危險物品或係數，依中央主管機關認可之設計係數值核算之。

（三）全區放射方式乾粉藥劑量計算公式	乾粉藥劑量 $G(kg) = [Q(kg/m^3) \times V(m^3) + D(kg/m^2) \times A(m^2)] \times K$ 其中：Q：每 m^3 防護區域體積所需之滅火藥劑量（kg/m^3） 　　　V：防護區域體積（m^3）＝長×寬×高 　　　D：每 m^2 開口部所需追加滅火藥劑量（kg/m^2） 　　　A：開口部面積（m^2） 　　　K：追加係數

3-20 有一室內停車空間，其防護區為**25m×15m×5m**，未設自動關閉裝置之開口部面積為**10m²**，擬設置全區放射式乾粉滅火設備，試問：

（一）所使用之滅火劑為何？其名稱及分子式？

（二）所需法定最少滅火藥劑量為多少？

（三）於**35℃**儲存時，加壓至**150kgf/cm²**，所需氮氣之必要量為多少？

【解說】

（一）1. 室內停車室間：限用第三種乾粉（§101）

　　　2. 第三種乾粉：

　　　　⑴ 主成分：磷酸二氫胺

　　　　⑵ 簡稱：ABC 乾粉

　　　　⑶ 俗稱：多效能乾粉

　　　　⑷ 分子式：$NH_4H_2PO_4$

（二）所需法定最少滅火藥劑量：

　　　採全區放射方式，$Q=0.36kg/m^3$，$D=2.7kg/m^2$

　　　乾粉藥劑量 G＝（每 m^3 防護區域所需滅火藥劑量 × 防護區域體積）＋

　　　　　　　　　　　　（每 m^2 開口部所需追加滅火藥劑量 × 開口部面積）

　　　　　　　＝$Q \times V + D \times A$

　　　　　　　＝$0.36kg/m^3 \times (25m \times 15m \times 5m) + 2.7kg/m^2 \times (10m^2)$

　　　　　　　＝702kg

　　　∴所需法定滅火藥最少劑量為 702kg

（三）1. 大型空間，藥劑需求量大，一般實務上均採 N_2 加壓式放射，依 §104 規定，加壓用氣體使用 N_2 時，在 35℃，0 kgf/cm^2（表壓力）狀態下，每 1kg 乾粉藥劑需 N_2 40ℓ（此包含清洗量）。

　　　∴所需 N_2 量 ＝702kg×40ℓ/kg＝28080ℓ（35℃，0kgf/cm^2）

2.為便於儲存，一般均將 N 加壓貯放在鋼瓶內。設 N_2 加壓至 150kgf/cm^2，35℃狀態下貯存。根據波以耳定律：$\dfrac{P_1V_1}{T_1} = \dfrac{P_2V_2}{T_2}$

其中 P：絕對壓力（＝表壓力 +1.033kgf/cm^2）

　　　V：體積（ℓ）

　　　T：絕對溫度（°K）

P_1＝0＋1.033＝1.033（kgf/cm^2）

V_1＝28080ℓ

T_1＝35＋273＝308（°K）

P_2＝150＋1.033＝151.033（kgf/cm^2）

V_2＝?

T_2＝35＋273＝308（°K）

∴$\dfrac{1.033 \times 28080}{308} = \dfrac{151.033 \times V_2}{308} \Rightarrow V_2$＝192.05($\ell$)

∴所需加壓用 N 法定必要體積為 192.05ℓ（150kgf/cm^2，35℃）

3-21　簡易自動滅火設備之設置規定

【解說】

§111-1　簡易自動滅火設備

項目	設置規定
（一）感知元件及噴頭	1.視排油煙管之斷面積、警戒長度及風速，配置感知元件及噴頭。 2.其設置數量、位置及放射量，應能有效滅火。
（二）藥劑之啟動裝置及連動閉鎖閘門	1.排油煙管內風速超過每秒 5m/sec，應在警戒長度外側設置放出藥劑之啟動裝置及連動閉鎖閘門。 2.但不設置閘門能有效滅火時，不在此限。 ※ 警戒長度：指煙罩與排油煙管接合處往內 5m。
（三）有效射程	噴頭之有效射程內，應涵蓋煙罩及排油煙管，且所設位置不得因藥劑之放射使可燃物有飛散之虞。
（四）一齊放射	防護範圍內之噴頭，應一齊放射。
（五）儲存溫度	儲存鋼瓶及加壓氣體鋼瓶設置於 40℃以下之位置。

第三章◎自我評量

（一）問答題

1. 試說明乾粉滅火設備適用與不適用之災害為何？及乾粉之滅火優缺點及滅火原理？

2. 試說明加壓式乾粉滅火設備之主要構成？並以圖例說明之。

3. 試說明乾粉滅火設備之滅火藥劑量如何計算？

4. 試說明乾粉滅火設備噴頭之相關設置規定？

5. 試說明乾粉滅火設備滅火藥劑儲存容器之設置規定為何？

6. 試說明加壓式或蓄壓式乾粉滅火設備之動作原理與動作流程？

7. 試說明乾粉滅火設備之加壓或蓄壓用氣體容器設置規定？

8. 試說明乾粉滅火設備配管及閥類之設置規定？

9. 試說明乾粉滅火設備配管與管徑大小限制之設置規定？

10. 試說明乾粉滅火設備壓力調整裝置之設置規定？

11. 試說明乾粉滅火設備之壓力調整裝置及定壓動作裝置之設置規定？

12. 試說明加壓式乾粉滅火設備之加壓裝置有哪些組件構成及相關規定？

13. 試說明乾粉滅火設備啟動用氣體容器之設置規定？

14. 試說明乾粉滅火設備移動式放射方式之設置規定？

15. 試比較乾粉滅火設備各種放射方式之規定？

16. 試以圖示說明乾粉滅火設備加壓混合、殘壓排除及清洗之閥件操作？

17. 試繪出二氧化碳及乾粉滅火設備緊急供電系統之配線，並標明應施以耐燃或耐熱保護範圍？

18. 何謂定壓動作裝置？依檢修基準之規定可分為幾種？其設置規定為何？

19. 試說明公共危險物品製造、儲存或處理場所之乾粉滅火設備設置規定？

20.*依據消防安全設備及必要檢修項目檢修基準規定，請詳述進行簡易自動滅火設備之性能檢查時，滅火藥劑儲存容器之滅火藥劑量的檢查方法、判定方法及注意事項為何？

21.*依據各類場所消防安全設備設置標準第 111 條之 1，有關簡易自動滅火設備之設置規定為何？

（二）測驗題

（ C ）　1. 乾粉滅火設備之滅火藥劑需求量若為第三種乾粉 60 公斤，其藥劑儲存容器內容積至少為多少公升？
（A）36 公升　（B）42 公升　（C）63 公升　（D）72 公升。

（**D**） 2. 乾粉滅火設備加壓用氣體容器採用氮氣時，所需氣體量在溫度 35°C，0kgf/cm² 狀態下，每一公斤滅火藥劑多少氮氣量？
(A) 30公克以上　(B) 30公升以上　(C) 40公克以上　(D) 40公升以上。

（**D**） 3. 下列有關乾粉滅火設備之敘述，何者為錯誤？
(A) 全區放射方式所設之噴頭應能使放射藥劑迅速均勻地擴散至整個防護區域　(B) 乾粉噴頭之放射壓力不得小於每平方公分 1 公斤　(C) 依法規所核算之滅火藥劑量須於 30 秒內全部放射完畢　(D) 供室內停車空間使用之滅火藥劑，以第四種乾粉為限。

（**A**） 4. 有關乾粉滅火設備配置於油槽庫，下列敘述何者錯誤？
(A) 全區放射方式藥劑應於 60 秒內放射完畢　(B) 噴頭放射壓力不得小於 1kgf/cm²　(C) 局部放射方式噴頭有效射程應涵蓋防護對象所有表面　(D) 局部放射方式藥劑應於 30 秒內放射完畢。

（**D**） 5. 檢查加壓式乾粉滅火藥劑儲存容器，取出乾粉藥劑約 30cc 樣品，確認藥劑品質，如為多效能 ABC 乾粉，其顏色應為下列何者？
(A) 白色　(B) 灰色　(C) 紫色　(D) 粉紅色。

（**A**） 6. 多效能 ABC 乾粉可以用來撲滅普通類火災，主要滅火機制為下列何者？
(A) 熱解生成黏性物　(B) 破壞火焰連鎖反應　(C) 產生窒息性氣體
(D) 冷卻燃料表面。

（**C**） 7. 室外停車場若採用移動式乾粉滅火設備，每一具噴頭瞄子每分鐘的藥劑放射量應為多少？
(A) 15kg　(B) 18kg　(C) 27kg　(D) 45kg。

（**A**） 8. 皮管接頭至防護對象物各部之水平距離，下列何者為正確？
(A) 二氧化碳滅火設備之基準與乾粉滅火設備之基準相同，為不得超過 15 公尺　(B) 二氧化碳滅火設備之基準同海龍滅火設備　(C) 乾粉滅火設備之基準，為不得超過 20 公尺　(D) 海龍滅火設備之基準與乾粉滅火設備之基準相同。

（**B**） 9. 乾粉滅火設備配管管材之使用，下列何者符合規定？
(A) 使用符合 CNS 6446 鍍鋅鋼管　(B) 使用符合 CNS 4626 SCH 60 無縫鋼管　(C) 使用符合 CNS 5127 高壓鋼管　(D) 使用符合 ASTM A-120 鑄鐵管。

（**A**） 10. 下列有關全區放射乾粉滅火設備之敘述，何者有誤？
(A) 應設有 30 秒以上之遲延裝置　(B) 應設有放射表示燈　(C) 自動裝置啟動後，應自動發出警報，且藥劑未全部放射前不得中斷　(D) 乾粉噴頭之放射壓力不得小於每平方公分 1 公斤。

（**B**） 11. 乾粉滅火設備之滅火藥劑需求量若為第三種乾粉 40 公斤，其藥劑儲存容器內容積至少為多少公升？
(A) 34　(B) 42　(C) 58　(D) 60。

（**C**） 12. 有關乾粉滅火設備全區放射方式所需藥劑量之規定，每立方公尺防護區之單位藥劑量，下列何者為正確？
(A) 第一種乾粉為 0.8 公斤　(B) 碳酸氫鉀乾粉為 0.38 公斤　(C) 磷酸

二氫銨乾粉為 0.36 公斤　　(D) 第四種乾粉為 0.28 公斤。

（**C**）13. 化學系統滅火設備全區放射方式之緊急電源，其容量應能使該設備有效動作多少時間？
(A) 20 分鐘以上　(B) 30 分鐘以上　(C) 60 分鐘以上　(D) 80 分鐘以上。

（**A**）14. 全區放射乾粉滅火設備，噴頭放射壓力不得小於多少 kgf/cm^2？
(A) 1　(B) 5　(C) 9　(D) 14。

（**B**）15. 供室內停車空間使用之乾粉滅火藥劑應以何種為限？
(A) 碳酸氫鈉　(B) 磷酸二氫銨　(C) 碳酸氫鉀　(D) 尿素化合物。

（**C**）16. 有關乾粉滅火設備使用加壓或蓄壓用氣體容器，其所使用之氣體應為下列何者？
(A) 氮氣或氫氣　(B) 空氣或二氧化碳　(C) 氮氣或二氧化碳　(D) 氬氣或氧氣。

（**D**）17. 乾粉滅火設備自儲存容器起，其配管任一部分與彎曲部分之距離應為管徑之多少倍以上？
(A) 5　(B) 10　(C) 15　(D) 20。

（**B**）18. 下列有關乾粉滅火設備規定之敘述，何者有誤？
(A) 乾粉噴頭之放射壓力不得小於 1kgf/cm^2　(B) 第三種乾粉之主要成分為碳酸氫鉀　(C) 供室內停車空間使用之滅火藥劑以第三種乾粉為限　(D) 加壓或蓄壓用氣體使用 N_2 或 CO_2。

（**B**）19. 下列有關乾粉滅火設備規定之敘述，何者正確？a 啟動用氣體容器應能耐 150kgf/cm^2 之壓力；b 第四種乾粉主要成分為碳酸鉀及尿素化合物；c 第一種乾粉儲存容器充填比為 0.85 以上、1.45 以下；d 第二種乾粉放射量規定為 27kg/min
(A) abc　(B) bcd　(C) abd　(D) acd。

（**B**）20. 電信機械室如採局部放射之乾粉滅火設備設計時，依體積法所核算出之滅火藥劑量，應再乘以多少比例？
(A) 0.5　(B) 0.7　(C) 1.1　(D) 1.2。

（**C**）21. 乾粉滅火設備加壓用氣體使用二氧化碳時，除加算清洗配管所需要量外，每公斤乾粉需二氧化碳之量為何？
(A) 10 公克　(B) 15 公克　(C) 20 公克　(D) 40 公克。

（**D**）22. 移動放射方式之乾粉滅火設備如使用主成分為磷酸二氫銨乾粉，每一具噴射瞄子所需藥劑量應為下列何者？
(A) 18 公斤　(B) 20 公斤　(C) 27 公斤　(D) 30 公斤。

（**B**）23. 依據「各類場所消防安全設備設置標準」之規定，乾粉滅火設備如採全區放射方式，啟動裝置開關或拉桿開始動作至儲存容器閥開啟，應設有多少時間以上之延遲裝置？
(A) 10 秒　(B) 20 秒　(C) 30 秒　(D) 不需設延遲裝置。

（**D**）24. 加壓式乾粉滅火設備應設壓力調整裝置，可調整壓力至多少以下？
(A) 0.5MPa　(B) 1.0MPa　(C) 2.0MPa　(D) 2.5MPa。

（**D**）25. 下列何種乾粉藥劑，其單位面積下設計所需乾粉最少？

(A) 第一種乾粉藥劑　　(B) 第二種乾粉藥劑　　(C) 第三種乾粉藥劑　　(D) 第四種乾粉藥劑。

(**B**)　26. 法定之第三種乾粉滅火藥劑為下列何者？
(A) 碳酸氫鉀　　(B) 碳酸二氫銨　　(C) 碳酸氫鈉　　(D) 碳酸氫鉀與尿素

(**B**)　27. 乾粉滅火設備採用移動式放射方式，藥劑種類為第三種乾粉，每一具噴射瞄子所需之藥劑放射量為多少？
(A) 18kg/min　　(B) 27kg/min　　(C) 45kg/min　　(D) 60kg/min。

(**B**)　*28. 簡易自動滅火設備，排油煙管內風速超過每秒 X 公尺，應在警戒長度外側設置放出藥劑之啓動裝置及連動閉鎖閘門。上述之警戒長度，係指煙罩與排油煙管接合處往內 Y 公尺。下列 X，Y 何者正確？
(A) X＝5，Y＝10　　(B) X＝5，Y＝5　　(C) X＝10，Y＝5　　(D) X＝10，Y＝10

(**B**)　*29. 依各類場所消防安全設備設置標準第 18 條規定，下列場所何者其廚房排油煙管及煙罩應設簡易自動滅火設備？
(A) 餐廳樓地板面積在二百平方公尺以上　　(B) 榮譽國民之家樓地板面積合計在五百平方公尺以上　　(C) 一般護理之家樓地板面積合計在三百平方公尺以上　　(D) 老人文康機構樓地板面積合計在五百平方公尺以上

第5篇

警報系統
消防安全設備

火警自動警報設備

1-1　警報設備之內容、功用與種類

【解說】

（一）警報設備之內容及功用：

警報設備種類	功用
（一）火警自動警報設備	於火災初起之際，能藉對火災生成物（煙、熱、光）之自動偵知、感熱，而表示火災發生之位置，並能發出音響警報，通知建築物關係人採取適當因應行動，或連動其他滅火、阻火、排煙等防災設備動作之設備。
（二）手動報警設備	利用手動的方式對火警受信總機或中繼器發出信號之設備。
（三）緊急廣播設備	當火災發生時，經由廣播通知有關人員迅速避難，以減少損失傷害。
（四）瓦斯漏氣火警自動警報設備	當瓦斯漏氣發生時，探測器接收信號，以直接或經由中繼器，將瓦斯洩漏之場所報知建築物之關係人。
（五）一一九火災通報裝置	指火災發生時，藉由操作手動啟動裝置或火警自動警報設備之連動啟動功能，透過公眾交換電話網路與消防機關連通，以蓄積語音進行通報，並可進行通話。

※ 漏電自動警報設備：並非規定之消防安全設備，其規定是依建築法所管理（建築技術規則第11章第210條）。

（二）火警自動警報設備包括：

（一）種類	1. 受信總機。 2. 火警探測器。 3. 中繼器。 4. 手動發信機（P）。 5. 火警警鈴（B）。 6. 標示燈（L）。 7. 配線。 8. 緊急電源。
（二）圖示說明	火警自動警報流程圖： 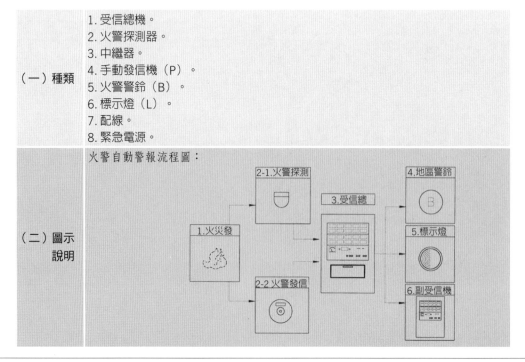

1-2　應設置火警自動警報設備之場所與免設置之場所

【解說】

§19 應設置火警自動警報設備之場所

建築物特性	面積	使用場所	設置對象
（一）5F 以下	任一層在 300m² 以上	甲類場所、幼稚園、托兒所	整棟設置
	任一層在 500m² 以上	乙、丙、丁類場所	
（二）6～10F	任一層在 300m² 以上	所有建築物	
（三）11F 以上	——	所有建築物	
（四）地下層或無開口樓層	任一層在 100m² 以上	1. 甲類 1、5 目。 2. 複合用途場所供甲類 1、5 目使用。	該樓層設置
	任一層在 300m² 以上	1. 甲類 2、3、4、6 目。 2. 乙、丙、丁類場所。	
（五）含甲類複合用途建築物	總樓地板面積 500m² 以上，且甲類場所面積合計 300m² 以上。	甲類場所	整棟設置
（六）地下建築物及甲類場所	總樓地板面積 300m² 以上。	甲類場所	該場所設置
（七）——	不論大小	甲類第 6 目 1. 榮譽國民之家 2. 長期照顧服務機構（限機構住宿式、社區式之建築物使用類組非屬 H-2 之日間照顧、團體家屋及小規模多機能） 3. 老人福利機構（限長期照護型、養護型、失智照顧型之長期照顧機構、安養機構） 4. 護理機構（限一般護理之家、精神護理之家） 5. 身心障礙福利機構（限照顧植物人、失智症、重癱、長期臥床或身心功能退化者）	整棟設置
（八）免設場所	在自動撒水、水霧、泡沫滅火設備（限使用密閉型撒水頭標示溫度 75℃以下，動作時間 60sec 以內），在該有效範圍內可免設，但下列場所例外： 1. 甲類場所。 2. 地下建築物。 3. 高層建築物。 4. 應設置偵煙探測器之場所。		

1-3 火警自動警報設備的重要性，以及在消防安全（防災）體系中之角色定位

【解說】

（一）火警自動警報設備的重要性：

若一旦發生火災，基於使災害損失減少至最小限度之需求，則如何及早偵知火災發生，不斷獲得正確信息，及採取一連串相因應之滅火、阻隔、逃生避難等對策，便是關鍵所在。因此，在消防工程界對於火警自動警報設備向來極為重視，並稱之為「帶動一切防災對策之火車頭」。

（二）火警自動警報設備在消防安全（防災）體系中之角色定位：

我們以下列的圖表示火災的成長與消防安全體系間的關係：

1. 火災成長過程：

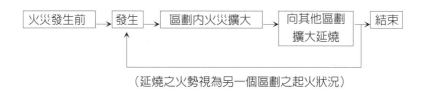

（延燒之火勢視為另一個區劃之起火狀況）

2. 消防安全計畫體系：

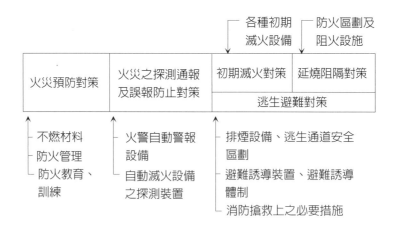

3. 探測通報時間與人員安全逃生之關係：

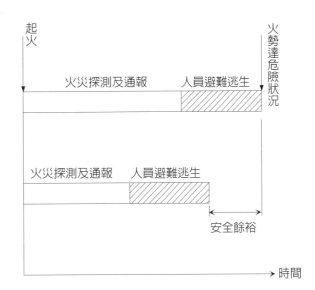

4. 火災成長過程中各種安全設備之適用階段：

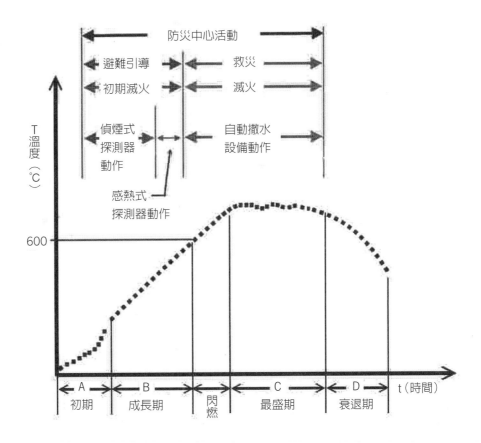

我們在這些圖表即可得知，火警自動警報設備在起火初期若能立即探測通報，使得火勢在達危險狀況前能有充分的時間，除了啟動各種初期滅火設備外，並能在安全餘裕時間上讓人員避難逃生，在降低潛在避難危險上亦扮演重要角色。不像自動撒水設備的密閉式撒水頭開啟時，火勢往往已自「成長期」迫進「最盛期」，它的開啟，代表火災已肯定發生，且具有致災能力。以嘉義嘉年華大火為例，便有火場成功逃生者在災後敘述，雖然每間房間都有5、6個自動測溫撒水設備，卻偵測不到玻璃大樓內悶燒之濃煙，而沒有發揮應有之功效。

因此為了建築物內生命共同體之安全，職司火災初期探測通報的火警自動警報設備是必備且不能免除的。

1-4　火警自動警報設備之定義、功能及系統組成

【解說】

（一）定義	火警自動警報設備，係指於火災初起之際，能藉對火災生成物（煙、熱、光）之自動偵知、感應，而表示火災發生之位置，並能發出音響警報，通知建築物關係人採行適當因應行動，或連動其他滅火、阻火、排煙等防災設備動作之消防安全設備。進而將災害所造成之損傷降至最低程度，而達到確保人命、財產安全之目的。		
（二）功能	為達上述之目的，則至少須有下列四項功能： 1. 自動偵知火災發生：各種探測器。 2. 自動發出火警音響信號：主音響、地區音響。 3. 自動表示發生處所之正確位置：受信總機。 4. 自動連動其他滅火、排煙等防災設備動作：受信總機、中繼器。		
（三）系統組成 （三個子系統）	**子系統種類**	**子系統組成**	**主要功能**
	1. 火警自動探測系統	(1)感熱式探測器。 (2)偵煙式探測器。 (3)輻射式探測器。 (4)配線。 (5)電源。	發現火災。
	2. 火警自動警報系統	(1)火警發信機。 (2)主地區音響（主警鈴）。 (3)地區音響（地區警鈴） (4)配線。 (5)電源。	傳達警報。
	3. 表示及控制連動系統	(1)受信機。 (2)中繼器。 (3)配線。 (4)電源。	對整個系統產生連結及控制作用，使整個系統能有效動作。

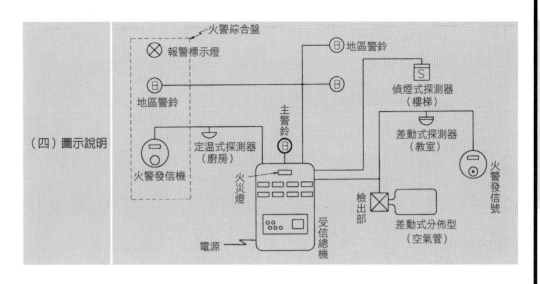

（四）圖示說明

1-5 火警自動警報設備之操作流程

【解說】

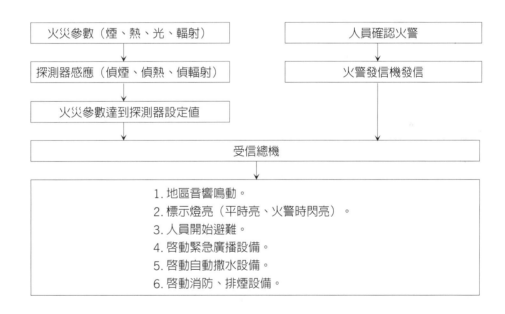

1-6 | 火警分區

【解說】

§112 火警分區

(一) 火警分區意義：

將一棟建築物（或營業場所）劃分若干區域，在每一區域設一火警分區，假設發生火災時，由火警分區能迅速有效偵知火災所在之範圍（即裝置火警自動警報設備的一回線路，能夠有效探測該一區域內之火災發生），進而有效之滅火。所劃之區域即為「火警分區」。

(二) 火警分區之劃分規定：

劃分原則		劃分規定
水平區劃	1. 依樓層及各層樓地板面積	(1)每一火警分區不得超過一樓層，且樓地板面積 ≤ 600m²。 (2)上下二層樓地板面積之和 ≤ 500m² 者：得二層共用一分區。 (3)如由主要出入口或直通樓梯出入口，能直接觀察該樓層任一角落時：每一火警分區樓地板面積 ≤ 1000m²。
	2. 依邊長	(1)每一分區之任一邊長 ≤ 50m。 (2)裝設光電式分離型探測器時：火警分區邊長 ≤ 100m。
垂直區劃	3. 依水平距離	樓梯、斜坡通道、昇降機昇降路及管道間等場所：在水平距離 ≤ 50m，且其頂層相差在二層以下時，得為一火警分區。（但應與建築物各層走廊、通道、居室等場所分別設置火警分區）
	4. 依高度	樓梯、斜坡通道：垂直距離每 45m 以下為一火警分區。但其地下層部分應為另一火警分區。

※ 火警分區劃分規定以圖示說明：

1.(1) 每一火警分區不得超過一樓層，且樓地板面積 ≤ 600m²。
　(2) 每一分區任一邊長 ≤ 50m。

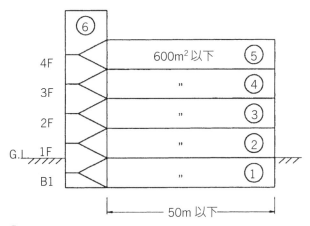

（NO）代表火警分區號碼

2.⑴ 上下二層樓地板面積之和 ≦ 500m² 者：得二層共用一分區。

⑵ 地下層部分應為另一火警分區。

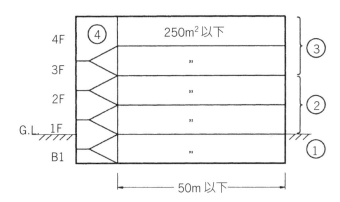

3.⑴ 樓梯、斜坡通道垂直距離每 45m 以下為一火警分區，但地下層為另一火
　　警分區。

⑵ 實務上，建築物樓梯高在 45m 以下，且地下只有一層，則地下樓梯部分
　　可與地面樓梯部分共用一火警分區。

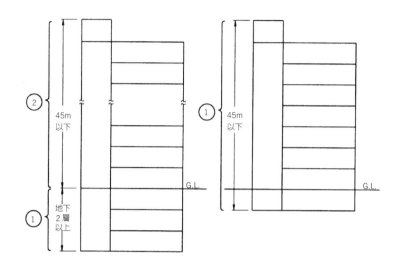

4.(1) 樓梯、斜坡通道、昇降機昇降
　　路及管道間（即各垂直管道）等
　　場所，在水平距離 ≤ 50m，且其
　　頂層相差在二層以下時，該等管
　　道間可以共用一火警分區（如②
　　所示）。
(2) ⓒ 管道間與第②火警分區之管
　　道間群相差超過二層，故另設一
　　火警分區（如③所示）。
(3) ⓔ 與地下層樓梯水平距離在
　　50m 以下，且頂部同高，故共
　　用一火警分區（如①所示）。

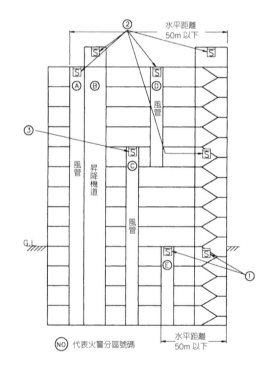

1-7　火警自動警報設備之鳴動方式

【解說】

§113 火警自動警報設備之鳴動方式

（一）建築物在 5F 以上，且總樓地板面積 3000m² 者，應採分區鳴動方式，故此建築物於火災發生時不可採一齊鳴動方式。

（二）分區鳴動條件及規定：

1.意義	建築物規模較大時，若地區音響裝置一齊鳴動，會造成驚慌，有可能會發生二次災害，因此給予區分樓層鳴動的方式。
2.條件	(1)建築物 ≥ 5F。 (2)總樓地板面積 ≥ 3000m²。

	起火層	鳴動樓層
3.規定	(1)地上 2F 以上	該樓層，其直上二層，其直下層。
	(2)地面層	該樓層，其直上層，地下層各層。
	(3)地下層	地面層，地下層各層。
	⇨起火層之鳴動於10分鐘內或受信總機再接受火災信號時，應立即全區鳴動。 （民國111年7月1日施行）	

4.圖示說明

例：地下 3 層，地上 8 層之建築物，其鳴動方式如下：

8F								◎	◎
7F							◎	◎	△
6F						◎	◎	△	◎
5F					◎	◎	△	◎	
4F				◎	◎	△	◎		
3F				◎	△	◎			
2F			◎	△	◎				
1F	◎	◎	◎	△	◎				
B1	◎	◎	△	◎					
B2	◎	△	◎	◎					
B3	△	◎	◎	◎					

△：起火層

◎：和起火層一齊鳴動層

※由於地下層沒有其他避難方式，只能往避難層避難，因此地上一層或地下任何一層發生火警，其地下層各層必須一齊鳴動。

※ 一齊鳴動之條件：

意義	指建築物所設之地區音響裝置，與探測器、手動報警機之動作連動，一齊鳴動的方式。
條件	不屬「5F 以上且總樓地板面積 ≥ 3000m²」之建築物。

1-8　火警探測器種類

【解說】

（一）定義

火警探測器（Fire Detectors），係指能藉對因火災生成之煙、熱、光等產物，而自動偵知感應，並向受信總機發出信號之裝置。

（二）種類

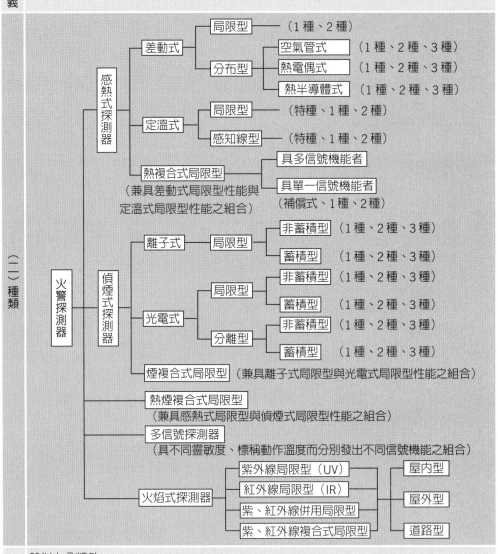

除以上分類外：

（三）補充

1. 按防水性能可分：防水型、非防水型。
2. 按防蝕性能可分：耐酸型、耐鹼型、普通型。
3. 按有無再用性可分：再用型、非再用型。
4. 按防爆性能可分：防爆型、非防爆型。
5. 按蓄積動作可分：蓄積型、非蓄積型。

1-9　各種火警探測器之動作原理

【解說】

探測器		動作原理
感熱式	1. 差動式局限型	周圍溫度上升率達某一定限度時就動作，係針對某一局限地點之熱效果有反應者。
	2. 差動式分布型	周圍溫度上升率達某一定限度時就會動作，係針對廣大地區熱效果之累積產生反應者。
	3. 定溫式（感知）線型	在一固定地點周圍溫度達到一定溫度以上時即動作，而其外觀為電線狀。
	4. 定溫式局限型	在一固定地點周圍溫度達到一定溫度以上時即動作，而其外觀非電線狀。
	5. 熱複合式局限型	同時具有差動式局限型及定溫式局限型二種性能之再用型探測器。
偵煙式	1. 離子式局限型	周圍空氣中所含煙濃度達到某一限度即會動作，其係利用離子化電流受煙之影響而變化之原理。
	2. 光電式局限型	周圍空氣中所含煙濃度達到某一限度即會動作，其係光電素子之受光量受到煙之影響而發生變化之原理，分為散亂光型及減光型二種。
	3. 光電式分離型	周圍空氣中所含煙濃度達到某一限度即會動作，係由廣範圍煙之累積而產生光電素子之受光量發生變化。
	4. 煙複合式局限型	同時具有離子式局限型及光電式局限型二種探測器之性能者。
熱煙複合式	熱煙複合式	同時具有差動式局限型或定溫式局限型，及離子式局限型或光電式局限型探測器之性能者。
火焰式	1. 紫外線局限型（UV）	對於火焰中所產生之紫外線或紅外線，其輻射達到一定之程度時，利用熱電效應的檢知元件或紫外偵測管，受到輻射而放電，影響其放電電壓大小，而發生變化之原理。
	2. 紅外線局限型（IR）	
	3. 紫、紅外線併用局限型	由火焰放射之紫外線及紅外線變化達一定程度時即動作，由局部場所之紫外線及紅外線而產生光電素子受光量變化。
	4. 紫、紅外線複合式	同時具有紫外線局限型及紅外線局限型探測器之性能者。

1-10　差動式局限型探測器之動作原理

【解說】

差動式局限型探測器，係當周圍溫度上升率超過一定限度時就會動作，而針對某一局限區域之熱效果而動作之探測器，其動作原理可分為以下二種：

動作原理	說明
（一）利用空氣膨脹原理動作者	1. 平時：溫度的變化可由排氣孔排掉其膨脹之空氣。 2. 火災時：由於感壓室之空氣膨脹，造成膜片上推接觸接點，連通線路發出警報。 3. 內部構造圖示： 4. (1)平時： (2)火災時：
（二）利用熱起電力原理動作者	1. 平時：因暖氣等因素引起室內溫度緩慢上升現象，則半導體熱電偶之冷接點側將產生逆熱起電力，與溫接點側之熱起電子相抵消，致接點不能閉合。 2. 火災時：由於溫度急劇上升，使得固定在感熱被覆上之半導體熱電偶產生熱起電力，使高感度繼電器接點閉合，向受信機傳送信號。 3. 內部構造圖示：

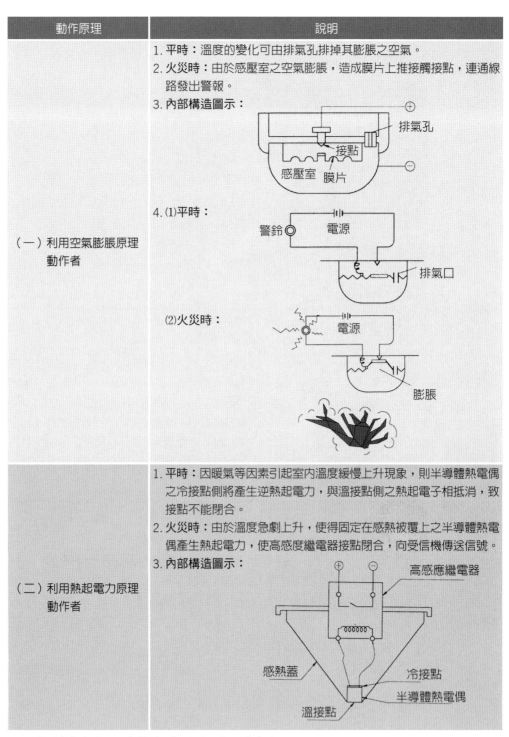

※ 歐美國家與我國、日本等國於探測器規定之差異性：

1. 歐美國家：只要確保所生產之探測器該報時能發報即可，即只要靈度試驗（動作試驗）無誤，加上其他老化、粉塵、鹽霧等試驗合格，便可上市銷售。

2. 我國及日本：為避免使用上誤報問題之經常出現，故在檢驗法規上明文要求除靈敏度試驗外，另加上「不動作試驗」，要求探測器本身即應具一定之誤報防止功能。

1-11　差動式分布型探測器之動作原理

【解說】

差動式分布型探測器係當周圍溫度上升率達一限度時就會動作，而針對廣範圍之熱效果累積而動作之探測器，其型式及動作原理可分為以下三種：

動作原理	說明
（一）利用空氣膨脹原理動作者（空氣管式）	1. 平時：溫度的變化可由排氣孔排掉其膨脹之空氣。 2. 火災時：空氣管內部之空氣膨脹，檢出部內之膜片膨脹，而使接點閉合。 3. 擁有與局限型感壓室相似之受熱部，該受熱部係由外徑應在 1.94mm 以上，厚度應在 0.3mm 以上之鋼管構成。另一檢出部有膜片、排氣孔、接點等構造。 4. 內部構造圖示： 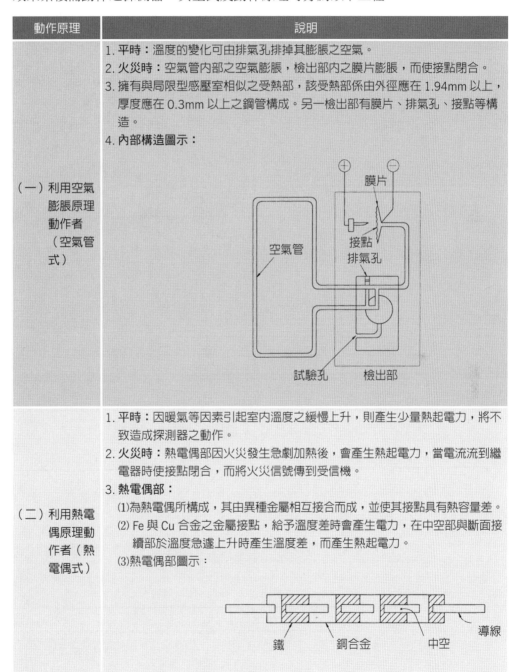
（二）利用熱電偶原理動作者（熱電偶式）	1. 平時：因暖氣等因素引起室內溫度之緩慢上升，則產生少量熱起電力，將不致造成探測器之動作。 2. 火災時：熱電偶部因火災發生急劇加熱後，會產生熱起電力，當電流流到繼電器時使接點閉合，而將火災信號傳到受信機。 3. 熱電偶部： (1)為熱電偶所構成，其由異種金屬相互接合而成，並使其接點具有熱容量差。 (2) Fe 與 Cu 合金之金屬接點，給予溫度差時會產生電力，在中空部與斷面接續部於溫度急遽上升時產生溫度差，而產生熱起電力。 (3)熱電偶部圖示：

	4. 檢出部：檢出部之繼電器，依熱起電力使繼電器動作，而使接點閉合。 5. 內部構造圖示： 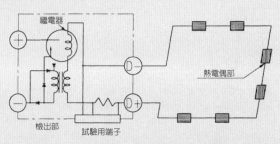
（三）利用熱半導體原理動作者（熱半導體式）	1. 平時：因暖氣等因素引起室內溫度之緩慢上升，則產生少量熱起電力，將不致造成探測器之動作。 2. 火災時：在火災發生溫度急劇上升之情形下，熱半導體元件將伴生熱起電力，使繼電器動作而將火災信號傳至送信機。 3. 熱半導體式探測器係由感熱部和檢出部構成。感熱部為熱半導體元件和受熱板所構成。 4. 內部構造圖示： 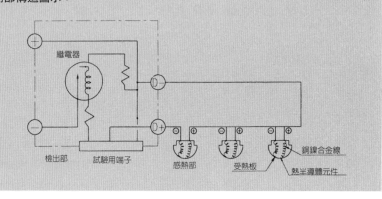

1-12 定溫式局限型探測器之動作原理

【解說】

定溫式局限型探測器，係針對局部場所周圍溫度達一定值溫度以上時，即能動作發信之火警探測器，其動作原理可分為以下三種：

動作原理	說明
（一）利用雙金屬片之變位動作者	1. 利用雙金屬片之反轉作用（再用型）：雙金屬片受熱後，由於偶合金屬之膨脹係數不同致反轉變化，迫使接點上移閉合，向受信機發出火災信號。 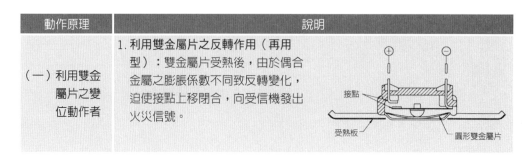

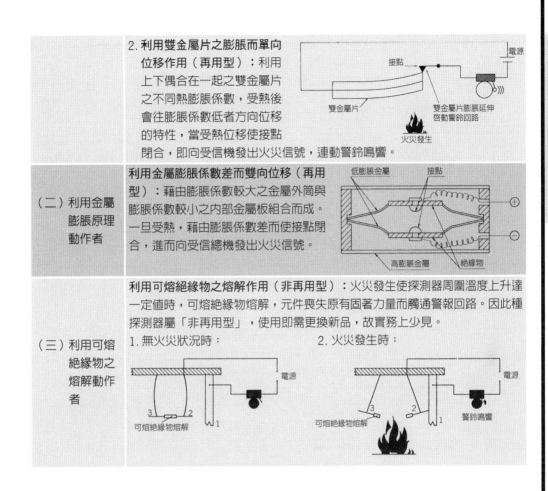

動作原理	說明
	2.利用雙金屬片之膨脹而單向位移作用（再用型）：利用上下偶合在一起之雙金屬片之不同熱膨脹係數，受熱後會往膨脹係數低者方向位移的特性，當受熱位移使接點閉合，即向受信機發出火災信號，連動警鈴鳴響。
（二）利用金屬膨脹原理動作者	利用金屬膨脹係數差而雙向位移（再用型）：藉由膨脹係數較大之金屬外筒與膨脹係數較小之內部金屬板組合而成。一旦受熱，藉由膨脹係數差而使接點閉合，進而向受信總機發出火災信號。
（三）利用可熔絕緣物之熔解動作者	利用可熔絕緣物之熔解作用（非再用型）：火災發生使探測器周圍溫度上升達一定值時，可熔絕緣物熔解，元件喪失原有固著力量而觸通警報回路。因此種探測器屬「非再用型」，使用即需更換新品，故實務上少見。 1.無火災狀況時：　　　2.火災發生時：

1-13　定溫式（感知）線型探測器之動作原理

【解說】

定溫式（感知）線型探測器，係當局部場所周圍溫度達一定值溫度以上時，即會動作之感熱式探測器，外觀為電線狀者，且為非再用型。此種探測器之感熱部以「點」狀方式遍佈全線。其動作原理可分為以下二種：

動作原理	說明
（一）I型	1.二條鋼琴線覆以可熔絕緣物，達一定溫度時，該絕緣物熔解，使得二條導線接觸，將火災信號傳送給送信總機。（為非再用型） 2.內部構造圖示： 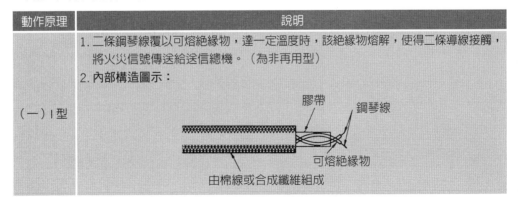

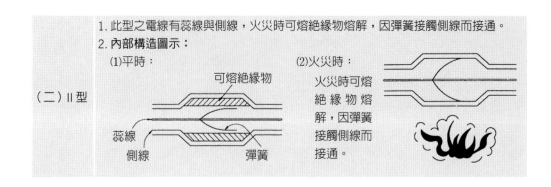

1. 此型之電線有蕊線與側線，火災時可熔絕緣物熔解，因彈簧接觸側線而接通。
2. 內部構造圖示：

（二）Ⅱ型

(1)平時：　可熔絕緣物　蕊線　側線　彈簧

(2)火災時：火災時可熔絕緣物熔解，因彈簧接觸側線而接通。

1-14 偵煙式探測器之動作原理

【解說】

（一）偵煙式探測器有離子式局限型和光電式局限型、分離型之分，更可分為蓄積型和非蓄積型。其型式分類如下：

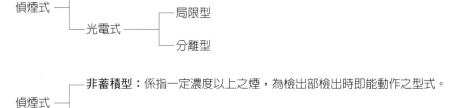

偵煙式
├ 離子式局限型
└ 光電式 ├ 局限型
　　　　└ 分離型

偵煙式
├ **非蓄積型**：係指一定濃度以上之煙，為檢出部檢出時即能動作之型式。
└ **蓄積型**：係指一定濃度以上之煙，在一定期間內持續進入檢出部時，始能動作之型式。

（二）偵煙式探測器之動作原理可分為以下三種：

動作原理	說明
（一）利用煙粒子電流變化原理動作者（離子局限型）	1. 當探測器周圍之空氣達一定濃度以上之煙時即動作，其原理乃利用燃燒初期所產生之離子電流變化，而使探測器動作。 2. 平時：平常無煙粒子時，外部離子室（負極）與內部離子室（正極）維持一定電壓值（V）。（如下圖之曲線 A） 3. 火災時：由於煙粒子進入外部離子室，其煙粒子電流（I）與電壓（V）變化關係如下圖曲線 B 所示，可看出離子電流由 I_1 變為 I_2，電壓由 V_1 變為 V_2，若 V_1 與 V_2 之電壓差值 $\triangle V$ 大於設定值以上，則開關回路將起動，而將火災信號傳至送信機。

4. **內部構造圖示：**

係由煙可以進入之外部離子室和
密閉之內部離子室構成。放射線
源：鋂（Am 241）

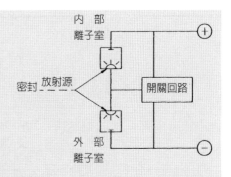

5. **煙粒子電流與電壓變化關係圖：**

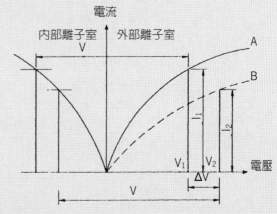

1. **平時：** 平常無煙粒子時，因光源與光電素子成 90°垂直，所以光電素子無法
接收光源。

2. **火災時：** 若是發生火災時，煙粒子進入暗箱內部後，引起了光束散射現象，
致光電素子接受到一定值之受光量後，產生電阻值的變化，因而增加電流，
被開關回路檢出後，立即向受信機傳送火警信號。

3. **內部構造圖示：**

4. **煙粒子濃度與光電素子受光量變化之
關係圖：**

（二）利用煙之
散亂光原
理動作者
（光電式局限型）
（散亂光型）

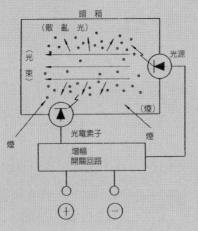

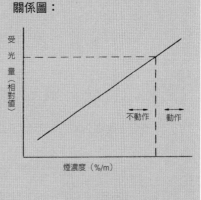

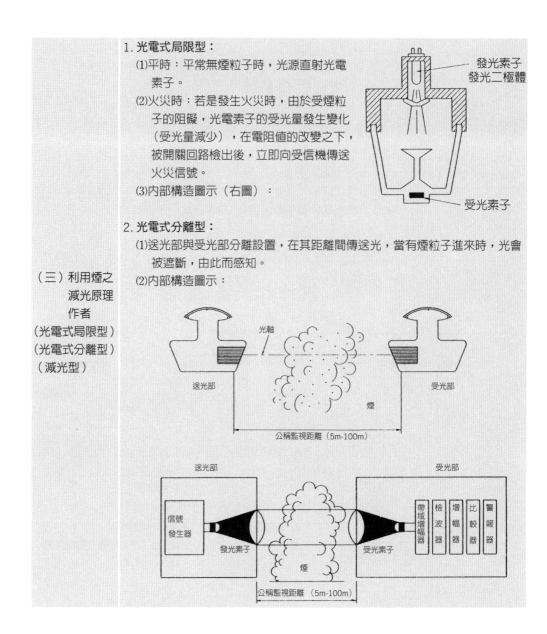

1. 光電式局限型：
   (1)平時：平常無煙粒子時，光源直射光電素子。
   (2)火災時：若是發生火災時，由於受煙粒子的阻礙，光電素子的受光量發生變化（受光量減少），在電阻值的改變之下，被開關回路檢出後，立即向受信機傳送火災信號。
   (3)內部構造圖示（右圖）：

發光素子
發光二極體

受光素子

2. 光電式分離型：
   (1)送光部與受光部分離設置，在其距離間傳送光，當有煙粒子進來時，光會被遮斷，由此而感知。
   (2)內部構造圖示：

（三）利用煙之減光原理作者
（光電式局限型）
（光電式分離型）
（減光型）

光軸

送光部

受光部

煙

公稱監視距離（5m-100m）

送光部

受光部

信號發生器

發光素子

煙

受光素子

帶域增幅器

檢波器

增幅器

比較器

警報器

公稱監視距離（5m-100m）

1-15　探測器裝置高度及種類

【解說】

§114 探測器裝置高度及種類

裝置場所高度	探測器種類	
（一）H＜4m	1. 差動式局限型。 2. 差動式分布型。 3. 補償式局限型。 4. 定溫式二種。	5. 離子式局限型一種、二種或三種。 6. 光電式局限型一種、二種或三種。 7. 光電式分離型一種、二種或三種。 8. 火焰式。

（二）4m≤H <8m	1.差動式局限型。 2.差動式分布型。 3.補償式局限型。 4.定溫式特種或一種。	5.離子式局限型一種或二種。 6.光電式局限型一種或二種。 7.光電式分離型一種或二種。 8.火焰式。
（三）8m≤H <15m	1.差動式分布型。 2.離子式局限型一種或二種。 3.光電式局限型一種或二種。	4.光電式分離型一種或二種。 5.火焰式。
（四）15m≤H <20m	1.離子式局限型一種。 2.光電式局限型一種。	3.光電式分離型一種。 4.火焰式。

1-16　火警探測器之裝置位置

【解說】

§115 探測器之裝置位置

設置規定	理由
（一）天花板設有出風口時： 距出風口≥1.5m。 （火焰式、差動式分布型、光電式分離型除外）	出風口為吹進之空氣，有吹散熱煙之虞，因此不宜太靠近出風口。
（二）牆上設有出風口時： 距離該出風口≥1.5m。 （但該出風口距天花板1m以上時，不在此限）	若牆上之出風口距天花板1m以上時，因其對熱煙之影響較小，可以不計。
（三）天花板設排氣口或回風口時： 偵煙式探測器應裝置於排氣口或回風口周圍1m範圍內。	因排氣時，對火災之煙有吸引之作用，設於其附近反而易探測得到。
（四）局限型探測器： 1.以裝置在探測區域中心附近為原則。 2.不得傾斜45°以上（≤45°）（火焰式除外）。	因探測器傾斜45°以上時，其探測面減少，影響探測面之效果，因此當傾斜面大於45°時，可加一基座，仍使其保持向下。
（五）探測器下端： 應裝設在裝置面下方30cm範圍內（偵煙式、火焰式除外）。	若下端大於30cm時，則火災時必須俟煙霧夠濃，且開始自天花板下降時，才能偵知反應，延遲了動作時間，致火勢坐大而不可收拾。

圖示說明

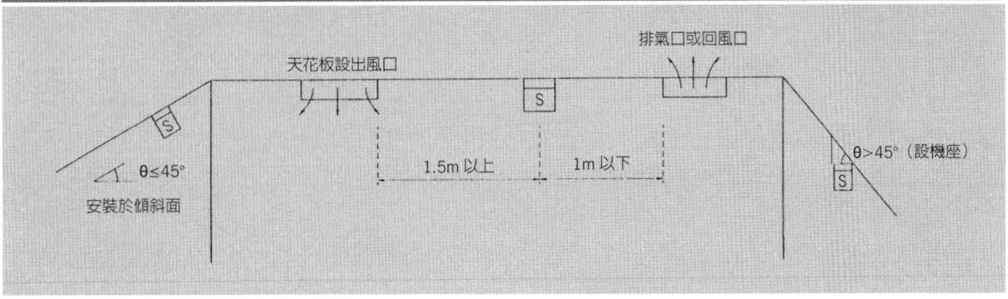

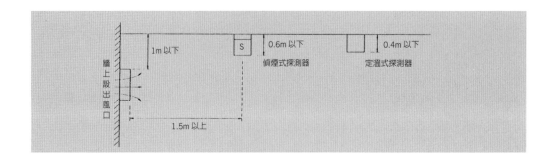

1-17　得免設探測器處所

【解說】

§116 得免設探測器處所

（一）外氣流通無法有效探測火災之場所。

（二）裝置面高度 20m 者（火焰式除外）。

（三）**金庫**：主要構造為防火構造，且開口設有具 1 小時以上防火時效防火門之金庫。

（四）室內游泳池之水面，或溜冰場之冰面上方。

（五）**不燃性石材或金屬等加工場**：未儲存或未處理可燃性物品處。

（六）**冷藏庫等**：設有早期發現火災之溫度自動調整裝置者。

（七）**洗手間**：廁所或浴室。

（八）其他經中央主管機關指定之場所。

1-18　各種探測器依安裝場所作業特性之選定

【解說】

§117 對探測器型式有限定之場所

§118 特殊場所應選擇偵煙式、熱煙複合式或火焰式之規定

（一）差動式局限型、差動式分布型、補償式局限型、火焰式探測器適合裝置之場所（§117）。

場所	適用探測器								火焰式
	差動式局限型		差動式分布型		補償式局限型		定溫式		
	一種	二種	一種	二種	一種	二種	特種	一種	
1 灰塵、粉末會大量滯留之場所	○	○	○	○	○	○	○	○	○
2 水蒸氣會大量滯留之場所				○		○	○	○	
3 會散發腐蝕性氣體之場所			○	○	○	○	○	○	
4 平時煙會滯留之場所									
5 顯著高溫之場所							○	○	
6 排放廢氣會大量滯留之場所	○	○	○	○	○	○	○	○	○
7 煙會大量流入之場所	○	○	○	○	○	○	○	○	
8 會結露之場所			○	○	○	○	○		
9 設有用火設備其火焰外露之場所							○	○	

註：一、○表可選擇設置。
　　二、場所1所使用之差動式局限型或補償式局限型探測器或差動式分布型之檢出器，應具灰塵、粉末不易入侵之構造。
　　三、場所2、4、8所使用之定溫式或補償式探測器，應具有防水性能。
　　四、場所3所使用之定溫式或補償式探測器，應依腐蝕性氣體別，使用具耐酸或耐鹼性能者，使用差動式分布型時，其空氣管及檢出器應採有效措施，防範腐蝕性氣體侵蝕。

（二）偵煙式、熱煙複合式、火焰式探測器適合設置之場所（§118）

設置場所	偵煙式	熱煙複合式	火焰式
1 樓梯或斜坡通道	○		
2 走廊或通道（限供甲類、乙類之2、6～10目、丁類、戊類等場所使用者）	○	○	
3 昇降機之昇降坑道或配管配線管道間	○		
4 天花板等高度在15～20m之場所	○		○
5 天花板等高度超過20m之場所			○
6 地下層、無開口樓層及11F以上之各樓層（限供甲類、乙類之2、6、8～10目、戊類等場所使用者）	○	○	○

註：○表可選擇設置。
記憶：樓、走、昇、天、地（偵煙式設置場所）

設置場所		適用之感熱式探測器			適用之偵煙式探測器						火焰式探測器	備考
					離子式		光電式		光電式分離型			
環境狀況	具體例示	差動式	補償式	定溫式	非蓄積型	蓄積型	非蓄積型	蓄積型	非蓄積型	蓄積型		
1 因吸煙而煙滯留之換氣不良場所	會議室、接待室、休息室、控制室、康樂室、後台（演員休息室）、咖啡廳、餐廳、等候室、酒吧等之客房、集會室、宴會廳等	○	○					○	○	○		
2 作為就寢設施使用之場所	飯店（旅館、旅社）之客房、（休息小睡）房間等					○		○	○	○		
3 有煙以外微粒子浮游之場所	地下街通道（通道）等					○		○	○	○	○	
4 容易受風影響之場所	大廳（門廳）、禮拜堂、觀覽場、在大樓頂上之機械室等	○						○	○	○	○	設差動式探測器時，應使用分布型
5 煙須經長距離移動方能到達探測器之場所	走廊、樓梯、通道、傾斜路、昇降機昇降路等						○		○	○		
6 有成為燻燒火災之虞之場所	電信機械室、通信機器室、電腦室、機械控制室等						○	○	○	○		
7 大空間且天花板高等熱、煙易擴散之場所	體育館、飛機停機庫、高天花板倉庫、工場、觀眾席上方等探測器裝置高度在 8m 以上之場所	○							○	○	○	差動式探測器應使用分布型

註：○表示可選擇設置。

記憶：西（吸）、起（寢）、微、風、常（長）、燻、大

1-19　不可裝置偵煙式、熱煙複合式局限型及火焰式探測器之場所

【解說】

§117　對探測器型式有限定之場所

場所		偵煙式 局限型	熱煙複合式 局限型	火焰式
環境狀況	具體實例			
1 灰塵、粉末會大量滯留之場所	貨物堆放場所、油漆室、紡織、木材、石材等加工場所	──	──	○
2 水蒸氣會大量滯留之場所	三溫暖、浴室、茶水間	──	──	
3 會散發腐蝕性氣體之場所	電鍍性、污水處理廠蓄電池	──	──	
4 廚房及平時煙會滯留之場所	廚房、熔接作業場所、烹調室	──	──	
5 顯著高溫之場所	鍋爐室、鑄造室、乾燥室、放映室、攝影棚	──	──	
6 排放廢氣會大量滯留之場所	停車場、車庫、引擎試驗室、發電機室、卡車調車場	──	──	○
7 煙會大量流入之場所	廚房內之前室、廚房周邊之走廊或通道、餐廳	──	──	
8 會結露之場所	密閉地下室、冷凍室、以鐵板或石棉瓦做屋頂之倉庫	──	──	
9 其他對探測器機能會造成障礙之場所	──			
10 用火設備火焰外露之場所	玻璃工廠、熔接作業場所、鑄造所、鍛造所			

註：──表示不可設置。○：表示可選擇設置。

記憶：灰、水、腐、廚、溫、廢、流、露、其他

1-20　探測器之探測區域

【解說】

§119　探測器之探測區域

（一）意義	探測區域係指一個探測器能有效偵知火災發生之區域範圍。
（二）規定	1. 探測器裝置四周以淨高 40cm 以上之樑或類似構造體區劃包圍者。

理由：差動式、定溫式探測器因熱的蓄積不易超過 40cm，所以若超過 40cm 即取其探測區域。

2. 差動式分布型、偵煙式探測器，其裝置面四周淨高 ≥ 60cm。

理由：

(1)偵煙式探測器因煙的蔓延速度較快，故擴大為 60cm 以上，才取其為探測區域。

(2)差動式分布型探測器因係廣範圍熱效果之累積，故亦為 60cm 以上。

1-21 差動式局限型、補償式局限型及定溫式局限型探測器之設置規定

【解說】

§120 差動式、補償式、定溫式局限型探測器設置規定

探測器種類	設置規定								
差動式局限型 補償式局限型 定溫式局限型	1. 探測器下端，裝設在裝置面下方 30cm 範圍內。 2. 各探測區域應設探測器數，依下表之探測器種類及裝置面高度，在每一有效探測範圍，至少設置 1 個。								

裝置高度	建築物構造	探測器種類及有效探測範圍（m²）						
		差動式局限型		補償式局限型		定溫式局限型		
		一種	二種	一種	二種	特種	一種	二種
H < 4m	防火構造建築物	90	70	90	70	70	60	20
	其他建築物	50	40	50	40	40	30	15
4m ≤ H < 8m	防火構造建築物	45	35	45	35	35	30	–
	其他建築物	30	25	30	25	25	15	–

3. 具有定溫式性能探測器：裝設在平時最高周圍溫度低於特定溫度 20℃以上處。即（特定溫度－最高周圍溫度）≥ 20℃。

（註：特定溫度在補償式指「標稱定溫點」，定溫式指「標稱動作溫度」，當一個探測器有 2 種以上特定溫度時，採最低者。）

4. 傾斜度不得超過 45℃以上。（§115 第 5 款）

1-22　差動式分布型探測器種類及設置規定

【解說】

§121　差動式分布型探測器設置規定

探測器種類	設置規定
（一）空氣管式	1. 每一探測區域內之空氣管長度，露出部分 ≥ 20m。 2. 裝接於 1 個檢出器之空氣管長度 ≤ 100m。 3. 空氣管應裝置在裝置面下方 30cm 範圍內。 4. 空氣管裝置在自裝置面任一邊起 1.5m 以內，其間距如下規定： 　(1)防火構造建築物 ≤ 9m。 　(2)其他建築物 ≤ 6m。 　(3)依探測區域規模及形狀能有效探測火災發生者，不在此限。 5. 空氣管配置方法之圖示： 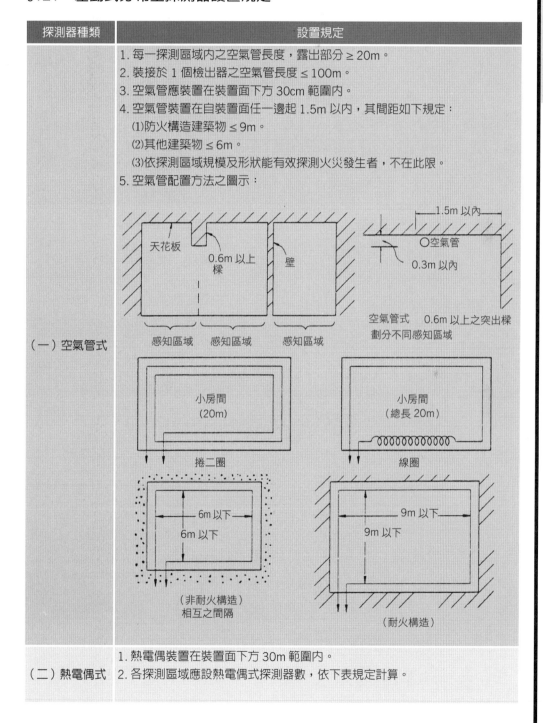
（二）熱電偶式	1. 熱電偶裝置在裝置面下方 30m 範圍內。 2. 各探測區域應設熱電偶式探測器數，依下表規定計算。

建築物構造	探測區域(m²)	應設探測器數（個）
防火構造建築物	88m²以下	n ≥ 4
	超過 88m²	n ≥ 4 每 22m² 增設 1 個
其他建築物	72m²以下	n ≥ 4
	超過 72m²	n ≥ 4 每 18m² 增設 1 個

3. 裝接於一個檢出器之熱電偶數 ≤ 20 個。

（三）熱半導體式	1. 探測器下端，裝設在裝置面下方 30m 範圍內。 2. 各探測區域應設探測器數，依探測器種類及裝置面高度，在每一有效探測範圍，至少設置 2 個。但裝置面高度 < 8m 時，在每一有效探測範圍，至少設置 1 個。 3. 裝接於一個檢出器之熱半導體數 ≤ 15 個。 4. 各探測區域應設熱半導體式探測器數，依下表規定計算。

裝置面高度	建築物構造	探測器種類及有效探測範圍（m²）	
		一種	二種
H < 8m	防火構造建築物	65	36
	其他建築物	40	23
8m ≤ H < 15m	防火構造建築物	50	–
	其他建築物	30	–

5. 檢出器應設在便於檢修處，且與裝置面不得傾斜 5°以上。

1-23　定溫式（感知）線型探測器之設置規定

【解說】

§121　定溫式線型探測器設置規定

探測器種類	設置規定		
	1. 感知線型探測器設在裝置面下方 30cm 範圍內。 2. 在探測區域內自裝置面任一邊起至感知線任一部分之水平距離，如下表規定設置：		

建築物構造	定溫式（感知）線型水平距離	
	一種	二種
防火構造建築物	≤ 4.5m	≤ 3m
其他建築物	≤ 3m	≤ 1m

（一）感知線型

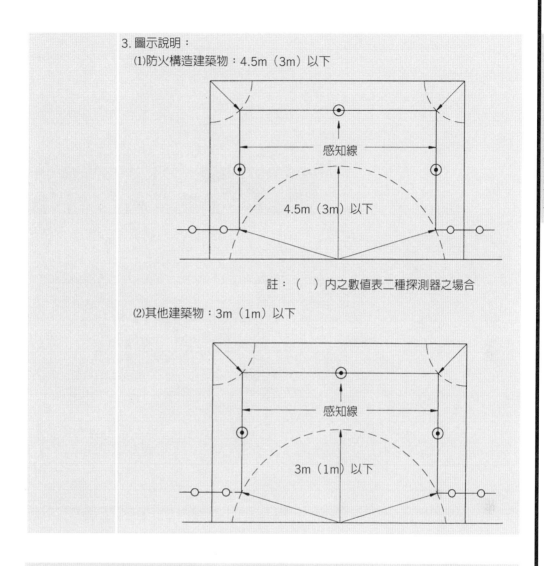

3. 圖示說明：
　(1)防火構造建築物：4.5m（3m）以下

　　　感知線

　　　4.5m（3m）以下

註：（　）內之數值表二種探測器之場合

(2)其他建築物：3m（1m）以下

　　　感知線

　　　3m（1m）以下

1-24　偵煙式探測器（光電式分離型除外）之設置規定

【解說】

§122　偵煙式探測器（光電式分離型除外）設置規定

偵煙式探測器	設置規定
（一）狹小居室或天花板低之居室	1. 樓地板面積 ≤ 40m²。 2. 居室天花板距樓地板面高度 ≤ 2.3m。 　→探測器設在其出入口附近。
（二）探測器裝置範圍	探測器下端裝置在裝置面下方 60cm 範圍內。

（三）距牆或樑距離	探測器距牆或樑應在 60cm 以上之位置。 ![圖示]

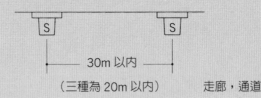

（四）有效探測範圍 （除走廊、通 道、樓梯、傾 斜路面外）	裝置面高度	偵煙式探測器有效探測範圍（m²）	
		一種或二種	二種
	H ＜ 4m	150	50
	4m ≦ H ＜ 20m	75	－

依上表之探測器種類及裝置面高度，在每一有效探測範圍，至少設置 1個。

（五）走廊、通道之 設置個數	1. ⑴一、二種：步行距離每 30m，至少設置 1 個。 　　⑵三種：步行距離每 20m，至少設置 1 個。 2. ⑴一、二種：距盡頭之牆壁，在 15m 以下。 　　⑵三種：距盡頭之牆壁，在 10m 以下。 3. **免設**：至樓梯之步行距離在 10m 以下，且樓梯設有平時開放式防火門或居室有面向該處之出入口時。 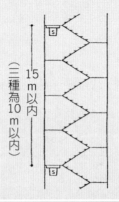

（六）樓梯、斜坡通 道、電扶梯之 設置個數	1. 一、二種：垂直距離每 15m，至少設置 1 個。 2. 三種：垂直距離每 10m，至少設置 1 個。 15m 以內（三種為 10m 以內）

（七）昇降機坑道及管 道間（管道截面 積 1m² 以上者）	1. 應設在最頂部。 2. **免設**：昇降路頂部有昇降機機械室，且昇降路與機械室間有開口時，應設於機械室，昇降路頂部得免設。

1-25 光電式分離型探測器之設置規定

【解說】

§123 光電式分離型探測器設置規定

光電式分離型	設置規定
（一）受光面	受光面設在無日光照射之處。
（二）光軸與牆壁距離	光軸平行牆距離 ≥ 60cm。
（三）受光器與送光器	受光器及送光器，設在距其背部牆壁 1m 範圍內。
（四）設置場所	設在天花板高度 20m 以下之場所。
（五）光軸高度	**光軸高度**：在天花板高度 80% 以上位置。
（六）光軸長度	**光軸長度**：在該探測器之標稱監視距離以下（5～100m）。
（七）水平距離	光軸與警戒區任一點之水平距離 ≤ 7m。
（八）火警分區邊長	每一火警分區之任一邊長 ≤ 100m。（§112 第 2 款）
（九）圖示說明	光軸：指探測器受光面中心點與送光面中心點之連結線。 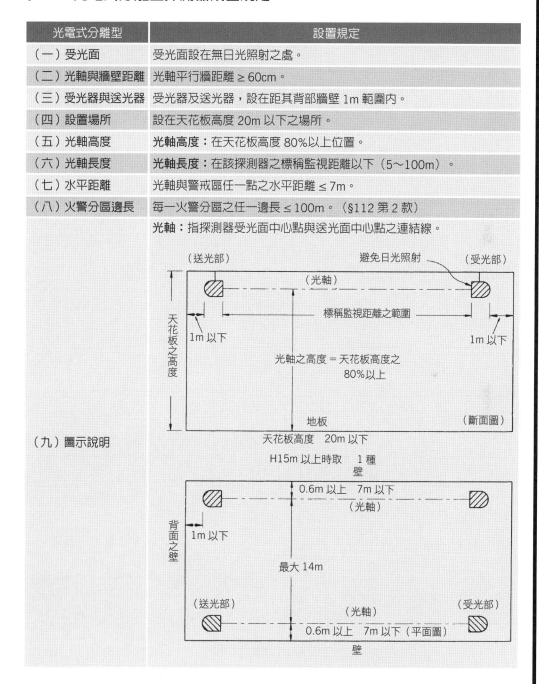

1-26　火焰式探測器之設置場所與設置規定

【解說】

§124　火焰式探測器設置規定

（一）設置場所	1. 天花板高度在 15～20m 之場所。 2. 天花板高度超過 20m 之場所。 3. 地下層、無開口樓層、11F 以上之各樓層。 　　（限供甲類、乙類之 2、6、8～10 目、戊類等場所使用者） 4. 灰塵、粉末會大量滯留之場所。 5. 排放廢氣會大量滯留之場所。 6. 有煙以外微粒子浮游之場所。 7. 容易受風影響之場所。 8. 大空間且天花板高等熱、煙易擴散之場所。
（二）設置規定	1. 裝設於天花板、樓板、牆壁。 2. 距樓地板面 1.2m 範圍內之空間，應在探測器標稱監視距離範圍內。 3. 探測器不得設在：有障礙物妨礙探測火災發生處。 4. 探測器應設在：無日光照射之虞之處。（但設有遮光功能可避免探測障礙者，不在此限。）
（三）按用途分類	1. 屋內型： 　⑴工廠內生產作業程序固定無人之場所。（如化學工廠、汽車製造廠等） 　⑵劇場、美術館、體育館等大空間。 2. 屋外型：重要文化古蹟財產或建物等四周。 3. 道路型：隧道設施。（應使用最大視角在 180°以上者）

※ 各種探測器之設置規定及有效探測範圍之整理如下表：

裝置面高度 建築物構造 探測器種類		未滿 4m		4m 以上未滿 8m		8m 以上未滿 15m		15m 以上 20m 未滿
		防火構造建築物	其他建築物	防火構造建築物	其他建築物	防火構造建築物	其他建築物	
局限型	1 種	90m²	50m²	45m²	30m²			
	2 種	70m²	40m²	35m²	25m²			
差動式 分布型	空氣管式 15m 以下	1. 探測器之露出部分於每一探測區域，為 20m 以上。 2. 空氣管之相互間隔，於防火建築物或防火構造建築物為 9m 以上，於其他建築物為 6m 以下。 3. 一個檢出器所連接之空氣長度，應為 100m 以下。						
	熱電偶式 15m 以下	1. 每一探測區其樓地板面積在 72m²（防火構造建築物為 88m²）以下時，其熱電偶設 4 個以上，每增 18m²（防火構造建築物為 22m²）含未滿，增設 1 個熱電偶。 2. 一個檢出器所連接之熱電偶數為 20 個以下。						

	熱半導體式	15m 以下		1. 探測區域樓地板面積在本表所規定面積以下時，設 2 個以上感熱部。但裝置面高度未滿 8m 時，其樓地板面積在本表所規定面積以下時，則設 1 個以上感熱部。 2. 一個檢出器所連接之感熱器數，為 2 個以上 15 個以下。					
			1 種	65m²	40m²	65m²	40m²	50m²	30m²
			2 種	36m²	23m²	36m²	23m²		
補償式		局限型	1 種	90m²	50m²	45m²	30m²		
			2 種	70m²	40m²	35m²	25m²		
			特種	70m²	40m²	35m²	25m²		
定溫式		局限型	1 種	60m²	30m²	30m²	25m²		
			2 種	20m²	15m²				
		感知線型	1 種	在探測區域內由裝置面任一邊至感知線任一部分水平距離在 3m（防火構造建築則為 4.5m）以下。					
			2 種	在探測區域內由裝置面任一邊至感知線任一部分水平距離在 1m（防火構造建築則為 3m）以下。					
偵煙式	光電式局限型 離子式局限型		1 種	150m²		75m²		75m²	75m²
			2 種	150m²		75m²		75m²	
			3 種	50m²					
火焰式		—		1. 設在天花板、樓板或牆壁處。 2. 距樓地板面 1.2m 範圍內之空間，應在標稱監視距離範圍內。 3. 不得設在有障礙妨礙探測火災發生處。 4. 設在無日光照射處（設有遮光功能、可避免探測障礙者除外）。					

※ 以差動式分布型空氣管式探測器之性能檢查方式為例，有以下四個檢驗方式：

1. 火災動作試驗（空氣注入試驗）：確認探測器之動作時間是否在規定值內。

2. 動作持續試驗：確認探測器之動作持續是否正常。

3. 流通試驗：測試空氣管有無洩漏、阻塞。

4. 接點水高試驗：測試空氣管式探測器之靈敏度。

1-27　差動式分布型空氣管式探測器之火災動作試驗（空氣注入試驗）與動作持續試驗

【解說】

火災動作試驗（空氣注入試驗）：

（一）作用	確認注入空氣後至動作之時間（接點閉合之時間）是否在規定值內。
（二）檢查方法	將相當於探測器動作空氣壓之空氣量，使用空氣注入試驗器（5c.c.用）送入，確認其至動作之時間。 1.依下圖將空氣注入試驗器接在檢出器之試驗孔上，再將試驗旋鈕配合調整至動作試驗位置。 2.注入檢出器所標示之空氣量。 3.測定注入空氣後至動作之時間。 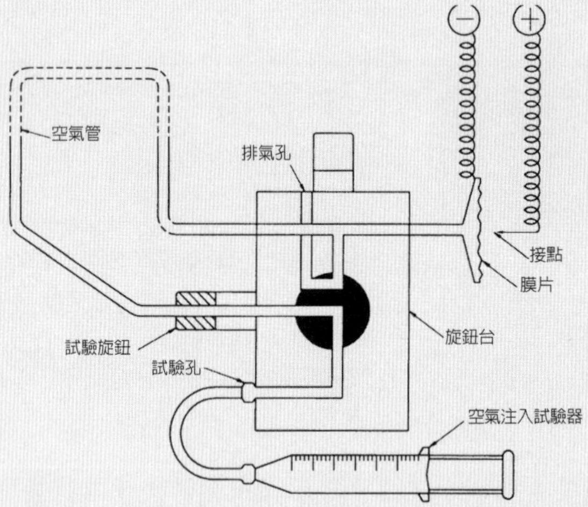
（三）判定方法	動作時間應符合黏貼在檢出器盒蓋內時間表所示範圍內。

動作持續試驗：

（一）作用	作火災動作試驗，測定探測器動作之後，至復舊之時間，確認探測器之動作持續是否正常。
（二）判定方法	動作持續時間應符合黏貼在檢出器盒蓋內時間表所示範圍內（即接點由閉合至打開時間是否在規定值內）。

※ 注意事項：

1.進行試驗時，若發現火災動作試驗或動作持續試驗無法動作之情形，或是測定時間超出規定範圍時，應：

⑴檢查空氣管與旋鈕台之連接部位是否栓緊。

⑵且應進行流通試驗與接點水高試驗。

2.火災動作試驗所注入之空氣量，應按探測器種別及空氣管長而定，過量可能造成可動膜片受損。

3.注入空氣量無法自排氣孔漏出，故於注入所需空氣量後，應立即將試驗旋鈕復歸定位。

1-28 ｜ 差動式分布型空氣管式探測器之流通試驗與接點水高試驗

【解說】

流通試驗：

（一）作用	了解空氣管有無洩漏、堵塞、凹陷。
（二）檢查方法	將空氣注入空氣管，並依下列事項確認空氣管有無洩漏、堵塞、凹陷及空氣管長度。 1.在檢出器之試驗孔或空氣管之一端連接流體壓力計，將試驗旋塞配合調整至動作試驗位置，並在另一端連接空氣注入器。 2.以空氣注入器注入空氣，使流體壓力計之水位由0mm上升至約100mm即停止水位。如水位不停止時，有可能由連接處洩漏，應即中止試驗予以檢查。 3.由試驗旋塞，測定開啟送氣口，使上升水位下降至1/2之時間（流通時間）。 4.有關流體壓力計之處置如下： ⑴測定流通時間，使用之流體壓力計（U型玻璃管），內徑約3mm如圖之形狀，通常是由底部加水至100mm左右，對準0之刻度。刻度約達130mm左右，標示於玻璃管上。 ⑵使用流體壓力計時，玻璃管內之水位表面張力成圓形，但可於其底部觀察調整至歸0。又水位上升與下降時，會有0.1～0.3mm之差，故以上升時作為標準。 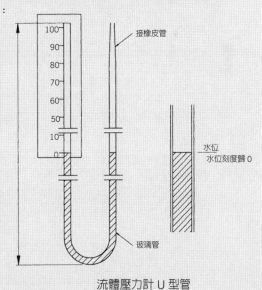 流體壓力計U型管
（三）判定方法	對空氣管長之流通時間，應在下圖所示上段、下段之範圍內。

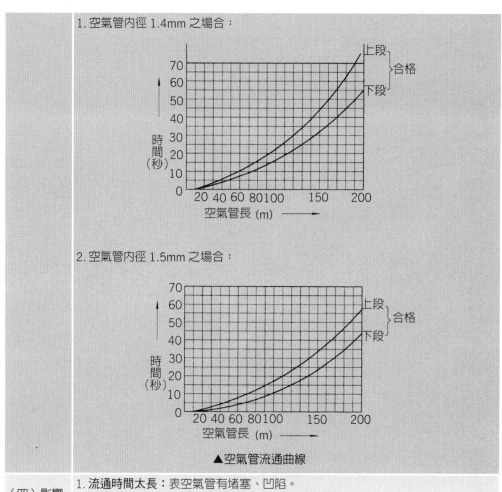

1. 空氣管內徑 1.4mm 之場合：

2. 空氣管內徑 1.5mm 之場合：

▲空氣管流通曲線

| （四）影響 | 1. 流通時間太長：表空氣管有堵塞、凹陷。
2. 流通時間太短：表空氣管有漏氣。 |

接點水高試驗：

（一）作用	確認接點閉合時之水位，有無在檢知器標示值範圍內。其目的為試驗探測器之靈敏度。
（二）檢查 方法	將空氣管由旋塞台取下，連接流體壓力計及空氣注入器，並將試驗旋塞調整至接點水高試驗位置，再緩緩注入空氣，確認接點閉合時之水位（接點水高值）。
（三）判定 方法	接點水高值，應在檢出器標示值之範圍內。
（四）影響	1. 接點水高比指示值低：表示接點不靈敏，會有遲報、不報之情形。 2. 接點水高比指示值高：表示接點太靈敏，會有誤報。

1-29 P型1級火警受信總機性能測試之種類

【解說】

測試種類	測試步驟及說明
（一）火災表示試驗	1. 測試步驟： (1)開「火災測試開關」（由「定位」切至「試驗」）。 (2)旋轉「回路選擇開關」，確認各火警分區是否正常表示，火災燈是否點亮，音響裝置是否鳴動，繼電器之回路保持機能是否正常。 (3)每回路測試後須先復原（按「測試復舊開關」），再進行下一回路。 (4)試驗終了後，旋鈕要完全回歸「定位」。 2. 圖示說明（火災表示試驗）： 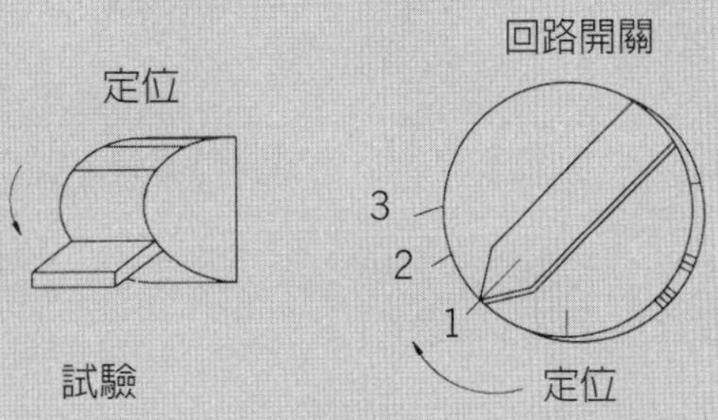
（二）線路斷線試驗	1. 測試步驟： (1)開「斷線測試開關」（由「定位」切至「試驗」）。 (2)將「回路選擇開關」由「定位」切至「第一回路」（或需測試回路）。 (3)電壓表指針在： 　①12～30V（綠色）：表正常。 　②12V以下（紅色）：表斷線。 (4)重覆(2)切至下一回路測試。 2. 圖示說明（線路斷線試驗）： 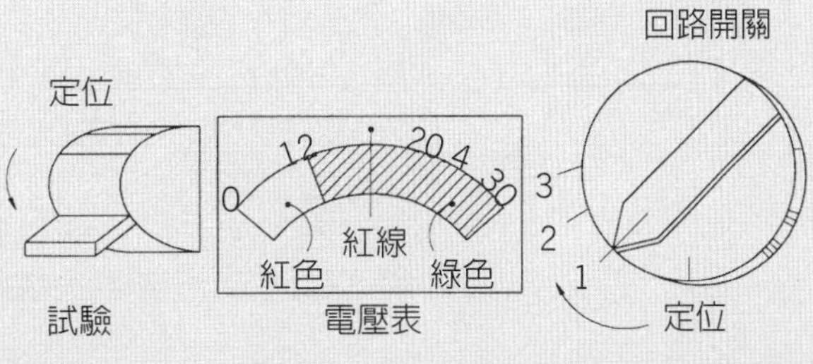
（三）預備電源測試	1. 測試步驟： (1)開「預備電源測試開關」（由「定位」切至「試驗」）。 (2)電壓表指針在： 　①20.4V以上（紅線）：表正常。

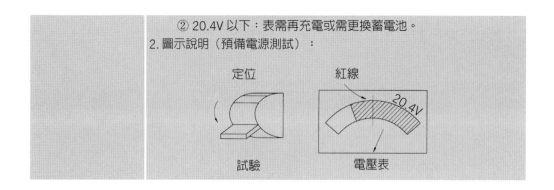

② 20.4V 以下：表需再充電或需更換蓄電池。
2. 圖示說明（預備電源測試）：

定位　　　　　紅線

20.4V

試驗　　　　　電壓表

1-30　火警自動警報設備之配線規定

【解說】

§127　火警自動警報設備配線規定

項目	配線規定
（一）設置規則	依用戶用電設備裝置規則設置。

（二）絕緣電阻值	1. 以 DC 250V 額定之絕緣電阻計測定。
	2. 電源回路導線間及導線與大地間：
	
	    {表}
	
	3. 探測器回路導線間及導線與大地間：
	    每一火警分區 ≥ 0.1MΩ以上。

（三）串接與終端電阻	常開式探測器回路，其配線： 1. 採用串接式。 2. 並加設終端電阻。 目的：以便藉由火警受信總機作回路斷線自動檢出用。

（四）其他	1. P 型受信總機採用數個分區共用一公用線方式配線時：該公用線供應之分區數 ≤ 7 個。
	2. P 型受信總機之探測器，其回路電阻 ≤ 50Ω。
	3. 埋設於屋外或有浸水之虞之配線：
	  (1)採用電纜並穿於金屬管或塑膠導線管。
	  (2)與電力線保持間距 ≥ 30cm。

（五）圖示說明	1. 電源回路導線間及導線與大地間之電阻值，其目的是防止不必要之誤報。

（二）絕緣電阻值項內表格：

對地電壓	絕緣電阻值
150V 以下	0.1MΩ
超過 150V	0.2MΩ以上

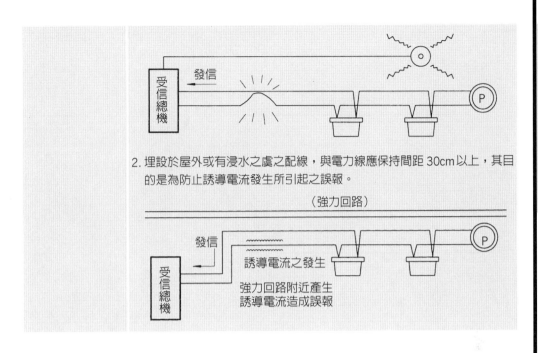

2. 埋設於屋外或有浸水之虞之配線，與電力線應保持間距 30cm 以上，其目的是為防止誘導電流發生所引起之誤報。

（強力回路）

發信

誘導電流之發生

強力回路附近產生誘導電流造成誤報

1-31　受信總機與各系統機件間之配線方式

【解說】

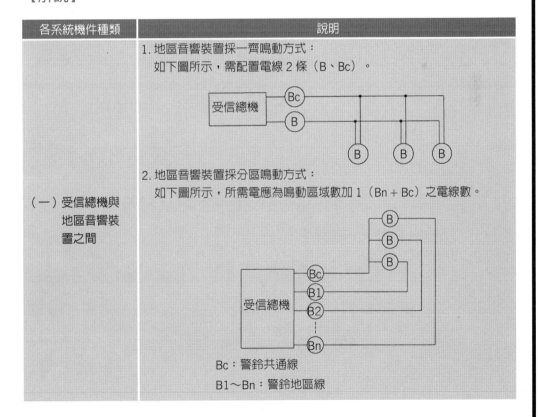

各系統機件種類	說明
（一）受信總機與地區音響裝置之間	1. 地區音響裝置採一齊鳴動方式： 如下圖所示，需配置電線 2 條（B、Bc）。 2. 地區音響裝置採分區鳴動方式： 如下圖所示，所需電應為鳴動區域數加 1（Bn + Bc）之電線數。 Bc：警鈴共通線 B1～Bn：警鈴地區線

389

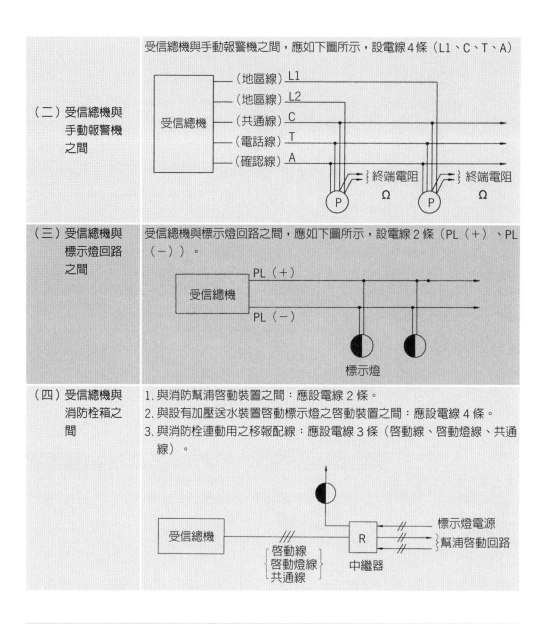

探測器配線種類	說明
（二）受信總機與 手動報警機 之間	受信總機與手動報警機之間，應如下圖所示，設電線4條（L1、C、T、A） （地區線）L1 （地區線）L2 （共通線）C （電話線）T （確認線）A 受信總機 終端電阻 Ω　終端電阻 Ω
（三）受信總機與 標示燈回路 之間	受信總機與標示燈回路之間，應如下圖所示，設電線2條（PL（＋）、PL （－））。 受信總機 PL（＋） PL（－） 標示燈
（四）受信總機與 消防栓箱之 間	1.與消防幫浦啓動裝置之間：應設電線2條。 2.與設有加壓送水裝置啓動標示燈之啓動裝置之間：應設電線4條。 3.與消防栓連動用之移報配線：應設電線3條（啓動線、啓動燈線、共通 線）。 受信總機　啓動線 啓動燈線 共通線　R 中繼器　標示燈電源 幫浦啓動回路

1-32 | 受信總機與各類探測器之配線方式

【解說】

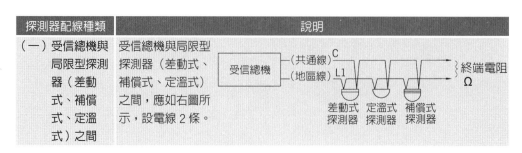

探測器配線種類	說明	
（一）受信總機與 局限型探測 器（差動 式、補償 式、定溫 式）之間	受信總機與局限型 探測器（差動式、 補償式、定溫式） 之間，應如右圖所 示，設電線2條。	受信總機　（共通線）C（地區線）L1　終端電阻 Ω 差動式探測器　定溫式探測器　補償式探測器

（二）受信總機與差動式分布型探測器之間	受信總機與差動式分布型探測器（不具多信號功能者）之間，應如下圖所示，設電線 3 條（Ｐ型 2 級受信總機，免設電話線）。
	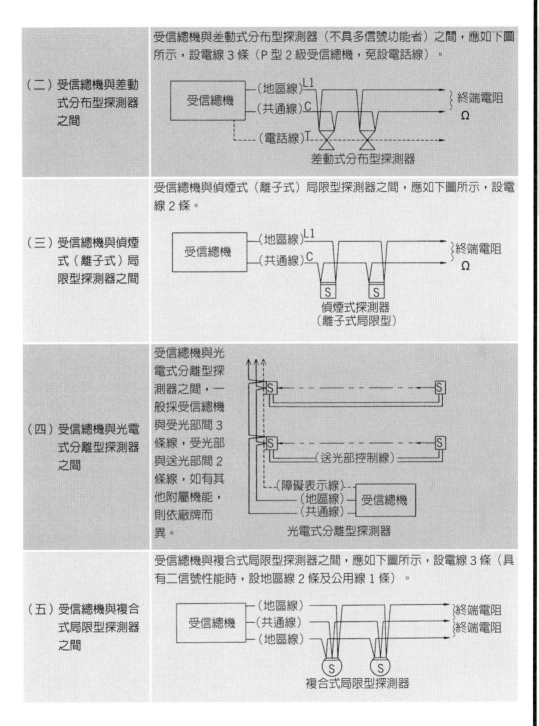
（三）受信總機與偵煙式（離子式）局限型探測器之間	受信總機與偵煙式（離子式）局限型探測器之間，應如下圖所示，設電線 2 條。
（四）受信總機與光電式分離型探測器之間	受信總機與光電式分離型探測器之間，一般採受信總機與受光部間 3 條線，受光部與送光部間 2 條線，如有其他附屬機能，則依廠牌而異。
（五）受信總機與複合式局限型探測器之間	受信總機與複合式局限型探測器之間，應如下圖所示，設電線 3 條（具有二信號性能時，設地區線 2 條及公用線 1 條）。

	P 型受信總機採用數個分區共用一公用線方式配線時，該公用線供應之分區數 ≤ 7 個（§127）。
（六）受信總機與各火警分區之共通線（公用線）	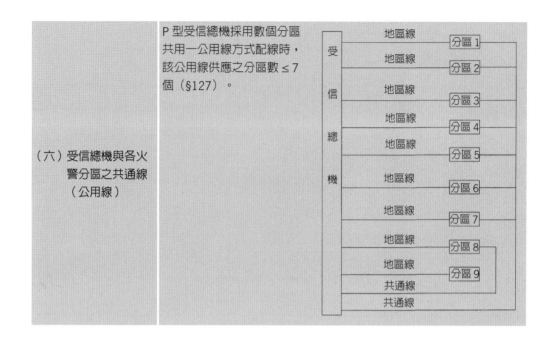

1-33　常開式之探測器回路終端電阻之配線方式

【解說】

常開式之探測器信號回路，其配線應採用串接式，並加設終端電阻（或火警發信機），以便藉由火警受信總機作回路斷線自動檢出試驗（回路導通試驗）。其配線方式如下圖：

配線種類	圖示說明
（一）末端設終端電阻	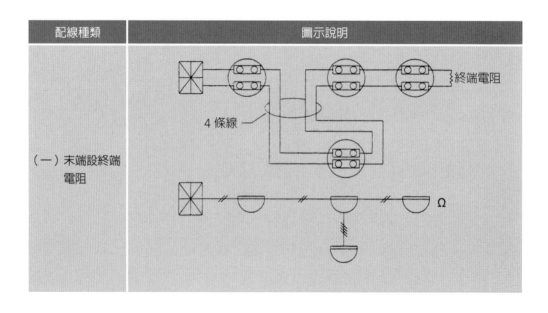

（二）末端設火警
　　　發信機

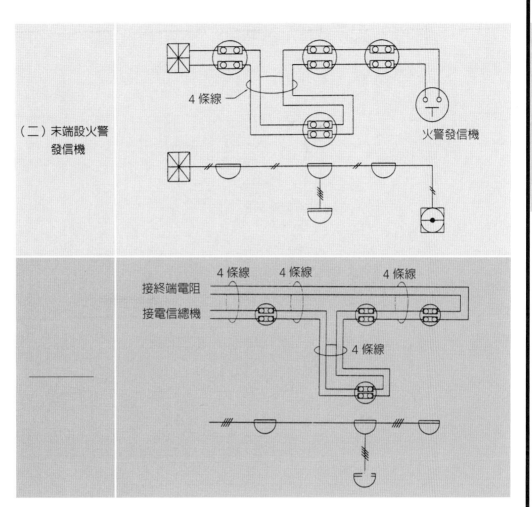

4 條線

火警發信機

接終端電阻

接電信總機

4 條線　　4 條線　　　4 條線

4 條線

1-34　受信總機之型式

【解說】

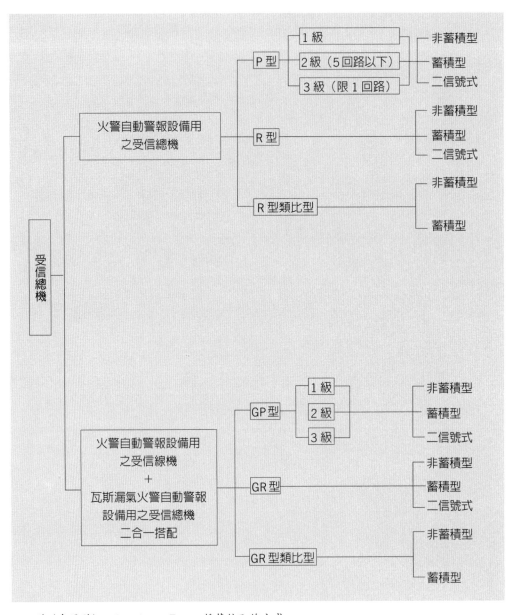

※ P 型（自用型）：Proprietary Type：採傳統配線方式

　R 型（智慧型）：Relay Type：採中繼器配線方式

1-35　受信總機之功能及構件

【解說】

(一) 受信總機應具備以下之功能：

1. 正確顯示出火災發生之位置、樓層（表示）。
2. 發出音響警報通知相關人員（警報）。
3. 接受火災信號後，能直接或透過中繼器連動其他滅火、防災設備（連動）。
4. 於停電時能於一定時間內立即緊急供電（預備電源測試開關）。
5. 系統內某分區配線斷線時能夠顯示（斷線測試開關）。
6. 系統機構測試之功能，以確保火災一旦發生，受信總機能正常受信、表示、警報及連動（火災測試開關）。
7. 火災發生時經由緊急電話線路能與外界保持連絡（電話裝置）。

(二) 受信總機之構成組件：

主要構成	構成組件	
(一) 測試用裝置	1. 火災測試開關 2. 斷線測試開關 3. 測試復舊開關	4. 預備電源測試開關 5. 回路選擇開關
(二) 表示用裝置	1. 火災表示燈 2. 斷線表示燈 3. 交流電源燈 4. 直流電源燈 5. 火警分區表示燈（或以數字、圖表等表示）	6. 開關注意燈 7. 緊急電源燈 8. 電壓計 9. 電流計
(三) 特定功能控制開關	1. 主音響停止開關 2. 地區音響停止開關 3. 電話機與電話插孔 4. 與排煙設備、緊急昇降機、自動滅火設備、安全門等連動之各控制開關	
(四) 其他附屬裝置	1. 機箱 2. 一般電源 3. 預備電源	4. 中繼器 5. 配線 6. 其他

1-36　P型1級與P型2級火警受信總機

【解說】

（一）P型1級與P型2級火警受信總機即為「自家用型」，P型1級用於一般居

室場所，而 P 型 2 級則用於小規模建築物之場所，其異同如下表所示：

比較項目	P 型 1 級（多回路）	P 型 2 級（多回路）
1.火災燈	○（紅色表示燈）	×
2.地區表示燈	○	○
3.主音響裝置音壓	85dB	85dB
4.地區音響裝置	○（一齊、分區鳴動）	○（一齊鳴動）
5.火災表示保持功能	○	○
6.回路數限制	無	5 回路以下
7.預備電源	○	○
8.電話連絡裝置	○	×
9.斷線試驗裝置	○	×
10.火災試驗裝置	○	○

（二）P 型 1 級受信總機之外觀圖：

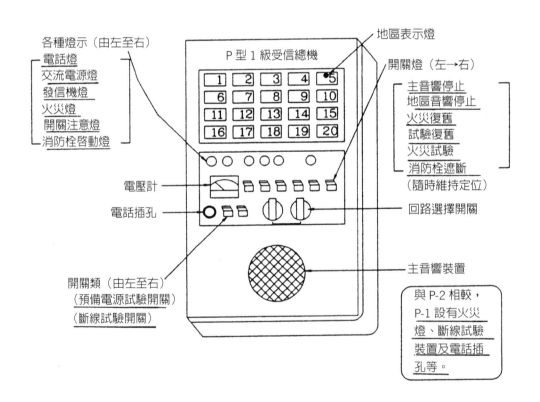

（三）P型 2 級受信總機之外觀圖（5 回路）：

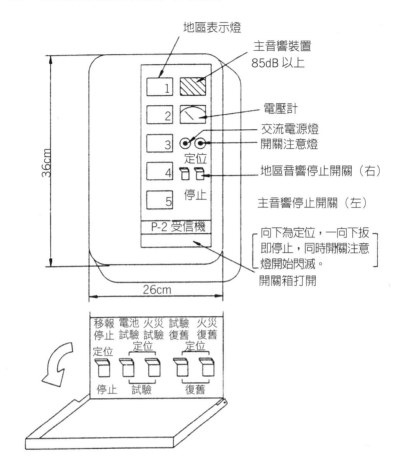

1-37　火警受信總機之蓄積時間

【解說】

§125　火警受信總機之裝置規定

種類	蓄積時間 （每一火警分區）	圖示說明
（一）受信總機 　　　＋中繼器 　　　＋偵煙式 　　　探測器	≦ 60sec	偵煙式探測器　中繼器（蓄）受信總機（蓄） 　　　　　　　　　　　　　　　（不得有二信號功能） 蓄積時間：　A sec　　　B sec　　　C sec A＋B＋C ≦ 60sec

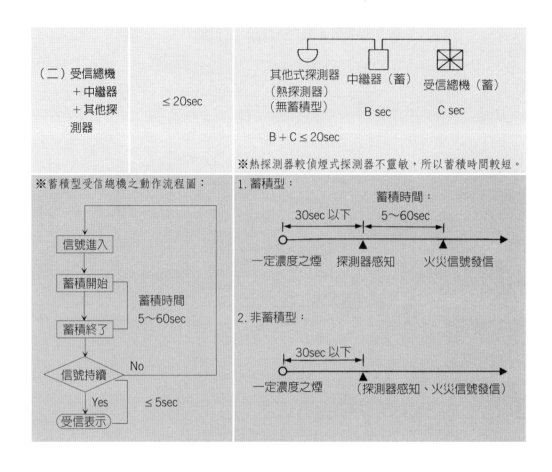

（二）受信總機 　　＋中繼器 　　＋其他探 　　測器	≤ 20sec	

其他式探測器
（熱探測器）
（無蓄積型）　　中繼器（蓄）　　受信總機（蓄）
　　　　　　　　　　B sec　　　　　C sec

B + C ≤ 20sec

※熱探測器較偵煙式探測器不靈敏，所以蓄積時間較短。

※蓄積型受信總機之動作流程圖：

信號進入 → 蓄積開始 → 蓄積終了 → 信號持續 No → 受信表示
蓄積時間 5～60sec
Yes ≤ 5sec

1. 蓄積型：
蓄積時間：
30sec 以下　5～60sec
一定濃度之煙　探測器感知　火災信號發信

2. 非蓄積型：
30sec 以下
一定濃度之煙　（探測器感知、火災信號發信）

1-38 ｜ 火警受信總機之裝置規定

【解說】

§125 火警受信總機之裝置規定

（一）意義	火警受信總機是指探測器或報警機發出之火災信號，直接或經由中繼器受信，而將火災之發生狀況通知建築物關係人之一種安全裝置。	
（二）裝置規定	1. 火警分區	具有火警區域表示裝置，指示火警發生之分區。
	2. 音響	火警發生時，能發出促使警戒人員注意之音響。 ※音響一般以警鈴為主。
	3. 通話裝置	附設與火警發信機通話之裝置。
	4. 同時互通裝置	一棟建築物內設有二台以上火警受信總機時，該受信總機處，設有能相互同時通話連絡之設備。
	5. 圖面資料	受信總機附近備有識別火警分區之圖面資料。
	6. 蓄積式探測器 　 或中繼器	裝置蓄積式探測器或中繼器之火警分區，該分區在受信總機，不得有雙信號功能。

7. 蓄積時間	受信總機、中繼器、偵煙式探測器，有設定蓄積時間時，其蓄積時間之合計（每一火警分區）： ⑴使用偵煙式探測器：在 60sec 以下。 ⑵使用其他探測器：在 20sec 以下。
8. 娛樂用影音設備連動停止	歌廳、舞廳、夜總會、俱樂部、錄影節目帶播映場所（MTV等）、視聽歌唱場所（KTV等）、酒家、酒吧、酒店（廊）或其他類似場所，因營業時音量或封閉式隔間等特性，致難以聽到火警警鈴聲響或辨識緊急廣播語音，於火災發生時，應連動停止相關娛樂用影音設備。
9. 地區警報音響裝置強制鳴動	受信總機應具有於接受火災信號後一定時間內或再接受火災信號時，強制地區警報 音響裝置鳴動之功能。

（三）小規模場所得設置單回路受信總機。

1. 總樓地板面積未達 350m² 建築物。

2. 該層樓地板面積未達 350m² 者：⇨ 符合第十九條第 1 項第 4 款所定之地下層、無開口樓層及甲 1、甲 5、複合甲（甲 1、甲 5）場所用途。

⇨ 其裝置下列 4 個項目不受限制：

前項裝置規定之 1. 火警分區、3. 通話裝置、4. 同時互通裝置、5. 圖面資料

1-39 | 火警受信總機之位置

【解說】

§126　火警受信總機之位置

規定	內容
（一）設置原則	受信總機應裝置於： 1. 無防災中心：設於值日室等經常有人之處所。 2. 但設有防災中心時：設於該防災中心。
（二）日光不照射	裝置於日光不直接照射之位置。
（三）外殼接地	1. 避免傾斜裝置。 2. 其外殼應接地。（為避免危險）
（四）操作高度	操作開關距樓地板面之高度： 1. 壁掛型：0.8～1.5m。 2. 座式型：0.6～1.5m。

記憶：脂（值）、肪（防）、光、請（傾）、隔（殼）、壁、坐（座）

1-40　P型火警受信總機與GP型火警受信總機

【解說】

比較項目	P 型受信總機	GP 型受信總機
（一）適用場所	一般居室場所。	使用燃料（液化石油或天然氣）之場所。
（二）適用對象	火警自動警報設備用。（自家用型）	火警自動警報設備用＋瓦斯漏氣火警自動警報設備用。（自家用型及瓦斯漏氣複合式）
（三）功能	火災表示。	火災表示或瓦斯漏氣獨立表示。
（四）配線規定	1. 常開式探測器回路，其配線： 　(1)採用串接式。 　(2)加設終端電阻。 2. 絕緣電阻值以 DC 250V 額定之絕緣電阻計測定。	1. 常開式檢知器信號回路，其配線： 　(1)採用串接式。 　(2)加設終端電阻。 2. 絕緣電阻值以 DC 500V 額定之絕緣電阻計測定。
（五）緊急電源	使用蓄電池設備，容量 10min 以上。	使用蓄電池設備，其容量： 1. 偵測火警在 10min 以上。 2. 偵測瓦斯漏氣，其容量應能使二回路有效動作 10min 以上，其他回路能監視 10min 以上。

1-41　警報系統設計範例

（一）說明各室需使用之探測器種類、數目及設置原因。

（二）請繪出地下室一樓之配線圖及其設計要點。

樓層	室名	裝置面高度	樓地板面積	探測器種類及個數	設置原因
地下樓層一樓	1. 木材倉庫	5m	30m²		
	2. 盥洗室	3m	35m²		
	3. 電氣室	4m	50m²		
	4. 泵浦室	4m	50m²		
	5. 走廊	4m	50m²		
	6. 機械室	4m	180m²		

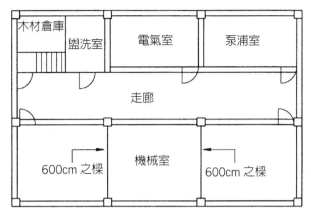

地下室一樓平面圖

【解說】

（一）探測器種類、數目及設置原因說明：

樓層	室名	裝置面高度	樓地板面積	探測器種類及個數	設置原因
地下樓層一樓	1. 木材倉庫	5m	30m²	定溫式特種 $n=\dfrac{30m^2}{35m^2} \simeq 1$ 個	因為木材倉庫為灰塵、粉末會大量滯留之場所。（依設置標準§117）
	2. 盥洗室	3m	35m²	免設置	因洗手間免設探測器。（依設置標準§116第3款）
	3. 電氣室	4m	50m²	偵煙式一種（光電型） $n=\dfrac{50m^2}{75m^2} \simeq 1$ 個	因有成為燻燒火災之虞之場所。（依（85）內消字第8584185號解釋令）
	4. 泵浦室	4m	50m²	定溫式特種（防水型） $n=\dfrac{50m^2}{35m^2} \simeq 2$ 個	因為顯著高溫之場所，且為偵煙式不可設置場所。（依設置標準§117）
	5. 走廊	4m	50m²	偵煙式一種（光電型） n=1 個（依設置標準§112，步行距離每30cm設1個）	因為煙需長距離移動始抵探測器之場所。（依（85）內消字第8584185號解釋令）

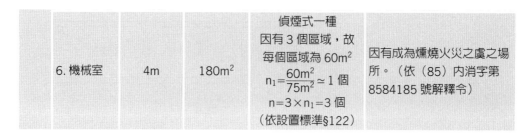

6.機械室	4m	180m²	偵煙式一種 因有3個區域，故 每個區域為60m² $n_1=\dfrac{60m^2}{75m^2}\simeq1$個 $n=3\times n_1=3$個 （依設置標準§122）	因有成為燻燒火災之虞之場所。（依（85）內消字第8584185號解釋令）

（二）配線圖及設計要點：

1. **配線圖**：

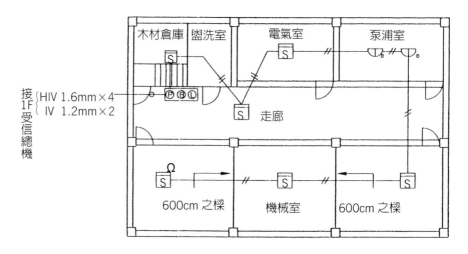

2. **設計要點：**

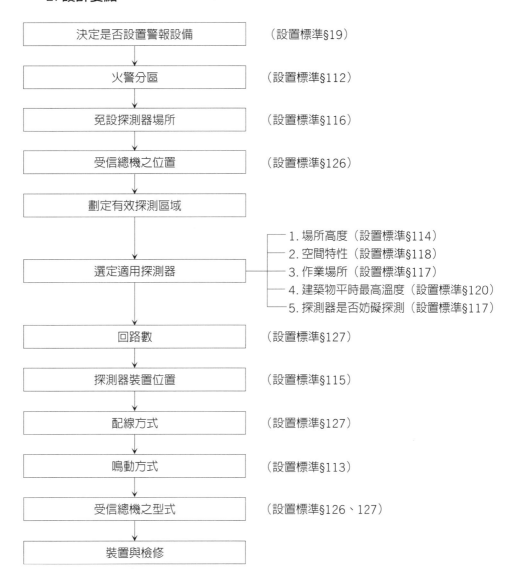

決定是否設置警報設備	（設置標準§19）
火警分區	（設置標準§112）
免設探測器場所	（設置標準§116）
受信總機之位置	（設置標準§126）
劃定有效探測區域	
選定適用探測器	1. 場所高度（設置標準§114） 2. 空間特性（設置標準§118） 3. 作業場所（設置標準§117） 4. 建築物平時最高溫度（設置標準§120） 5. 探測器是否妨礙探測（設置標準§117）
回路數	（設置標準§127）
探測器裝置位置	（設置標準§115）
配線方式	（設置標準§127）
鳴動方式	（設置標準§113）
受信總機之型式	（設置標準§126、127）
裝置與檢修	

1-42　各種探測器之記號

【解說】

記號	名稱	記號	名稱
▽	定溫式局限型探測器	S	偵煙式局限型探測器
▽	定溫式局限型探測器（防水型）	S	偵煙式局限型探測器（埋入型）

記號	名稱	記號	名稱
	定溫式局限型探測器（防酸型）	S→	偵煙式光電分離型探測器（送光部）
	定溫式局限型探測器（防鹼型）	→S	偵煙式光電分離型探測器（受光部）
EX	定溫式分布型探測器（防鹼防爆型）		熱複合式局限型探測器
⊙	定溫式局限型探測器（感知線型）	S	煙複合式局限型探測器
	差動式局限型探測器	S	煙複合式局限型探測器（蓄積型）
	差動式分布型探測器（空氣管式）	S	熱、煙複合式局限型探測器
	差動式分布型探測器（熱電偶式）	S	熱、煙複合式局限型探測器（蓄積型）
⊙	差動式分布型探測器（熱半導體式）	G	瓦斯漏氣檢知器
▷	差動式分布型探測器之檢出部	G B	具有警報功能之瓦斯漏氣檢知器
	補償式局限型探測器	△	火焰式探測器

1-43 警報系統之記號

【解說】

記號	名稱	記號	名稱
火警受信總機	火警受信總機	No	警報分區編號
PBL	火警綜合盤	Ω	終端電阻
P	P型火警發信機	S	揚聲器
B	火警警鈴		標示板
◖ 或 L	火警標示燈	⊙	回路試驗器

中繼器		瓦斯漏氣表示燈	
受信副機		— — — 火警（警報）分區界線	
緊急電源插座		⊤P T型發信機	
消防栓箱		—— FA —— 警報系統管線	
TR 補助電源箱		— SP — 廣播系統管線	
R 繼電器箱		— AS — 自動撒水水管	
T 差動式局限型試驗器		G型受信總機	
ET 緊急電話機（Emergency Telephone）		AMP 緊急廣播主機（播音機與操作裝置）	
NO 火警分區標號		E T 一一九火災通報裝置	
T 一一九火災通報裝置專用電話機			

第一章◎自我評量

（一）問答題

1. 警報設備之內容及功用為何？火警自動警報設備包括哪些設備？試說明之。
2. 試說明應設置火警自動警報設備之場所？
3. 試說明火警自動警報設備的重要性，以及在消防安全（防災）體系中之角色定位？
4. 火警自動警報設備之定義、功能及系統組成為何？
5. 試說明火警自動警報設備之操作流程？
6. 何謂「火警分區」？其劃分規定為何？
7. 試說明火警自動警報設備之鳴動方式？
8. 何謂火警探測器？火警探測器種類為何？
9. 試說明各種火警探測器之動作原理為何？

10. 試說明差動式局限型探測器之動作原理？

11. 試說明差動式分布型探測器之動作原理？

12. 試說明定溫式局限型探測器之動作原理？

13. 試說明定溫式（感知）線型探測器之動作原理？

14. 試說明偵煙式局限型探測器之動作原理？

15. 試說明裝置場所高度 4m 以下、4 ～ 8m、8 ～ 15m 及 15 ～ 20m 時，其可選擇設置之探測器種類為何？

16. 火警探測器之裝置位置應如何選定？

17. 何種場所可免設探測器？試說明之。

18. 試說明各種探測器依安裝場所作業特性應如何選定？

19. 哪些場所不可裝置偵煙式、熱煙複合式及火焰式探測器？

20. 何謂探測器之探測區域？

21. 試說明差動式局限型、補償式局限型及定溫式局限型探測器之設置規定為何？

22. 試說明差動式分布型探測器種類及設置規定為何？

23. 試說明定溫式（感知）線型探測器之設置規定為何？

24. 試說明偵煙式探測器（光電式分離型除外）之設置規定為何？

25. 試說明光電式分離型探測器之設置規定為何？

26. 試說明火焰探測器之設置場所與設置規定？其按用途可分為哪幾類？

27. 試說明差動式分布型空氣管式探測器之火焰動作試驗（空氣注入試驗）與動作持續試驗？

28. 差動式分布型空氣管探測器性能檢查中之流通試驗與接點水高試驗之作用為何？檢查方法及判定方法如何？試驗不合格時各有何影響？

29. 試說明 P 型 1 級火警受信總機性能測試之種類為何？

30. 試說明火警自動警報設備之配線規定？

31. 受信總機與各系統機件間應如何配線？

32. 受信總機與各類探測器應如何配線？

33. 試繪圖說明常開式之探測器回路，其終端電阻之配線方式？

34. 試說明受信總機之型式有哪些？

35. 試說明火警自動警報設備受信總機應具有之功能及執行各該功能之構件？

36. 試比較 P 型 1 級與 P 型 2 級火警受信總機之異同？

37. 試說明火警受信總機之蓄積時間相關規定？

38. 試說明火警受信總機之裝置規定為何？

39. 試說明火警受信總機之位置應如何設置？

40. 試比較 P 型火警受信總機與 GP 型火警受信總機之異同？

（二）測驗題

（C）　1. 偵煙式探測器（第一種及第二種）裝設於走廊及通道時，步行距離每多少公尺至少設置一個？
(A) 10　(B) 20　(C) 30　(D) 60。

（C）　2. 火警自動警報設備之配線設置規定中，埋設於屋外或有浸水之虞者，應採用電纜並於金屬管或塑膠導管，與電力線保持多少公分以上之間距？
(A) 10　(B) 20　(C) 30　(D) 60。

（D）　3. 有關差動式分布型探測器為空氣管式時，下列敘述何者正確？
(A) 每一探測區域內之空氣管長度，露出部分不行小於 100 公尺　(B) 空氣管應裝置在裝置面下方 60 公分範圍內　(C) 裝置於一個檢出器之空氣管長度，不得大於 120 公尺　(D) 空氣管應裝置在裝置面任一邊起 1.5 公尺以內位置，其間距在防火建築物不得大於 9 公尺。

（A）　4. 探測器裝置場所高度為 5 公尺時，下列何項不適用？
(A) 離子式局限型三種　(B) 定溫式一種　(C) 差動式局限型　(D) 補償式局限型。

（C）　5. 有一防火建築物，某一區域樓地板面積為 350 平方公尺時，如選用差動式分布型探測器為熱電偶式時，其數量為多少個？
(A) 6　(B) 12　(C) 16　(D) 20。

（B）　6. 差動式分布型探測器使用熱半導體式時，裝接於一個檢出器之感熱器數量，不得超過多少個？
(A) 10　(B) 15　(C) 20　(D) 30。

（D）　7. 高度 15 公尺之建築物，如選擇使用光電式分離型探測器時，探測器光軸之位置與樓地板距離，下列何者正確？
(A) 8 公尺　(B) 10 公尺　(C) 11 公尺　(D) 12 公尺。

（D）　8. 在探測器性能檢查中，差動式局限型一種，使用加熱試驗器對探測器加熱，動作時間應在多少秒內？
(A) 120　(B) 90　(C) 60　(D) 30。

（C）　9. 有一地面五層、地下二層之建築物，每層樓地板面積為 500 平方公尺，裝設火警自動警報設備之條件下，如果一樓發生火警時，其鳴動方式規定為何？
(A) 全樓一齊鳴動　(B) 一至五樓鳴動　(C) 地下層及一、二樓鳴動　(D) 地下層及一樓鳴動。

（B）　10. 差動式探測器，其動作原理為感應下列何種參數？
(A) 定溫度　(B) 溫升率　(C) 煙濃度　(D) 遮光度。

（B）　11. 下列何處場所可免設探測器？
(A) 廚房　(B) 防火構造金庫　(C) 室內停車場　(D) 變電室。

（D）　12. P 型受信總機之探測器回路電阻應在多少歐姆以下？
(A) 20　(B) 30　(C) 40　(D) 50。

（B）　13. 在無免設條件下，設置第三種偵煙式探測器時，於走廊步行距離每多少

公尺至少設置一個？

(A) 10　(B) 20　(C) 30　(D) 40。

(**A**)　14. P 型受信總機之探測器回路電阻，以絕緣電阻計測定，其值應為多少？

(A) 50Ω 以下　(B) 0.1MΩ 以上　(C) 0.2m% 以上　(D) 20MΩ 以上。

(**C**)　15. 探測區域為 400 平方公尺，高度為 5 公尺之防火建築物，如設置偵煙式二種探測器，其設置數量至少為何？

(A) 10 個　(B) 8 個　(C) 6 個　(D) 3 個。

(**D**)　16. 玻璃工場、熔接作業場所等設有用火設備，其火焰外露之場所，在選擇探測器時，下列何者適用？

(A) 差動式局限型一種　(B) 差動式分布型一種　(C) 補償式局限型一種
(D) 定溫式一種。

(**D**)　17. 有一高度為 3.8 公尺，樓地板面積為 480 平方公尺之探測區域，探測器如為偵煙式三種，其設置數量至少為多少個？

(A) 4　(B) 7　(C) 8　(D) 10。

(**D**)　18. 下列何種探測器之裝置位置，在天花板有出風口時，應距離出風口 1.5 公尺以上？

(A) 火焰式　(B) 差動式分布型　(C) 光電式分離型　(D) 補償式局限型。

(**A**)　19. 探測器裝設場所高度為 5 公尺時，下列何種探測器不適合裝設？

(A) 定溫式二種　(B) 定溫式一種　(C) 補償式局限型　(D) 差動式局限型。

(**C**)　20. 某須設火警自動警報設備之場所，其中一層之長為 120 公尺，寬為 10 公尺，且任一點無法見到全部區域，則該層之火警分區數至少須多少區？

(A) 1　(B) 2　(C) 3　(D) 4。

(**C**)　21. 火警鳴動方式，在 5 樓以上且樓地板面積超過多少平方公尺時，須作分層鳴動方式？

(A) 2000　(B) 2500　(C) 3000　(D) 3500。

(**B**)　22. 火警探測器回路加設終端電阻之目的為何？

(A) 短路測試　(B) 斷線測試　(C) 電量測試　(D) 音壓測試。

(**B**)　23. 常開之探測器信號回路，其配線應採用何種方式？

(A) 並接　(B) 串接　(C) 交錯　(D) 重疊。

(**C**)　24. 設置光電式分離型探測器，其光軸與警戒區任一點之水平距離不得大於多少公尺？

(A) 5　(B) 6　(C) 7　(D) 8。

(**B**)　25. 遮光式光電型探測器，其動作曲線中受光量與煙濃度之關係為：

(A) 正比　(B) 反比　(C) 平方正比　(D) 平方反比。

(**D**)　26. 設置光電式分離型探測器之火警分區，其邊長須在多少公尺以下？

(A) 40　(B) 50　(C) 80　(D) 100。

(**B**)　27. 天花板設有排氣口時，偵煙式探測器應裝置於排氣口周圍多少公尺範圍

內？

(A) 0.5　(B) 1　(C) 1.5　(D) 2。

（**C**）28. 某鐵工廠之室內平均高度為 10 公尺，試問其不可選用下列何者探測器來裝置？

(A) 差動分布型　(B) 光電分離型　(C) 定溫式　(D) 火焰式。

（**B**）29. 對於探測器裝置面高度 4 公尺以上之防火建築物，當使用定溫式局限型一種探測器，其有效探測範圍為多少平方公尺？

(A) 25　(B) 30　(C) 35　(D) 45。

（**C**）30. 每一火警分區在單一樓層中，若主要出入口無法直視任一角落，則分區之面積不可超過多少平方公尺？

(A) 400　(B) 500　(C) 600　(D) 700。

（**B**）31. 建築物之樓梯間，若須火警分區，則在地面上垂直距離為多少公尺須成一區？

(A) 35　(B) 45　(C) 55　(D) 65。

（**A**）32. 下列哪些場所得免設探測器？

(A) 洗手間、廁所或浴室　(B) 冷藏庫　(C) 室內游泳池或溜冰場
(D) 走道。

（**B**）33. 一棟地上十層、地下二層建築物，起火層如於地上第四層時，火警自動警報設備之鳴動方式，應於第幾層鳴動？

(A) 第四、五、六、七層　(B) 第三、四、五、六層　(C) 第二、三、四、五層　(D) 第一、二、三、四層

（**C**）34. 偵煙式局限型探測器不得設於何處所？

(A) 走廊　(B) 樓梯間　(C) 廚房　(D) 通道。

（**D**）35. 下列分布探測器，何種為非再用型？

(A) 空氣管式　(B) 熱半導體式　(C) 熱電偶式　(D) 線型。

（**B**）36. 裝設火警自動警報設備之建築物，劃定火警分區時，上下兩層樓地板面積之和不超過多少平方公尺者，得二層共用一火警分區？

(A) 600　(B) 500　(C) 1000　(D) 1500。

（**C**）37. 裝設火警自動警報設備之建築物，於樓梯、斜坡通道、昇降機之昇降路及管道間等場所，在多少的距離範圍內，且其頂層相差在幾層以下時，得為一火警分區？

(A) 步行距離 50 公尺範圍內且相差二層以下　(B) 水平距離 25 公尺範圍內且相差三層以下　(C) 水平距離 50 公尺範圍內且相差二層以下
(D) 步行距離 25 公尺範圍內且相差三層以下。

（**B**）38. 設有一棟地上十層、地下二層及一具直通樓梯之建築物，各層面積均為 1000 平方公尺，各層高度均為 3 公尺，樓梯間使用偵煙式第一種探測器，屋頂平台之出入口高度為 2 公尺，地上各層用途為辦公室，地下二層用途為室內停車空間，請問至少應設多少火警分區？

(A) 23　(B) 24　(C) 27　(D) 28。

（**D**）39. 差動式分布型探測器之探測區域，係指探測器裝置面之四周以淨高幾公

分以上之樑或類似構造體區劃包圍者？
(A) 30　(B) 40　(C) 50　(D) 60。

（D）40. 差動式分布型探測器為空氣管式時，裝置在自裝置面任一邊起多少公尺以內之位置？
(A) 0.3　(B) 0.8　(C) 1.2　(D) 1.5。

（B）41. 差動式分布型探測器為熱半導體式時，裝置面高度在 8 公尺以上，在每一有效探測範圍至少應設置幾個熱半導體式探測器？
(A) 一　(B) 二　(C) 三　(D) 五。

（D）42. 差動式分布型探測器為熱電偶式時，裝接於一個檢出器之熱電偶數，不得大於幾個？
(A) 五　(B) 十　(C) 十五　(D) 二十。

（C）43. 差動式分布型探測器於裝設檢出器時，其裝置面不得傾斜幾度以上？
(A) 2　(B) 3　(C) 5　(D) 15。

（B）44. 火警自動警報設備之緊急電源應使用蓄電池設備，其容量應能使其有效動作幾分鐘以上？
(A) 5　(B) 10　(C) 20　(D) 30。

（D）45. 偵煙式探測器除光電分離型外，應裝設於距離牆壁或樑幾公分以上之位置？
(A) 15　(B) 30　(C) 40　(D) 60。

（B）46. 牆上設有出風口時，探測器裝置位置應距離該出風口多少公尺？
(A) 1 公尺以上　(B) 1.5 公尺以上　(C) 1.8 公尺範圍內　(D) 2 公尺以上。

（C）47. 裝置火焰式探測器時，其距樓地板面多少公尺範圍內的空間，應在探測器標稱監視距離範圍內？
(A) 0.8　(B) 1　(C) 1.2　(D) 1.5。

（B）48. 光電式分離型探測器裝置時，其受光器及送光器，應設在距其背部牆壁多少公尺的範圍內？
(A) 0.8　(B) 1　(C) 1.5　(D) 1.8。

（C）49. 下列何者不是裝置火警受信總機之規定？
(A) 設有防災中心時，應設於該中心　(B) 應裝置於日光不直接照射之位置　(C) 壁掛型總機操作開關距離樓地板面高度，應在 0.6 公尺至 1.5 公尺之間　(D) 應避免傾斜裝置，其外殼應接地。

（D）50. 火警自動警報設備之配線，電源回路導線間及導線與大地間之對地電壓在 150 伏特以下者，其絕緣電阻值應是多少？
(A) 0.2MΩ 以下　(B) 0.1MΩ 以下　(C) 0.2MΩ 以上　(D) 0.1MΩ 以上。

（C）51. 探測器之裝設依裝置場所高度而有所不同。當同一室內之天花板或屋頂板高度不同時，應採何種高度？
(A) 最高高度　(B) 最小高度　(C) 平均高度　(D) 最高高度加上最小高度。

（**D**）52. 差動式分布型探測器若為熱電偶式時，裝接於一個檢出器之熱電偶數不得大於下列何者？
(A) 10　(B) 40　(C) 30　(D) 20。

（**C**）53. 某防火建築物裝置面高度為 9 公尺，採用差動式分布型探測器為熱半導體式時，其有效探測範圍為何？
(A) $30m^2$　(B) $40m^2$　(C) $50m^2$　(D) $65m^2$。

（**B**）54. 對於顯著高溫之場所，下列何種探測器屬於適用之探測器？
(A) 差動式分布型　(B) 定溫式　(C) 差動式局限型　(D) 火焰式。

（**A**）55. 有關自動警報設備之配線，P 型受信總機之探測器回路電阻應在多少歐姆（Ω）以下？
(A) 50Ω　(B) 0.1MΩ　(C) 0.2MΩ　(D) 50MΩ。

（**C**）56. 下列消防安全設備緊急供電系統之配線，何者需施予耐燃保護？
(A) 排煙設備之控制盤至啓動位置　(B) 緊急電源插座至標示燈　(C) 火警自動警報設備之受信總機至中繼器　(D) 緊急廣播設備之操作裝置至揚聲器。

（**B**）57. 消防設備圖中，下列符號何者表示差動式火警探測器？
(A) ⏜　(B) ⎍　(C) ⎡S⎤　(D) 以上皆非。

（**D**）58. 依規定，距樓地板多少公尺範圍內之空間，應在火焰式探測器標稱監視距離範圍內？
(A) 4.2m　(B) 3.2m　(C) 2.2m　(D) 1.2m。

（**D**）59. 光電式分離型探測器之光軸高度，應在天花板等高度百分之多少以上之位置才符合規定？
(A) 50%　(B) 60%　(C) 70%　(D) 80%。

（**C**）60. 下列有關偵煙式探測器（光電式分離型除外）設置規定之敘述，何者為誤？
(A) 探測器下端應裝設在裝置面下面 60cm 範圍內　(B) 樓地板面積在 40m 以下時，應設在其入口處　(C) 探測器應裝設於距離牆壁或樑 60cm 以內位置　(D) 使用第三種探測器時，應每 20m 至少設置一個。

（**A**）61. 下列有關光電式分離型探測器設置規定之敘述，何者正確？①受光面應設在無日光照射之處；②受光器及送光器應設在距其背部牆壁 1m 範圍內；③應設在天花板高度 20m 以下之場所；④光軸與警戒區任一點水平距離不得大於 17m
(A) ①②③　(B) ②③④　(C) ①②④　(D) ①③④。

（**D**）62. 五層以下之建築物，供幼稚園或托兒所使用，則其任何一層之樓地板面積在多少平方公尺以上應設置火警自動警報設備？
(A) $100m^2$　(B) $200m^2$　(C) $250m^2$　(D) $300m^2$。

（**B**）63. 下列有關探測器裝置規定之敘述，何者正確？①差動式分布型火警探測器可設置天花板出風口 1.5m 以內；②火焰式探測器裝置時得傾斜 45 度以上；③偵煙式探測器應裝置於天花板排氣口或回風口周圍 1m 以外；

④局限型探測器以裝置在探測區域中心附近為原則
(A)①②③　(B)①②④　(C)①③④　(D)②③④。

(C) 64. 下列有關「火警分區」規定之敘述，何者為誤？
(A) 每一火警分區不得超過一樓層，並不得超過樓地板面積 600m²
(B) 裝設光電式分離型探測器時，其火警分區邊長得在 100m 以下　(C) 樓梯或斜坡通道，垂直距離每 65m 以下為一火警分區　(D) 由主要出入口能直接觀察該樓層任一角落時，得以 1000m² 為一分區。

(C) 65. 下列有關空氣管式差動式分布型探測器之規定敘述，何者有誤？
(A) 每一探測器區內之空氣管長度，露出部分不得小於 20m　(B) 裝接於一個檢出器之空氣管長度，不得大於 100m　(C) 空氣管應裝置在裝置面下方 60cm 範圍內　(D) 空氣管間距，在防火建築物不得大於 9m。

(C) 66. 依據各類場所消防安全設備設置標準之規定，未滿四公尺高之防火構造建築物使用差動式局限型二種其保護面積最多為多少平方公尺？
(A) 20　(B) 60　(C) 70　(D) 90。

(D) 67. 電腦室有成為燻燒火災之虞的場所應裝設那一種探測器？
(A) 定溫式探測器　(B) 差動式探測器　(C) 離子式探測器　(D) 光電式探測器。

(D) 68. 火警自動警報設備之鳴動方式，建築物在五樓以上，且總樓地板面積在多少平方公尺以上者應採分層鳴動？
(A) 1500　(B) 2000　(C) 2500　(D) 3000。

(A) 69. 受信總機、中繼器及偵煙式探測器設蓄積時間時，其蓄積時間合計不得大於幾秒？
(A) 60　(B) 70　(C) 90　(D) 120。

(C) 70. 依各類場所消防安全設備設置標準之規定，局限型探測器之裝置不得傾斜幾度以上？
(A) 15　(B) 30　(C) 45　(D) 60。

(A) 71. 以加煙試驗器對偵煙式探測器二種進行測試，應於多少秒內作動為合格？
(A) 60　(B) 80　(C) 100　(D) 120。

(A) 72. P 型受信總機之探測器回路電阻應在多少歐姆以下？
(A) 50　(B) 100　(C) 150　(D) 200。

(A) 73. 天花板設有回風口時其偵煙式探測器應於回風口多少距離以內？
(A) 1 公尺　(B) 1.5 公尺　(C) 2 公尺　(D) 2.5 公尺。

(B) 74. 依各類場所消防安全設備設置標準第 19 條規定，下列何者無論面積大小應設置火警自動警報設備？a. 十一層以上建築物 b. 榮譽國民之家 c. 地下建築物 d. 一般護理之家
(A) acd　(B) abd　(C) bcd　(D) abc

(C) 75. 下列火警自動警報設備探測器之動作時間敘述，何者錯誤？
(A) 差動式局限型一種探測器為三十秒　(B) 火焰式探測器為三十秒
(C) 定溫式局限型一種探測器為三十秒　(D) 光電式分離型探測器為三十秒

手動報警設備

2-1　應設置手動報警設備之場所

【解說】

§20　應設置手動報警設備之場所

建築物特性	面積	使用場所	設置對象
（一）3F 以上	任一層 200m²	所有建築物	整棟設置
（二）任一建築物	─	甲類第 3 目場所 （觀光旅館、飯店等）	該場所設置

2-2　火警發信機之功用、構造功能與設置規定

【解說】

（一）功用		係利用手動按鈕向火警受信總機或中繼器發出火警信號。
（二）構造功能	1. 外殼	火警發信機外殼露在外面部分：應為紅色。 （但修飾部位及文字標示除外）
	2. 火警信號	啓動開關時即能送出火警信號。
	3. 發信開關保護裝置	(1)使用強壓型： 　①將予打破或壓下後，即能容易操作之裝置。 　②用手指頭壓破或壓下即能操作之保護裝置，其強度之規定： 　　・在保護裝置中央用直徑 20mm，且其尾端能均勻與板面接觸之 　　　物體加以 2kg 之靜重時，不得有異狀。 　　・而以 8kg 壓下時，則能操作或被壓下。 (2)使用扳動型：不在上述之限制。
	4. 強壓型發信機	強壓型火警發信機應有： (1)動作確認之裝置。 (2)與受信總機連絡對講機用插座之裝置。
	5. 反覆試驗	以額定電壓及額定電流予以火警發信機做反覆 1000 次通電試驗後，對 其構造及功能不得發生異常現象。
	6. 開關接點材質	火警發信機內部之開關接點須為銀鈀合金或同等以上導電率及耐腐蝕之 材質。
	7. 開關連動部	開關連動部位須有防腐蝕之處理。

	8. 接線端子	火警發信機與外線連接部位須有接線端子設計。（使用扳動型者不在此限）
（三）設置規定	1. §129	每一火警分區應依下列規定設置火警發信機： (1)按鈕按下時，能即刻發出火警音響。 (2)按鈕前有防止隨意撥弄之保護板。 (3)附設緊急電話插座。 (4)裝置於屋外之火警發信機，具有防水性能。 (5)兩層樓共用一火警分區者，火警發信機應分別設置。
	2. §130	標示燈，依下列規定設置： (1)平時保持明亮。 (2)標示燈與裝置面成 15°角，在 10m 距離內須無遮視物且明顯易見。
	3. §131	火警警鈴，依下列規定設置： (1)電壓到達規定電壓之 90%時：能即刻發出音響。 (2)在規定電壓下，離開火警警鈴 1m 處，所測得之音響 ≥ 90 分貝。 (3)電鈴絕緣電阻（以 DC 250V 額定之絕緣電阻計測定）≥ 20MΩ。 (4)警鈴音響應有別於建築物其他音響，並除報警外不得兼作他用。 (5)免設條件：設有緊急廣播設備時，得免設火警警鈴。
	4. §132	(1)裝設位置： 　①裝設於火警時人員避難通道內適當而明顯之位置。 　②建築物內裝有消防立管之消防栓箱時：裝設在消防栓箱上方牆上。 (2)裝設高度： 　①火警發信機：離地板面高度為 1.2～1.5m。 　②標示燈、火警警鈴：離地板面高度為 2～2.5m。（但與手動報警機合併裝設者，不在此限）
（四）圖示說明	1. P型1級火警發信機： 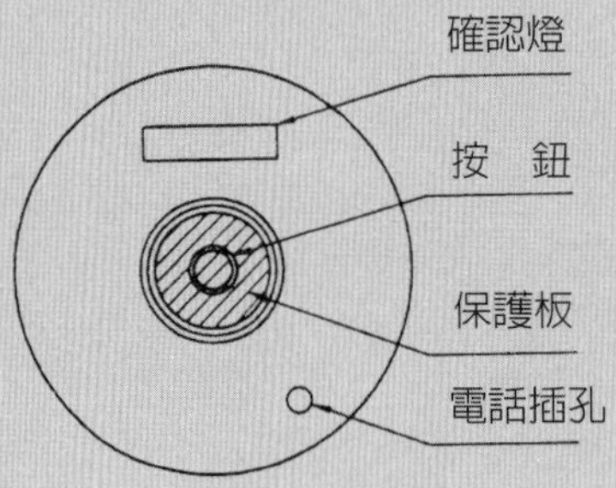 確認燈　按　鈕　保護板　電話插孔 2. P型2級火警發信機（無確認燈與電話插孔）： 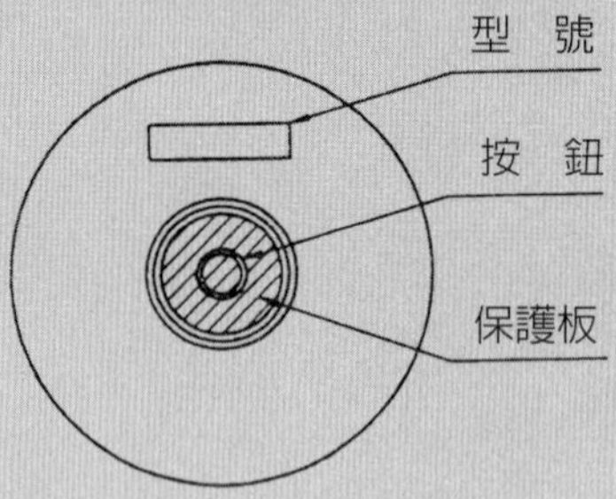 型　號　按　鈕　保護板	

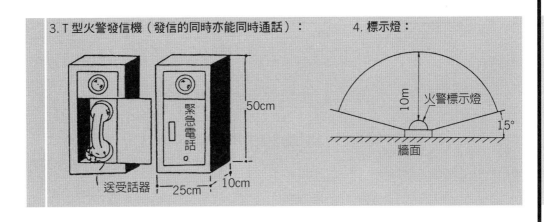

3. T型火警發信機（發信的同時亦能同時通話）：
4. 標示燈：

第二章◎自我評量

（一）問答題

1. 試說明應設置手動報警設備之場所？
2. 試說明火警發信機之功能？構造功能？設置規定？

（二）測驗題

（D）　1. 火警警鈴在規定電壓下，離開警鈴 1 公尺處，所測得之音壓，應為多少分貝？
　　　　(A) 70 以下　(B) 70 以上　(C) 80 以上　(D) 90 以上。

（A）　2. 火警標示燈之設置規定，平時應保持明亮，標示燈與裝置面成 15 度角，在幾公尺內須無遮視物且明顯易見？
　　　　(A) 10　(B) 15　(C) 20　(D) 30。

（B）　3. 依「設置標準」，有關手動報警設備中火警警鈴之規定，下列何者錯誤？
　　　　(A) 電壓到達規定電壓之 80% 時，能即刻發出音響　(B) 設有緊急廣播設備時，仍應設火警警鈴　(C) 電鈴絕緣電阻以直流 250 伏特額定之絕緣電阻計測定，在 20 MΩ 以上　(D) 警鈴音響應有別於建築物其他音響，並除報警外不得兼作他用

（A）　4. 三層以上建築物，任何一層面積在多少平方公尺以上者，應設手動報警設備？
　　　　(A) 200　(B) 300　(C) 400　(D) 500。

（A）　5. 下列有關手動報警設備設置之規定，何者正確？①兩樓層共用一火警分區者，火警發信機應分別設置；②火警發信機離地面之高度應為 1.2 ～ 1.5m；③標示燈及火警警鈴距離地板之高度應在 2.0 ～ 2.5m；④在規定電壓下，離開火警 100cm 處所測得音壓不得小於 60 分貝

(A)①②③　(B)②③④　(C)①③④　(D)①②④。

（**A**）　6. 下列有關手動報警設備之敘述，何者錯誤？

(A) 火警發信機之按鈕按下時，能有 20 秒蓄積時間才發出火警音響，避免誤動作的產生　(B) 二樓層共用一火警分區者，火警發信機應分別設置　(C) 某標示燈與裝置面成 15 度角，在 10 公尺距離內須無遮視物且明顯易見　(D) 建築物內裝有消防立管之消防栓箱時，火警發信機、標示燈及火警警鈴裝設在消防栓箱上方牆上。

（**D**）　7. 下列有關手動報警設備火警發信機設置之規定，何者錯誤？

(A) 按鈕按下時，能立即發出火警音響　(B) 按鈕前有防止隨意撥弄之保護板　(C) 附設緊急電話插座　(D) 裝置於屋外之火警發信機，具防火之性能

緊急廣播設備

3-1　應設置緊急廣播設備之場所

【解說】

§22　應設置緊急廣播設備之場所

建築物特性	使用場所	設置對象
任一建築物	1.設有火警自動警報設備者。 2.設有瓦斯漏氣火警自動警報設備者。	整棟設置

3-2　緊急廣播設備設置目的

【解說】

（一）意義	緊急廣播設備主要是指當火災發生時，能迅速的以擴音器廣播或發出警報聲（如警鈴、警笛），通知防火對象物內居民，使之確實知悉火警發生訊息，而能採取適當逃生措施的設備。
（二）目的	1.在火災時能夠迅速的透過擴音器，將火災訊息傳播出去。 2.促使火場居民能夠及早知悉火災危險，並採取適當逃生逃難對策。

3-3　緊急廣播設備之構成要件及操作程序

【解說】

（一）構成要件	1.啟動裝置： 　⑴手動啓動裝置。 　⑵緊急電話啓動裝置。 　⑶與火警自動警報設備之探測器感應連動啓動裝置。 2.標示燈。 3.廣播主機： 　⑴擴音機（增幅器）。 　⑵操作裝置。 4.揚聲器（分為 L、M、S 級）。 5.電源（預備電源或緊急電源）。 6.配線。

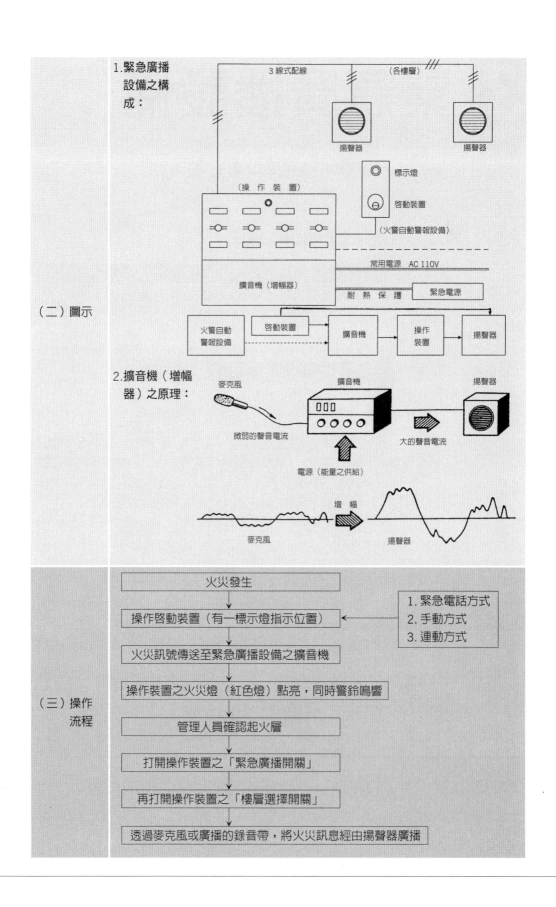

3-4　緊急廣播設備之揚聲器

【解說】

§133　緊急廣播設備設置規定

<table>
<tr><td rowspan="4">（一）揚聲器種類</td><td colspan="3">緊急廣播設備按距揚聲器 1m 處所測得之音壓不同，可以分成三類：</td></tr>
<tr><td>揚聲器種類</td><td colspan="2">音壓</td></tr>
</table>

（一）揚聲器種類	揚聲器種類	音壓
	L 級	92 分貝 ≤ L 級
	M 級	87 分貝 ≤ M 級 < 92 分貝
	S 級	84 分貝 ≤ S 級 < 87 分貝

緊急廣播設備按距揚聲器 1m 處所測得之音壓不同，可以分成三類：

（二）設置規定	1. 廣播區域	廣播區域	揚聲器種類
		100m² < 廣播區域	L 級
		50m² < 廣播區域 ≤ 100m²	M 或 L 級
		廣播區域 ≤ 50m²	S、M 或 L 級

※廣播區域：不跨越建築物之樓層，且以地板、牆壁或門（拉門隔扇等遮音且低音者除外）區劃分隔之部分。

2. 水平距離　從各廣播區域內任一點至揚聲器之水平距離 ≤10m。

3. 免設條件
⑴居室：樓地板面積 ≤6m²，或由居室通往地面之主要走廊及通道，樓地板面積 ≤6m²。
⑵非居室：樓地板面積 ≤30m²。
以上⑴或⑵，且該區域與相鄰區域揚聲器之水平距離相距 ≤8m 時，則可免設。

4. 樓梯、斜坡通道　設於樓梯、斜坡通道時，至少垂直距離每 15m 設 1 個 L 級揚聲器。

5. 樓梯、斜坡通道以外場所
揚聲器之音壓及裝設符合下列規定者，不受水平距離 ≤10m 之限制：
⑴廣播區域內距樓地板面 1m 處，依下列公式求得之音壓在 75 分貝以上者。

數學公式：$P = p + 10\log_{10}\left[\dfrac{Q}{4\pi r^2} + \dfrac{4(1-\alpha)}{S\alpha}\right]$

P 值：音壓（單位：dB）
p 值：揚聲器音響功率（單位：dB）
Q 值：揚聲器指向係數
r 值：受音點至揚聲器之距離（單位：m）
α值：廣播區域之平均吸音率
S 值：廣播區域內牆壁、樓地板及天花板面積之合計（單位：m²）

⑵廣播區域之殘響時間在 3 秒以上時，距樓地板面 1m 處至揚聲器之距離，在下列公式求得值以下者。

數學公式：$r = \dfrac{3}{4}\sqrt{\dfrac{QS\alpha}{\pi(1-\alpha)}}$

r 值：受音點至揚聲器之距離（單位：m）
Q 值：揚聲器指向係數
S 值：廣播區域內牆壁、樓地板及天花板面積之合計（單位：m²）
α值：廣播區域之平均吸音率

※1. 考量挑高空間或廣大中庭之建築物，無法依原規格式法規每 10m 範圍內設置揚聲器，明定以工程計算音壓、殘響時間達一定性能時，不受限制。

2. 明定挑高建築物的廣播區域設置之揚聲器，經工程計算距離樓地板面 1m 處（依小孩子站立時耳朵距地面的高度或乘座輪椅之避難弱者耳朵的高度）所測得之音壓在 75 分貝以上者，揚聲器不受水平距離 ≤ 10m 之限制。

3. 明定對於大面積之場所設置掛型揚聲器時，依不同角度在不同的指向係數所求得的 r 值半徑範圍內設置揚聲器即可，即使 r 值超過 10m，揚聲器亦得不受水平距離 ≤ 10m 之限制。

3-5 廣播分區

【解說】

§134 廣播分區

（一）廣播分區意義	1. 指緊急廣播設備揚聲器一回線所能有效廣播的區域。 2. 其可每一揚聲器做為 1 個廣播分區，或是數個揚聲器做為 1 個廣播分區，但均不得超過一樓層。
（二）設置規定	1. 每一個廣播分區不得超過一樓層。 2. (1)室內安全梯或特別安全梯：垂直距離每 45m 單獨設定一廣播分區。 　　(2)安全梯或特別安全梯之地下層部分：另設定一廣播分區。 3. 建築物挑空構造部分，所設揚聲器音壓符合規定時：該部分得為一廣播分區。

3-6 緊急廣播設備之啟動裝置

【解說】

§136 緊急廣播設備啟動裝置

（一）CNS 規定	應符合 CNS 10522 之規定。
（二）步行距離	各樓層任一點至啟動裝置之步行距離 ≤ 50m。
（三）設置高度	距樓地板高度：0.8～1.5m 範圍內。
（四）啟動方式	1. 緊急電話方式： 　　(1)各類場所 11F 以上之各樓層。 　　(2)地下第 3 層以下之各樓層。 　　(3)地下建築物。 2. 手動方式：壓下押扣開關，即能傳送火災信號。（具有保護板作用加 2kgf/cm² 負荷不發生破壞，8kgf/cm² 時應被破壞） 3. 連動方式：與火警自動警報設備之探測器感應連動。 4. 火警探測器動作後，在廣播設備操作裝置處以手動啟動。

※§135：⑴ 緊急廣播設備與火警自動警報設備連動時，其火警音響之鳴動準用
　　　　　§113 規定。

　　　　⑵ 緊急廣播設備之音響警報，應以語音方式播放。

※ 為便民眾能簡易明瞭火警狀況，及因應現行緊急廣播設備審核認可之要求，明
　定音響警報為語音播放。

　§137：緊急廣播設備與其他設備共用者，在火災時應能遮斷緊急廣播設備以外
　　　　之廣播。

3-7　緊急廣播設備之擴音機及操作裝置

【解說】

§138　擴音機及操作裝置

（一）CNS 規定	應符合 CNS 10522 之規定。
（二）連動、標示	操作裝置應與啓動裝置或火警自動警報設備動作連動，並標示該啓動裝置或火警自動警報設備所動作之樓層或區域。
（三）選擇	具有選擇必要樓層或區域廣播之功能。
（四）短路	各廣播分區配線有短路時，應有短路信號之標示。
（五）高度	操作裝置之操作開關距樓地板面之高度： 1.其他（壁掛型）：0.8～1.5m 2.座式型：0.6～1.5m
（六）設置原則	操作裝置應設於： 1.無防災中心：設於值日室等經常有人之處所。 2.但設有防災中心時：設於該防災中心。

3-8　緊急廣播設備之配線

【解說】

§139　緊急廣播設備之配線

（一）配線	緊急廣播設備之配線，須符合用戶用電設備裝置規則。	
（二）絕緣電阻值	1. 以 DC 250V 額定之絕緣電阻計測定。 2. 導線間及導線對大地間之絕緣電阻值：	
	對地電壓	絕緣電阻值
	150V 以下	0.1MΩ以上
	超過 150V	0.2MΩ以上

（三）不得共用管槽	1.不得與其他電線共用管槽。 2.電線管槽內之電線用於 60V 以下之弱電回路者，可與其他電線共用管槽。 ※此係避免引起誘導電流造成誤報。
（四）短路、斷線	任一層之揚聲器或配線有短路或斷線時，不得影響其他樓層之廣播。 ※各層有其獨立之配線： 增幅器
（五）三線式配線	設有音量調整器時，應為三線式配線。 1.**在緊急用廣播時**：並不通過揚聲器之音量調整器，因此可確保音量。 2.**在業務用時**：作揚聲器之音量調整。

3-9　警報設備供電系統之配線施予耐熱或耐燃保護

【解說】

§236　緊急供電系統之配線

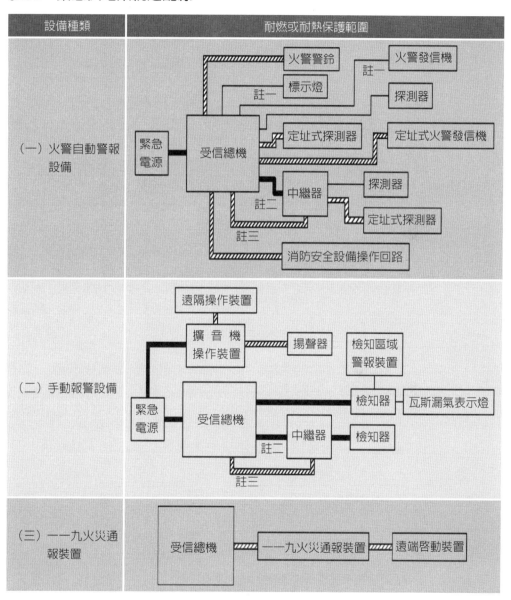

設備種類	耐燃或耐熱保護範圍
（一）火警自動警報設備	
（二）手動報警設備	
（三）一一九火災通報裝置	

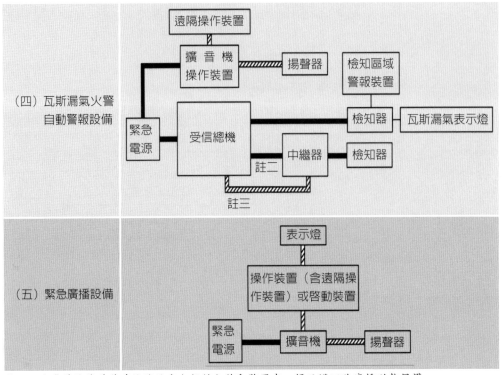

（四）瓦斯漏氣火警
　　自動警報設備

（五）緊急廣播設備

註一：火警發信機兼作其他消防安全設備之啟動裝置者：標示燈回路應採耐熱保護。

註二：中繼器（亦稱模組）之緊急電源回路：中繼器內置蓄電池者，得採一般配線。

註三：中繼器之控制回路：得採耐熱保護。

說明：

一、經受信總機或控制盤供應緊急電源之裝置：應採耐燃保護；其控制回路：得採耐熱保護。

二、防災監控系統綜合操作裝置與消防安全設備間之配線應採耐熱保護，其與緊急電源間之配線應採耐燃保護。但受信總機、擴音機、操作裝置等設於防災中心時，在防災中心其間之配線得採一般配線。

三、■■■■：耐燃保護　　▨▨▨▨：耐熱保護　　━━━━：一般配線

第三章◎自我評量

（一）問答題

1. 試說明應設置緊急廣播設備之場所？

2. 何謂緊急廣播設備？其設置目的為何？

3. 緊急廣播設備之構成要件及操作程序為何？

4. 緊急廣播設備之揚聲器如何分類？裝設規定如何？

5. 何謂廣播分區？設置緊急廣播設備之建築物應如何劃分廣播分區？

6. 試說明緊急廣播設備之啟動裝置應如何裝設才能符合規定？

7. 試說明緊急廣播設備之擴音機及操作裝置之設置規定？

8. 試說明緊急廣播設備之配線設置規定？

9. 試繪圖說明火警自動警報設備、緊急廣播設備及瓦斯漏氣火警自動警報設備之緊急供電系統之配線，應施予耐燃保護或耐熱保護之部分為何？

（二）測驗題

（D） 1. 有關緊急廣播設備的揚聲器之裝設規定，從各廣播區域任一點至揚聲器水平距離不得大於幾公尺？
(A) 45　(B) 30　(C) 15　(D) 10。

（C） 2. 各樓層任一點至啟動緊急廣播裝置之步行距離，應在多少公尺以下？
(A) 30　(B) 40　(C) 50　(D) 60。

（C） 3. 於樓梯間設置揚聲器時，垂直距離至少多少公尺須設置一個 L 級揚聲器？
(A) 8　(B) 10　(C) 15　(D) 20。

（D） 4. 消防設備圖中，下列符號何者表示緊急廣播系統管線？
(A) -F-　(B) -FA-　(C) -AS-　(D) -SP-。

（A） 5. 緊急廣播設備，廣播區域超過 100 平方公尺時，應設何種等級之揚聲器？
(A) L 級　(B) M 級　(C) S 級　(D) 以上皆可。

（B） 6. 緊急廣播設備其擴音器之最大輸出瓦特數應為正常需用瓦特數之幾倍？
(A) 1　(B) 1.5　(C) 2　(D) 3。

（D） 7. 某建築物內廣播區域達 $120m^2$，其緊急廣播設備之揚聲器應採用何者？
(A) S 級　(B) S 級或 M 級　(C) M 級或 L 級　(D) L 級。

（B） 8. 某緊急廣播設備距揚聲器 1m 處測得之音壓為 88 分貝，試問其等級為何？
(A) L　(B) M　(C) S　(D) XL。

（D） 9. 應使用緊急電話方式啟動緊急廣播設備之場所及樓層，下列何者正確？
(A) 甲類場所第 5 層以上　(B) 乙類場所第 2 層以上　(C) 甲類場所各樓層　(D) 各類場所第 11 層以上。

（B） 10. 建築物各樓層任一點至緊急廣播設備之啟動裝置之步行距離應在多少公尺以下？
(A) 25m　(B) 50m　(C) 100m　(D) 80m。

（D） 11. 緊急廣播設備之啟動裝置，各樓層任一點至啟動裝置之距離為多少？
(A) 水平距離 25 公尺以下　(B) 步行距離 25 公尺以下　(C) 水平距離 50 公尺以下　(D) 步行距離 50 公尺以下。

（D） 12. 應使用緊急電話方式啟動緊急廣播設備之場所及樓層，下列何者正確？
(A) 甲類場所第 5 層以上　(B) 乙類場所第 2 層以上　(C) 甲類場所各樓層　(D) 各類場所第 11 層以上。

（**D**） 13. 某建築內廣播區域達 120m^2，其緊急廣播設備之揚聲器應採用何者？
(A)S 級　(B)S 級或 M 級　(C)M 級或 L 級　(D)L 級。

（**B**） 14. 某緊急廣播設備距揚聲器 1m 處測得之音壓為 88 分貝，試問其等級為何？
(A)L　(B)M　(C)S　(D)XL。

（**A**） 15. 下列有關緊急廣播設備設置規定之敘述，何者正確？①廣播區域超過 100m^2 時，應設 L 級揚聲器；②L 級揚聲器之音壓，於距離其 1m 處須超過 92 分貝；③從各廣播區域任一點至揚聲器之水平距離不得大於 10m；④設於樓梯或斜坡通道者，至少垂直距離每 15m 應設一個 S 級揚聲器
(A)①②③　(B)①②④　(C)①③④　(D)②③④。

（**B**） 16. 緊急廣播設備之配線，除依屋內線路裝置規則外，不得與其他電線共用管槽。但電線管槽內之電線用於多少伏特以下之弱電回路者，不在此限？
(A)24　(B)60　(C)110　(D)220。

（**B**） 17. 下列有關緊急廣播設備之敘述，何者為錯誤？
(A) 各樓層任一點至啓動裝置之步行距離在 50 公尺以下　(B) 每一廣播分區不得超過一樓層，惟上下兩樓層面積合計小於 600 平方公尺，可設為同一廣播分區　(C) 各類場所第 11 層以上之各樓層、地下第 3 層以下之各樓層或地下建築物，應使用緊急電話方式啓動　(D) 廣播區域超過 100 平方公尺時，設 L 級揚聲器。

（**C**） 18. 依「設置標準」規定，緊急廣播設備之啓動裝置應符合 CNS 10522 之規定，且設在距樓地板高度 X 公尺以上 Y 公尺以下範圍內，下列何者正確？
(A)X + Y = 1.9　(B)X + Y = 2.1　(C)X + Y = 2.3　(D)X + Y = 2.5

（**D**） 19. 樓梯或斜坡通道以外之場所，廣播區域之殘響時間在 3 秒以上時，揚聲器之裝設需符合 $r = 3/4\sqrt{QS\alpha/\pi(1-\alpha)}$ 之計算公式，S 的定義為何？
(A) 受音點至揚聲器之距離　(B) 揚聲器指向係數　(C) 揚聲器音響功率
(D) 廣播區域內牆壁、樓地板及天花板面積之合計

瓦斯漏氣火警自動警報設備

4-1　瓦斯漏氣火警自動警報設備之場所

【解說】

§21　應設置瓦斯漏氣火警自動警報設備之場所

樓層	面積	設置對象	裝置場所
（一）地下層 供甲類使用	1000m² 以上	該甲類場所	1.設於瓦斯貫穿牆壁處。 2.設於瓦斯使用場所。
（二）地下層 依甲類複合用途	複合建築物地下層總面積 1000m² 以上，其中甲類佔 500m² 以上。	整個地下層	
（三）地下建築物	總樓地板面積 1000m² 以上	整個地下建築物	

4-2　瓦斯漏氣火警自動警報設備之動作原理及構成組件

【解說】

（一）動作原理	當建築物內發生瓦斯漏氣時，在其尚未累積到達危險性濃度之前，以瓦斯漏氣檢知器偵測瓦斯漏氣，並將信號傳送到瓦斯漏氣受信總機，立即發出警報以通報建築物內所有人員，以事先防範發生瓦斯火災或瓦斯爆炸等災害事故。
（二）構成組件	1.瓦斯漏氣檢知器：半導體式、接觸燃燒式、氣體熱傳導式。 2.瓦斯漏氣受信總機：G 型、GP 型、GR 型。 3.瓦斯漏氣警報裝置。 4.瓦斯漏氣表示燈。 5.電源。 6.配線。

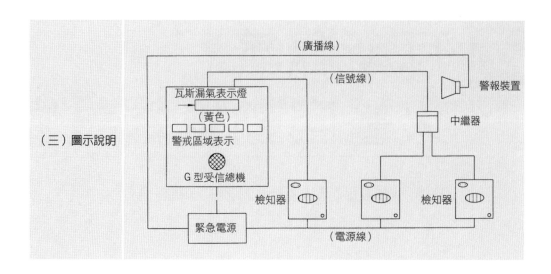

（三）圖示說明

4-3　瓦斯漏氣檢知器

【解說】

§141　瓦斯漏氣檢知器

檢知氣體	設置規定	圖示說明
（一）比重未滿1 （天然氣） （LNG）	1. 設於距瓦斯燃燒器具或瓦斯導管貫穿牆壁處水平距離 8m 以內（但樓板有淨高 60cm 以上之樑或類似構造體時，設於近瓦斯燃燒器具或瓦斯導管貫穿牆壁處）。 2. 檢知器下端，裝設在天花板下方 30cm 內。 3. 瓦斯燃燒器具室內之天花板附近設有吸氣口時： 　(1)設在近瓦斯燃燒器具側。 　(2)且距天花板吸氣口 ≤ 1.5m。	檢知器設置（較空氣輕之瓦斯）： 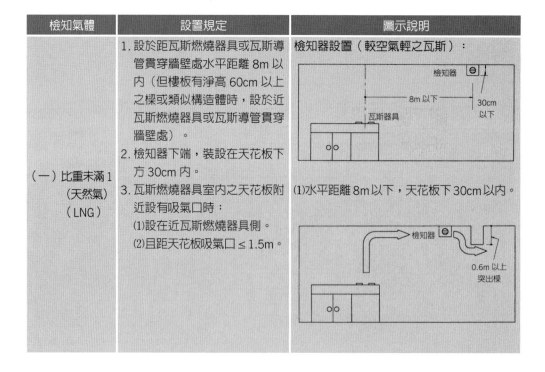 (1)水平距離 8m 以下，天花板下 30cm 以內。

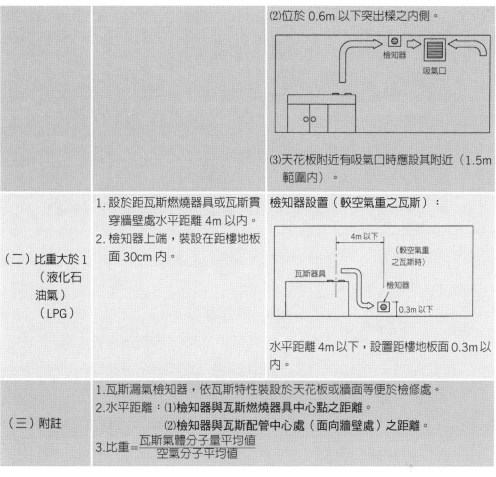

		(2)位於 0.6m 以下突出樑之內側。 (3)天花板附近有吸氣口時應設其附近（1.5m 範圍內）。
（二）比重大於1 （液化石油氣） （LPG）	1. 設於距瓦斯燃燒器具或瓦斯貫穿牆壁處水平距離 4m 以內。 2. 檢知器上端，裝設在距樓地板面 30cm 內。	檢知器設置（較空氣重之瓦斯）： 水平距離 4m 以下，設置距樓地板面 0.3m 以內。
（三）附註	1.瓦斯漏氣檢知器，依瓦斯特性裝設於天花板或牆面等便於檢修處。 2.水平距離：(1)檢知器與瓦斯燃燒器具中心點之距離。 　　　　　　(2)檢知器與瓦斯配管中心處（面向牆壁處）之距離。 3.比重＝$\dfrac{瓦斯氣體分子量平均值}{空氣分子平均值}$	

※ 瓦斯漏氣檢知器應設置之場所：

瓦斯漏氣檢知器之設置，視所要檢知之瓦斯比重而定。

1. 比空氣輕之瓦斯（天然氣）（比重 <1）：因其漏氣後會往上漂浮，故檢知器應置於天花板或天花板附近之樑壁面。

2. 比空氣重之瓦斯（液化石油氣）（比重 >1）：因其漏氣後會往下沉降滯留，故檢知器應置於地板面附近之牆壁上。

4-4　瓦斯漏氣火警自動警報設備之受信總機設置規定

【解說】

§142　瓦斯漏氣受信總機

（一）設置原則	受信總機裝置於： 1. 無防災中心：設於值日室等平時有人之處所。 2. 但設有防災中心時：設於該防災中心。

（二）標示	應具有標示瓦斯漏氣發生之警報分區。
（三）檢知器	設於瓦斯導管貫穿牆壁處之檢知器：其警報分區應個別標示。
（四）操作開關高度	操作開關距離地面高度： 1.座式型：0.6～1.5m。 2.其他（壁掛型）：0.8～1.5m。
（五）主音響裝置	主音響裝置之音色及音壓：有別於其他警報音響。
（六）通話聯絡	一棟建築物內有 2 臺以上瓦斯漏氣受信總機時：該受信總機處，設有能相互同時通話連絡之設備。

4-5 ｜ 瓦斯漏氣火警自動警報設備之警報裝置

【解說】

§143　瓦斯漏氣之警報裝置

（一）設置功用		1.偵知瓦斯外洩訊息。 2.發出警告音響，提醒相關人員注意。
（二）設置規定	1.瓦斯漏氣表示燈	⑴設有檢知器之居室面向通路時，設於該面向通路部分之出入口附近。 ⑵距樓地板面高度 ≤ 4.5m。 ⑶亮度： 　①在表示燈前方 3m 處能明確識別。 　②於附近標明「瓦斯漏氣表示燈」字樣。 ⑷免設條件：一警報分區內僅有一居室時，可免設置。
	2.檢知區域警報裝置	⑴檢知器所能檢知瓦斯漏氣之區域內，該檢知器動作時，該區域內之檢知區域警報裝置能發出警報音響。 ⑵音響：距 1m 處有 70 分貝以上。 ⑶免設條件： 　①檢知器具警報功能者。 　②設於機械室等常時無人場所。 　③瓦斯導管貫穿牆壁處者。

4-6　瓦斯漏氣火警自動警報設備檢知器之警報方式及瓦斯漏氣之警報濃度

【解說】

（一）瓦斯漏氣火警自動設備之警報方式：

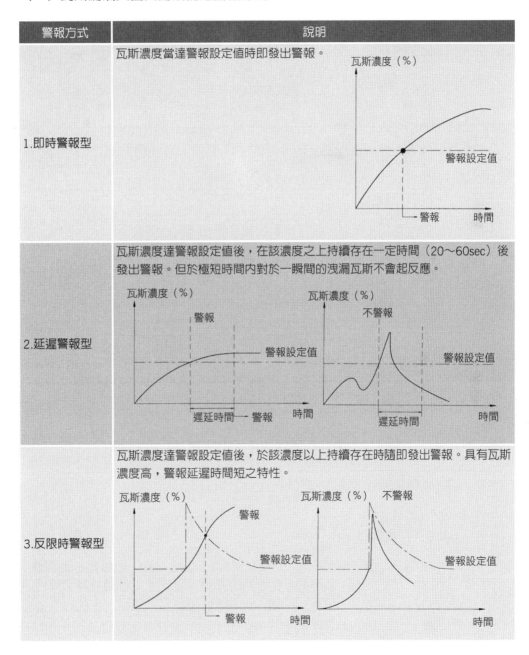

警報方式	說明
1.即時警報型	瓦斯濃度當達警報設定值時即發出警報。
2.延遲警報型	瓦斯濃度達警報設定值後，在該濃度之上持續存在一定時間（20～60sec）後發出警報。但於極短時間內對於一瞬間的洩漏瓦斯不會起反應。
3.反限時警報型	瓦斯濃度達警報設定值後，於該濃度以上持續存在時隨即發出警報。具有瓦斯濃度高，警報延遲時間短之特性。

（二）瓦斯漏氣之警報濃度：

瓦斯種類	警報濃度
1. 天然氣	**警報濃度**：爆炸下限之 $\frac{1}{200}$～$\frac{1}{4}$ 濃度發出警報。 **目的**：①在達到危險濃度前，有充裕的時間採取開窗換氣或關閉瓦斯等措施，所以在爆炸下限 $\frac{1}{4}$ 以下之濃度即發出警報。 ②為防止由於點火失敗之短時間些許洩漏等完全沒有危險，卻頻頻發出警報之情形，所以在未滿 $\frac{1}{200}$ 之濃度不發出警報。
2. 液化石油氣	**警報濃度**：爆炸下限之 $\frac{1}{200}$～$\frac{1}{5}$ 濃度發出警報。

第四章◎自我評量

（一）問答題

1. 應設置瓦斯漏氣火警自動警報設備之場所有哪些？

2. 試說明瓦斯漏氣火警自動警報設備之動作原理及構成組件？

3. 瓦斯對空氣比重未滿 1 及大於 1，其瓦斯漏氣檢知器之設置規定為何？

4. 試說明瓦斯漏氣火警自動警報設備之受信總機設置規定為何？

5. 試說明瓦斯漏氣火警自動警報設備之警報裝置，其設置功用及規定為何？

6. 試說明瓦斯漏氣火警自動警報設備，其檢知器之警報方式為何？又瓦斯漏氣之警報濃度為何？

7.* 某一地下建築物總樓地板面積 2 千平方公尺，當美食街用途使用，試依各類場所消防安全設備設置標準規定說明，是否要設立瓦斯漏氣火警自動警報設備？若其使用的瓦斯燃燒器具是管線式供應的天然氣，其瓦斯漏氣檢知器依規定要如何裝置？若依消防安全設備及必要檢修項目檢修基準，綜合檢查中有關同時動作檢查之檢查及判定方法各為何？

（二）測驗題

（**A**） 1. 使用桶裝瓦斯（主成分為丙、丁烷）時，如設置瓦斯漏氣火警自動警報設備，其檢知器應距離瓦斯燃燒器之水平距離在幾公尺內？
(A) 4　(B) 6　(C) 8　(D) 10。

（**C**） 2. 檢知器之警報方式中，瓦斯濃度達到警報設定值後，於該濃度以上持續存在時，具有瓦斯濃度高，警報延遲時間短之特性，稱為：
(A) 即時警報型　(B) 延遲警報型　(C) 反限時警報型　(D) 反延遲警報型。

（**A**）　3. 設置天然氣之瓦斯漏氣檢知器，應裝設於何範圍內？
(A) 天花板下方 30 公分　(B) 天花板下方 45 公分　(C) 天花板上方 30 公分 (D) 天花板下方 45 公分。

（**D**）　*4. 有關瓦斯漏氣火警自動警報設備之警報裝置，下列何者錯誤？
(A) 瓦斯漏氣表示燈在一警報分區僅一室時，免設之　(B) 瓦斯漏氣表示燈距離樓地板面之高度為 4.5m 以下　(C) 瓦斯漏氣表示燈其亮度應在表示燈前方 3m 能明確識別　(D) 警報音響，其音壓在距 1m 處，應有 90 分貝以上

（**C**）　5. 某建築防災中心採座式操作者，其瓦斯漏氣受信總機之操作開關距樓地板面之高度為何？
(A) 0.8m 與 1.5m 之間　(B) 0.6m 與 1.8m 之間　(C) 0.6m 與 1.5m 之間　(D) 0.5m 與 1.5m 之間。

（**A**）　6. 瓦斯對於空氣之比重大於 1 時，瓦斯漏氣檢知器應裝設之範圍為何？
(A) 檢知器上端距樓地板面 30 公分範圍內　(B) 檢知器下端距天花板下方 30 公分範圍內　(C) 檢知器下端距樓地板面 30 公分範圍內　(D) 檢知器上端距天花板面 30 公分範圍內。

（**D**）　7. 瓦斯漏氣表示燈亮度在表示能明確識別燈前方多少公尺？
(A) 7 公尺　(B) 10 公尺　(C) 5 公尺　(D) 3 公尺。

（**B**）　8. 瓦斯漏氣表示燈距樓地板面之高度為何？
(A) 5 公尺以下　(B) 4.5 公尺以下　(C) 2 公尺以上　(D) 2.5 公尺以上。

（**B**）　9. 依據「消防安全設備測試報告書測試方法及判定要領」規定，有關瓦斯漏氣火警自動警報設備之警報裝置性能試驗項目，下列何者為誤？
(A) 音聲警報裝置　(B) 警戒狀況　(C) 瓦斯漏氣表示燈　(D) 檢知區域警報裝置。

（**A**）　*10. 下列何種使用瓦斯之場所，應設置瓦斯漏氣火警自動警報設備？
(A) 設置於地下層的 MTV，樓地板面積合計 1200 平方公尺　(B) 設置於地下層的 KTV，樓地板面積合計 300 平方公尺　(C) 設置於地下層的夜總會，樓地板面積合計 300 平方公尺　(D) 設置於地下層的酒吧，樓地板面積合計 400 平方公尺

（**A**）　11. 使用液化天然氣（LNG）之瓦斯燃燒器，其瓦斯漏氣檢知器設置之規定，何者正確？①應設於距瓦斯燃燒器水平距離 8m 以內；②樓地板有淨高 60cm 以上之樑時，應設於近瓦斯導管貫穿牆壁處；③檢知器下端應裝設在天花板下方 60cm 範圍內；④檢知器上端應裝設在距離樓地板 30cm 範圍內
(A) ①②　(B) ③④　(C) ①②③　(D) ①③④。

（**A**）　12. 瓦斯漏氣表示燈之設置規定，何者正確？
(A) 設有檢知器之居室面向通路時，設於該面向通路部分之出入口附近　(B) 距樓地板面之高度，在 2.5 公尺以下　(C) 其亮度在表示燈前方 10 公尺處能明確識別，並於附近標明瓦斯漏氣表示燈字樣　(D) 在一警報分區僅一室時，仍應設之。

一一九火災通報裝置*

5-1 應設置一一九火災通報裝置之場所

§22-1 應設備一一九火災通報裝置之場所

建築物特性	使用場所	設置對象
任一建築物	1. 甲 6 (1) 醫院 (2) 療養院 (3) 榮譽國民之家 (4) 長期照顧服務機構（限機構住宿式、社區式之建築物使用類組非屬 H-2 之日間照顧、團體家屋及小規模多機能） (5) 老人福利機構（限長期照護型、養護型、失智照顧型之長期照顧機構、安養機構） (6) 護理機構（限一般護理之家、精神護理之家） (7) 身心障礙福利機構（限照顧植物人、失智症、重癱、長期臥床或身心功能退化者）使用之場所。 (8) 中央主管機關公告之供公眾使用之場所。	整棟設置

【解說】

為提升有收容需維生器材、行動遲緩或無法行動之患者或年長者之長照服務等場所火災發生時之通報效率，避免延誤報案致生重大火災事故，並確保能將火災訊息以迅速確實的通報方法通知消防機關，以利及時應變及降低火災損害於最低限度。

5-2 一一九火災通報裝置之目的

目的	強化警報設備功能。

【解說】

應設備是類場所有收容需維生器材、行動遲緩或無法行動之患者或年長者，屬避難弱勢族群，無法自身初期應變及避難逃生，為配合提升老人福利機構等避難弱勢場所滅火防護能力及提升火災發生時之通報效率採取強化場所滅火、警報、避難功能。

1. **強化消防設備防護**

⑴自動撒水設備。

⑵簡易自動滅火設備。

⑶火警自動警報設備。

⑷119 火災通報裝置。

2. **強化場所防火避難路徑，增加檢討設置避難器具彈性。**

5-3 ｜ 一一九火災通報裝置之功能說明

【解說】（119 火災通報裝置認可基準技術規範及試驗方法）

1. 119 火災通報裝置：指火災發生時，藉由操作手動啟動裝置或火警自動警報設備之連動啟動功能，透過公眾交換電話網路與消防機關連通，以蓄積語音進行通報，並可進行通話。

2. 蓄積語音：預先錄製語音訊息供火災通報時傳達訊息。（清晰人語女聲發音）

⑴透過操作手動啟動裝置，其自動語音訊息應包括火災表示、建築物所在地址、建築物名稱、聯絡電話及結尾語（確認後請掛斷回撥）等相關內容。

⑵透過連動啟動功能，其自動語音訊息應表示火警自動警報設備啟動、建築物所在地址、建築物名稱及聯絡電話等相關內容。

3. 進行通報時可切斷所有撥接電話之功能

4. 監視常用電源功能

⑴交流電源顯示燈：本機使用 AC110~220 全電壓。

⑵預備電源顯示燈：DC24V（當常用電源停電，持續 60 分鐘待機狀態後，需保有 10 分鐘以上可進行火災通報之電源容量）。

5. 符合 NCC PSTN01「公眾交換電話網路終端設備技術規範」，並經審驗合格。

6. 具通話燈：裝置撥號時燈號閃爍；接通時燈號常亮。

7. 優先通報：手動通報開關具電話迴路切換及優先通報消防機關功能。

8. 當 119 勤務中心佔線時或 20 秒內未收到 119 勤務中心回撥信號時，具重複進行撥接功能。

9. 具應答燈；接受消防機關回鈴信號時，燈號常亮。

10. 具監聽裝置：監聽119語音通報內容（包含撥號信號、蓄積語音、回撥信號）。

11. 具話筒通話自動切斷蓄積語音功能。

12. 電壓過高／過低指示燈：常用電壓過高／過低，燈號常亮警示。

5-4 ──九火災通報裝置之構造及性能

（一）手動啟動裝置

1. 以手動操作對消防機關發出通報。

2. 動作時以中文字幕或國語音效顯示。

3. 有防止誤操作之裝置。

（二）發信時如連接火災通報裝置之電話迴路正在使用中者，可強制切換為發信狀態。

（三）選擇信號（119 專線），以每秒 10 個脈衝或複頻撥號信號。

（四）發出選擇信號後應自動送出蓄積語音，且蓄積語音需為自始播放模式。

（五）蓄積語音

1. 由通報信號音與語音訊息組成。

2. 每次播放之蓄積語音應在 30 秒內完成。

3. 通報信號音之基本頻率應為 800 赫茲之單音，連續 3 音並重複 2 次。

4. 語音訊息應包括火災表示、建築物地址、建築物名稱及聯絡電話等相關內容。

5. 語音訊息應為電子迴路合成女聲，發音清晰明確。

6. 語音訊息應儲存於適當之記憶體中。

（六）語音訊息發出之確認

1. 將選擇信號送至電話迴路時，以顯示器或揚聲器確認其信號音。

2. 語音可以顯示器或揚聲器確認。

（七）通報時，若消防機關忙線中，火災通報裝置應能自動再呼叫。

（八）通話功能

1. 每次播放之蓄積語音訊息送出後，電話迴路應於 5 秒內自動開放，經由消防機關操作，使市內網路業務經營者交換機送出回鈴信號時，除以音效方式顯示收到信息外，對於該回鈴並可予回應及通話。如回鈴信號未被送出，應可重複將蓄積語音訊息送出。

2. 傳送蓄積語音過程中，如有需要可藉手動操作，將電話迴路切換為一般電話機使用狀態。

3. 通報時如有撥接電話之情形，經消防機關操作，由市內網路業務經營者送出回鈴信號，除有聽覺上之受信音效功能外，亦可與該回鈴互相通話。

（九）火災通報裝置之附屬裝置不得影響火災通報功能。

（十）監視常用電源裝置應設於明顯易見位置。

（十一）電源回路應設置適當之過電流保護裝置。

（十二）預備電源

  1.遇常用電源停電時，在監視待機狀態下持續使用 60 分鐘後，需保有繼續供電 10 分鐘以上進行火災通報之電源容量。

  2.遇常用電源停電時，可將常用電源自動切換為預備電源；常用電源恢復時，預備電源自動切換為常用電源。

  3.預備電源為密封型蓄電池。

（十三）電源電壓於下列範圍變動時，不得出現功能異常之情形：

  1.常用電源應在額定電壓之 90% 至 110% 之範圍內。

  2.預備電源端子電壓應在額定電壓之 85% 至 110% 之範圍內。

（十四）額定電壓超過 60 伏特以上之金屬製外箱，應設接地端子。

（十五）採用捕捉電話迴路以外之方式者，應有將選擇信號送出及蓄積語音內容以顯示器或揚聲器確認之功能。

5-5 ｜ 一一九火災通報裝置設置規定

§145-1　一一九火災通報裝置，依下列規定設置

一、應具手動及自動啟動功能。

二、應設於值日室等經常有人之處所。但設有防災中心時，應設於該中心。

三、設置遠端啟動裝置時，應設有可與設置一一九火災通報裝置場所通話之設備。

四、手動啟動裝置之操作開關距離樓地板面之高度，在零點八公尺以上一點五公尺以下。

五、裝置附近，應設置送、收話器，並與其他內線電話明確區分。

六、應避免斜裝置，並採取有效防震措施。

【解說】

1.自動啟動功能係指接收到火警自動警報設備訊號時可自動對消防機關及設定電話發出通報。

2.手動啟動功能則以手動操作對消防機關及設定電話發出通報。

第五章◎自我評量

(一) 問答題

1. 在臺灣持續老人化的趨勢下，試從消防安全設備之防護觀點，可從那些方面強化此類場所之消防安全？

2. 依據「各類場所消防安全設備設置標準」之規定，那些場所應設置一一九火災通報裝置？一一九火災通報裝置，應依那些規定設置？

3. 請說明何種設計理念可以強化護理之家夜間少人或外籍值班人員，對火警自動警報設備受信總機的親和與操作控制能力？

(二) 測驗題

(B) 1. 為提升火災發生時之通報效率，並避免延誤報案致生重大火災事故，各類場所消防安全設備設置標準於 107 年 10 月 17 日增列下列那一種設備種類？
(A) 一一九火警通報裝置設備　(B) 一一九火災通報裝置設備
(C) 一一九火警報知裝置設備　(D) 一一九火災報知裝置設備

(C) 2. 一一九火災通報裝置設備預先錄製語音訊息供火災通報時傳達訊息，以下蓄積語音規定何者為正確？
(A) 每次通報知蓄積語音應在 35 秒內完成　(B) 選擇信號（110 專線），每秒 10 個脈衝或複頻撥號信號　(C) 語音訊息包括火災表示、建築物地址、建築物名稱及連絡電話等相關內容　(D) 應為電子回路合成男聲，發音沉穩明確

(D) 3. 一一九火災通報裝置設置規定，何者為正確？
(A) 啟動裝置採用手動、預防火警誤報　(B) 裝置與其他內線可共用
(C) 應設於經常有人處所。但設有防災中心時，應設該中心水平距離 10M 內　(D) 應避免斜裝置，並採取有效防震措施。

(B) 4. 依各類場所消防安全設備設置標準規定，下列何種場所應設置一一九火災通報裝置設備①一般護理之家②長期照護型老人福利機構③榮譽國民之家④醫院⑤長期照顧服務機構（建築物使用類組屬 H2 類組）
(A) ②③④⑤　(B) ①②③④　(C) ②③⑤　(D) ①②④

第6篇

避難系統設計

標示設備

1-1　應設置標示設備的場所

【解說】

§23　應設標示設備

標示設備種類	設　置　場　所
（一）出口標示燈	供甲類、幼兒園、複合用途式供甲類、地下建築物使用之場所，或地下層、無開口樓層、11層以上之樓層供同條其他各款目所列場所使用。
（二）避難方向指示燈	供甲類、幼兒園、複合用途式供甲類、地下建築物使用之場所，或地下層、無開口樓層、11層以上之樓層供同條其他各款目所列場所使用。
（三）觀眾席引導燈	戲院、電影院、歌廳、集會堂及類似場所。 ※類似場所：指具觀眾席之供公眾使用場所，使用時處幽暗狀態，且其座席非混凝土或其他不燃材料者。
（四）避難指標	各類場所均應設置避難指標，但設有避難方向指示燈或出口標示燈時，在其有效範圍內，得免設置避難指標。

1-2　免設標示設備之條件

【解說】

§146　免設標示設備

項目	免設條件
（一）步行距離 （與主要出入口）	自居室任一點易於觀察識別其主要出入口，且與主要出入口之步行距離符合下列規定者。但位於地下建築物、地下層或無開口樓層者不適用之： 1. 該步行距離在避難層為20m以下，在避難層以外之樓層為10m以下者：得免設出口標示燈。 2. 該步行距離在避難層為40m以下，在避難層以外之樓層為30m以下者：得免設避難方向指示燈。 3. 該步行距離在30m以下者：得免設避難指標。
（二）居室	1. 自居室任一點易於觀察識別該居室出入口，且依用途別，其樓地板面積符合下表規定。

用途別	第 12 條第 1 款第 1 目至第 3 目	第 12 條第 1 款第 4 目、第 5 目、第 7 目、第 2 款第 10 目	第 12 條第 1 款第 6 目、第 2 款第 1 目至第 9 目、第 11 目、第 12 目、第 3 款、第 4 款
居室樓地板面積	100m² 以下	200m² 以下	400m² 以下

2. 供集合住宅使用之居室。

（三）走廊或通道之出入口	通往主要出入口之走廊或通道之出入口，設有探測器連動自動關閉裝置之防火門，並設有避難指標及緊急照明設備確保該指標明顯易見者：得免設出口標示燈。
（四）樓梯或坡道	樓梯或坡道，設有緊急照明設備及供確認避難方向之樓層標示者：得免設避難方向指示燈。
（五）主要出入口定義	前項第一款及第三款所定主要出入口： 1. 在避難層：指通往戶外之出入口，設有排煙室者，為該室之出入口。 2. 在避難層以外之樓層：指通往直通樓梯之出入口，設有排煙室者，為該室之出入口。

1-3　出口標示燈及非設於樓梯或坡道之避難方向指示燈標示面縱向尺度及光度

【解說】

§146 之 1　出口標示燈及非設於樓梯或坡道之避難方向指示燈標示面縱向尺度及光度

出口標示燈及非設於樓梯或坡道之避難方向指示燈，其標示面縱向尺度及光度依等級區分如下：

區分		標示面縱向尺度（m）	標示面光度（cd）
出口標示燈	A 級	0.4 以上	50 以上
	B 級	0.2 以上，未滿 0.4	10 以上
	C 級	0.1 以上，未滿 0.2	1.5 以上
避難方向指示燈	A 級	0.4 以上	60 以上
	B 級	0.2 以上，未滿 0.4	13 以上
	C 級	0.1 以上，未滿 0.2	5 以上

1-4　出口標示燈及避難方向指示燈之有效範圍

【解說】

§146 之 2　出口標示燈及避難方向指示燈之有效範圍

出口標示燈及避難方向指示燈之有效範圍，指至該燈之步行距離，在下列二款之一規定步行距離以下之範圍。但有不易看清或識別該燈情形者，該有效範圍為 10 公尺：

（一）依下表之規定：

區　分			步行距離（m）
出口標示燈	A 級	未顯示避難方向符號者	60
		顯示避難方向符號者	40
	B 級	未顯示避難方向符號者	30
		顯示避難方向符號者	20
	C 級		15
避難方向指示燈	A 級		20
	B 級		15
	C 級		10

（二）依下列計算值：

$$D = k\,h$$

式中，D：步行距離（m）

　　　h：出口標示燈或避難方向指示燈標示面之縱向尺度（m）

　　　k：依下表所列區分，採對應之 k 值

區　分		k 值
出口標示燈	未顯示避難方向符號者	150
	顯示避難方向符號者	100
避難方向指示燈		50

1-5　出口標示燈及避難方向指示燈設置位置

【解說】

§146 之 3　出口標示燈及避難方向指示燈設置位置

設備	設置位置
（一）出口標示燈	應設於下列出入口上方或其緊鄰之有效引導避難處： 1. 通往戶外之出入口；設有排煙室者，為該室之出入口。 2. 通往直通樓梯之出入口；設有排煙室者，為該室之出入口。 3. 通往前二款出入口，由室內往走廊或通道之出入口。 4. 通往第一款及第二款出入口，走廊或通道上所設跨防火區劃之防火門。
（二）避難方向指示燈	應裝設於設置場所之走廊、樓梯及通道，並符合下列規定： 1. 優先設於轉彎處。 2. 設於依前項第 1 款及第 2 款所設出口標示燈之有效範圍內。 3. 設於前二款規定者外，把走廊或通道各部分包含在避難方向指示燈有效範圍內，必要之地點。

1-6　出口標示燈及避難方向指示燈裝設規定

【解說】

§146 之 4　出口標示燈及避難方向指示燈裝設規定

設備	裝設規定
出口標示燈 避難方向指示燈	1. 設置位置應不妨礙通行。 2. 周圍不得設有影響視線之裝潢及廣告招牌。 3. 設於地板面之指示燈，應具不因荷重而破壞之強度。 4. 設於可能遭受雨淋或溼氣滯留之處所者，應具防水構造。

1-7　出口標示燈及非設於樓梯或坡道之避難方向指示燈光度

【解說】

§146之5　出口標示燈及非設於樓梯或坡道之避難方向指示燈光度

項目	裝設規定
（一）設置場所	1. 供第 12 條第 2 款第 1 目(車站)、第 3 款第 3 目(室內停車場)或第 5 款第 3 目(地下建築物)使用者。 2. 供第 12 條第 1 款第 1 目至第 5 目、第 7 目(三溫暖)或第 5 款第 1 目(複合建築物供甲類場所用途)使用，該層樓地板面積在 1000m² 以上者。 3. 供第 12 條第 1 款第 6 目(醫院、療養院)使用者。其出口標示燈並應採具閃滅功能，或兼具音聲引導功能者。
（二）燈具	1. 應使用 A 級或 B 級。 2. 出口標示燈具閃滅或音聲引導功能者，應符合下列規定： (1)設於主要出入口。 (2)與火警自動警報設備連動。 (3)由主要出入口往避難方向所設探測器動作時，該出入口之出口標示燈應停止閃滅及音聲引導。
（三）標示面光度	1. 出口標示燈標示面光度：應在 20 燭光（cd）以上，或具閃滅功能。 2. 避難方向指示燈標示面光度：應在 25 燭光（cd）以上。
（四）照度	避難方向指示燈設於樓梯或坡道者，在樓梯級面或坡道表面之照度：應在 1 勒克司（lx）以上。
（五）例外	設於走廊，其有效範圍內各部分容易識別該燈者，不在此限。

1-8　觀眾席引導燈照度

【解說】

§146之6　觀眾席引導燈照度

設備	設置位置
觀眾席引導燈	在觀眾席通道地面之水平面上測得之值，在 0.2 勒克司（lx）以上。

1-9　出口標示燈及非設於樓梯或坡道之避難方向指示燈光度

【解說】

§146 之 7　出口標示燈及非設於樓梯或坡道之避難方向指示燈光度

項目	裝設規定
（一）出口標示燈及避難方向指示燈	應保持不熄滅。
（二）出口標示燈及非設於樓梯或坡道之避難方向指示燈	出口標示燈及非設於樓梯或坡道之避難方向指示燈，與火警自動警報設備之探測器連動亮燈，且配合其設置場所使用型態採取適當亮燈方式，並符合下列規定之一者：得予減光或消燈。 1. 設置場所無人期間。 2. 設置位置可利用自然採光辨識出入口或避難方向期間。 3. 設置在因其使用型態而特別需要較暗處所，於使用上較暗期間。 4. 設置在主要供設置場所管理權人、其雇用之人或其他固定使用之人使用之處所。
（三）設於樓梯或坡道之避難方向指示燈	與火警自動警報設備之探測器連動亮燈，且配合其設置場所使用型態採取適當亮燈方式，並符合前項第一款或第二款規定者：得予減光或消燈。

1-10　避難指標之設置規定

【解說】　§153　避難指標之設置規定

項目	設置規定
（一）設於出入口時	設於出入口時，裝設高度距樓地板面 1.5m 以下。
（二）設於走廊或通道時	設於走廊或通道時，自走廊或通道任一點至指標之步行距離在 7.5m 以下，且優先設於走廊或通道之轉彎處。
（三）視線良好	周圍不得設有影響視線之裝潢及廣告招牌。
（四）採光良好	設於易見且採光良好處。

1-11　出口標示燈及避難方向指示燈之規定

【解說】　§154　出口標示燈及避難方向指示燈之規定

項目	配線規定
（一）避難指標	避難指標之構造，應符合 CNS 10208 之規定。

1-12　出口標示燈及避難方向指示燈之緊急電源

【解說】

§155　出口標示燈及避難方向指示燈之緊急電源

項目	設置規定
（一）設備種類	應使用蓄電池設備。
（二）容量	應能使出口標示燈及避難方向指示燈有效動作 20 分鐘以上。
（三）規模較大場所 　　　樓層較高場所 　　　避難困難場所	設於下列場所之主要避難路徑者，該容量應在 60 分鐘以上，並得採蓄電池設備及緊急發電機併設方式： 1. 總樓地板面積在 50000m² 以上。 2. 高層建築物：總樓地板面積在 30000m² 以上。 3. 地下建築物：總樓地板面積在 1000m² 以上。 前項之主要避難路徑，指符合下列規定者： 1. 通往戶外之出入口；設有排煙室者，為該室之出入口。 2. 通往直通樓梯之出入口；設有排煙室者，為該室之出入口。 3. 通往第一款出入口之走廊或通道。 4. 直通樓梯。

1-13　出口標示燈及避難方向指示燈之配線裝置規定

【解說】

§156　出口標示燈及避難方向指示燈之配線裝置規定

項目	設置規定
（一）依據規定	出口標示燈及避難方向指示燈之配線，依用戶用電設備裝置規則。
（二）蓄電池設備	蓄電池設備集中設置時，直接連接於分路配線，不得裝置插座或開關等。
（三）三線式配線	1. 電源回路不得設開關。 2. 但以三線式配線經常充電或燈具內置蓄電池設備者，不在此限。

1-14 | 標示設備器材名稱

【解說】

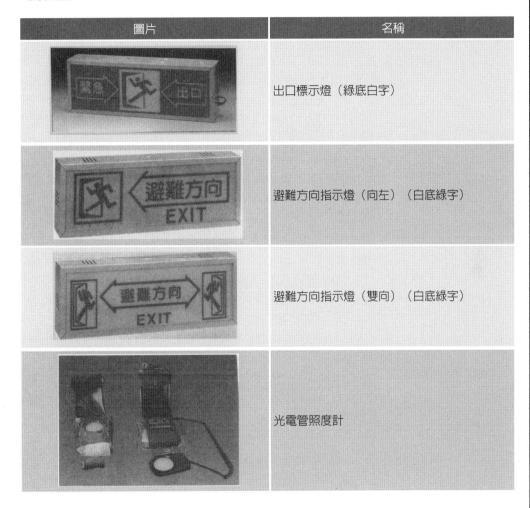

圖片	名稱
	出口標示燈（綠底白字）
	避難方向指示燈（向左）（白底綠字）
	避難方向指示燈（雙向）（白底綠字）
	光電管照度計

第一章◎自我評量

（一）問答題

1. 應設置標示設備的場所為何？
2. 免設標示設備之條件為何？
3. 出口標示燈及避難方向指示燈之有效範圍為何？
4. 出口標示燈及避難方向指示燈設置位置為何？
5. 出口標示燈及避難方向指示燈裝設規定為何？
6. 出口標示燈及非設於樓梯或坡道之避難方向指示燈光度為何？

7. 出口標示燈及避難方向指示燈之緊急電源為何？

8. 避難指標之設置規定為何？

（二）測驗題

（**D**）　1. 出口標示燈之亮度應在直線距離多少公尺處能明顯看出其標示面圖形及顏色？
(A) 3m　(B) 5m　(C) 15m　(D) 30m。

（**B**）　2. 避難方向指示燈應保持亮度自燈正下方地面算起多少公尺處有 1 勒克斯（Lux）以上？
(A) 0.1m　(B) 0.5m　(C) 1m　(D) 1.2m。

（**B**）　3. 裝設避難方向指示燈時，自走廊或通道任一點至避難方向指示燈之步行距離，不得超過多少公尺？
(A) 7.5　(B) 10　(C) 15　(D) 20。

（**B**）　4. 避難指標裝於入口時，裝設高度應距離樓地板面多少？
(A) 1.5公尺以上　(B) 1.5公尺以下　(C) 1公尺以下　(D) 0.5公尺以下。

（**A**）　5. 無開口樓層供 KTV 使用之場所，其樓地板面積在多少平方公尺以上，該層須設置火警自動警報設備？
(A) 100　(B) 300　(C) 500　(D) 1000。

（**A**）　6. 裝設於樓梯內之避難方向指示燈，其裝設高度應距樓地板多少公尺以下？
(A) 1　(B) 1.5　(C) 2　(D) 2.5。

（**C**）　7. 依各類場所消防安全設備設置標準之規定，下列何者為消防安全設備中避難逃生設備之一種？
(A) 室內消防栓　(B) 自動警報設備　(C) 標示設備　(D) 緊急電源設備。

（**C**）　8. 下列應設置標示設備規定之敘述，何者有誤？
(A) 理容院應設置出口標示燈　(B) 撞球場應設置避難方向指示燈　(C) 已設有效出口標示燈者，仍應設避難指標　(D) 經中央主管機關認可容易避難之場所，得免設標示設備。

（**A**）　9. 下列避難方向指示燈裝設之敘述，何者為誤？
(A) 裝設高度應距離樓地板 1m 以上　(B) 應裝設於各類場所之走廊、樓梯及通道　(C) 自走廊或通道任一點至避難方向指示燈之步行距離不得超過 10m　(D) 樓梯之避難方向指示燈得與緊急照明燈併設。

（**B**）　10. B 級出口標示其標示面光度為多少燭光（cd）？
(A) 1.5　(B) 10　(C) 50　(D) 60。

（**C**）　11. C 級避難方向指示燈的標示面縱向尺度為 0.15 公尺，試問其步行距離為多少公尺？
(A) 2.5　(B) 5　(C) 7.5　(D) 10。

（**B**）　12. 未顯示避難方向符號之 B 級出口標示燈其有效距離係指至該燈多少公尺

之步行距離？

(A) 20　(B) 30　(C) 40　(D) 50。

（**B**）　13. 避難指標設於走廊或通道時，自走廊或通道任一點至指標之步行距離在多少公尺以下？

(A) 5　(B) 7.5　(C) 10　(D) 15。

（**B**）　14. 有關標示設備之設置，下列敘述何者錯誤？

(A) 自居室任一點易於觀察識別其主要出入口，且與主要出入口之步行距離在避難層以外之樓層為 10 公尺以下者，得免設出口標示燈　(B) 自居室任一點易於觀察識別其主要出入口，且與主要出入口之步行距離在避難層為 10 公尺以下，得免設避難方向指示燈　(C) 供集合住宅使用之居室得免設標示設備　(D) 樓梯或坡道，設有緊急照明設備及供確認避難方向之樓層標示者，得免設避難方向指示燈。

（**C**）　15. 自居室任一點易於觀察識別其主要出入口，且與主要出入口之步行距離符合規定者，得免設出口標示燈、避難方向指示燈或避難指標，試問下列何者不得免設？

(A) 該步行距離在避難層為 20 公尺以下，在避難層以外之樓層為 10 公尺以下者　(B) 該步行距離在避難層為 40 公尺以下，在避難層以外之樓層為 30 公尺以下者　(C) 該步行距離在 30 公尺以下者　(D) 無開口樓層者

（**D**）　16. 有關出口標示燈具閃滅或音聲引導功能者，依規定下列何者錯誤？

(A) 設於主要出入口　(B) 與火警自動警報設備連動　(C) 由主要出入口往避難方向所設探測器動作時，該出入口之出口標示燈應停止閃滅及音聲引導　(D) 未達設置火警自動警報設備之規模時，得免與探測器連動

避難器具

2-1　應設置避難器具場所

【解說】

§25　避難器具設置場所

（一）應設場所	避難層以外及 2F〜10F 及地下層之各樓層。
（二）各樓層選設	滑臺、避難梯、避難橋、救助袋、緩降機、避難繩索、滑桿或經中央消防主管機關認可具同等性能之避難器具。
（三）免設	1.建築物 11 層以上樓層及避難層免設。 2.建築物在構造及設施上，並無避難逃生障礙，經中央主管機關認可者。

2-2　避難器具之設置規定

【解說】

§157　避難器具之設置規定

（一）避難器具之設置規定：

設置場所		設置樓層	應設避難器具收容人員下限	應設數量
第一類	醫療機構、療養院、長期照護機構、養護機構、安養機構、老人服務機構、兒童福利設施、幼兒園、托嬰中心、啓明、啓智、啓聰等特殊學校	第 2 層以上之樓層或地下層	20 人以上	收容人員在100人以下設1具，每增加（包括未滿）100人增設1具。
第二類	觀光旅館、飯店、旅館、集合住宅、寄宿舍等	第 2 層以上之樓層或地下層	30 人以上	收容人員在100人以下設1具，每增加（包括未滿）100人增設1具。
第三類	戲院、歌廳、舞廳、夜總會、俱樂部、理容院、MTV、KTV、酒店、保齡球館、撞球場、集會堂、遊藝場所、商場、市場、百貨商場、超級市場、零售市場、展覽場、餐廳、飲食店、咖啡店、茶室、三溫暖、車站、飛機場大廈、候船室、期貨經紀業、證券交易所、金融機構、感化院、學	第 2 層以上之樓層或地下層	50 人以上	收容人員在200人以下設1具，每增加200人（包括未滿）增設1具。

	校教室、補習班、訓練班、圖書館、寺廟、宗祠、教堂、靈骨塔、體育館、活動中心、室內溜冰場、室內游泳池等		
第四類	辦公室、電影攝影場、電視播送場、工廠（工作場所）等	第3層以上之樓層或地下層	100人以上	收容人員在300人以下設1具，每增加300人（包括未滿）增設1具。
第五類	各類場所直通避難層或地面之樓梯僅一座	第3層以上之樓層（部分場所為第2層以上樓層）	10人以上	收容人員在100人以下設1具，每增加（包括未滿）100人增設1具。

註：設置場所各樓層得選設之器具，除依本表規定外，亦得選設經中央消防主管機關認可之避難器具。

（二）避難器具之選設規定（限制）：

設置場所	BF（地下層）	2F	3F～5F	6F～10F
第一類	(5)	(1)(2)(3)(4)(5)	(1)(2)(3)(4)	(1)(2)(3)
第二類	(5)	(1)(2)(3)(4)(5)(6)(7)	(1)(2)(3)(4)(5)	(1)(2)(3)(4)(5)
第三類	(5)	(1)(2)(3)(4)(5)(6)(7)	(1)(2)(3)(4)(5)	(1)(2)(3)(4)(5)
第四類	(5)	×	(1)(2)(3)(4)(5)	(1)(2)(3)(4)(5)
第五類	×	×	(1)(2)(3)(4)(5)	(1)(2)(3)(4)(5)

註：(1) 救助袋；(2) 避難橋；(3) 滑臺；(4) 緩降機；(5) 避難梯；(6) 避難繩索；(7) 滑桿。

2-3　避難器具之減設規定

【解說】

§158　各類場所之各樓層，其應設避難器具得分別依相關規定減設

減設規定	條件
（一）前條附表1至5所列場所，符合下列規定者，其設置場所應設數量欄所列收容人員100人、200人及300人，得分別以其加倍數值，重新核算其應設避難器具數。	1. 建築物主要構造為防火構造者。 2. 設有2座以上不同避難方向之安全梯者，但剪刀式樓梯視為1座。
（二）設有避難橋之屋頂平臺，其直下層設有2座以上之安全梯可通達，且屋頂平臺合於右列規定時，其直下層每一座避難橋可減設2具。	1. 屋頂平臺淨空間面積在100m²以上。 2. 臨屋頂平臺出入口設具有半小時以上防火時效之防火門窗。 3. 通往避難橋必須經過之出入口，具容易開關之構造。
（三）設有架空走廊之樓層，其架空走廊合於右列規定時，該樓層每一架空走廊可減設2具。	1. 為防火構造。 2. 架空走廊二側出入口設有能自動關閉之具1小時以上防火時效之防火門（不含防火鐵捲門）。 3. 不得供避難、通行及搬運以外之用途使用。

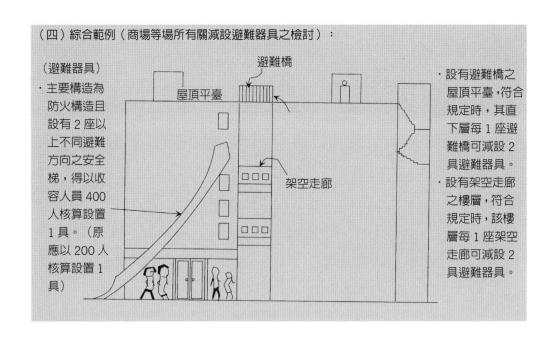

（四）綜合範例（商場等場所有關減設避難器具之檢討）：

（避難器具）
· 主要構造為防火構造且設有 2 座以上不同避難方向之安全梯，得以收容人員 400 人核算設置 1 具。（原應以 200 人核算設置 1 具）

避難橋

屋頂平臺

架空走廊

· 設有避難橋之屋頂平臺，符合規定時，其直下層每 1 座避難橋可減設 2 具避難器具。
· 設有架空走廊之樓層，符合規定時，該樓層每 1 座架空走廊可減設 2 具避難器具。

2-4 ｜ 避難器具之免設規定

【解說】

§159 各類場所之各樓層符合相關規定之一者，其避難器具得免設

（一）居室面向戶外部分	主要構造為防火構造，居室面向戶外部分，設有陽臺等有效避難設施，且該陽臺等設施有可通往地面之樓梯或通往他棟建築之設施。
（二）由居室或住戶可直接通往直通樓梯	主要構造為防火構造，由居室或住戶可直接通往直通樓梯，且該居室或住戶所面向之直通樓梯，設有隨時可自動關閉之具1小時以上防火時效之防火門（不含防火鐵捲門），且收容人員未滿30人。
（三）供乙 6、乙 10 及丁類場所	1.主要構造為防火構造。 2.設有 2 座以上安全梯，且該樓層各部分均有二個以上不同避難逃生路徑能通達安全梯。
（四）供乙 1、乙 2、乙 5、乙 8 或乙 9 場所	所使用之樓層，除符合前款規定外，且設有自動撒水設備或內部裝修符合建築技術規則設計施工編§88 規定者。
（五）供甲 6 之場所（部分）	1.樓層供下列場所使用： 　(1) 榮譽國民之家 　(2) 長期照顧服務機構（限機構住宿式、社區式之建築物使用類組非屬 H-2 之日間照顧、團體家屋及小規模多機能） 　(3) 老人福利機構（限長期照護型、養護型、失智照顧型之長期照顧機構、安養機構）

	(4) 兒童及少年福利機構（限托嬰中心、早期療育機構、有收容未滿二歲兒童之安置及教養機構）
	(5) 護理機構（限一般護理之家、精神護理之家、產後護理機構）
	(6) 身心障礙福利機構（限供住宿養護、日間服務、臨時及短期照顧者）
	2. 符合下列規定者：
	(1) 各樓層以具一小時以上防火時效之牆壁及防火設備分隔為二個以上之區劃，各區劃均以走廊連接安全梯，或分別連接不同安全梯。
	(2) 裝修材料以耐燃一級材料裝修。
	(3) 設有火警自動警報設備及自動撒水設備（含同等以上效能之滅火設備）。

2-5　避難器具之收容人員規定

【解說】

§160　收容人數之規定

各類場所	收容人員計算方式
（一）電影片映演場所（戲院、電影院）、歌廳、集合堂、體育館、活動中心	其收容人員人數，為下列各款合計之數額： 1. 從業員工數。 2. 各觀眾席部分以下列數額合計之： 　(1) 設固定席位部分，以該部分座椅數計之。如為連續式席位，為該座正面寬度除 0.4m 所得之數（未滿 1 之零數不計）。 　(2) 設立位部分，以該部分樓地板面積除 $0.2m^2$ 所得之數。 　(3) 其他部分以該部分樓地板面積除 $0.5m^2$ 所得之數。
（二）遊藝場所、電子遊樂場、資訊休閒場所	其收容人員人數，為下列各款合計之數額： 1. 從業員工數。 2. 遊樂用機械器具能供進行遊樂之人數。 3. 供觀覽、飲食或休息使用設固定席位者，以該座椅數計之。如為連續式席位，為該座椅正面寬度除 0.5m 所得之數（未滿 1 之零數不計）。

（三）舞廳、舞場、夜總會、俱樂部、酒家、酒吧、酒店（廳）、理容院、指壓按摩場所、節目錄影帶播映場所、視聽歌唱場所、保齡球館、室內溜冰場、撞球場、健身休閒中心（含提供指壓、三溫暖等設施之美容瘦身場所）、室內螢幕式高爾夫練習場、餐廳、飲食店、咖啡廳、茶藝館及其他類似場所	其收容人員人數，為下列各款合計之數額： 1. 從業員工數。 2. 各客人座席部分以下列數額合計之： 　(1)設固定席位部分，以該部分座椅數計之。如為連續式席位，為該座正面寬度除 0.5m 所得之數（未滿 1 之零數不計）。 　(2)其他部分以該部分樓地板面積除 3m^2 所得之數。 3. 保齡球館之球場以附屬於球道之座椅數為準。 4. 視聽歌唱場所之包廂，以其固定座椅數及麥克風數之合計為準。
（四）商場、市場、百貨商場、超級市場、零售市場、展覽場	其收容人員人數，為下列各款合計之數額： 1. 從業員工數。 2. 供從業人員以外者使用部分，以下列數額合計： 　(1)供飲食或休息部分，以該部分樓地板面積除 3m^2 所得之數。 　(2)其他部分以該部分樓地板面積除 4m^2 所得之數。 3. 百貨商場之櫥窗部分，應列為其他部分核算。
（五）觀光飯店、飯店、旅館、招待所（限有寢室客房者）	其收容人員人數，為下列各款合計之數額： 1. 從業員工數。 2. 各客房部分，以下列數額合計： 　(1)西式客房之床位數。 　(2)日式客房以該房間之樓地板面積除 6m^2（以團體為主之宿所，應為 3m^2）所得之數。 3. 供集會、飲食或休息用部分，以下列數額合計： 　(1)設固定席位部分，以該座椅數計之。如為連續式席位，為該座椅正面寬度除 0.5m 所得之數（未滿 1 之零數不計）。 　(2)其他部分以該部分樓地板面積除 3m^2 所得之數。
（六）集合住宅、寄宿舍	合計其居住人數，每戶以 3 人計算。
（七）醫療機構（醫院、診所）、療養院	其收容人員人數，為下列各款合計之數額： 1. 從業員工數。 2. 病房內病床數。 3. 各候診室之樓地板面積和除 3m^2 所得之數。 4. 醫院等場所育嬰室之嬰兒，應列為收容人員計算。
（八）長期照護機構（長期照護型、養護型、失智照顧型）、安養機構、老人服務機構（限供日間照顧、臨時照顧、短期保護及安置使用者）、兒童福利設施、幼兒園、托嬰中心、護理之家機構、產後護理機構	從業員工數與老人、幼兒、身心障礙者、精神耗弱者及其他需保護者之人數合計之。

（九）學校、啓明、啓聰、啓智等特殊學校、補習班、訓練班、兒童與少年服務機構、K書中心、安親（才藝）班	教職員工數與學生數合計之。
（十）圖書館、博物館、美術館、紀念館、史蹟資料館及其他類似場所	從業員工數與閱覽室、展示室、展覽室、會議室內休息室之樓地板面積和除 3m² 所得之數，合計之。
（十一）三溫暖、公共浴室	從業員工數與供浴室、更衣室、按摩室及休息室之樓地板面積和除 3m² 所得之數，合計之。
（十二）寺廟、宗祠、教堂、供存放骨灰（骸）之納骨堂（塔）及其他類似場所	神職人員及其他從業員工數與供禮拜、集會或休息用部分之樓地板面積和除 3m² 所得之數，合計之。
（十三）車站、候機室、室內停車場、室內停車空間、電影攝影場、電視播送場、倉庫、傢俱展示販售場等工作場所	從業員工數之合計。
（十四）其他場所	從業員工數與供從業員工以外者所使用部分之樓地板面積和除 3m² 所得之數，合計之。

註：（一）、收容人數之計算應以樓層爲單位。

（二）、依「複合用途建築物判斷基準」判定該場所不同用途，在管理及使用型態上。構成從屬於主用途時，以主用途來核算其收容人數。

（三）、從業員工數之計算，依下列規定：

　　1.從業員工，不分正式或臨時，以平時最多服勤人數計算。但僱用人員屬短期、臨時性質者，得免計入。

　　2.勤務制度採輪班制時，以服勤人員最多時段之從業員工數計算。但交班時，不同時段從業員工重複在勤時，該重複時段之從業員工數不列入計算。

　　3.外勤員工有固定桌椅者，應計入從業員工數。

（四）、計算收容人員之樓地板面積，依下列規定：

　　1.樓地板面積除單位面積所得之數，未滿 1 之零數不計。

　　2.走廊、樓梯及廁所，原則上不列入計算收容人員之樓地板面積。

（五）、固定席位，指構造上固定，或設在一定場所固定使用且不易移動者。下列情形均應視爲固定席位：

　　1.沙發等座椅。

　　2.座椅相互連接者。

　　3.平時在同一場所，固定使用，且不易移動之座椅。

2-6　避難器具之裝設規定

【解說】

§161　避難器具之裝設規定

項目	裝設規定
（一）易於接近處	設在避難時易於接近處。
（二）保持適當距離	與安全梯等避難逃生設施保持適當距離。
（三）安全構造	供避難器具使用之開口部，具有安全之構造。
（四）開口部	避難器具平時裝設於開口部，或必要時能迅即裝設於該開口部。
（五）交錯設置	設置避難器具（滑桿、避難繩索及避難橋除外）之開口部，上下層應交錯配置，不得在同一垂直線上。但在避難上無障礙者，不在此限。

2-7　避難器具之開口面積

【解說】

§162　避難器具於開口部保有必要開口面積

種類	開口部面積
（一）緩降機、避難梯、避難繩索及滑桿	高 80cm 以上，寬 50cm 以上或高 100cm 以上，寬 45cm 以上。
（二）救助袋	高 60cm 以上，寬 60cm 以上。
（三）滑臺	高 80cm 以上，寬為滑臺最大寬度以上。
（四）避難橋	高 180cm 以上，寬為避難橋最大寬度以上。

2-8　避難器具之操作面積

【解說】

§163　避難器具於設置周圍無操作障礙，並保有必要操作面積

種類	操作面積
（一）緩降機、避難梯、避難繩索及滑桿	0.5m² 上（不含避難器具所占面積），但邊長應為 60cm 以上。

種類	
	寬150cm以上，長150cm以上（含器具所占面積）。但無操作障礙，且操作面積在2.25m²以上時，不在此限。
（二）救助袋	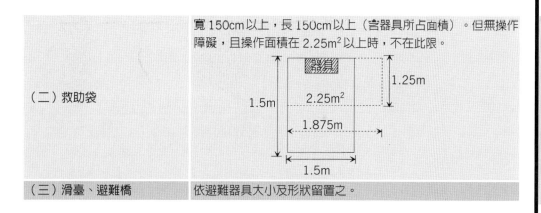
（三）滑臺、避難橋	依避難器具大小及形狀留置之。

2-9　避難器具之下降空間

【解說】

§164　避難器具於開口部與地面之間保有必要下降空間

種類	下降空間
	以器具中心半徑0.5m圓柱形範圍內。但突出物在10cm以內，且無避難障礙者，或超過10cm時，能採取不損繩索措施者，該突出物得在下降空間範圍內。
（一）緩降機	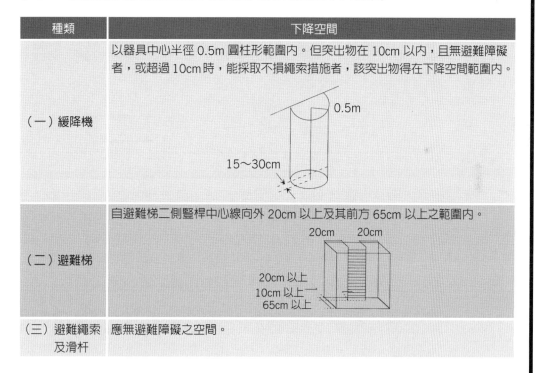
（二）避難梯	自避難梯二側豎桿中心線向外20cm以上及其前方65cm以上之範圍內。
（三）避難繩索及滑杆	應無避難障礙之空間。

（四）救助袋（斜降式）	救助袋下方及側面，在上端 25°、下端 35°方向，依下圖所圍範圍內。但沿牆面使用時，牆面側不在此限。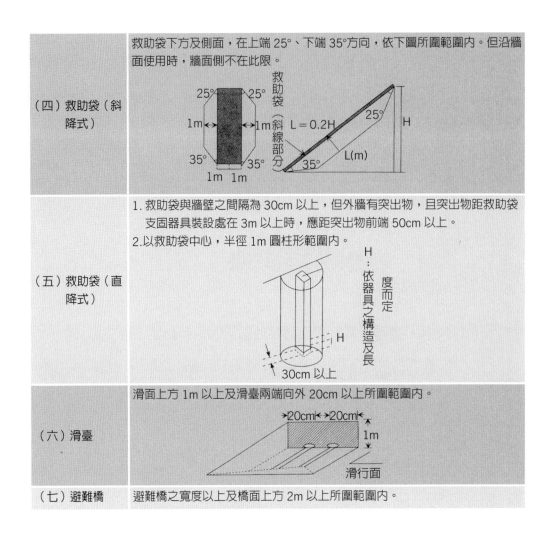
（五）救助袋（直降式）	1. 救助袋與牆壁之間隔為 30cm 以上，但外牆有突出物，且突出物距救助袋支固器具裝設處在 3m 以上時，應距突出物前端 50cm 以上。 2. 以救助袋中心，半徑 1m 圓柱形範圍內。
（六）滑臺	滑面上方 1m 以上及滑臺兩端向外 20cm 以上所圍範圍內。
（七）避難橋	避難橋之寬度以上及橋面上方 2m 以上所圍範圍內。

2-10　避難器具之下降空地

【解說】

§165　避難器具於下降空間下方保有必要下降空地

種類	下降空地
（一）緩降機	下降空間之投影面積。

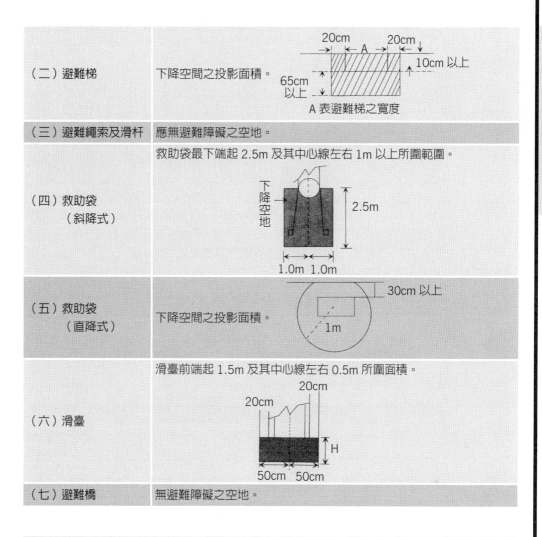

（二）避難梯	下降空間之投影面積。
（三）避難繩索及滑杆	應無避難障礙之空地。
（四）救助袋 　　　（斜降式）	救助袋最下端起 2.5m 及其中心線左右 1m 以上所圍範圍。
（五）救助袋 　　　（直降式）	下降空間之投影面積。
（六）滑臺	滑臺前端起 1.5m 及其中心線左右 0.5m 所圍面積。
（七）避難橋	無避難障礙之空地。

2-11 ｜ 避難器具之標示位置及使用方法

【解說】

§166　避難器具標示其設置位置、使用方法並設置指標

避難器具 標示種類	設置場所	尺寸	顏色	標示方法
設置位置	避難器具或其附近明顯易見處	長 36cm 以上，寬 12cm 以上	白底黑字	字樣為「避難器具」，每字 5cm^2 以上。但避難梯等較普及之用語，得直接使用其名稱為字樣。
使用方法		長 60cm 以上，寬 30cm 以上		標示易懂之使用方法，每字 1cm^2 以上。
避難器具指標	通往設置位置之走廊、通道及居室之入口	長 36cm 以上，寬 12cm 以上		字樣為「避難器具」，每字 5cm^2 以上。

2-12　緩降機之設置規定

【解說】

§167　緩降機之設置規定

項目	設置規定
（一）下降方面	緩降機之設置，在下降時，所使用繩子應避免與使用場所牆面或突出物接觸。
（二）繩子長度方面	緩降機所使用繩子之長度，以其裝置位置至地面或其他下降地點之等距離長度為準。
（三）支固器具之裝置	1. 設在使用場所之柱、地板、樑或其他構造上較堅固及容易裝設處所。 2. 以螺栓、熔接或其他堅固方法裝置。

2-13　滑臺之設置規定

【解說】

§168　滑臺之設置規定

項目	設置規定
（一）安裝場所部分	安裝在使用場所之柱、地板、樑或其他構造上較堅固或加強部分。
（二）堅固裝置	以螺栓、埋入、熔接或其他堅固方法裝置。
（三）下降安全速度	設計上無使用障礙，且下降時保持一定之安全速度。
（四）防止掉落措施	有防止掉落之適當措施。
（五）CNS 13231	滑臺之構造、材質、強度及標示符合 CNS 13231 之規定。

2-14　避難橋之設置規定

【解說】

§169　避難橋之設置規定

項目	設置規定
（一）安裝場所部分	裝置在使用場所之柱、地板或其他構造上較堅固或加強部分。
（二）堅固裝置	避難橋一邊以螺栓、熔接或其他堅固方法裝置。
（三）CNS 13231	避難橋之構造、材質、強度及標示符合 CNS 13231 之規定。

2-15　救助袋之設置規定

【解說】

§170　救助袋之規定

項目	設置規定
（一）下降安全速度	救助袋之長度應無避難上之障礙，且保持一定之安全下滑速度。
（二）安裝場所部分	裝置在使用場所之柱、地板、樑或其他構造上之堅固或加強部分。
（三）堅固裝置	救助袋支固器具以螺栓、熔接或其他堅固方法裝置。

2-16　避難梯之設置規定

【解說】

§171　避難梯之規定

項目	設置規定
（一）固定梯及固定式不鏽鋼爬梯（直接嵌於建築物牆、柱等構造，不可移動或收納者）相關規定	1. 裝置在使用場所之柱、地板、樑或其他構造上較堅固或加強部分。 2. 以螺栓、埋入、熔接或其他堅固方法裝置。 3. 橫桿與使用場所牆面保持 10cm 以上之距離。
（二）第四層以上之樓層設避難梯時，應設固定梯	1. 設於陽臺等具安全且容易避難逃生構造處，其樓地板面積至少 2m²，並附設能內接直徑 60cm 以上之逃生孔。 2. 固定梯之逃生孔應上下層交錯配置，不得在同一直線上。
（三）懸吊型梯	1. 懸吊型梯固定架設在使用場所之柱、地板、樑或其他構造上較堅固及容易裝設處所，但懸吊型固定梯能直接懸掛於堅固之窗臺等處所時，得免設固定架。 2. 懸吊型橫桿在使用時，與使用場所牆面保持 10cm 以上之距離。

2-17　滑杆及避難繩索之設置規定

【解說】

§172　滑杆及避難繩索之設置規定

項目	設置規定
（一）避難繩索長度方面	滑杆避難繩索之長度，以其裝置位置至地面或其他下降點之等距離長度為準。
（二）滑杆固定方面	滑杆上端與下端應能固定。
（三）固定架	懸吊型梯固定架設在使用場所之柱、地板、樑或其他構造上較堅固及容易裝設處所。但懸吊型固定梯能直接懸掛於堅固之窗臺等處所時，得免設固定架。

2-18　避難器具固定架或支固器具使用螺栓固定時之規定

【解說】

§174　固定架或支固器具使用螺栓固定時之規定

項目	設置規定		
（一）螺栓方面	使用錨定螺栓。		
（二）螺栓埋入混凝土內不含灰漿部分之深度及轉矩值	螺紋標稱	埋入深度（mm）	轉矩值（kgf-cm）
	M10×1.5	45 以上	150 至 250
	M12×1.75	60 以上	300 至 450
	M16×2	70 以上	600 至 850

2-19　緩降機操作要領

【解說】

步驟	使用要領
1	自保管箱中取出緩降機。
2	打開掛鈎接口、掛上固定架並栓緊，將安全帶套在腋下拉緊。
3	將繩索拉至調速器。
4	攀出窗外面向牆壁，拉緊調速器下兩條繩索，身體雙腿垂直，準備下降。
5	放開雙手，雙手輕觸壁面，雙手切勿上舉以避免安全帶鬆脫，造成危險。
6	下降後立刻解開安全帶。
7	順勢拉繩索到頂，以便下一位使用。

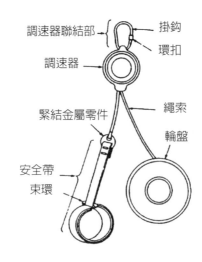

2-20　各種避難器檢查及判斷方式

【解說】

避難繩索

（一）功用	避難繩索係利用一條上端固定向下懸掛之繩索，逃生時以兩手及兩腳攀附垂直降下逃離。
（二）構造	避難繩索由繩索、掛鈎或鈎環所構成。 1.繩索之長度應以其裝置位置至地面或其他下降地點之距離長度為準。 2.繩索之材質 　　繩索之材質┬─應為不燃材料（避免受火、熱之侵襲） 　　　　　　　└─應具有耐久性耐蝕性之纖維且全長為均一之構造索 3.應於適當間隔設置止滑結 　　強度┬─繩索：應能承受 650kg 以上之拉力強度 　　　　└─掛鈎、鈎環：應能承受 600kg 以上之拉力強度
（三）性能檢查	1.檢查及判定方法┬─以目視判定有無變形、損傷、綻開、明顯受潮等 　　　　　　　　├─掛鈎有無明顯變形、損傷、生鏽、腐蝕等，能否容易而確實安裝在固定零件上 　　　　　　　　└─固定架及固定零件┬─是否有明顯變形、損傷、生鏽、腐蝕等 　　　　　　　　　　　　　　　　　├─是否堅固的安裝在安裝部 　　　　　　　　　　　　　　　　　└─螺栓螺帽是否有鬆弛或脫落 2.收藏狀況 收藏箱、收藏袋┬─須設置於開口部附近，且應以容易取出之方式收藏 　　　　　　　└─不得有明顯損傷、腐蝕等 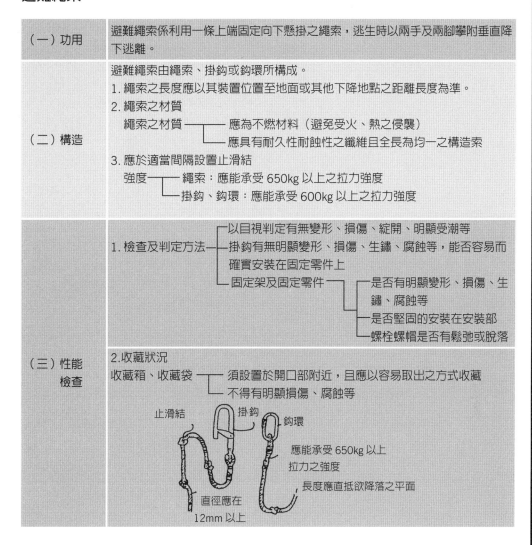

避難橋

（一）功用	設置於相臨兩建築物的屋頂或中間層之間，架設一座用以避難逃生之「橋」，以使避難人員經避難橋而由其他建築物下降至地面。
（二）種類	避難橋 ── 平面式 ┬ 固定 　　　　　　　　　　　　┌ 倒轉式 　　　　　　　└ 移動式 ┼ 迴轉式 　　　　　　　　　　　　└ 伸長式 1. 階梯式（傾斜度超過 1/5 時）：設於兩棟高度有落差之樓層。 2. 一般設於非公用道路上方避難橋以固定式為原則。 3. 移動式之使用必須避難時容易架設為原則。
（三）構造	由橋板、扶手及欄桿構成： 1. 構造 　(1)橋寬≥60cm，橋身長≥5m。 　(2)扶手欄桿高度為 110cm，且其間隔≥18cm。 　(3)扶手欄桿高度橋板交接處以高 10cm 之幅木密封起來。橋面應有防滑裝置。 2. 材質 　(1)不燃材料：一般由鋼材或鋁材構成。 　(2)具耐久性及防蝕性。 　(3)鋁材料時需加耐燃處理或以耐燃材料被覆表面，以增其斷熱性。（因鋁遇高溫會融化） 3. 強度 　(1)除橋身之重量外，應考慮下雨的積載重、風力及地震之因素。 　(2)橋面應達 330kg/m² 以上之荷重能力。 　(3)各連接部分應有防鏽處理且具有使用時不產生危險之強度。
（四）檢查及判定方式	1. 目視：各部分固定無損傷。 2. 檢查： 　(1)各部分有否明顯變形、損傷、生鏽、腐蝕等。 　(2)接合部是否有龜裂、變形、損傷等。 　(3)地板面是否有空隙。 　(4)止滑部分有否明顯之磨損。 　(5)移動型使用後能否恢復原狀。

緩降機

（一）功用	火警時將繩索一端設置之安全帶緊繫於逃生人員之胸部，繩索另一端則捲繞在捲輪上，藉由自身之重量及調整器調整下降速度自動逃生，而不必假借他人之力量。
（二）種類	緩降機　┬─一人用 　　　　└─多人用　┬─游星齒輪式 　　　　　　　　　　├─齒輪式 　　　　　　　　　　├─油壓式 　　　　　　　　　　└─離心式 選擇設置緩降機前必須先瞭解緩降機之特色、優點及其先天上之限制，如此才能達到設置最方便有效避難器具之原則。
（三）構造	緩降機係由調速器、調速器之連接部（鉤環、吊鉤）、繩索、安全帶與連接金屬零件所構成。
（四）檢查及判定方式	1. 支固器具 ┬─ 塗飾、重鍍沒有斑落之情事 　　　　　　├─ 構成零件沒有明顯的變形、腐蝕、龜裂等損傷 　　　　　　├─ 螺栓、螺帽沒有鬆弛或脫落 　　　　　　└─ 鉚接部分沒有龜裂、破損之情形 2. 固定部分 ┬─ 固定基礎沒有因龜裂而破損之情形 　　　　　　├─ 固定安裝部分沒有明顯腐蝕、生鏽、龜裂等對強度有影響之異常現象 　　　　　　├─ 螺栓、螺帽沒有鬆弛或脫落 　　　　　　└─ 穿孔錨工法之錨栓所使用時之螺帽需依規定栓緊 3. 收藏狀況 ┬─ 保管箱沒有明顯變形、破損，內部沒有灰塵、受潮等情形 　　　　　　├─ 支固器需以不防礙使用時之狀態收藏 　　　　　　└─ 需使用輪環本身轉動來收繩子，以免扭曲繩索

救助袋

（一）功用	利用帆布或滑槽（袋本體），從防火對象物之窗戶或陽臺，利用使用者之重量由上往下落下之原理，滑至地面而逃生。
（二）種類	 救助袋——方形／圓形——斜降式——正面下降式／側面下降式／左右斜降式 ——垂降式——螺旋調速下降式／蛇行調速下降式／摩擦力調速下降式／緊迫部調速下降式 1.斜降式：是指袋本體與地面大約成 45 度傾斜下降。 2.垂降式：是指袋本體與地面大約成 90 度垂直下降（下降速度 4m/sec 以上）。
（三）減速裝置	為防止下降速度太快，必須有減速裝置。 1. 斜降式救助袋 　⑴可利用袋本體之傾斜來減緩下降速度。 　⑵也可利用身體之傾斜或以腳肘之支撐調節來減緩下降速度。 2. 垂降式救助袋 　⑴在袋本體設置螺旋狀通路之設計方式：利用下降方向的改變來調節下降速度。 　⑵在袋本體設置蛇行狀通路之設計方式：利用下降方向的改變，並以避難者與救助袋間之摩擦力以減緩下降速度。 　⑶摩擦力調速下降式：利用袋本體材質的特質或在袋本體內設置皺褶，以增加避難者下降時與袋本體間之摩擦力，以達減緩下降之目的。 　⑷利用緊迫部設計的方式達到緩降之目的。 　⑸利用袋本體的粗細、鬆緊或外加速環，以達緩降之目的：在袋本體內部設置套網或伸縮式籃框等裝置，以達到緩降的目的。 ※斜降式與垂降式最大不同，在於垂降式救助袋沒有下端支架裝置。
（四）檢查判定之方式	1. 袋本體 　⑴袋本體用布展開布材沒有洞、割傷、裂傷及明顯磨損。 　⑵袋子的用布及展開部沒有綻開及斷線。 　⑶袋本體沒有明顯受潮及明顯磨損。 　⑷把手沒有損傷及明顯磨損。 2. 支固器具及固定部 　⑴支固器具沒有變形、龜裂、腐蝕及損傷。 　⑵螺栓、螺帽之固定零件沒有鬆弛、掉落、龜裂、損傷。 　⑶固定部沒有腐蝕、生鏽、變形、龜裂等對強度有影響之異常發生。 　⑷固定基礎不得發生因龜裂而引起之破損。 3. 收藏狀況 　⑴收藏箱需能容易拉出或打開。 　⑵應依下列順序整齊收藏： 　　①引導繩索需整理得能順利伸張。 　　②下部支持裝置之張設繩索滑輪掛鉤不得糾纏的一起收藏。（只限斜降式）

③袋本體應從表面反覆折疊收起使下部出口成為表面，斜降式者需整理下部支持裝置，以皮袋栓緊後引導繩需放在其他。

④收藏箱之把手及滾筒等，需無掉落及損傷。

(3)收藏箱內需通風良好，沒有明顯濕氣。

(4)袋本體需有不會直接碰到地板之措施。

(5)有老鼠等侵入之虞時，需有防止措施。

（五）救助袋
（可使用於2～10樓的避難狀況）

1.垂降式救助袋

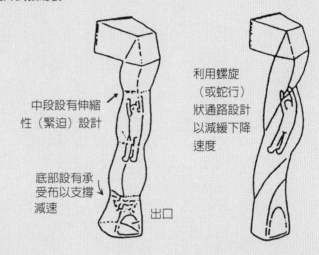

中段設有伸縮性（緊迫）設計

利用螺旋（或蛇行）狀通路設計以減緩下降速度

底部設有承受布以支撐減速

出口

2.斜降式救助袋

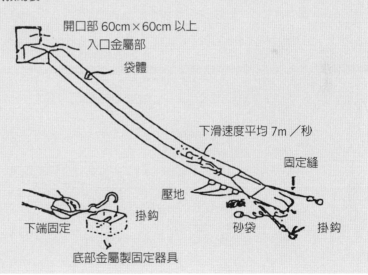

開口部 60cm×60cm 以上

入口金屬部

袋體

下滑速度平均 7m／秒

固定縫

壓地

掛鉤

下端固定

底部金屬製固定器具

砂袋

掛鉤

避難梯

（一）功用	設置於建築物外部壁面，火災時避難人員可藉以攀附而下，進行避難逃生。
（二）種類	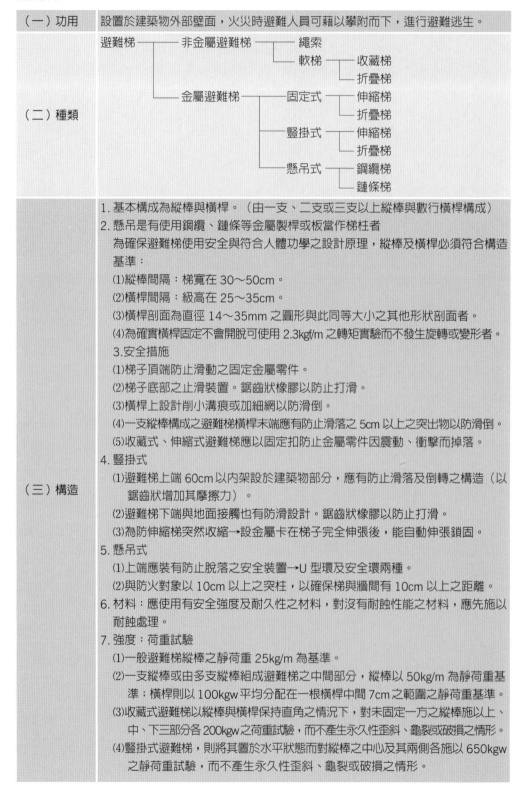
（三）構造	1. 基本構成為縱棒與橫桿。（由一支、二支或三支以上縱棒與數行橫桿構成） 2. 懸吊是有使用鋼纜、鏈條等金屬製桿或板當作梯柱者 　　為確保避難梯使用安全與符合人體功學之設計原理，縱棒及橫桿必須符合構造基準： 　　(1)縱棒間隔：梯寬在 30～50cm。 　　(2)橫桿間隔：級高在 25～35cm。 　　(3)橫桿剖面為直徑 14～35mm 之圓形與此同等大小之其他形狀剖面者。 　　(4)為確實橫桿固定不會開脫可使用 2.3kgf/m 之轉矩實驗而不發生旋轉或變形者。 3. 安全措施 　　(1)梯子頂端防止滑動之固定金屬零件。 　　(2)梯子底部之止滑裝置。鋸齒狀橡膠以防止打滑。 　　(3)橫桿上設計削小溝痕或加細網以防滑倒。 　　(4)一支縱棒構成之避難梯橫桿末端應有防止滑落之 5cm 以上之突出物以防滑倒。 　　(5)收藏式、伸縮式避難梯應以固定扣防止金屬零件因震動、衝擊而掉落。 4. 豎掛式 　　(1)避難梯上端 60cm 以內架設於建築物部分，應有防止滑落及倒轉之構造（以鋸齒狀增加其摩擦力）。 　　(2)避難梯下端與地面接觸也有防滑設計。鋸齒狀橡膠以防止打滑。 　　(3)為防伸縮梯突然收縮→設金屬卡在梯子完全伸張後，能自動伸張鎖固。 5. 懸吊式 　　(1)上端應裝有防止脫落之安全裝置→U 型環及安全環兩種。 　　(2)與防火對象以 10cm 以上之突柱，以確保梯與牆間有 10cm 以上之距離。 6. 材料：應使用有安全強度及耐久性之材料，對沒有耐蝕性能之材料，應先施以耐蝕處理。 7. 強度：荷重試驗 　　(1)一般避難梯縱棒之靜荷重 25kg/m 為基準。 　　(2)一支縱棒或由多支縱棒組成避難梯之中間部分，縱棒以 50kg/m 為靜荷重基準；橫桿則以 100kgw 平均分配在一根橫桿中間 7cm 之範圍之靜荷重基準。 　　(3)收藏式避難梯以縱棒與橫桿保持直角之情況下，對末固定一方之縱棒施以上、中、下三部分各 200kgw 之荷重試驗，而不產生永久性歪斜、龜裂或破損之情形。 　　(4)豎掛式避難梯，則將其置於水平狀態而對縱棒之中心及其兩側各施以 650kgw 之靜荷重試驗，而不產生永久性歪斜、龜裂或破損之情形。

8. 衝擊、拉力、壓縮及其他試驗
(1)對橫桿施以 2.3kgf/m 之轉矩試驗時，不產生旋轉或變形。
(2)懸吊式
　①拉力試驗承受 150kgf 而無顯著變形、龜裂或破損之情況。
　②壓縮試驗承受 15kgf 而無顯著變形、龜裂或破損之情況。

1. 梯柱、橫桿及突出物沒有變形、損傷、生鏽、腐蝕等橫桿之止滑沒有問題。
2. 鏈條焊接處沒有扭曲、裂痕、損傷、鋼纜、纖維製繩沒有綻開、斷線。
3. 螺栓、螺帽須有防鬆之措施，纖維製繩與橫桿之結合，須堅固而未鬆弛。
4. 轉動部、折疊部、伸縮部之動作順暢。
5. 固定收藏式、金屬扣之動作須順暢。
6. 掛鉤與本體之接合部，須堅固無鬆弛。
7. 保管箱須無破損、生鏽、明顯腐蝕、漏水等，蓋子須容易打開取出梯子。
8. 懸吊用具須以正確方向安裝在固定部或呈容易安裝之狀態。
9. 金屬扣須能確實勾住兩直桿及橫桿須成密接狀態收藏。

(四) 檢查判定方式

避難梯裝置──符合 CNS 13230

固定梯──裝置在使用場所之柱、地板、樑或其他構造上較堅固或加強部分
　　　　──以螺栓、埋入、熔接或其他堅固方法裝置
　　　　──橫桿應與使用場所牆面保持 10cm 以上之距離

4F 以上應設定固定梯──設於陽臺等具安全且容易避難逃生構造處
　　　　　　　　　　──占樓地板面積至少 $2m^2$ 並附設能內接直徑 60cm 以上之逃生孔
　　　　　　　　　　──逃生孔應上下層交錯配置，不得在同一直線

懸吊型梯──固定架應設在場所之柱、地板、樑或其他構造上較堅固及容易裝設處所，直接懸掛於堅固之窗臺等處所，得免設固定架
　　　　──橫桿應與使用場所牆面保持 10cm 以上之距離

固定金屬

折疊樣

橫桿
縱棒
防滑構邊（橡膠）

下部止滑設計

依扣掛處厚度調整螺栓，使其固著

滑臺

（一）功用	係一固定而傾斜呈直線或弧線之光滑平面，作為建築火災時，人員由建築物之窗或陽臺等位置滑溜下降逃生。
（二）種類	滑臺 ─┬─ 直線式 ─┬─ 固定式 　　　├─ 螺旋式 ─┤ 　　　└─ 曲線式 ─┴─ 半固定式 1. 直線式滑臺設置時所占面積較大，故太高之樓層即不設置。 2. 螺旋式滑臺所占面積（空間）最小，且可不用每層獨立設置一滑臺，可以利用滑降面經過各樓層時，設置適當開口進入滑臺即可。
（三）構成	1. 係由底板、側板、扶手及防止掉落之安全裝置如欄桿等，構成其傾斜角大約在25度～35度。 　(1)材質：底板及側板應使用鋼板、鋁材、鋼筋混凝土等具有耐久性之材料。 　(2)尺寸 ─┬─ 底板之有效寬度≥40cm 　　　　　├─ 側板之高度≥40cm 　　　　　└─ 扶手之高度≥60cm（但側板之高度≥60cm時免設） 2. 各部分之表面必須光滑，而且不得有高低差、空隙等，但以滾輪構成滑動面者，但裝設不防礙滑降之空隙。 　(1)支撐部：應使用鋼材、鋼筋混凝土等材料，牢固的支撐滑臺之重量，支架部分需堅固不鬆動，螺絲應旋緊。 　(2)強度：應考慮作用在各部分之自重、裝載荷重、風壓及地震力等。裝載荷重以滑臺之滑降面每1m長度130kg計。
（四）檢查及判定方式	以目視及操作確認滑臺有無損傷，動作狀態有無異常。 1. 半固定式者擡起下端部分之金屬扣，需能以簡單之操作解開，但不得因震動、衝擊等而容易脫落，且不得有變形、損傷、生鏽、腐蝕等。 2. 底板及側板之表面，需平滑且不得有高低差、空隙等。同時不得有變形、損傷、生鏽、腐蝕等。 3. 滑面之斜度（螺旋狀者滑面寬度中心之斜度）需為25度～35度。 4. 支持部須堅固而無鬆弛，同時沒有變形、損傷、生鏽、腐蝕等。 5. 螺栓、螺帽不得有鬆弛或脫落。

滑桿

（一）功用	利用一根垂直固定本身光滑之桿子，以兩手及兩腿攀附垂直下降逃生。
（二）構造	1. 長度：應以其裝置位置至地面垂直之等距離長度為準。 2. 材質：一般以鋼質均質平滑圓棒（直徑 35～65mm），需經防鏽、防蝕處理，又需保持其耐久性。 3. 強度：在軸方向以 390kg 之壓縮荷重，不產生龜裂、破損、彎曲等顯著障害。又施以 195kg 之荷重試驗，不產生永久性歪斜。 除上、下端要固定堅固外，底部還需設置砂、布、海棉等緩衝材料。
（三）檢查及判定方式	1. 器具本體：均勻圓桿表面圓滑無明顯變形、損傷、生鏽、腐蝕等。 2. 支持部：滑桿上、下端固定良好應無明顯變形。 3. 從開口部至下端應順暢無任何障礙。 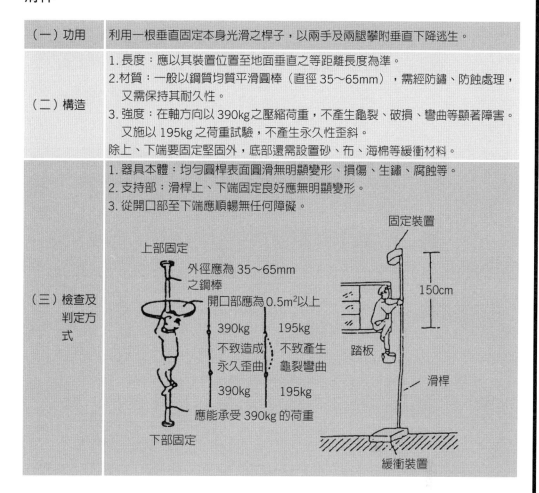

2-21　某一2F圖書館樓地板面積A＝112.4m²，從業員工30人，則收容人數應為多少？且至少應設置多少具避難器具？

【解說】

依 §157 條第三款，停車場之收容人員在 50 人以上需設置，收容人員在 200 人以下設一具，每增加 200 人（包括未滿）增設 1 具。

依 §160 條第十四款，合計其從業員工數及供從業員工以外者所使用部分之樓地板面積和除 3m² 之數，合計之。

樓層	從業員工數（Ⓐ）	從業員工以外之收容人員數（Ⓑ）		收容人員數（Ⓐ＋Ⓑ）
		從業員工以外者使用部分之樓地板面積和（m²）		
		3m² （未滿1之零數不計）		
2F	30人	$\dfrac{112.4m^2}{3m^2} = 37$人		67人

樓層	場所用途	收容人員數	應設器具數	實設器具數
2F	圖書館	67人	1具	1具

第二章◎自我評量

（一）問答題

1. 應設置避難器具之場所為何？
2. 避難器具應如何選擇設置？
3. 避難器具之減設規定為何？
4. 避難器具之免設規定為何？
5. 避難器具之收容人員規定為何？
6. 避難器具應如何裝設？
7. 避難器具之開口面積規定為何？
8. 避難器具之操作面積規定為何？
9. 避難器具之下降空間規定為何？
10. 避難器具之下降空地規定為何？
11. 避難器具之標示位置及使用方法規定為何？
12. 緩降機之設置規定為何？
13. 滑臺之設置規定為何？
14. 避難橋之設置規定為何？
15. 救助袋之設置規定為何？
16. 避難梯之設置規定為何？
17. 滑桿及避難繩之設置規定為何？
18. 避難器具固定架或支固器具，使用螺栓固定時之規定為何？
19. 試說明緩降機之操作要領？
20.*醫療院所重症病房空間，依法應設何種避難器具？有何可減免設置的作法建議？

21.*下圖為某五層樓高中補習班，其每一樓層收留人數約為 150 人，圖中各樓層有五個開口，其樓高及開口尺寸分別為：A = 4 m，B = 1.2 m，C = 0.7 m，D = 0.9 m，請說明各樓層應設之緩降機數量、設置之窗口位置、緩降繩長度及下降空間之規定。

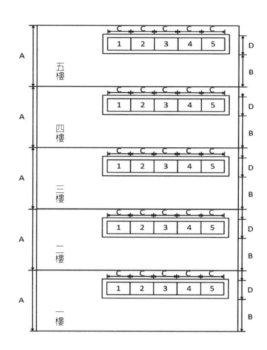

（二）測驗題

（**C**）　1. 某觀光飯店之日式客房之房間樓地板面積為 600m^2，若該飯店是以團體住宿為主的宿所。則此部分之收容人員為多少人？
(A) 50 人　(B) 100 人　(C) 200 人　(D) 300 人。

（**B**）　2. 某辦公室位於地下層且收容人員達 450 人，試問該辦公室應裝設幾具避難梯？
(A) 1 具　(B) 2 具　(C) 3 具　(D) 4 具。

（**C**）　3. 建築物在第幾層以上之樓層設避難梯時，應設固定梯？
(A) 2 層　(B) 3 層　(C) 4 層　(D) 6 層。

（**B**）　4. 避難器具之固定架採用 M12×1.75 標稱之螺栓埋入深度 60mm 以上固定時，其轉矩值應使用多少 kgf-cm？
(A) 100 ～ 200　(B) 300 ～ 450　(C) 600 ～ 850　(D) 150 ～ 550。

（**B**）　5. 某 10 樓供辦公室使用之建築物，若 5 樓之收容人數為 100 ～ 299 人時，至少須設多少具避難器具？
(A) 3　(B) 4　(C) 5　(D) 6。

（**C**）　6. 綜合檢查緩降機性能時，有關下降檢查之判定方法中，緩降機之最大下

降速度應在每秒多少公分以內？
(A) 50　(B) 100　(C) 150　(D) 200。

(**A**) 7. 避難器具之固定架或支固器具使用螺栓固定時，螺紋標稱為 M16×2，其栓緊強度（轉矩值 kgf-cm）為何？
(A) 600-850　(B) 300-450　(C) 150-250　(D) 100-150。

(**B**) 8. 位於八樓之辦公室，其使用面積轉換為收容人數 650 人，在無減（免）設之條件下，應設多少具避難器具？
(A) 2　(B) 3　(C) 4　(D) 7。

(**D**) 9. 避難梯下降空間之檢查，自避難梯兩側豎桿中心線向外 20 公分以上及向前方多少公分以上之範圍為合格？
(A) 20　(B) 30　(C) 50　(D) 65。

(**D**) 10. 斜降式救助袋之下方及側面方向，依規定在上部為 25 度，則下部角度應為多少度（不沿牆面使用情況）？
(A) 20　(B) 25　(C) 30　(D) 35。

(**B**) 11. 關於避難層，下列何者正確？
(A) 避難逃生暫時集合之樓層　(B) 具有出入品通達基地地面或道路之樓層　(C) 設有避難器具之樓層　(D) 所有建築物的第一層。

(**C**) 12. 如右下圖救助袋斜降式，其下方及側面之角度，上端及下端各為多少度？
(A) 上端 15 度，下端 25 度
(B) 上端 20 度，下端 30 度
(C) 上端 25 度，下端 35 度
(D) 上端 30 度，下端 35 度。

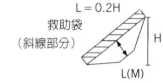

(**C**) 13. 設置避難器具時，其標示應採用何種顏色？
(A) 綠底白字　(B) 白底綠字　(C) 白底黑字　(D) 黑底白字。

(**A**) 14. 應設置避難器具場所，其收容人員人數之計算，於電影片映演場所設立部分，以該部分樓地板面積除多少平方公尺所得之數為收容人員人數？
(A) 0.2　(B) 0.3　(C) 0.4　(D) 0.5。

(**B**) 15. 假設有一棟十層樓之大樓供醫院使用，請問在六樓以上不能使用何種避難器具？
(A) 避難橋　(B) 緩降機　(C) 救助袋　(D) 滑臺。

(**D**) 16. 避難器具之滑臺，其臺面之坡度應為幾度？
(A) 10 度以上，20 度以下　(B) 15 度以上，25 度以下　(C) 20 度以上，30 度以下　(D) 25 度以上，35 度以下。

(**B**) 17. 避難器具之避難橋之強度，其負荷重量以地板面 1 平方公尺多少公斤作計算？
(A) 300　(B) 330　(C) 350　(D) 380。

(**C**) 18. 應設置避難器具場所，其收容人員人數之計算，於商場、市場、百貨商場等場所，除供飲食或休息用以外之其他部分，樓地板面積應除多少平方公尺所得之數為收容人員人數？

(A) 2　(B) 3　(C) 4　(D) 5。

（**D**）19. 下列何者不為緩降機之下降速度試驗項目？
(A) 荷重　(B) 反覆下降　(C) 浸水　(D) 分解。

（**A**）20. 避難梯之開口部大小，下列何者正確？
(A) 高 80 公分，寬 50 公分　(B) 高 100 公分，寬 35 公分　(C) 高 50 公分，寬 90 公分　(D) 高 50 公分，寬 60 公分。

（**C**）21. 設置緩降機應保有必要操作面積，其相關規定下列何者正確？
(A) 操作面積 0.5 平方公尺以上，且邊長為 40 公分以上　(B) 操作面積 0.5 平方公尺以上，且須為正方形　(C) 操作面積 0.5 平方公尺以上，且邊長應為 60 公分以上　(D) 邊長分別為 60 公分及 70 公分。

（**C**）22. 某電影院，其從業人員為八人，固定席位設有三十排，非連續式座椅每排有二十個座位，未設有立位區。其他部分的樓地板面積有 250m^2，則依「各類場所消防安全設備設置標準」，其收容人數為下列何者？
(A) 五百零八人　(B) 六百零八人　(C) 一千一百零八人　(D) 一千二百零八人。

（**C**）23. 下列有關避難器具開口部保有必要開口面積規定之敘述，何者正確？
①緩降機高 80cm 以上，寬 50cm 以上；②救助袋高 60cm 以上，寬 60cm 以上；③滑桿高 100cm 以上，寬 45cm 以上；④滑臺高 80cm 以上，寬為滑臺最大寬度以上
(A) ①②③　(B) ②③④　(C) ①③④　(D) ①②④。

（**B**）24. 位於八樓之辦公室，其收容人數為 790 人，在無減（免）設之條件下，至少應設多少具避難器具？
(A) 2　(B) 3　(C) 4　(D) 5。

（**D**）25. 依據各類場所消防安全設備設置標準之規定，避難器具開口部面積以下何者為錯？
(A) 緩降機為 80cm×50cm 以上　(B) 救助袋 60cm×60cm 以上　(C) 滑台 80cm× 滑台寬度以上　(D) 避難橋 80cm× 避難橋寬度以上。

（**B**）26. 依各類場所消防安全設備設置標準之規定，飯店多少人之間要設置一具避難器具？
(A) 20-100　(B) 30-100　(C) 50-200　(D) 100-300。

（**D**）27. 下列緩降機之使用何者為錯？
(A) 十樓以下才被要求設置　(B) 掛勾應掛在堅固之固定點　(C) 緩降機之束帶應束緊　(D) 緩降機可拿至任何一層使用。

（**B**）28. 醫院大樓的第三層不能設置下列何項避難器具？
(A) 避難橋　(B) 緩降機　(C) 救助袋　(D) 滑臺。

（**C**）29. 固定架或支固器具使用螺栓固定時，若螺紋標稱為 M16×2，轉矩值應多少 kgf-cm？
(A) 150～250　(B) 300～450　(C) 600～850　(D) 850～950。

（**B**）30. 集合住宅計算收容人數以設置避難器具時，每戶收容人數以多少人計算？
(A) 2 人　(B) 3 人　(C) 4 人　(D) 5 人。

緊急照明設備

3-1　應設置緊急照明設備之場所

【解說】

§24　應設置緊急照明設備之場所

（一）供甲類、丙類、戊類所列場所使用之居室。

（二）供乙1、乙2、乙3（學校教室除外）、乙4、乙5、乙6、乙7所定住宿型精神復健機構、乙8、乙9及乙12所列場所使用之居室。

（三）$\Sigma A \geq 1000m^2$建築物之居室（學校教室除外）。

（四）有效採光面積未達該居室樓地板面積5%者。

（五）供前四款使用之場所，自居室通達避難層所須經過之走廊、樓梯間、通道及其他平時依賴人工照明部分。

※ 免設規定：經中央主管機關認可為容易避難逃生或具有效採光之場所。

3-2　免設置緊急照明設備之場所

【解說】

§179　免設置緊急照明設備之場所

（一）考量步行距離	在避難層，由居室任一點至通往屋外出口之步行距離在30m以下之居室。
（二）考量有效採光	具有效採光，且直接面向室外之通道或走廊。
（三）其他	1.集合住宅之居室。 2.保齡球館球道以防煙壁區劃之部分。 3.工作場所中，設有固定機械或裝置之部分。 4.洗手間、浴室、廁所、盥洗室、儲藏室或機械室。

※ 考量場所使用特性，在使用人熟悉環境及危險度低者，集合住宅等免設緊急照明設備。

3-3 緊急照明燈之構造規定

【解說】

§175 緊急照明燈之構造設置規定

種類	構造規定
（一）白熾燈	白熾燈為雙重繞燈絲燈泡，其燈座為瓷製或瓷質同等以上之耐熱絕緣材料製成者。
（二）日光燈	日光燈為瞬時啟動型，其燈座為耐熱絕緣樹脂製成者。
（三）水銀燈	水銀燈為高壓瞬時點燈型，其燈座為瓷製或與瓷質同等以上之耐熱絕緣材料製成者。
（四）其他方面	其他光源具有與前三款同等耐熱絕緣性及瞬時點燈之特性，經中央主管機關核准者。
（五）安定器	放電燈之安定器，裝設於耐熱性外箱。

3-4 緊急照明設備之配線

【解說】

§176 緊急照明設備之配線規定

項目	配線規定
（一）照明器具	1.直接連接於分路配線，不得裝置插座或開關等。 2.但內置蓄電池式，不在此限。
（二）電源回路配線	1.依§235條規定施予耐燃保護。 2.當天花板及其底材使用不燃材料時，得施予耐熱保護。
（三）例外	內置蓄電池緊急照明燈之電源回路，不受前款之限制。

※ 1.緊急照明有蓄電池集中設置與內置兩種方式，明定緊急照明設備之內置蓄電池型，配線得設置插座或開關，且其電源回路，係供平時充電使用，免施予耐燃保護。

* 2.依據緊急照明燈認可基準充電試驗，蓄電池電壓降達額定電壓20%以內時，應能自動充電。

3-5 緊急照明設備之設置規定

【解說】

§177 緊急照明設備之設置規定

（一）緊急照明設備應連接緊急電源。

（二）前項緊急電源應使用蓄電池設備。

（三）前項其容量應能使其持續動作 30 分鐘以上。但採蓄電池設備與緊急發電機併設方式時，其容量應能使其持續動作分別為 10 分鐘及 30 分鐘以上。

3-6 ｜ 緊急照明燈之照度

【解說】

§178 緊急照明燈之照度規定

緊急照明燈在地面之水平照度（以低照度測定用光電管照度計測得之值）

（一）地下建築物之地下通道 ≥ 10Lux。

（二）其他場所 ≥ 2Lux。

（三）在走廊曲折處，應增設緊急照明燈。

第三章◎自我評量

（一）問答題

1. 應設置緊急照明設備之場所為何？

2. 免設置緊急照明設備之場所為何？

3. 緊急照明燈的構造為何？

4. 試說明緊急照明設備之配線規定？

5. 試說明緊急照明設備之設置規定？

6. 試說明緊急照明燈之照度規定？

（二）測驗題

（**D**）　1. 緊急照明燈之照度，以下何者合乎規定？
（A) 使用中照度測定用光電管照度計測量　　(B) 地下通道地板面不小於 8Lux　(C) 其他場所不小於 10Lux　(D) 其他場所不小於 1Lux。

（**C**）　2. 緊急照明燈之放電燈安全器應設於何處？
（A) 外牆壁面　(B) 內牆壁面　(C) 耐熱性外箱　(D) 絕緣耐燃箱。

（**A**）　3. 緊急照明設備若採白熾燈，則以下何者正確？
（A) 應為雙重繞燈絲燈泡　　(B) 燈座應為樹脂製成　(C) 應為三重繞燈絲燈泡　(D) 應為瞬間啓動型。

（**B**）　4. 在避難層之居室，由居室任一點至通往屋外出入口之步行距離在多少以下時，得免設緊急照明設備？
(A) 20 公尺　(B) 30 公尺　(C) 40 公尺　(D) 50 公尺。

（**A**）　5. 某一建築物總樓地板面積 8678m²，有關緊急照明燈應檢查多少個以上，以確認緊急電源容量能否持續三十分鐘以上？
(A) 15　(B) 14　(C) 12　(D) 10。

（**B**）　6. 總樓地板面積多少平方公尺以上建築物之居室，應設置緊急照明設備？
(A) 500　(B) 1000　(C) 1500　(D) 2000。

（**A**）　7. 有效採光面積未達該居室樓地板面積多少者，應設置緊急照明設備？
(A) 5%　(B) 7%　(C) 9%　(D) 12%。

（**B**）　8. 緊急照明設備採蓄電池設備與緊急發電機併設方式時，其緊急電源種類及容量之設置規定，下列敘述何者正確？
(A) 蓄電池設備與緊急發電機，持續動作 10 分鐘以上　(B) 蓄電池設備，持續動作 10 分鐘以上及緊急發電機，持續動作 30 分鐘以上
(C) 蓄電池設備，持續動作 30 分鐘以上及緊急發電機，持續動作 10 分鐘以上　(D) 以上皆非。

（**C**）　9. 依各類場所消防安全設備設置標準之規定，地下建築物之地下通道地板面之緊急照明水平面之照度不得小於多少勒克斯？
(A) 2　(B) 5　(C) 10　(D) 15。

（**D**）　10. 下列有關緊急照明燈之規定何者錯誤？
(A) 在避難層，由居室任一點至通往屋外出口之步行距離在 30 公尺以下之居室得免設緊急照明燈　(B) 緊急照明設備應連接緊急電源使用蓄電池設備，其容量應能使其持續動作 30 分鐘以上　(C) 日光燈為瞬時起動型，其燈座為耐熱絕緣樹脂製成者　(D) 緊急照明燈在地面之水平面照度，在地下建築物之地下通道，其地板面應在 2 勒克司（Lux）以上。

（**B**）　11. 依據緊急照明燈認可基準進行充電試驗時，蓄電池電壓降達額定電壓多少以內時，需能自動充電？
(A) 15%　(B) 20%　(C) 25%　(D) 30%

排煙設備

4-1　應設排煙設備之場所

【解說】

§28　設置排煙設備之場所

【解說】

應設置排煙設備：

一、供甲類及地下建築物使用，樓地板面積合計在五百平方公尺以上。

二、樓地板面積在一百平方公尺以上之居室，其天花板下方八十公分範圍內之有效通風面積未達該居室樓地板面積百分之二者。

三、樓地板面積在一千平方公尺以上之無開口樓層。

四、供第甲類第一目所列場所及第二目之集會堂使用，舞臺部分之樓地板面積在五百平方公尺以上者。

五、依建築技術規則應設置之特別安全梯或緊急昇降機間。

前項場所之樓地板面積，在建築物以具有一小時以上防火時效之牆壁、平時保持關閉之防火門窗等防火設備及各該樓層防火構造之樓地板區劃，且防火設備具一小時以上之阻熱性者，增建、改建或變更用途部分得分別計算。

4-2　排煙設備之設置規定

【解說】

§188　排煙設備設置規定

（一）每層防煙區劃	1. 每層樓地板面積每 500m² 內，以防煙壁區劃。 2. 但戲院、電影院、歌廳、集會堂等場所觀眾席，及工廠等類似建築物，其天花板高度在 5m 以上，且天花板及室內牆面以耐燃一級材料裝修者，不在此限。
（二）地下通道防煙區劃	地下建築物之地下通道每 300m² 應以防煙壁區劃。
（三）排煙口設置規定	1. 防煙區劃之範圍內，任一位置至排煙口之水平距離應在 30m 以下排煙口應設於天花板或其下方 80cm 範圍內，除直接面向戶外，應與排煙風管連接。 2. 但排煙口設天花板下方，防煙壁下垂高度未達 80cm 時，排煙口應設在該防煙壁之下垂高度內。

（四）材料規定	排煙設備之排煙口、風管及其他與煙接觸部分應使用不燃材料
（五）排煙風管貫穿防火區劃	1. 排煙風管貫穿防火區劃時，應在貫穿處設防火閘門。 2. 該風管與貫穿部位合成之構造應具所貫穿構造之防火時效；其跨樓層設置時，立管應置於防火區劃之管道間。 3. 但設置之風管具防火性能並經中央主管機關審核認可，該風管與貫穿部位合成之構造具所貫穿構造之防火時效者，不在此限。
（六）排煙口開關裝置	1. 排煙口設手動開關裝置及探測器連動自動開關裝置；以該等裝置或遠隔操作開關裝置開啟，平時保持關閉狀態，開口葉片之構造應不受開啟時所生氣流之影響而關閉。 2. 手動開關裝置用手操作部分應設於距離樓地板面 80CM 以上，150cm 以下之牆面，裝置於天花板時，應設操作垂鍊或垂桿在距離樓地板 180cm 之位置，並標示簡易之操作方式。
（七）排煙口之開口面積	1. 排煙口之開口面積在防煙區劃面積之 2% 以上，且以自然方式直接排至戶外。（自然排煙） 2. 排煙口無法以自然方式直接排至戶外時，應設排煙機。
（八）排煙量（機械排煙）	1. 排煙機應隨任一排煙口之開啟而動作。排煙機之排煙量在 120m³/min 以上。 2. 且在一防煙區劃時，在該防煙區劃面積每平方公尺每分鐘 1 立方公尺以上。 3. 在二區以上之防煙區劃時，在最大防煙區劃面積每平方公尺每分鐘 2 立方公尺以上。 4. 但地下建築物之地下通道，其總排煙量應在 600m³/min 以上。
（九）緊急電源	應連接緊急電源，其供電容量應供其有效動作 30 分鐘以上
（十）排煙口常時開啟	排煙口直接面向戶外且常時開啟者，得不受（排煙口開關裝置、排煙量）之限制。
（十一）連動停止	排煙口開啟時應連動停止空氣調節及通風設備運轉。

※以上之防煙壁，指以不燃材料建造，自天花板下垂 50cm 以上之垂壁或具有同等以上阻止煙流動構造者。但地下建築物之地下通道，防煙壁應自天花板下垂 80cm 以上。

1. 因應建築物挑高空間防高防煙區劃困難，在使用不燃材料、耐火板或耐燃材料裝修時，放寬戲院、電影院、歌廳、集會堂及類似場所，不受每 500m² 施以防煙壁區劃之限制。
2. 參酌建築技術規則建築設計施工篇第 215 條規定，地下建築物之地下通道每 300m² 應以防煙壁區劃。
3. 鑑於貫穿防火區劃之風管，往往成為煙蔓延之路徑，為確保防火區劃之完整，參酌內政部頒「排煙設備用閘門認可基準」之規定，排煙口應就排煙閘門、防火閘門或排煙防火閘門選擇設置。
4. 鑑於啟動方式應自動與手動併設，方能發揮即時排煙之效果，及考量空調兼用排煙之系統，排煙口平時開啟，於火災發生時應關閉。
5. 排煙設備除排煙機外，排煙口於火災發生一般電源斷電時，仍應確保可繼續使用，故皆應與緊急電源連接，明定該電源供電容量應供其有效動作 30 分鐘以上。
6. 為自然排煙窗設置以電動方式一起連動開啟時，於災害發生一般電源斷電時，仍應可使用，故應予緊急電源連接，明定其容量應在 30 分鐘以上，至開放式得免緊急電源。

4-3 | 特別安全梯或緊急昇降機間排煙室之排煙設備

【解說】

§189 特別安全梯或緊急昇降機間排煙室之排煙設備設置規定

項目	設置規定
（一）設置直接面向戶外之窗戶時（自然排煙）	1. 在排煙時，窗戶與煙接觸部分使用不燃材料。 2. 窗戶有效開口面積位於天花板高度 1/2 以上之範圍內。 3. 窗戶之有效開口面積在 2m² 以上。但特別安全梯排煙室與緊急昇降機間兼用時（以下簡稱兼用），在 3m² 以上。 4. 前目平時關閉之窗戶設手動開關裝置，其操作部分設於距離樓地板面 80cm 以上，150cm 以下之牆面，並標示簡易之操作方式。
（二）設置排煙、進風風管時（自然排煙）（機械排煙）	1. 排煙風管貫穿防火區劃時，在貫穿處設防火閘門，其與貫穿部位合成之構造，並具 1 小時以上之防火時效；排煙風管跨樓層設置時，其立管應置於防火區劃之管道間。但設置之風管具防火性能並經中央主管機關審核認可，該風管與貫穿部位合成之構造具 1 小時以上之防火時效，且其排煙口設排煙防火閘門者，不在此限。 2. 排煙口及進風口設排煙閘門。排煙口位於天花板高度 1/2 以上之範圍內，開口面積在 4m²（兼用時，為 6m²）以上，並與排煙風管連接。進風口位於天花板高度 1/2 以下之範圍內，開口面積在 1m²（兼用時，為 1.5m²）以上，並與進風風管連接。但排煙口位於防火區劃貫穿處時，應設排煙防火閘門。（自然排煙） 3. 排煙風管內部斷面積在 6m²（兼用時，為 9m²）以上，進風風管內部斷面積在 2m²（兼用時，為 3m²）以上，該等風管並直接連通戶外。 4. 設有排煙量、進風量在每秒 4m³（兼用時，每秒 6m³）以上，且可隨排煙口、進風口開啟而自動啟動之排煙機、進風機者，得不受本款第二目及第三目排煙口、進風口開口面積及風管內部斷面積之限制。（機械排煙） 5. 進風口、排煙口依前款第四目設手動開關裝置及偵煙式探測器連動開關裝置，火災時，除以手動開關裝置或偵煙式探測器連動開啟外，應保持關閉狀態。 6. 排煙設備之風管及其他與煙接觸部分應使用不燃材料。 7. 排煙口、進風口及排煙機連接緊急電源，其供電容量應供其有效動作 30 分鐘以上。

※ 1. 鑑於排煙風管貫穿防火區劃及跨樓層設置時，有需妥善處理，以確保區劃功能完整。但如該風管具防火性能經中央機關認可者，其與貫穿部位合成之構造具 1 小時以上防火時效，且排煙口設置排煙防火閘門，則可自成區劃，故得免設防火閘門，立管並得免置於防火區劃之管道間。

2. 排煙設備應實務需要得設閘門類型，包括防火閘門、排煙閘門及排煙防火閘門，明定與排煙風管連接之排煙口應設排煙閘門，又排煙口如為防火區劃上之開口，應具有排煙及防火雙重功能。

3. 考量排煙口由偵煙式探測器連動開關，可發揮即時排煙效能，及考量在火災時，防制火煙蔓延，故明定閘門應保持關閉。

4. 按排煙設備用閘門之檢驗，內政部業依消防機具器材及設備認可作業要點制訂排煙設備用閘門認可基準公告實施。

5. 按排煙設備，包括排煙機、排煙口及進風口等，於火災發生一般電源斷電時，仍應確保可繼續使用，故應與緊急電源連接，明定該電源供電容量應供其有效動作 30 分鐘以上。

排煙總整理

型　式	特別安全梯或緊急昇降機間排煙室		居室排煙（地下建築物）	居室排煙	
排煙方式	自然排煙	機械排煙	機械排煙	自然排煙	機械排煙
直接開向戶外之窗戶	2m² (3m²)	—	—	—	—
排煙口開口面積	4m² (6m²)	—	—	防煙區劃面積×2%	—
進風口開口面積	1m² (1.5m²)	—	—	—	—
排煙風管內部斷面積	6m² (9m²)	—	—	—	—
進風風管內部斷面積	2m² (3m²)	—	—	—	—
排煙量（Q）	—	4m³/sec (6m³/sec) 240m³/min	600m³/min	—	120m³/min 以上 1. 一區：區劃面積×1m³/min.m² 2. 二區：區劃面積×2m³/min.m²
進風量（Q）	—	4m³/sec (6m³/sec) 240m³/min	—	—	—
防煙區劃面積	—	—	300m² 以下	500m² 以下	500m² 以下

4-4 若一緊急昇降機間之排煙設備排煙閘門面積為 **6m²**，請問機械排煙時風應為何，方能符合法令風速？

【解說】

依設置標準第 189 條

Q = 4m³/sec （Q 為排煙量）

∵ Q = A×V （面積 × 排煙風速）

⇒4m³/sec = 6m² × V

⇒ $V = \dfrac{2}{3}$ m/sec = 40m/min

∴機械排煙時風應為 40m/min 以上，方能符合法令風速。

4-5 免設排煙設備之規定

【解說】

§190 免設排煙設備規定

項目	免設條件
（一）10 層以下之各樓層（非居室部分）	(1)天花板及室內牆面，以耐燃一級材料裝修，且除面向室外之開口外，以半小時以上防火時效之防火門窗等防火設備區劃。 (2)樓地板面積每 100m² 內，以防煙壁區劃。
（二）10 層以下之各樓層（居室部分）	(1)樓地板面積每 100m² 內，以具 1 小時以上防火時效之牆壁、防火門窗等防火設備及各該樓層防火構造之樓地板形成區劃，且天花板及室內牆面，以耐燃一級材料裝修。 (2)樓地板面積在 100m² 以下，天花板及室內牆面，且包括其底材，均以耐燃一級材料裝修。
（三）11 層以上之各樓層	建築物在 11 層以上之各樓層、地下層或地下建築物（地下層或地下建築物之甲類場所除外），樓地板面積每 100m² 內，以具 1 小時以上防火時效之牆壁、防火門窗等防火設備及各該樓層防火構造之樓地板形成區劃間隔，且天花板及室內牆面，以耐燃一級材料裝修者。
（四）相關部分	樓梯間、昇降機昇降路、管道間、儲藏室、洗衣間、廁所及其他類似部分。
（五）設有相關設備	設有二氧化碳、惰性氣體、鹵化烴或乾粉等自動滅火設備之場所。
（六）不燃材料建造者	機器製造工廠、儲放不燃性物品倉庫及其他類似用途建築物，且主要構造為不燃材料建造者。

（七）部分乙類場所	集合住宅、學校教室、學校活動中心、體育館、室內溜冰場、室內游泳池。
（八）其他	其他經中央主管機關核定之場所。

※ 前項第一款第一目之防火門窗等防火設備應具半小時以上之阻熱性，第二款第一目、第三款及第四款之防火門窗等防火設備應具 1 小時以上之阻熱性。

1. 考量建築物地下層或地下建築物樓地板面積每 100m² ，以防火牆、防火樓板區劃，且以不燃材料、耐火板或耐熱材料裝修時，煙量得予以降至最低，得放寬免設排煙設備，惟排除危險度高之甲類場所，有條件放寬地下層及地下建築物免設排煙設備。

2. 按管道間、儲藏室、洗手間、廁所及類似場所，通常非人員常駐區，人命救助需求低，上述場所免設排煙設備。

3. 考量機器製造工廠、集合住宅、學校教室、體育館等運動設施場所，在使用及空間型態上，其起火及火災擴大危險性均低，且易避難逃生等特性，得免設排煙設備。

4. 爲使法令規範更爲周全，其他經中央消防機關核定之場所，亦得免設。

4-6　防火閘門（Fire damper）

【解說】

係防火設備一種，具有防火區劃功能，一般設置於貫穿防火區劃之風管內（貫穿部任一側），並應符合下列設置規定：（建築技術規則建築設備編 §79）

1. 其構造應符合甲種防火門窗之規定。（建築技術規則建築設計施工編 §76 條）

2. 應設有便於檢查及養護防火閘門之手孔，手孔應附有緊密之蓋。

3. 溫度超過正常運轉之最高溫度達 28 度℃時，熔鍊或感溫裝置應即行作用，使防火閘門自動嚴密關閉。

　（※ 關閉溫度說明，例：正常運轉之最高溫度爲 200℃，當達到 228℃以上即關閉）

4. 發生事故時，風管即使損壞，防火閘門應仍能確保原位，保護防火牆貫穿孔。

　※ 排煙風管防火熔鍊或感溫裝置關閉溫度適用疑義（註：此提案 93 年 5 月 1日已停止適用）

內政部 89 年內消字第 8986422 號函「消防安全法令執法疑義研討會會議紀錄」提案七決議查排煙設備動作後，當火勢仍持續發展到達一定程度時，爲避免火、熱及煙流藉由排煙風管擴大延燒，此時於風管貫穿防火區劃處所設之防火閘門當即關閉，以遮斷火、熱及煙流之流竄，故考量國內實務需要，並參酌日本建築法規相關技術規範，排煙設備防火閘門，其熔煉或感溫裝置應於 280℃動作，使防火閘門自動關閉。

第四章◎自我評量

(一)問答題

1. 應設排煙之場所為何？

2. 排煙設備之設置規定為何？

3. 特別安全梯或緊急昇降機間排煙室之排煙設備之設置規定為何？

4. 免設排煙設備之規定為何？

5. 何謂防火閘門？

6.[*]某棟設有特別安全梯及緊急昇降機之建築物其採兼用排煙室時，當檢查排煙設備時，請試述下列相關問題：(1) 依消防安全設備及必要檢修項目檢修基準，在排煙設備綜合檢查時，檢查方法、判定方法為何？(2) 若排煙室排煙閘門為長 1 公尺，寬 1 公尺，在室溫 20℃下，依各類場所消防安全設備設置標準規定說明，用風速計測試點量得的平均風速 V（m/sec）須達多少以上才合格？

(二)測驗題

(D) 1. 有關居室之排煙設備規定，在地下建築物之地下通道，其總排煙量不得小於何者？
(A) 1000m³/min　(B) 1200m³/min　(C) 500m³/min　(D) 600m³/min。

(B) 2. 特別安全梯或緊急昇降機間之排煙設備之排煙口應設於天花板高度多少範圍內？
(A) 1/3 以上　(B) 1/2 以上　(C) 1/4 以下　(D) 1/2 以下。

(A) 3. 特別安全梯或緊急昇降機間之排煙設備，其兼用型排煙管道內部斷面積不得小於多少？
(A) 9m²　(B) 6m²　(C) 3m²　(D) 10m²。

(C) 4. 建築物超過十層樓之各層樓地板面積之和未達多少平方公尺者，可以不受緊急用昇降機設置標準之限制？
(A) 1500　(B) 1000　(C) 500　(D) 750。

(A) 5. 施作排煙風管時，其風管風速最高應在多少 m/sec 以下較適當？
(A) 20　(B) 25　(C) 30　(D) 35。

(A) 6. 緊急昇降機之機間在避難層之位置，自昇降機出口或昇降機之出入口至通往戶外出入口之步行距離不得超過多少公尺？
(A) 30　(B) 40　(C) 50　(D) 60。

(B) 7. 下列有關緊急昇降機間之敘述，何者錯誤？
(A) 除避難層外應能連通每一樓層之任一部分　(B) 其出入口應為甲種或乙種防火門　(C) 應設排煙設備　(D) 樓地板面積不得少於 10 平方公尺。

(C) 8. 緊急昇降機間排煙室之排煙設備，如設置直接面向戶外之窗戶時，下列

規定，何者正確？

(A) 與煙接觸部分使用耐燃材料　　(B) 有效開口面積位於天花板高度 1/2 以下之範圍內　　(C) 有效開口面積不得小於 2 平方公尺　　(D) 平時關閉之窗戶設偵煙式探測器連動啓動開關。

（**B**）　9. 特別安全梯設置排煙、進風管道設備時，下列敘述，何者正確？
(A) 排煙口開口面積在 6 平方公尺以上　　(B) 進風口開口面積在 1 平方公尺以上　　(C) 如設排煙機時，其排煙量爲每秒 6 立方公尺以上　　(D) 排煙口、進風口平時應保持開啓狀態，以策安全。

（**D**）　10. 有一樓層，其因用途區劃之故，以防煙壁區劃爲三區，分別爲 200、250、300 平方公尺。如要設置機械排煙方式，且僅設一排煙機時，其排煙量每分鐘不得小於多少立方公尺？
(A) 120　(B) 300　(C) 400　(D) 600。

（**B**）　11. 下列何者不符合免設排煙設備之條件？
(A) 位於三樓之走廊，樓地板面積每 100 平方公尺予以防煙區劃
(B) 位於十三樓之走廊，樓地板面積每 100 平方公尺予以防煙區劃
(C) 位於五樓之電腦室，樓地板面積爲 300 平方公尺，設有二氧化碳滅火設備　　(D) 位於十樓之樓梯間。

（**B**）　12. 建築物須設置排煙設備時，若無放寬條件其防煙區劃每層應爲多少平方公尺？
(A) 300　(B) 500　(C) 1000　(D) 1500。

（**B**）　13. 當特別安全梯與緊急昇降機間兼用時，其設置直接面向戶外之窗戶有效開口不得小於多少平方公尺？
(A) 2　(B) 3　(C) 4　(D) 5。

（**D**）　14. 下列何項消防安全設備不得設於緊急昇降機間？
(A) 緊急電源插座　(B) 出水口　(C) 消防栓　(D) 緩降機。

（**B**）　15. 有關排煙設備之規定，下列敘述何者錯誤？
(A) 有排煙管道及其他與煙接觸部分均應以不燃材料建造　　(B) 排煙口應設於天花板高度 1/2 以下之範圍內　　(C) 排煙管道內部斷面積不得小於 6 平方公尺　　(D) 進風口應設於天花板高度 1/2 以下之範圍內。

（**A**）　16. 地下建築物總樓地板面積在多少平方公尺以上者，應設置排煙設備？
(A) 500　(B) 1000　(C) 1500　(D) 2000。

（**A**）　17. 保齡球館之總樓地板面積在多少平方公尺以上應設排煙設備？
(A) 500　(B) 400　(C) 300　(D) 200。

（**D**）　18. 地下層除外，建築物第十層以下之各樓層以防煙壁區劃，且樓地板面積在多少平方公尺以內者，得免設排煙設備？
(A) 400　(B) 300　(C) 200　(D) 100。

（**D**）　19. 下列有關排煙設置規定之敘述，何者正確？①設有 CO 自動滅火設備之場所，得免設排煙設備；②設有乾粉自動滅火設備之場所，得免設排煙設備；③防煙區劃內，任一位置至排煙口之水平距離不得超過 30m；④地下建築物之地下通道，其排煙量不得小於 600m²/min

(A)①②③　(B)②③④　(C)②③　(D)①②③④。

（**B**）　20. 地下建築物之地下通道每多少平方公尺應以防煙壁區劃？
(A) 200　(B) 300　(C) 400　(D) 500。

（**B**）　21. 自然排煙其排煙口之開口面積應在防煙區劃面積的百分之多少以上？
(A) 1　(B) 2　(C) 4　(D) 以上皆非。

（**A**）　22. 機械排煙口之位置應在天花板或天花板下方多少公分內？
(A) 80　(B) 100　(C) 120　(D) 150。

（**D**）*23. 用途為補習班，居室樓地板面積 300 平方公尺，採用有效通風方式檢討，其排煙口設於天花板下方 80 公分內，試問有效通風面積最少須要多少平方公尺以上方可符合規定？
(A) 2　(B) 3　(C) 5　(D) 6

（**A**）*24. 某機場候機室樓地板面積 $300m^2$，自然排煙設備其窗戶都在天花板或其下方 80 公分範圍內，共有 10 扇窗，採正向由上往外推可達 90°，請問每一扇窗面積多大才合格？
(A) $0.6m^2$　(B) $0.5m^2$　(C) $0.4m^2$　(D) $0.3m^2$

緊急電源插座

5-1　應設置緊急電源插座之場所與其設置方式

【解說】

§29　供公眾使用建築物之場所應設置緊急電源插座

（一）應設置之場所	1. 11 層以上建築物之各樓層。 2. 總樓地板面積在 1000m² 以上之地下建築物。 3. 依建築技術規則應設置之緊急昇降機間。
（二）設置方式	1. 緊急電源插座由配線、電源、插座所構成。 2. 插座箱內有 AC、1Φ110V 插座共二組。 3. 應有 30min 以上緊急電源容量。

5-2　緊急電源插座之設置規定

【解說】

§191　緊急電源插座設置規定

（一）設於樓梯間或緊急昇降機間	緊急電源插座之電源供應容量應為交流單相 110V（或 120V）15A，其容量約為 1.5kw 以上。
（二）電源容量	緊急電源插座裝設於樓梯間或緊急昇降機間等（含各該處 5m 以內之場所）消防人員易於施行救火處，且每一層任何一處至插座之水平距離應在 50m 以下。
（三）規範	緊急電源插座之規範依下圖規定： 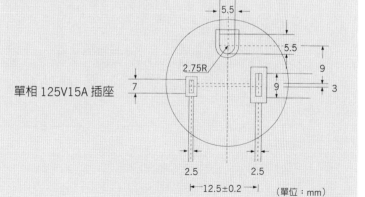

	緊急電源插座為接地型，裝設高度距離樓地板 1～1.5m，且應設 2 個於符合下列規定之嵌裝式保護箱！
	1. 保護箱長邊及短邊分別為 25cm 及 20cm 以上。
	2. 保護箱為厚度在 1.6mm 以上之鋼板，或具同等性能以上之不燃材料製。
（四）嵌裝式保護箱	3. 保護箱內有防止插頭脫落之適當裝置（L 型或 C 型護鈎）。
	4. 保護箱蓋為易於開閉之構造。
	5. 保護箱須接地。
	6. 保護箱蓋應標示「緊急電源插座」字樣，每字在 2cm² 以上。
	7. 保護箱與室內消防栓箱等併設時，須設於上方且保護箱蓋須能另外開啓。
（五）紅色表示燈	緊急電源插座在保護箱上方設紅色表示燈。
（六）專用回路	應從主配電盤設專用回路，各層至少設二回路以上之供電線路，且每一回路之連接插座數在十個以下。（每回路電線容量在二個插座同時使用之容量以上）
（七）漏電斷路器	前款之專用回路不得設漏電斷路器。
（八）無熔絲斷路器	各插座設容量 110V、15A 以上之無熔絲斷路器。
（九）緊急供電系統	緊急用電源插座連接至緊急供電系統。

5-3　緊急昇降機室之配圖設計

【解說】

配置說明	設計圖面
①緊急照明燈 ②緊急昇降機載重標示字樣 ③偵煙感知器 ④排煙閘門（附標示排煙閘門） ⑤緊急電源插座（附標示牌）緊急電源插座單相 110V 兩個。 ⑥綜合消防栓箱（附消防栓字樣）（1-1/2"出水口） ⑦進風閘門（附標示進風閘門） ⑧出水口箱內設 2-1/2"出水口一具	（一）立面圖 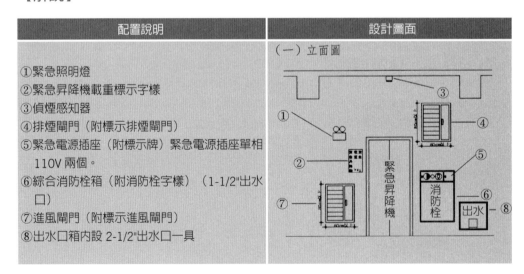

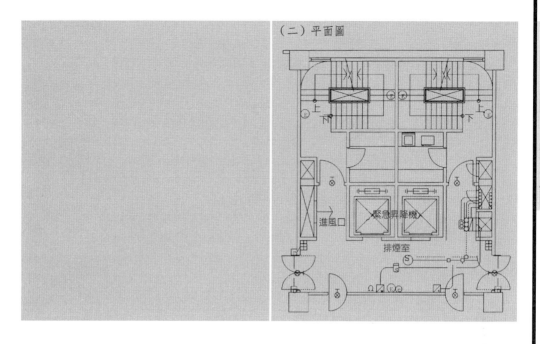

（二）平面圖

進風口　排煙室　緊急昇降機

第五章◎自我評量

（一）問答題

1.供公眾使用建築物應設置緊急電源插座為何？且如何設置？

2.試說明緊急電源插座之設置規定為何？

3.試繪圖設計有關緊急昇降機室之配置？

（二）測驗題

（**B**）　1.關於緊急電源插座，下列何者正確？
(A) 保護箱上方設黃色表示燈　(B) 需設專用回路，專用回路不得設漏電斷路器　(C) 每一回路連接插座數不得大於 5 個　(D) 各插座應設 110V 10A 以上之無熔絲斷路器。

（**C**）　2.緊急電源插座保護箱應符合以下哪個條件？
(A) 保護箱厚度在 2mm 以上　(B) 保護箱長為 35cm 以上　(C) 保護箱應為鋼板製　(D) 保護箱短邊為 25cm 以上。

（**C**）　3.緊急電源插座之電源供應為何？
(A) 三相交流 220V　(B) 單相直流 110V　(C) 單相交流 110V　(D) 三相交流 120V。

（**D**）　4.地下建築物之地下通道，其地板面之緊急照明水平面照度不得小於多少勒克斯？
(A) 1　(B) 2　(C) 5　(D) 10。

（**C**） 5. 下列有關緊急電源插座之設置規定之敘述，何者正確？
(A) 電源供應容量應爲直流單相 110 伏特 15 安培，其容量約爲 1.5 千瓦以上　(B) 緊急電源插座裝設高度距離樓地板 0.8 至 1.5 公尺　(C) 嵌裝式保護箱應裝設二個緊急電源插座　(D) 緊急電源插座之專用回路得設漏電斷路器。

（**D**） 6. 下列有關緊急電源插座之裝置規定，何者正確？
(A) 裝設高度爲距離樓地板 0.5 至 1 公尺　(B) 各層至少應一回路以上之供電線路　(C) 保護箱上方設綠色表示燈　(D) 專用回路不得設漏電斷路器。

（**B**） 7. 有關緊急電源插座，下列敘述何者有誤？
(A) 插座應爲接地型　(B) 應按電壓別分設回路　(C) 插座高度距樓地板 1 至 1.5 公尺　(D) 每一回路不得大於 10 個。

（**B**） 8. 下列供公眾使用建築物之場所，何者應設置緊急電源插座？①十一層以上建築物之各樓層；②總樓地板面積在 1,000m² 以上之地下建築物；③樓地板面積在 800m² 以上之無開口樓層；④總樓地板面積在 1,000m² 以下之地下室
(A)①④　(B)①②　(C)②③　(D)③④。

（**D**） 9. 下列有關「緊急電源插座」設置規定之敘述，何者正確？①嵌裝式保護箱長邊及短邊分別為 25cm 及 20cm 以上；②各插座應設容量 110 伏特及 15 安培以上之無熔絲斷路器；③緊急電源插座應裝設於樓梯或緊急昇降機間；④緊急電源插座應在保護箱上方設紅色表示燈
(A)②③　(B)①③④　(C)②③④　(D)①②③④。

（**D**） 10. 緊急電源插座之電流供應容量為交流單相 110 伏特（或 120 伏特）多少安培以上？
(A)8　(B)10　(C)12　(D)15。

（**A**） *11. 依各類場所消防安全設備設置標準規定，下列何種場所不須設置緊急電源插座？
(A) 依建築技術規則應設置之特別安全梯間　(B)11 層以上建築物之各樓層　(C) 依建築技術規則應設置之緊急昇降機間　(D) 總樓地板面積在 1,000 平方公尺以上之地下建築物

無線電通信輔助設備及防災監控系統綜合操作裝置

6-1 應設置無線電通信輔助設備之場所

【解說】

§30 應設置無線電通信輔助設備之場所

項目	應設置場所
1. 建築物之地下層	樓高 ≧ 100M 建築物之地下層。
2. 地下建築物	總樓地板面積 ≧ 1000m² 之地下建築物。
3. 大規模地下層	地下層在四層以上，且地下層樓地板面積合計在 ≧ 3000m² 建築物之地下層。

※ 無線電通信輔助設備：火警時為指揮搶救所需之無線電通信，爰因建築物之地下層使用空間深廣而阻礙無線電通信接聽，為利消防人員救災時通訊需求，因此配以輔助之設備。

6-2 無線電通信輔助設備之設置規定

【解說】

§192 無線電通信輔助設置規定

項目	設置規定
（一）洩波同軸電纜	無線電通信輔助設備應使用洩波同軸電纜，該電纜適合傳送或輻射 150 百萬赫（MHz）或中央主管機關指定之周波數。
（二）標稱阻抗	洩波同軸電纜之標稱阻抗為 50Ω。
（三）耐燃處理	洩波同軸電纜經耐燃處理。
（四）分配器、混合器、分波器及其他器具	分配器、混合器、分波器及其他類似器具，應使用介入衰耗少，且接頭部分有適當防水措施者。
（五）增幅器之緊急電源	設增輻器時，該增輻器之緊急電源，應使用蓄電池設備，其能量能使其有效動作 30 分鐘以上。

（六）無線電之接頭	1. 設於地面消防人員便於取用處及值日室等平時有人之處所。 2. 前目設於地面之接頭數量，在任一出入口與其他出入口之步行距離大於 300m 時，應設置 2 個以上。 3. 設於距離樓地板面或基地地面高度 0.8m～1.5m 間。 4. 裝設於保護箱內，箱內應設長度 2m 以上之射頻電纜，保護箱應構造堅固，有防水及防塵措施，其箱面應漆紅色，並標明消防隊專用無線電接頭字樣。
（七）訊號連通	共構之建築物內有二處以上場所設置無線電通信輔助設備時，應有能使該設備訊號連通之措施。

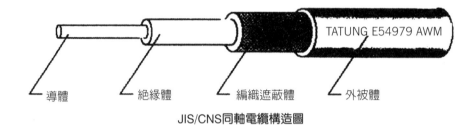

JIS/CNS同軸電纜構造圖

構成說明：

※ 導體：導體為電氣用軟銅線，其可分為軟銅線、裸銅絞線或鍍錫線。

※ 絕緣體：絕緣體為 PE 料或 XLPE。

※ 編織遮蔽體：編織導體為電氣用鍍錫軟銅線。

※ 外被體：外被體為軟質 PVC。

6-3　無線電通信輔助設備之構成圖

【解說】

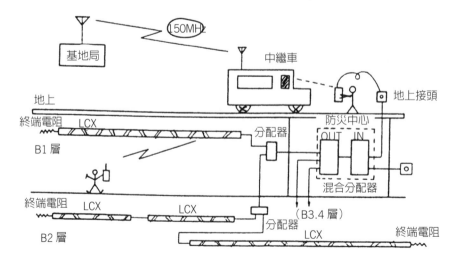

無線電通信輔助設備之構成

6-4　無線電通信輔助設備設置方式

【解說】

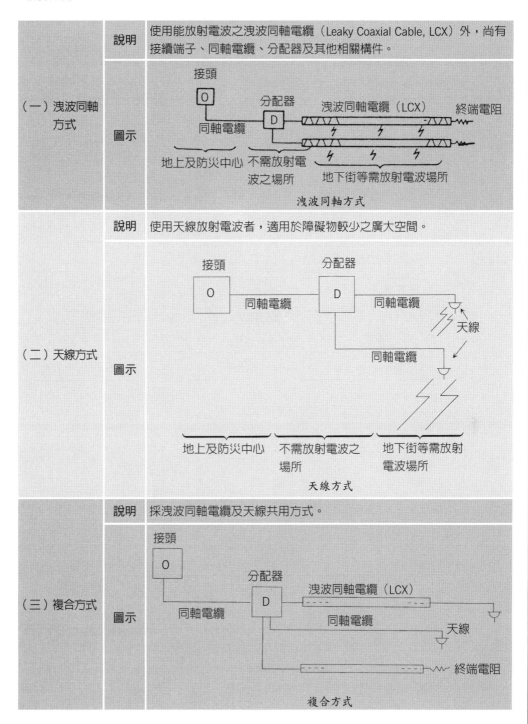

	說明	使用能放射電波之洩波同軸電纜（Leaky Coaxial Cable, LCX）外，尚有接續端子、同軸電纜、分配器及其他相關構件。
（一）洩波同軸方式	圖示	洩波同軸方式
	說明	使用天線放射電波者，適用於障礙物較少之廣大空間。
（二）天線方式	圖示	天線方式
	說明	採洩波同軸電纜及天線共用方式。
（三）複合方式	圖示	複合方式

說明	設備構成，除洩波同軸電纜、天線、同軸電纜以外，尚有接頭、分配器、共同器、混合器、增輻器等重要組件。
（四）其他重要 組件	圖示

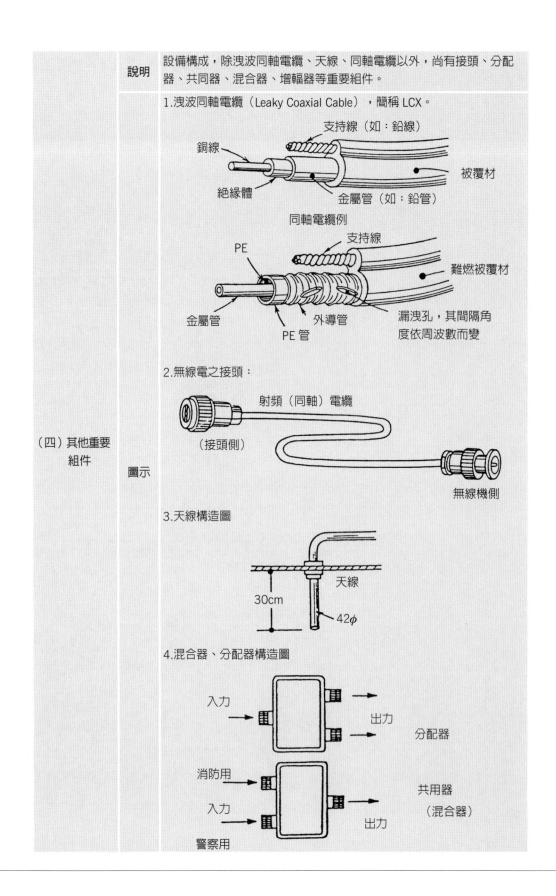

1.洩波同軸電纜（Leaky Coaxial Cable），簡稱 LCX。

支持線（如：鉛線）

銅線

被覆材

絕緣體

金屬管（如：鉛管）

同軸電纜例

PE

支持線

難燃被覆材

金屬管

外導管

漏洩孔，其間隔角度依周波數而變

PE 管

2.無線電之接頭：

射頻（同軸）電纜

（接頭側）

無線機側

3.天線構造圖

天線

30cm

42φ

4.混合器、分配器構造圖

入力

出力

分配器

消防用

共用器

入力

（混合器）

出力

警察用

6-5　防災監控系統綜合操作裝置（簡稱綜合操作裝置）應設置場所

【解說】

§30-1

項目	應設置場所
1. 高層	高層建築物。（高度在 50M 或樓層在 16 層以上之建築物）
2. 大規模建築物	總樓地板面積在五萬平方公尺以上之建築物。
3. 地下建築物	總樓地板面積在一千平方公尺以上之地下建築物
4. 其他	其他經中央主管機關公告之供公眾使用之場所

※ 因應建築物之複雜化及大規模化，實務上針對消防安全設備之監控或操作介面有整合於防災監控系統綜合操作裝置之需求，以利即時監控、操作及蒐集救災資訊。

6-6　綜合操作裝置應設置處所及設置規定

【解說】

§192-1

1. 應設置處所	防災中心、中央管理室或值日室等經常有人之處所
2. 監控或操作之消防安全設備	(1) 火警自動警報設備之受信總機。 (2) 瓦斯漏氣火警自動警報設備之受信總機。 (3) 緊急廣播設備之擴大機及操作裝置。 (4) 連結送水管之加壓送水裝置及與其送水口處之通話連絡。 (5) 緊急發電機。 (6) 常開式防火門之偵煙型探測器。 (7) 室內消防栓、自動撒水、泡沫及水霧等滅火設備加壓送水裝置。 (8) 乾粉、惰性氣體及鹵化烴等滅火設備。 (9) 排煙設備。
3. 緊急電源	應使用發電機設備或蓄電池設備，其供電容量應供其有效動作二小時以上。

※ 為因應建築物之複雜化及大規模化，針對消防搶救上之必要設備等之操作或監控介面，係以防災監控系統綜合操作裝置整合於單一系統介面，透過圖像化顯示方式，強化系統監控及操作功能。

6-7　綜合操作裝置消防搶救支援性能規定

【解說】

1.即時資訊	火災時為提供抵達現場之消防人員準確且及時之資訊，綜合操作裝置應設有消防活動支援性能。
2.表示	顯示器表示能以易於了解之方式表示火警探測器、火警發信機或瓦斯漏氣檢知器已動作之所有樓層平面圖（含方位）及各該樓層之下列事項。 ⑴ 已動作之火警探測器或火警發信機位置。 ⑵ 已動作之瓦斯漏氣檢知器位置及瓦斯緊急遮斷設備動作狀況。 ⑶ 構成防火區劃之牆壁位置及防火門、防火捲門、防火閘門及可動式防煙垂壁之動作狀況。 ⑷ 排煙機及排煙口動作狀況。 ⑸ 自動撒水設備等自動滅火設備動作範圍。
3.簡易操作	顯示器應能簡易操作並以易於了解之表示，呈現各該樓層下列平面圖（含方位）之狀態。 ⑴ 起火層平面圖。 ⑵ 起火層以外，火警探測器、火警發信機或瓦斯漏氣檢知器動作之樓層平面圖。 ⑶ 起火層直上層及直上二層之平面圖。 ⑷ 起火層直下層之平面圖。 ⑸ 地下層各層之平面圖。

第六章◎自我評量

（一）問答題

1. 應設置無線電通信輔助設備之場所為何？

2. 無線電通信輔助設備之設置規定為何？

3. 試繪出無線電通信輔助設備之構成為何？

4. 無線電通信輔助設備有哪幾種設置方式？

5. 防災監控系統綜合操作裝置應設置之場所為何？

（二）測驗題

（**D**）　1. 下列何者非無線電通信輔助設備之必要構成要件？
　　　　(A) 洩波同軸電纜　(B) 分配器　(C) 無線電接頭　(D) 耐火線。

（**A**）　2. 無線電通信輔助設備之無線電接頭設於保護箱內，箱內應設長度多少之射頻電纜？
　　　　(A) 2m 以上　(B) 1m 以上　(C) 5m 以上　(D) 2.5m 以上。

（**C**）　3. 無線電通信輔助設備之無線電接頭應設於樓地板面或基地地面高度為何？
(A) 0.6m～1.2m 間　(B) 0.6m～1.5m 間　(C) 0.8m～1.5m 間
(D) 0.8m～1.6m 間。

（**D**）　4. 有關無線電通信輔助設備之洩波同軸電纜線，下列何者正確？
(A) 標稱阻抗為 50MΩ　(B) 標稱阻抗為 100MΩ　(C) 標稱阻抗為150MΩ　(D) 應經耐燃處理。

（**B**）　5. 無線電通信輔助設備之無線電接頭在任一出入口與其它出入口之步行距離大於 300 公尺時，應設置多少個？
(A) 1　(B) 2　(C) 3　(D) 4。

（**A**）　6. 無線電通信輔助設備設置規定敘述，何者正確？
(A) 無線電通信之接頭應設於保護箱內，箱內應設長度 2 公尺以上之射頻電纜　(B) 洩波同軸電纜之標稱阻抗應為 0.1M 歐姆　(C) 洩波同軸電纜應經耐熱處理　(D) 設增輻器時，該增輻器之緊急電源應使用蓄電池設備，容量應能使其有效動作 20 分鐘以上。

（**D**）　7. 下列有關無線電通信輔助設備之外觀檢查規定，何者為正確？
(A) 保護箱鋼板厚度 0.8 公釐以上　(B) 射頻電纜應收於防災中心內即可
(C) 設於地面之保護箱需為可任意開、關之構造　(D) 無線電接頭應有「無反射終端電阻器」及「護蓋」。

（**C**）　8. 無線電通信輔助設備如設增輻器，該增輻器之緊急電源容量應能使其有效動作多少分鐘以上？
(A) 10　(B) 20　(C) 30　(D) 60。

（**C**）　9. 無線電通信輔助設備所使用之洩波同軸電纜，其適合傳送之周波頻率應為多少兆赫？
(A) 50　(B) 100　(C) 150　(D) 200。

（**D**）　10. 樓高多少公尺以上建築物，應設置無線電通信輔助設備？
(A) 40　(B) 60　(C) 80　(D) 100。

（**A**）　11. 無線電通信輔助設備，洩波同軸電纜之標稱阻抗為多少歐姆？
(A) 50　(B) 100　(C) 150　(D) 200。

（**C**）　12. 有關應設置無線電通信輔助設備之場所，依規定為何？
(A) 樓高在 31 公尺以上建築物之各樓層，或樓地板面積在 1,000m² 以上之建築物　(B) 樓高在 31 公尺以上建築物之各樓層，或樓地板面積在 2,000 m² 以上之建築物　(C) 樓高在 100 公尺以上建築物之地下層，或總樓地板面積在 1,000 m² 以上之地下建築物　(D) 樓高在 100 公尺以上建築物之各樓層，或總樓地板面積在 2,000 m² 以上之建築物

其他相關規定

7-1　緊急供電系統之配線

【解說】

§235　緊急供電系統之配線規則

項目	配線規則
（一）配線	符合用戶用電設備裝置規則。
（二）專用回路	電氣配線應設專用回路，不得與一般電路相接，且開關有消防安全設備別之明顯標示。
（三）耐熱絕緣電線（緊急用電源回路及操作回路）	緊急用電源回路及操作回路，使用 600V 耐熱絕緣電線，或同等耐熱效果以上之電線。
（四）電源回路之配線施予耐燃保護	1. 電線裝於金屬導線管槽內，並埋設於防火構造物之混凝土內，混凝土保護厚度為 20mm 以上。但使用不燃材料建造，且符合建築技術規則防火區劃規定之管道間，得免埋設。 2. 使用 MI 電纜或耐燃電纜時，得按電纜裝設法，直接敷設。 3. 其他經中央主管機關指定之耐燃保護裝置。
（五）標示燈回路及控制回路之配線施予耐熱保護	1. 電線於金屬導線管槽內裝置。 2. 使用 MI 電纜或耐熱電纜時，得按電纜裝設法，直接敷設。 3. 其他經中央主管機關指定之耐熱保護裝置。

7-2　緊急供電系統之配線耐燃或耐熱保護規定

【解說】

§236　消防安全設備緊急供電系統之配線規定

消防安全設備緊急供電系統之配線，應依下表之區分，施予耐燃保護或耐熱保護：

設備種類	耐燃或耐熱保護範圍
1.室內（外）消防栓設備及射水設備	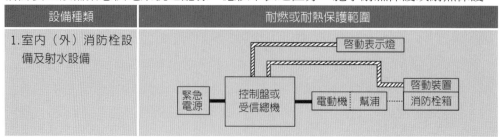

2. 自動撒水設備、水霧滅火設備、泡沫滅火設備及冷卻撒水設備

3. 二氧化碳、惰性氣體、鹵化烴滅火設備及乾粉滅火設備

4. 火警自動警報設備

5. 瓦斯漏氣火警自動警報設備

6. 一一九火災通報裝置

7. 緊急廣播設備

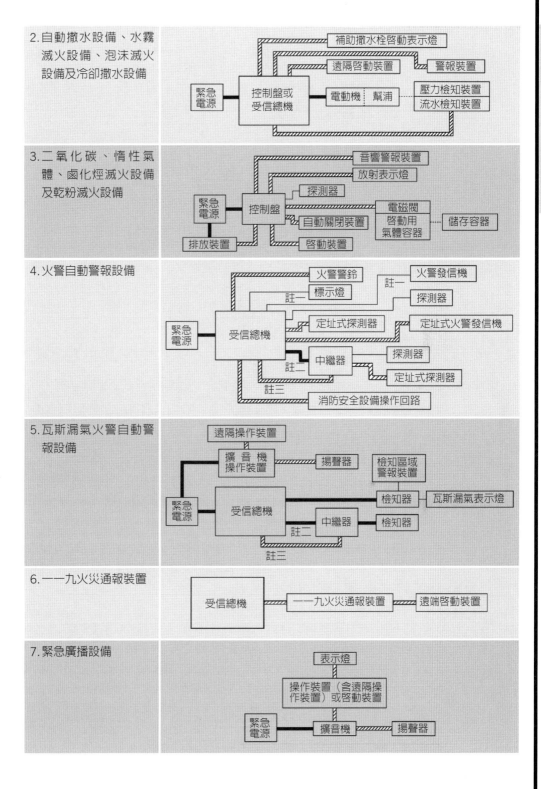

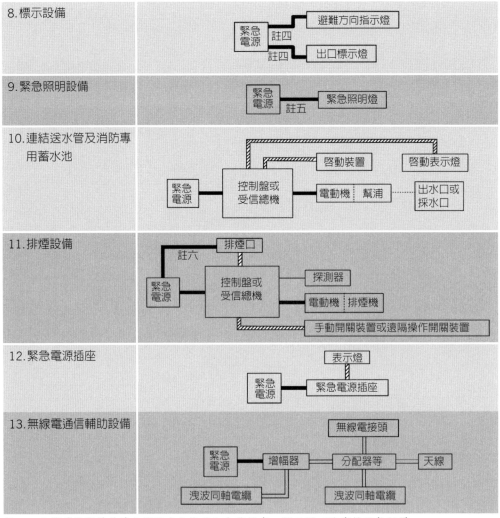

註一：火警發信機兼作其他消防安全設備之動裝置者：標示燈回路應採耐熱保護。

註二：中繼器（亦稱模組）急電源回路：中繼器內置蓄電池者，得採一般配線。

註三：中繼器之控制回路：得採耐熱保護。

註四：標示設備內置蓄電池者：得採一般配線。

註五：天花板及底板使用不燃材料者：得採耐熱保護；緊急照明燈內置蓄電池者：得採一般配線。

註六：開啟後需外加緊急電源保持開啟狀態者：緊急電源回路應採耐燃保護。

說明：一、經受信總機或控制盤供應緊急電源之裝置：應採耐燃保護；其控制回路：得採耐熱保護。

二、防災監控統綜合操作裝置與消防安全設備間之配線應耐熱保護，其與緊急電源間之配線應採耐燃保護。但受信總機、擴音機、操作裝置等設於防災中心時，在防災中心其間之配線得採一般配線。

三、▬▬▬：耐熱保護；▨▨▨：耐熱保護；▭▭▭：同軸電纜；▭▭▭：一般配線；┈┈┈：配管。

7-3　緊急供電系統之電源

【解說】

§237　緊急供電系統之電源相關規定

項目	設置規定
（一）發電機	1. 符合 CNS 10204 規定或具有相同效果之設備。其容量之計算，由中央消防機關另定之。 2. 發電機裝設適當開關或連鎖機件，以防止向正常供電線路逆向電力。
（二）蓄電池	1. 符合 CNS 10205 規定或具有相同效果之設備。 2. 蓄電池設備充電電源之配線設專用回路，其開關上應有明顯之標示。
（三）共同規定	1. 緊急電源裝置切換開關，於常用電源切斷時自動切換供應電源至緊急用電器具，並於常用電源恢復時，自動恢復由常用電源供應。 2. 裝設發電機或蓄電池之處所，為防火構造，但設於屋外時，設有不受積水及雨水侵襲之防水措施者，不在此限。

7-4　防災中心

【解說】

§238　防災中心之設置規定

項目	設置規定
（一）樓地板面積	不得小於 40m²。
（二）位置	1. 設於消防人員自外面容易進出之位置。 2. 設於便於通達緊急昇降機間及特別安全梯處。 3. 出入口至屋外任一出入口之步行距離，不得超過 30m。
（三）構造	1. 冷暖、換氣等空調系統為專用。 2. 防災監控系統相關設備以地腳螺栓或其他堅固方法予以固定。 3. 防災中心內設有供操作人員睡眠、休息區域時，該部分以防火區劃間隔。

第七章◎自我評量

（一）問答題

1. 緊急供電系統之配線為何？
2. 消防安全設備緊急供電系統之配線有關耐燃或耐熱保護規定為何？
3. 緊急供電系統之電源規定為何？
4. 防災中心的設置規定為何？

（二）測驗題

（**B**）　1. 依各類場所消防安全設備設置標準之規定，防災中心樓地板面積不得小於多少平方公尺？
(A) 20　(B) 40　(C) 60　(D) 80。

（**B**）　2. 下列有關各類消防安全設備設置標準第二百三十八條規定，防災中心的設置敘述何者錯誤？
(A) 冷暖、換氣等空調系統為專用　(B) 出入口至屋外任一出入口之步行距離在五十公尺以下　(C) 監控或操作緊急發電機　(D) 監控或操作常開式防火門之偵煙式探測器

第 7 篇

公共危險物品
等場所消防設計
及消防安全設備

消防設計

1-1　公共危險物品等場所

【解說】

§193　公共危險物品等場所

場所	類別
公共危險物品等場所	1.公共危險物品及可燃性高壓氣體製造儲存處理場所設置標準暨安全管理辦法規定之場所。 2.加油站。 3.加氣站及天然氣儲槽。 4.天然氣儲槽及可燃性高壓氣體儲槽。 5.爆竹煙火製造、儲存及販賣場所。

1-2　公共危險物品等場所之「顯著滅火困難場所」

【解說】

§194　顯著滅火困難場所

場所類別	設置規定
（一）公共危險物品製造場所或一般處理場所	1.總樓地板面積在 $1000m^2$ 以上。 2.公共危險物品數量達管制量 100 倍以上。 （但第一類公共危險物品之氯酸鹽類、過氯酸鹽類、硝酸鹽類、第二類公共危險物品之硫磺、鐵粉、金屬粉、鎂、第五類公共危險物品之硝酸酯類、硝基化合物、金屬疊氮化合物，或含有以上任一種成分之物品且供作爆炸物原料使用，或高閃火點物品其操作溫 <100℃者，不列入管制量計算。） 3.製造或處理設備高於地面 6m 以上。 （但高閃火點物品，其操作溫度 <100℃者，不在此限。） 4.建築物除供一般處理場所使用以外，尚有其他用途。 （但以無開口且具 1 小時以上防火時效之牆壁、樓地板區劃分隔者，或處理高閃火點物品，其操作溫度 <100℃者，不在此限。）
（二）室內儲存場所	1.儲存公共危險物品達管制量 150 倍以上。 （但第一類公共危險物品之氯酸鹽類、過氯酸鹽類、硝酸鹽類、第二類公共危險物品之硫磺、鐵粉、金屬粉、鎂、第五類公共危險物品之硝酸酯類、硝基化合物、金屬疊氮化合物，或含有以上任一種成分之物品且供作爆炸物原料使用，或高閃火點物品者，不列入管制量計算。）

	2.儲存第一類、第三類、第五類或第六類公共危險物品，其總樓地板面積 $\geq 150m^2$。 （但每 $150m^2$ 內，以具半小時以上防火時效之無開口牆壁及樓地板區劃分隔者，不在此限。） 3.儲存第二類公共危險物品之易燃性固體，或第四類公共危險物品閃火點 <$70°C$，其總樓地板面積$\geq 150m^2$。 （但每 $150m^2$ 內，以無開口且具 1 小時以上防火時效之牆壁、樓地板區劃分隔者，不在此限。） 4.儲存第一類、第三類、第五類或第六類之公共危險物品，其建築物除供室內儲存場所使用以外，尚有其他用途。 （但以無開口且具 1 小時以上防火時效之牆壁、樓地板區劃分隔者，不在此限。） 5.儲存第二類公共危險物品之易燃性固體，或第四類公共危險物品閃火點 <$70°C$，其建築物除供室內儲存場所使用以外，尚有其他用途。 （但以無開口且具 1 小時以上防火時效之牆壁、樓地板區劃分隔者，不在此限。） 6.高度在 6m 以上之一層建築物。
（三）室外儲存場所	儲存塊狀硫磺，其面積在 $100m^2$ 以上。
（四）室內儲槽場所	1.儲存高閃火點物品或第六類公共危險物品，其操作溫度 <$100°C$，不在此限。 2.儲槽儲存液體表面積$\geq 40m^2$。 3.儲槽高度在 6m 以上。 4.儲存閃火點在 40～$70°C$之公共危險物品，其儲槽專用室設於一層以外之建築物。 （但以具 1 小時以上防火時效之無開口牆壁及樓地板區劃分隔者，不在此限。）
（五）室外儲槽場所	1.儲存高閃火點物品或第六類公共危險物品，其操作溫度 <$100°C$，不在此限。 2.儲槽儲存液體表面積$\geq 40m^2$。 3.儲槽高度在 6m 以上。 4.儲存固體公共危險物品，其儲存數量達管制量 100 倍以上。
（六）室內加油站	一面開放且其上方樓層供其他用途使用。

※1.依公共危險物品之製造、儲存或處理場所之用途分類、規模大小、危險物品性質及數量等火災危險特性，區分為顯著滅火困難場所、一般滅火困難場所及其他滅火困難場所，俾選擇適當之滅火設備，以求符合經濟效益。

2.「高閃火點物品」：係指閃火點在 $100°C$ 以上之第四類公共危險物品。

3.儲槽高度：係指儲槽本體之長度。考量其儲槽實際儲存容量，歸類其危險程度，要求必要之消防安全設備。

4.公共危險物品供作爆炸物原料使用者，因其所在場所具爆炸破壞作用，設置過多滅火設備並無實質效能，故得免列入管制量計算。

1-3 公共危險物品等場所之「一般滅火困難場所」

【解說】

§195 一般滅火困難場所

場所類別	設置規定
(一) 公共危險物品製造場所或一般處理場所	1.總樓地板面積在 600 ～ 1000m² 。 2.公共危險物品數量達管制量 10 ～ 100 倍。 　(但處理第一類公共危險物品之氯酸鹽類、過氯酸鹽類、硝酸鹽類、第二類公共危險物品之硫磺、鐵粉、金屬粉、鎂、第五類公共危險物品之硝酸酯類、硝基化合物、金屬疊氮化合物，或含有以上任一種成分之物品且供作爆炸物原料使用，或高閃火點物品其操作溫 <100℃者，不列入管制量計算。) 3.未達 §194 第 1 款規定，而供作噴漆、塗裝、印刷、清洗、淬火、鍋爐、油壓、切削、研磨或熱媒油循環設備作業場所。 　(但處理高閃火點物品或第六類公共危險物品，其操作溫度 <100℃者，不在此限。)
(二) 室內儲存場所	1.一層建築物以外。 2.儲存公共危險物品數量達管制量 10 ～ 150 倍。 　(但儲存第一類公共危險物品之氯酸鹽類、過氯酸鹽類、硝酸鹽類、第二類公共危險物品之硫磺、鐵粉、金屬粉、鎂、第五類公共危險物品之硝酸酯類、硝基化合物、金屬疊氮化合物，或含有以上任一種成分之物品且供作爆炸物原料使用，或高閃火點物品者，不列入管制量計算。)) 3.總樓地板面積≥ 150m² 。
(三) 室外儲存場所	1.儲存塊狀硫磺，其面積在 5 ～ 100m² 。 2.儲存公共危險物品管制量在 100 倍以上。 　(但其為塊狀硫磺或高閃火點物品，不在此限。)
(四) 室內儲槽場所室外儲槽場所	室內儲槽場所或室外儲槽場所未達顯著滅火困難場所規定。 (但儲存第六類公共危險物品或高閃火點物品者，不在此限。)
(五) 第二種販賣場所	—
(六) 室內加油站	未達顯著滅火困難場所。

1-4　公共危險物品等場所之「其他滅火困難場所」

【解說】

§196　其他滅火困難場所

場所	類別
其他滅火困難場所	1. 室外加油站。 2. 未達顯著滅火困難場所。 3. 一般滅火困難場所。

1-5　公共危險物品等場所之滅火設備的分類規定

【解說】

§197　公共危險物品等場所之滅火設備之分類

設備	設置規定
(一) 第一種 滅火設備	1. 室內消防栓設備。 2. 室外消防栓設備。
(二) 第二種 滅火設備	自動撒水設備。
(三) 第三種 滅火設備	1. 水霧滅火設備。 2. 泡沫滅火設備。 3. CO_2 滅火設備。 4. 惰性氣體滅火設備。 5. 鹵化烴滅火設備。 6. 乾粉滅火設備。
(四) 第四種 滅火設備	大型滅火器。
(五) 第五種 滅火設備	1. 滅火器。 2. 水桶。 3. 水槽。 4. 乾燥砂。 5. 膨脹蛭石。 6. 膨脹珍珠岩。

1. 有關「大型滅火器」之藥劑數量：應符合國家標準總號1387之規定。

2. 公共危險物品起火或洩漏，使用水降溫外，有些狀況以掩埋方式搶救，效果更佳，故得使用滅火器、水桶、水槽、乾燥砂、膨脹蛭石及膨脹珍珠岩為第五種滅火設備，且水槽或乾燥砂等應備有消防專用水桶或鏟子。

1-6　可燃性高壓氣體場所、加氣站、天然氣儲槽及可燃性高壓氣體儲槽之防火設備分類

【解說】

§197　可燃性高壓氣體場所、加氣站及天然氣儲槽之防火設備分類

設備	設置規定
（一）冷卻撒水設備	—
（二）射水設備	1.固定式射水槍。 2.移動式射水槍。 3.室外消防栓。

1-7　公共危險物品製造、儲存或處理場所及爆竹煙火場所，選擇適當之滅火設備

【解說】

§198　公共危險物品製造、儲存或處理場所及爆竹煙火場所選擇適當之滅火設備

滅火設備 ／ 防護對象	第一種	第二種	第三種								第四種 大型滅火器									第五種 滅火器											
區分	室內或室外消防栓	自動撒水設備	水霧滅火設備	泡沫滅火設備	二氧化碳滅火設備	惰性氣體滅火設備	鹵化烴滅火設備	乾粉 磷酸鹽類等	乾粉 碳酸鹽類等	乾粉 其他	柱狀水滅火器	霧狀水滅火器	柱狀強化液滅火器	霧狀強化液滅火器	泡沫滅火器	二氧化碳滅火器	乾粉 磷酸鹽類等	乾粉 碳酸鹽類等	乾粉 其他	柱狀水滅火器	霧狀水滅火器	柱狀強化液滅火器	霧狀強化液滅火器	泡沫滅火器	二氧化碳滅火器	乾粉 磷酸鹽類等	乾粉 碳酸鹽類等	乾粉 其他	水桶或水槽	乾燥砂	膨脹蛭石或膨脹珍珠岩
建築物及附屬設施	○	○	○	○							○	○	○	○	○					○	○	○	○	○					○		
電氣設備					○	○		○	○	○						○	○	○	○						○	○	○	○			
第一類公共危險物品　鹼金屬過氧化物									○	○								○	○								○	○		○	○
第一類公共危險物品　其他第一類公共危險物品	○	○	○	○				○			○	○	○	○	○		○			○	○	○	○	○		○			○	○	○
第二類公共危險物品　鐵粉、金屬粉、鎂									○	○								○	○								○	○		○	○
第二類公共危險物品　易燃性固體	○	○	○	○	○	○	○	○	○	○	○	○	○	○	○	○	○	○	○	○	○	○	○	○	○	○	○	○	○	○	○
第二類公共危險物品　其他第二類公共危險物品	○	○	○	○				○			○	○	○	○	○		○			○	○	○	○	○		○			○	○	○
第三類公共危險物品　禁水性物質									○	○								○	○								○	○		○	○
第三類公共危險物品　其他第三類公共危險物品	○	○	○	○							○	○	○	○	○					○	○	○	○	○					○	○	○
第四類公共危險物品			○	○	○	○	○	○	○	○				○	○	○	○	○	○				○	○	○	○	○	○		○	○
第五類公共危險物品	○	○	○	○							○	○	○	○	○					○	○	○	○	○					○	○	○
第六類公共危險物品	○	○	○	○				○			○	○	○	○	○		○			○	○	○	○	○		○			○	○	○
爆竹煙火	○	△	○	○				○			○	○	○	○	○		○			○	○	○	○	○		○			○	○	○

備註

一、本表中「○」標示代表可選設該項滅火設備;「△」標示及其他經中央主管機關認定之業別,可選設該項滅火設備。電池製造業及其他經中央主管機關認定之業別,如指積體電路製造業、半導體封裝及測試業、液晶面板及組件製造業、發光二極體製造業、太陽能電池製造業,固化經滅火設備限 HFC-23、HFC-227ea、IG-100、IG-55、IG-541、HFC-23或HFC-227ea滅火設備。

二、大型滅火器之藥劑數量應符合相關滅火器認可規範。

三、磷酸鹽類等為磷酸鹽類、硫酸鹽類及其他含有防焰性藥劑。

四、碳酸鹽類等為碳酸鹽類及碳酸鹽類與尿素反應生成物。

五、惰性氣體滅火設備限 IG-100、IG-55、IG-541 滅火設備;固化經滅火設備,選設IG-100、IG-55、IG-541、HFC-23或HFC-227ea 滅火設備。

六、製造、儲存或處理汽油、煤油、輕油或重油之公共危險物品場所,防護區域體積應未滿一千立方公尺。

1-8　顯著滅火困難場所之滅火設備設置規定

【解說】

§201　顯著滅火困難場所之滅火設備設置規定

場所類別	滅火設備之設置
（一）公共危險物品製造場所及一般處理場所（儲存或處理高閃火點物品之操作溫度＜100℃者）	1. 其滅火設備應有效防護該場所之建築物及附屬設施。 2. 設置第四種及第五種滅火設備。 3. 免設條件：設有第一種、第二種或第三種滅火設備時，在該設備之有效範圍內，得免設第四種滅火設備。
（二）建築物或室內有可燃性蒸氣或粉塵滯留之虞者	第四種及第五種滅火設備。
（三）儲存第四類公共危險物品之室外儲槽場所或室內儲槽場所	第五種滅火設備二具以上。
（四）1. 滅火設備無法有效防護公共危險物品製造場所 2. 室內儲槽場所 3. 一般處理場所作業區	未防護之部分：應設置第四種及第五種滅火設備。
（五）室內加油站	1. 應設置第五種滅火設備。 2. 滅火效能值之核算： (1)前項第一款、第二款及第五款以該場所儲存或處理公共危險物品之數量核算其最低滅火效能值。 (2)前項第四款以該場所建築物及其附屬設施之面積核算其最低滅火效能值。

1-9　一般滅火困難場所之滅火設備設置規定

【解說】

§202　一般滅火困難場所之滅火設備設置規定

場所類別	滅火設備之設置
（一）1. 公共危險物品製造場所 2. 一般處理場所 3. 室內儲存場所 4. 第二種販賣場所 5. 室內加油站	1. 第四種及第五種滅火設備。 2. 第五種滅火設備之滅火效能值：應在該場所儲存或處理公共危險物品數量所核算之最低滅火效能值 1/5 以上。 3. 免設條件：設有第一種、第二種或第三種滅火設備時，在該設備之有效範圍內，得免設第四種滅火設備。
（二）1. 室內儲槽場所 2. 室外儲槽場所	1. 第四種及第五種滅火設備各一具以上。 2. 免設條件：設有第一種、第二種或第三種滅火設備時，在該設備之有效範圍內，得免設第四種滅火設備。

1-10　其他滅火困難場所與電氣設備場所之滅火設備設置規定

【解說】

§203　其他滅火困難場所之滅火設備設置規定

§204　電氣設備場所之滅火設備設置規定

§206　加油站場所標示設備設置規定

場所類別	滅火設備之設置
（一）其他滅火困難場所 （§203）	1. 設置第五種滅火設備。 2. 滅火效能值： 　(1)在該場所建築物與其附屬設施，及其所儲存或處理公共危險物品數量，所核算之最低滅火效能值以上。 　(2)但該場所已設置第一種至第四種滅火設備之一時：在該設備有效防　護範圍內，其滅火效能值得減至 1/5 以上。
（二）地下儲槽場所 （§203）	第五種滅火設備二具以上。
（三）電氣設備場所 （§204）	每 $100m^2$（含未滿）應設置第五種滅火設備一具以上。
（四）加油站場所	加油站所在建築物，其二樓以上供其他用途使用者，應設置標示設備。※ 考量人員避難需求。

1-11　應設置火警自動警報設備

【解說】

§205

場所類別	設置規定
（一）公共危險物品製造場所及一般處理場所	1. 總樓地板面積在 $500m^2$ 以上者。 2. 室內儲存或處理公共危險物品數量達管制量 100 倍以上者。但處理操作溫度未滿攝氏 100 度之高閃火點物品者，不在此限。 3. 建築物除供一般處理場所使用外，尚供其他用途者。但以無開口且具 1 小時以上防火時效之牆壁、樓地板區劃分隔者，不在此限。

（二）室內儲存場所	1. 儲存或處理公共危險物品數量達管制量 100 倍以上者。但儲存或處理高閃火點物品，不在此限。 2. 總樓地板面積在 150m² 以上者。但每 150 ㎡ 內以無開口且具 1 小時以上防火時效之牆壁、樓地板區劃分隔，或儲存、處理易燃性固體以外之第二類公共危險物品或閃火點在攝氏 70 度以上之第四類公共危險物品之場所，其總樓地板面積在 500m² 以下者，不在此限。 3. 建築物之一部分供作室內儲存場所使用者。但以無開口且具 1 小時以上防火時效之牆壁、樓地板區劃分隔者，或儲存、處理易燃性固體以外之第二類公共危險物品或閃火點在攝氏 70 度以上之第四類公共危險物品，不在此限。 4. 高度在 6 公尺以上之一層建築物。
三、室內儲槽場	達顯著滅火困難者
四、室內加油站	一面開放或上方有其他用途樓層

前項以外之公共危險物品製造、儲存或處理場所儲存、處理達管制量 10 倍以上者，應設置手動報警設備或具同等功能之緊急通報裝置。但平日無作業人員者，不在此限。

※ 室外煙熱無法蓄積場所藉助人員移報火災訊號。

1-12　應設置滅火器

【解說】

§207

可燃性高壓氣體製造、儲存或處理場所及加氣站、天然氣儲槽、可燃性高壓氣體儲槽，應設置滅火器。

※ 可燃性高壓氣體儲槽與天然氣儲槽之危害特性類似，考量可燃性高壓氣體之場所，滅火器能有效撲滅微小火源

1-13　爆竹煙火場所設置第五種滅火設備

【解說】

§206-1　爆竹煙火場所設置第五種滅火設備

設備類別	場所類別
（一）設置第五種滅火設備	下列爆竹煙火場所應設置第五種滅火設備： 1. 爆竹煙火製造場所有火藥區之作業區或庫儲區。 2. 達中央主管機關所定管制量以上之爆竹煙火儲存、販賣場所。
（二）第一種滅火設備之室外消防栓	1. 建築物供前項場所使用之樓地板面積合計在150平方公尺以上者，應設置第一種滅火設備之室外消防栓。 2. 但前項第二款規定之販賣場所，不在此限。

1-14　公共危險物品等場所防護設備設置場所

【解說】

§208　公共危險物品等場所防護設備設置場所

項目	設置規定
（一）防護設備設置場所	1. 可燃性高壓氣體製造場所。 2. 儲存可燃性高壓氣體或天然氣儲槽在3000Kg以上者。 3. 氣槽車之卸收區。 4. 加氣站之加氣車位、儲氣槽人孔、壓縮機、幫浦。
（二）免設條件	已設置水噴霧裝置者，得免設。 ※水噴霧裝置：係指依「高壓氣體勞工安全規則」第35條規定設置者，以達冷卻性能要求，得免設防護設備。

第一章◎自我評量

（一）問答題

1. 何謂「公共危險物品等場所」？
2. 試說明公共危險物品等場所之「顯著滅火困難場所」符合規定為何？
3. 試說明公共危險物品等場所之「一般滅火困難場所」符合規定為何？
4. 試說明公共危險物品等場所之「其他滅火困難場所」符合規定為何？
5. 試說明公共危險物品等場所之滅火設備的分類規定？

6. 試說明可燃性高壓氣體場所、加氣站及天然氣儲槽之防火設備分類為何？

7. 試說明公共危險物品製造、儲存或處理場所，應如何選擇適當之滅火設備？

8. 試說明顯著滅火困難場所之滅火設備設置規定？

9. 試說明一般滅火困難場所之滅火設備設置規定？

10. 試說明其他滅火困難場所與電氣設備場所之滅火設備設置規定？

11. 試說明何種之公共危險物品等場所需設置防護設備？

12.*公共危險物品等場所之滅火設備中之第五種滅火設備指滅火器、水桶、水槽、乾燥砂、膨脹蛭石或膨脹珍珠岩，請依照各類場所消防安全設備設置標準說明如何核算滅火效能值？

（二）測驗題

（**A**） 1. 公共危險物品等場所之滅火設備分類，以下何者為錯？
(A) 第一種滅火設備：指滅火器　　(B) 第二種滅火設備：指自動撒水設備
(C) 第三種滅火設備：指水霧、泡沫、二氧化碳、惰性氣體、鹵化烴或乾粉滅火設備　　(D) 第四種滅火設備：指大型滅火器。

（**D**） 2. 可燃性高壓氣體製造場所、加氣站、天然氣儲槽及可燃性高壓氣體儲槽之防護設備分類中，下列那一項設備不屬於射水設備？
(A) 移動式射水槍　　(B) 固定式射水槍　　(C) 室外消防栓　　(D) 室內消防栓。

消防安全設備

2-1　公共危險物品製造、儲存或處理場所之室內消防栓設備設置規定

【解說】

§209　公共危險物品製造、儲存或處理場所之室內消防栓設備

項目	設置規定
（一）設置種類	應設置第一種消防栓。
（二）準用規定	1. 配管：第 32 條。 2. 試壓：第 33 條。 3. 室內消防栓箱：第 34、35 條。 4. 有效水量：第 36 條。 5. 加壓送水裝置之設置：第 37 條。 6. 緊急電源：第 38 條。
（三）防護水平距離	1. 各層任一點至消防栓接頭之水平距離 ≦25m。 2. 各層之出入口附近：應設置 1 支以上之室內消防栓。
（四）放水壓力	任一樓層內，全部室內消防栓同時使用時： 各消防栓瞄子放水壓力≥3.5kgf/cm²(0.35Mpa)
（五）放水量	1. 放水量≥260ℓ/min。 2. 全部消防栓數量超過 5 支時：以同時使用 5 支計算。
（六）水源容量	1. 在裝置室內消防栓最多樓層之全部消防栓繼續放水 30min 之水量以上。 2. 但該樓層內，全部消防栓數量超過 5 支時：以 5 支計算。
（七）緊急電源	供電容量應供其有效動作 45min 以上。

※ 設置標準第三篇中第一種室內消防栓放水量僅規定為 130ℓ/min，惟此性能要求僅能滿足一般工廠或建築物之火災防護需求，針對危險性設施之場所，仍無法充分移走火災衍生之熱量。基此，明定公共危險物品及可燃性高壓氣體之製造、儲存或處理場所選設之室內消防栓放水量至少應達 260ℓ/min 以上。

2-2　公共危險物品製造、儲存或處理場所之室外消防栓設備

【解說】

§210　公共危險物品製造、儲存或處理場所之室外消防栓設備

項目	設置規定
（一）準用規定	1. 配管：第 39 條。 2. 試壓：第 39 條。 3. 室外消防栓箱：第 40 條第 3 款至第 5 款。 4. 有效水量：第 41 條第 2 項、第 3 項。 5. 加壓送水裝置之設置：第 42 條。 6. 緊急電源：第 38 條。
（二）減壓措施	室外消防栓瞄子放水壓力≥7kgf/cm^2 ➡應採取有效之減壓措施。
（三）口徑	口徑≥63mm。
（四）防護水平距離	1. 與防護對象外圍或外牆各部分之水平距離≥40m。 2. 應設置 2 支以上。
（五）配管	1. 採用鑄鐵管配管時： 　使用符合 CNS832 規定之壓力管路鑄鐵管或具同等以上強度者，其標稱壓力≥16kgf/cm^2。 2. 配管埋設於地下時： 　應採取有效防腐蝕措施（但使用鑄鐵管，不在此限）。
（六）出水壓力	全部室外消防栓同時使用時： 各瞄子出水壓力≥3.5kgf/cm^2（0.35MPa）。
（七）放水量	1. 放水量≥450ℓ/min。 2. 全部消防栓數量超過 4 支時：以同時使用 4 支計算。
（八）水源容量	1. 在全部室外消防栓繼續放水 30min 之水量以上。 2. 但該樓層內，全部消防栓數量超過 4 支時：以 4 支計算。
（九）緊急電源	供電容量應供其有效動作 45min 以上。

※ 依據美國防火協會自動撒水設備安裝標準（NFPA13）之規定及實務需要，室外消防栓其配管於屋外可分爲地上或地下配管。地下配管時，材質可同室內消防栓以鋼管、不銹鋼管焊接外加防蝕措施，或鑄鐵管直接埋入施工，明定採用鑄鐵管應符合國家標準總號 832 之規定，標稱壓力 16Kgf/cm^2 以上。

2-3　公共危險物品製造、儲存或處理場所之自動撒水設備

【解說】

§211　公共危險物品製造、儲存或處理場所之自動撒水設備

項目	設置規定
（一）準用規定	1. 配管、配件、屋頂水箱：第 43、44 條。 2. 試壓：第 45 條。 3. 撒水頭：第 46 條。 4. 放水量：第 50 條。 5. 流水檢知裝置：第 51 條。 6. 啟動裝置：第 52 條。 7. 一齊開放閥：第 53 條。 8. 末端查驗閥：第 56 條。 9. 加壓送水裝置：第 58 條。 10. 送水口：第 59 條。 11. 緊急電源：第 38 條。
（二）防護水平距離	防護對象任一點至撒水頭之水平距離≤1.7m。
（三）放水區域	1. 開放式撒水設備，每一放水區域樓地板面積≥150m²。 2. 防護對象樓地板面積＜150m² 時：以實際樓地板面積計算。
（四）水源容量	1. 使用密閉式撒水頭： 　(1) 30 個撒水頭繼續放水 30min 之水量以上。 　　（V=80ℓ/min × 30min × 30 個=72m³） 　(2) 但撒水頭數在 30 個以下者：以實際撒水頭數計算。 2. 使用開放式撒水頭： 　應在最大放水區域全部撒水頭，繼續放水 30min 之水量以上。 　（V=80ℓ/min × 30min × 最大放水區域全部撒水頭數） 3. 使用密閉乾式或預動式流水檢知裝置時應追加 10 個。
（五）撒水頭位置之裝置	1. 準用第 47 條規定。 2. 存放易燃性物質處所。 3. 撒水頭迴水板下方 90cm 及水平方向 30cm 以內：應保持淨空間，不得有障礙物。
（六）緊急電源	供電容量：應供其有效動作 45min 以上。

※各類場所消防安全設備設置標準規定，各層任一點至撒水頭之水平距離應在 1.7、2.1 或 2.3m 以下，開放式自動撒水設備，每一放水區域樓地板面積應在 100m² 以上，而危險性設施之場所，其危險程度遠較一般場所為高，基此，明定防護對象任一點至撒水頭之水平距離，應在 1.7m 以下，開放式自動撒水設備，每一放水區域樓地板面積應在 150m² 以上。

2-4　公共危險物品製造、儲存或處理場所之水霧滅火設備

【解說】

§212　公共危險物品製造、儲存或處理場所之水霧滅火設備

項目	設置規定
（一）準用規定	1. 水霧噴頭：第 61 條。 2. 配管：第 62 條。 3. 試壓：第 62 條。 4. 流水檢知裝置：第 62 條。 5. 啓動裝置：第 62 條。 6. 一齊開放閥：第 63 條。 7. 送水口：第 67 條。 8. 緊急電源：第 38 條。
（二）放射區域	1. 每一放射區域≥150m²。 2. 但防護對象面積＜150m²時：以其實際面積計算。
（三）水源容量	1. 應在最大放射區域，全部水霧噴頭繼續放水 30min 之水量以上。 2. 放射區域的放水密度≥20ℓ/min·m²
（四）放射壓力	最大放射區域，水霧噴頭同時放水時：各水霧噴頭之放射壓力≥3.5kgf/cm²（0.35MPa）。
（五）緊急電源	供電容量：應供其有效動作 45min 以上。

2-5　儲槽之固定式泡沫滅火設備之各型泡沫放出口

【解說】

§213　固定式泡沫滅火設備之各型泡沫放出口

泡沫放出口	定義
（一）I 型	1. 指由固定頂儲槽上部注入泡沫之放出口。 2. 該泡沫放出口設於儲槽側板上方，具有泡沫導管或滑道等附屬裝置，不使泡沫沉入液面下或攪動液面，而使泡沫在液面展開有效滅火，並且具有可以阻止儲槽內公共危險物品逆流之構造。
（二）II 型	1. 指由固定頂或儲槽之上部注入泡沫之放出口。 2. 在泡沫放出口上附設泡沫反射板，可以使放出之泡沫能沿著儲槽之側板內面流下，又不使泡沫沉入液面下或攪動液面，可在液面展開有效滅火，並且具有可以阻止槽內公共危險物品逆流之構造。
（三）特殊型	1. 指供外浮頂儲槽上部注入泡沫之放出口。 2. 該泡沫放出口附設有泡沫反射板，可以將泡沫注入於儲槽側板與泡沫隔板所形成之環狀部分。

	3. 該泡沫隔板係指在浮頂之上方設有高度在 0.3m 以上，且距離儲槽內側在 0.3m 以上鋼製隔板，具可以阻止放出之泡沫外流，且視該儲槽設置地區預期之最大降雨量，設有可充分排水之排水口之構造者為限。
	4. 使用安裝在浮頂上方者，得免附設泡沫反射板。
（四）III 型	1. 指供固定頂儲槽槽底注入泡沫之放出口。
	2. 該泡沫放出口由泡沫輸送管（具有可以阻止儲槽內之公共危險物品由該配管逆流之構造或機械），將發泡器或泡沫發生機所發生之泡沫予以輸送注入儲槽內，並由泡沫放出口放出泡沫。
	3. 限於處理或儲存在 20℃時 100g 中水中溶解量未達 1g 之公共危險物品（以下稱「非水溶性物質」），及儲存溫度在 50℃以下或動黏度在 100cst 以下之公共危險物品儲槽使用。
（五）IV 型	1. 指供固定頂儲槽槽底注入泡沫之放出口。
	2. 將泡沫輸送管末端與平時設在儲槽液面下底部之存放筒（包括具有在送入泡沫時可以很容易脫開之蓋者。）所存放之特殊軟管等相連接，於送入泡沫時可使特殊軟管等伸直，使特殊軟管等之前端到達液面而放出泡沫。
（六）其他	內浮頂儲槽浮頂： 1. 採用鋼製雙層甲板（Double deck）或銅製浮筒式（Pantoon）甲板。 2. 其泡沫系統之泡沫放出口種類及數量，得比照外浮頂儲槽設置。

2-6　儲槽之固定式泡沫滅火設備泡沫放出口的設置規定

【解說】

§213　固定式泡沫滅火設備之泡沫放出口設置規定

項目	設置規定
（一）泡沫放出口	1. 設置數量：請參閱第三篇第 6 章 6-4。 2. 應以等間隔裝設在不因火災或地震可能造成損害之儲槽側板外圍上。
（二）儲存非水溶性之第四類公共危險物品	1. 依第 213-1 條設置適合的泡沫放出口。 2. 泡沫水源容量：請參閱第三篇第 6 章 6-9。 　(1)泡沫水源容量＝泡沫水溶液量×該儲槽液面積（如設置特殊型泡沫放出口，為浮頂式油槽環狀部分之表面積）×追加係數。 　(2)所得之量，應能有效放射，且應在同表所規定之放出率以上。
（三）儲存水溶性之第四類公共危險物品	1. 應使用耐酒精型泡沫。 2. 泡沫水源容量：請參閱第三篇第 6 章 6-9。 　(1)泡沫水源容量＝泡沫水溶液量×該儲槽液面積×追加係數。 　(2)所得之量，應能有效放射，且應在同表所規定之放出率以上。

（四）追加係數	1. 追加係數		
	第四類公共危險物品種類		係數
	類別	詳細分類	
	醇類	甲醇、三甲基二丁基醇、乙醇、烯丙醇、一戊醇、二戊醇、t戊醇、異戊醇、一己醇、環己醇、糖醇、苯甲醇、丙二醇、乙二醇（甘醇）、二甘醇、二丙二醇、甘油	1.0
		二丙醇、一丙醇、異丁醇、一丁醇、二丁醇	1.25
		t丁醇	2.0
	醚類	二異丙醚（異丙醚）、乙二醇乙醚、乙二醇甲醚、二甘醇乙醚、二甲醇甲醚	1.25
		1-4二氧離環己烷	1.5
		乙醚（二乙醚）、乙縮醛、乙丙醚（乙基丙基醚）、四氫呢喃、異丁基乙烯醚、乙丁醚（乙基丁基醚）	2.0
	酯類	醋酸乙酯、甲酸乙酯、甲酸甲酯、醋酸甲酯、醋酸乙烯酯、甲酸丙酯、丙烯酸乙酯、異丁烯酸甲酯、異丁烯酸乙酯、醋酸丙酯、甲酸丁酯、甘醇單乙基醚醋酸脂、甘醇單甲基醚醋酸脂	1.0
	酮類	丙酮、丁酮（甲基乙基甲酮）、甲基異丁基酮、乙醯丙酮、環己醇	1.0
	醛類	丙烯醛、丁烯醛（巴豆醛）、三聚	1.25
		乙醛	2.0
	胺類	乙二胺、環己胺、苯胺、乙醇胺、二乙醇胺、三乙醇胺	1.0
		乙胺、丙胺、烯丙胺、二乙胺、丁胺、異丁胺、三乙胺、苯甲胺、七丁胺	1.25
		異丙胺	2.0
	腈類	丙烯腈、乙腈、丁内腈	1.25
	有機酸	醋酸、無水醋酸、丙烯酸、丙酸、甲酸	1.25
	其他非不溶性者	氧化丙烯	2.0
	2. 未表列之物質，依中央主管機關認可之試驗方法求其係數。		

2-7　儲槽之補助泡沫消防栓及連結送液口

【解說】

§214　儲槽之補助泡沫消防栓及連結送液口

項目	設置規定
（一）補助泡沫消防栓	1. 位置：應設在儲槽防液堤外圍，距離槽壁 15m 以上，便於消防救災。 2. 步行距離：補助泡沫消防栓至任一泡沫消防栓之步行距離≤75m。 3. 泡沫瞄子放射量：Q≥400ℓ/min。 4. 放射壓力：P≥3.5Kgf/cm² （0.35Mpa）以上。 5. 消防栓數量：全部泡沫消防栓數量超過 3 支時，以同時使用 3 支計算之。 6. 附設水帶箱之設置，準用第 40 條第 4 款之規定。 　(1)水帶箱應具有足夠裝置水帶及瞄子之深度，箱底兩側應設排水孔，其箱面表面積≥0.8m²。 　(2)箱面應有明顯而不易脫落之水帶箱字樣，每字≥20cm²。 　(3)箱內配置口徑 63mm 及長 20m 水帶二條、口徑 19mm 以上直線噴霧兩用型瞄子一具及消防栓閥型開關一把。
（二）連結送液口	連結送液口所需數量，依下列公式計算： N=Aq/C N：連結送液口應設數量 A：儲槽最大水平斷面積。但浮頂儲槽得以環狀面積核算（m²） q：固定式泡沫放出口每平方公尺放射量（ℓ/min · m²） C：每一個連結送液口之標準送液量（800ℓ/min）

2-8　儲槽之泡沫射水槍滅火設備

【解說】

※ 補助泡沫消防栓及連結送液口，其主要目的是用以固定式放出口當有因障時之補助；或是泡沫已使用完，消防隊之化學泡沫車可經由連結送液口送至油槽內。

§215　儲槽之泡沫射水槍滅火設備

項目	設置規定
（一）設置場所	1. 室外儲槽：儲存閃火點在 40℃以下之第四類公共危險物品之顯著滅火困難場所者。 2. 且設於岸壁、碼頭或其他類似之地點，並連接輸送設備者。 　→除設置固定式泡沫滅火設備外，依規定設置泡沫射水槍滅火設備。
（二）防護水平距離	室外儲槽之幫浦設備等設於岸壁、碼頭或其他類似之地點時，能防護該場所位於海面上前端之水平距離 15m 以內之海面。
（三）設置個數	應在二具以上。

（四）設置位置	1.應為固定式。 2.並設於無礙滅火活動及可啟動、操作之位置。
（五）泡沫放射量	同時放射時，射水槍泡沫放射量≥1900ℓ/min。
（六）放射距離	有效水平放射距離≥30m。

※泡沫射水槍係針對原油船在停靠岸邊輸送時之安全防護。

2-9　儲槽之冷卻撒水設備

【解說】

§216　儲槽之冷卻撒水設備

項目	設置規定
（一）設置場所	室內、室外儲槽：儲存閃火點在 70℃以下之第四類公共危險物品之顯著滅火困難場所，除設置固定式泡沫滅火設備外，並依規定設置冷卻撒水設備。
（二）撒水噴孔	應符合 CNS12854 之規定，孔徑≥4mm。
（三）撒水管	1.撒水管應設於槽壁頂部。 2.儲槽設有風樑或補強環等阻礙水路徑者，於風樑或補強環等下方增設撒水管及撒水噴孔。
（四）撒水噴頭之配置數量	依其裝設之放水角度及撒水量核算。
（五）撒水量	按槽壁總防護面積 $2ℓ/min·m^2$ 以上計算之。
（六）管徑	依水力計算配置。
（七）加壓送水裝置	1.應為專用。 2.幫浦出水量：在前款撒水量乘以所防護之面積以上。 3.設置符合下列規定之手動啟動裝置及遠隔啟動裝置。 　（但送水區域距加壓送水裝置在 300m 以內者，得免設遠隔啟動裝置） 　(1)手動啟動裝置： 　　·操作部：應設於加壓送水裝置設置之場所。 　(2)遠隔啟動裝置：由下列方式之一啟動加壓送水裝置。 　　·開啟選擇閥，使啟動用水壓開關裝置或流水檢知裝置連動啟動。 　　·設於監控室等平常有人駐守處所，直接啟動。 4.啟動後 5min 以內，應能有效撒水。 5.距撒水區域≤500m（但設有保壓措施者，不在此限）。 6.應連接緊急電源。
（八）水源容量	在最大一座儲槽連續放水 4hr 之水量以上。
（九）選擇閥	1.選擇閥（未設選擇閥者為開關閥）應設於防液堤外，火災不易殃及且容易接近之處所。 2.操作位置：距離地面之高度在 0.8～1.5m 之間。

※目的：針對室外儲槽儲存閃火點在 70℃以下之第四類危險物品之顯著滅火困難場所，為防止因旁邊油槽火災之影響所造成之危險，設置冷卻撒水設備。

2-10　公共危險物品製造、儲存或處理場所之泡沫滅火設備泡沫噴頭

【解說】

§217　公共危險物品製造、儲存或處理場所之泡沫滅火設備泡沫噴頭

§218　公共危險物品製造、儲存或處理場所之泡沫滅火設備準用規定

項目	設置規定
（一）泡沫噴頭 （§217）	1. 防護對象應在其有效防護範圍內。 2. 防護對象之表面積（為建築物時，為樓地板面積），每 9m² 應設置一個泡沫噴頭。 3. 每一放射區域≥100m²。 　（其防護對象之表面積＜100m²時：依其實際表面積計算。）
（二）準用規定 （§218）	1. 泡沫放出口：第70條。（油槽用之泡沫放出口，得不受第61條之限制。） 2. 放射量：第72條。 3. 配管：第74條。 4. 試壓：第74條。 5. 流水檢知裝置：第74條。 6. 啟動裝置：第74條。 7. 一齊開放閥：第74條。 8. 泡沫原液儲存量：第78條。 9. 濃度：第79條。 10.泡沫原液槽：第81條。

2-11　公共危險物品製造、儲存或處理場所之移動式泡沫滅火設備

【解說】

§219　公共危險物品製造、儲存或處理場所之移動式泡沫滅火設備

項目	設置規定
（一）放射壓力	泡沫瞄子放射壓力≥3.5Kgf/cm² (0.35MPa)。
（二）準用規定	泡沫消防栓： 1. 設於室內者：準用第34條第1項第1款第1目及第35條規定。 2. 設於室外者：準用第40條第1款及第4款規定。

2-12 公共危險物品製造、儲存或處理場所之泡沫滅火設備水源容量

【解說】

§220 公共危險物品製造、儲存或處理場所之泡沫滅火設備水源容量

項目	水源容量
（一）水源容量計算	泡沫滅火設備之水源容量，需達規定水溶液所需之水量以上＋配管內所需之水溶液量。
（二）使用泡沫頭時	最大泡沫放射區域，繼續射水 10min 以上之水量。
（三）使用移動式泡沫滅火設備時	1. 應在 4 具瞄子同時放水 30min 之水量以上。 2. 但瞄子個數＜4 個時：以實際設置個數計算。 3. (1)設於室內者：放水量≥200ℓ/min。 　　(2)設於室外者：放水量≥400ℓ/min。
（四）使用泡沫射水槍時	應在 2 具射水槍連續放射 30min 之水量以上。
（五）油槽之固定式泡沫滅火設備	水源容量：為下列水量之合計＋配管內所需之水溶液量。 1. 固定式泡沫放出口： 　依第 213 條第 2 款、第 3 款表列之泡沫水溶液量，乘以其液體表面積所能放射之量。 2. 補助泡沫消防栓： 　依第 214 條規定之放射量，放射 20min 之水量。

2-13 公共危險物品製造、儲存或處理場所之泡沫滅火設備加壓送水裝置

【解說】

§221 公共危險物品製造、儲存或處理場所之泡沫滅火設備加壓送水裝置

項目	設置規定
（一）擇一設置	泡沫滅火設備之加壓送水裝置：依重力水箱、壓力水箱、消防幫浦擇一設置。
（二）重力水箱	1. 裝置：(1)水位計。 　　　　(2)排水管。 　　　　(3)溢水用排水管。 　　　　(4)補給水管。 　　　　(5)人孔。 2. 水箱必要落差應在下列計算值以上： 　必要落差＝移動式泡沫滅火設備消防水帶摩擦損失水頭（h_1）＋配管摩擦損失水頭（h_2）＋泡沫放出口、泡沫瞄子或泡沫射水槍之放射壓力，並換算成水頭（h_3）（計算單位：m） 　$H=h_1+h_2+h_3$ (m)

（三）壓力水箱	1. 裝置：(1)壓力表。 　　　　(2)水位計。 　　　　(3)排水管。 　　　　(4)補給水管。 　　　　(5)給氣管。 　　　　(6)空氣壓縮機。 　　　　(7)人孔。 2. (1)水箱內空氣：應占水箱容積 1/3 以上。 　　(2)壓力：應在使用建築物最高處之消防栓維持規定放水水壓所需壓力以上。 　　(3)當水箱內壓力及液面減低時：能自動補充加壓。 　　(4)空氣壓縮機及加壓幫浦：應與緊急電源相連接。 3. 必要壓力應在下列計算值以上： 　　必要壓力 = 消防水帶摩擦損失壓力（P_1）＋配管摩擦損失壓力（P_2）＋落差（P_3）＋泡沫放出口、泡沫瞄子或泡沫射水槍之放射壓力（P_4） 　　（計算單位：Kgf/cm^2, MPa） 　　$P = P_1 + P_2 + P_3 + P_4$
（四）消防幫浦	1. 幫浦全揚程應在下列計算值以上： 　　幫浦全揚程 = 消防水帶摩擦損失水頭（h_1）＋配管摩擦損失水頭（h_2）＋落差（h_3）＋泡沫放出口、泡沫瞄子或泡沫射水槍之放射壓力，並換算成水頭（h_4）（計算單位：m） 　　$H = h_1 + h_2 + h_3 + h_4$ 2. 連結之泡沫滅火設備採泡沫噴頭方式者，其出水量及出水壓力，準用第77條之規定。 3. 應為專用，但與其他滅火設備併用，無妨礙各設備之性能時，不在此限。 4. 連接緊急電源： 　　(1)準用第 38 條規定外。 　　(2)供電容量：應在所需放射時間之 1.5 倍以上。

2-14　可燃性高壓氣體場所、加氣站、天然氣儲槽及可燃性高壓氣體儲槽之冷卻撒水設備

【解說】

§229　可燃性高壓氣體場所、加氣站、天然氣儲槽及可燃性高壓氣體儲槽之冷卻撒水設備

§230　防護面積計算方式

項目	設置規定
（一）撒水管 （§229）	1. 撒水管：應使用撒水噴頭或配管穿孔方式，對防護對象均勻撒水。 2. 使用配管穿孔方式者： 　(1)應符合 CNS12854 之規定。 　(2)孔徑≥4mm。

（二）撒水量 （§229）	1. 撒水量≥5ℓ/min·m²。 2. 撒水量減半： 　(1)以厚度 25mm 以上之岩棉，或同等以上防火性能之隔熱材被覆者。 　(2)外側以厚度 0.35mm 以上，符合CNS1244 規定之鋅鐵板，或具有同等以 　　上強度及防火性能之材料被覆者。
（三）水源容量 （§229）	加壓送水裝置連續撒水 30min 之水量以上。
（四）準用規定 （§229）	構造及手動啟動裝置：準用第 216 條規定。
（五）防護面積 （§230）	1. 儲槽： 　儲槽本體之外表面積（圓筒形者合端板部分）＋附屬於儲槽之液面計及閥 　類之露出表面積。 2. 儲槽以外設備： 　為露出之表面積（但製造設備離地面高度超過 5m 者，以 5m 之間隔作水平 　面切割，所得之露出表面積，作為應予防護之範圍）。 3. 加氣站： 　(1)加氣機：每台 3.5m²。 　(2)加氣車位：每處 2m²。 　(3)儲氣槽人孔：每座三處共 3m²。 　(4)壓縮機：每台 3m²。 　(5)幫浦：每台 2m²。 　(6)氣槽車卸收區：每處 30m²。

2-15　可燃性高壓氣體場所、加氣站、天然氣儲槽及可燃性高壓氣體儲槽之射水設備

【解說】

§231　可燃性高壓氣體場所、加氣站、天然氣儲槽及可燃性高壓氣體儲槽之射水設備

項目	設置規定
（一）設置位置	室外消防栓應設置於屋外，且具備消防水帶箱。
（二）水帶箱	室外消防栓箱內應配置： 1. 瞄子。 2. 開關把手。 3. 口徑 63mm、長度 20m 消防水帶 2 條。
（三）放水壓力	全部射水設備同時使用時，各射水設備瞄子放水壓力≥3.5Kgf/cm²（0.35MPa）
（四）放水量	1.放水量≥450ℓ/min。 2.全部射水設備數量超過 2 支時：以同時使用 2 支計算之。

（五）水源容量	應在 2 具射水設備同時放水 30min 之水量以上。 （450ℓ/min × 30min × 2 支 = 27m³）

2-16　可燃性高壓氣體場所、加氣站、天然氣儲槽及可燃性高壓氣體儲槽之射水設備

【解說】

§232　可燃性高壓氣體場所、加氣站、天然氣儲槽及可燃性高壓氣體儲槽之射水設備規定

§233　可燃性高壓氣體場所、加氣站、天然氣儲槽及可燃性高壓氣體儲槽之射水設備準用規定

項目	設置規定
（一）設置個數	1. 應在 2 支以上。 2. 依儲槽之表面積每 50m²（含未滿）設置一具射水設備。 3. 依第 230 條第 3 款但書規定（以厚度 25mm 以上之岩棉或同等以上防火性能之隔熱材被覆，外側以厚度 0.35mm 以上，符合CNSI244 規定之鋅鐵板，或具有同等以上強度及防火性能之材料被覆者）設置隔熱措施：依儲槽之表面積每 100m²（含未滿）設置一具。
（二）設置位置	設於距防護對象外圍 40m 以內，能自任何方向對儲槽放射之位置。
（三）準用規定	1. 射水設備之配管、試壓、緊急電源：準用第 39 條規定。 2. 加壓送水裝置：準用第 42 條規定。

第二章◎自我評量

（一）問答題

1. 試說明公共危險物品製造、儲存或處理場所之室內消防栓設備設置規定？

2. 試說明公共危險物品製造、儲存或處理場所之室外消防栓設備設置規定？

3. 試說明公共危險物品製造、儲存或處理場所之自動撒水設備設置規定？

4. 試說明公共危險物品製造、儲存或處理場所之水霧滅火設備設置規定？

5. 試說明油槽之固定式泡沫滅火設備之各型泡沫放出口的定義？

6. 試說明油槽之固定式泡沫滅火設備泡沫放出口的設置規定？

7. 試說明油槽之補助泡沫消防栓及連結送液口設置規定？

8. 試說明油槽之泡沫射水槍滅火設備設置規定？

9. 試說明油槽之冷卻撒水設備設置規定？

10. 試說明公共危險物品製造、儲存或處理場所之泡沫滅火設備泡沫噴頭設置規定？

11. 試說明公共危險物品製造、儲存或處理場所之移動式泡沫滅火設備設置規定？

12. 試說明公共危險物品製造、儲存或處理場所之泡沫滅火設備水源容量設置規定？

13. 試說明公共危險物品製造、儲存或處理場所之泡沫滅火設備加壓送水裝置設置規定？

14. 試說明可燃性高壓氣體場所、加氣站及天然氣儲槽之冷卻撒水設備設置規定？

15. 試說明可燃性高壓氣體場所、加氣站及天然氣儲槽之室外消防栓設置規定？

16. 試說明可燃性高壓氣體場所、加氣站及天然氣儲槽之射水設備設置規定？

（二）測驗題

(A) 1. 公共危險物品等場所中所設置之室外消防栓設備，其緊急電源之供電容量應供其有效動作多久以上？
(A) 45 分鐘　(B) 35 分鐘　(C) 25 分鐘　(D) 15 分鐘。

(C) 2. 供公共危險物品顯著滅火困難場所火災防護上，設置室內消防栓其瞄子放水壓力及放水量應達多少以上？
(A) 放水壓力 $1.7kgf/cm^2$ 以上放水量 130L/min 以上　(B) 放水壓力 $2.5kgf/cm^2$ 以上放水量 260L/min 以上　(C) 放水壓力 $3.5kgf/cm^2$ 以上放水量 260L/min 以上　(D) 放水壓力 $2.5kgf/cm^2$ 以上放水量 350L/min 以上。

(D) 3. 供公共危險物品顯著滅火困難場所火災防護上，設置室外消防栓其瞄子放水壓力超過多少時要增設減壓裝置？
(A) $4kgf/cm^2$　(B) $5kgf/cm^2$　(C) $6kgf/cm^2$　(D) $7kgf/cm^2$。

(D) 4. 公共危險物品製造、儲存或處理場所之室外消防栓設備，應符合下列何項規定？
(A) 口徑在 50mm 以上　(B) 全部室外消防栓同時使用時，各瞄子出水壓力在 $2.5kgf/cm^2$ 以上　(C) 放水量在 350L/min 以上　(D) 水源容量在設置個數超過 4 支時，以 4 支計算之。

(B) 5. 室內、室外儲槽儲存閃火點在 70℃以下之第四類公共危險物品之顯著滅火困難場所，依規定設置冷卻撒水設備，其撒水量按槽壁總防護面積每平方公尺每分鐘為多少公升（$L/min \cdot m^2$）以上計算之？
(A) 1　(B) 2　(C) 3　(D) 4。

(C) 6. 公共危險物品場所之室內消防栓設備，其水源容量在裝置室內消防栓最多樓層之全部消防栓繼續放水 X 分鐘之水量以上。但該樓層內，全部消防栓數量超過 Y 支時，以 Y 支計算之。其中 X 與 Y 分別為多少？
(A) X＝20，Y＝3　(B) X＝20，Y＝2　(C) X＝30，Y＝5　(D) X＝30，Y＝2。

（**C**）　7. 公共危險物品場所與一般場所之室外消防栓設備主要性能相比較，下列何者之性能相同？
(A) 瞄子出水壓力　(B) 瞄子放水量　(C) 消防栓箱　(D) 緊急電源供電時間。

（**C**）　8. 公共危險物品儲槽設置補助泡沫消防栓之規定，下列何者正確？
(A) 設在儲槽防液堤外圍，距槽壁 10 公尺以上，便於消防救災處
(B) 泡沫瞄子放射量在每分鐘 260 公升以上　(C) 放射壓力在每平方公分 3.5 公斤以上　(D) 全部泡沫消防栓數量超過 2 支時，以同時使用二支計算之。

參考書目及文獻

1. 吳玉祥、高士峰，《贏戰水系統消防安全設備設計》，考用出版社，93 年 5 月。
2. 吳玉祥、高士峰，《贏戰化學系統消防安全設備設計》，考用出版社，93 年 5 月。
3. 吳玉祥、高士峰，《贏戰警報系統消防安全設備設計》，考用出版社，93 年 5 月。
4. 吳玉祥、高士峰，《贏戰避難系統設計》，考用出版社，93 年 5 月。
5. 吳玉祥、高士峰，《贏戰火災學》，考用出版社，93 年 5 月。
6. 簡賢文，《水系統消防安全設備》，鼎茂圖書出版公司，85 年 4 月。
7. 林文興，《水系統消防安全設備》，志光教育文化出版社，87 年 8 月。
8. 陳火炎，《圖解水系統滅火設備》，鼎茂圖書出版公司，85 年 11 月。
9. 陳火炎，《各類場所消防安全設備設置標準解說》，鼎茂圖書出版公司，85 年 8 月。
10. 陳火炎，《消防、排煙設備之設計與計算》，鼎茂圖書出版公司，85 年 10 月。
11. 馮俊益，《水系統法令解說》，中華民國消防技術顧問基金會，85 年 7 月。
12. 內政部消防署，《消防安全法令輯要》，87 年 3 月。
13. 黃再枝，《滅火系統（水系統）消防安全設備設計》，大領航文教機構，87 年 3 月。
14. 消防廳予防課編，《消防設備士必攜》，全國加除法令出版株式會社，平成元年 4 月。
15. 內山幸伸，《消防設備士必攜》，弘文社，平成 10 年 11 月。
16. 東京消防行政研究會編，《消防設備技術讀本》，オーム社，平成 9 年 6 月。
17. 簡賢文，《化學系統消防安全設備》，鼎茂圖書出版公司，89 年 8 月。
18. 陳火炎，《各類場所消防安全設備設置標準解說》，鼎茂圖書出版公司，85 年 8 月。
19. 陳火炎，《圖解化學滅火設備》，鼎茂圖書出版公司，86 年 6 月。
20. 馮俊益，《化學系統法令解說暨檢查要領》，中華民國消防技術顧問基金會，88 年 8 月。
21. 黃再枝，《滅火系統（化學系統）消防安全設備設計》，大龍海文化事業公司，90 年 2 月。
22. 林文興，《化學系統消防安全設備》，志光教育文化出版社，85 年 9 月。
23. 何金福、常慧芳，《化學系統圖表解析》，詹氏書局，88 年 11 月。
24. 簡賢文，《避難系統消防安全設備》，鼎茂圖書出版公司，85 年 5 月一版。
25. 陳弘毅，《消防法令彙編》，鼎茂圖書出版公司，85 年 5 月一版。
26. 馮俊益，《避難系統法令解說》，財團法人中華民國消防技術顧問基金會，85 年 8 月一版。
27. 財團法人消防教育學術研究基金會，《消防設置標準解釋令彙編》，鼎茂圖書出版公司，89 年 7 月一版。
28. 內政部消防署，消防署網站：http://www.nfa.gov.tw/
29. 詹氏書局，《最新建築技術規則》，88 年 9 月。
30. 臺北市消防設備師公會，公會網站：www.tpfea.org.tw
31. 防火管理進階教材，鼎茂圖書出版公司，91 年 1 月修訂。
32. 消防用緊急發電機研討會，臺北市消防設備師公會主辦（92 年度）。
33. 郭子詮，《各類場所消防安全設備設置標準法規詳解》，92 年 4 月一版。
34. 消防安全設備審查及查驗作業基準，內政部消防署，91 年 9 月編印。
35. 內政部消防署，《各類場所消防安全設備檢修及申報作業基準》，86 年 12 月。
36. 內政部消防署，《消防安全法令輯要》，87 年 3 月
37. 內政部營建署，營建署網站：/www.cpami.gov.tw/Welcome.htm
38. 簡賢文，《緊報系統消防安全設備》，鼎茂圖書出版公司，86 年 1 月。
39. 簡賢文，《火警自動緊報設備功能確保對策之研究》，鼎茂圖書出版公司，85 年 3 月。
40. 馮俊益，《圖解緊報系統》，鼎茂圖書出版公司，87 年 3 月。

國家圖書館出版品預行編目資料

消防安全工程設計／吳玉祥，呂憶婷，高士
峯，陳筱涵作. -- 七版. -- 臺北市：五南
圖書出版股份有限公司,2024.08
面；　公分
ISBN 978-626-393-647-8 (平裝)

1.CST: 火災　2.CST: 消防
3.CST: 消防設施

575.87　　　　　　　　　　113011554

5T01

消防安全工程設計

作　　者 — 吳玉祥（58.1）、呂憶婷、高士峯、陳筱涵

企劃主編 — 王正華

責任編輯 — 張維文

封面設計 — 莫美龍、姚孝慈

出 版 者 — 五南圖書出版股份有限公司

發 行 人 — 楊榮川

總 經 理 — 楊士清

總 編 輯 — 楊秀麗

地　　址：106台北市大安區和平東路二段339號4樓

電　　話：(02)2705-5066　　傳　　真：(02)2706-6100

網　　址：https://www.wunan.com.tw

電子郵件：wunan@wunan.com.tw

劃撥帳號：01068953

戶　　名：五南圖書出版股份有限公司

法律顧問　林勝安律師

出版日期　2005年 4 月初版一刷
　　　　　2008年 9 月二版一刷
　　　　　2010年 9 月三版一刷
　　　　　2020年 4 月四版一刷
　　　　　2021年 7 月五版一刷
　　　　　2022年 8 月六版一刷（共二刷）
　　　　　2024年 8 月七版一刷

定　　價　新臺幣680元

經典永恆・名著常在

五十週年的獻禮——經典名著文庫

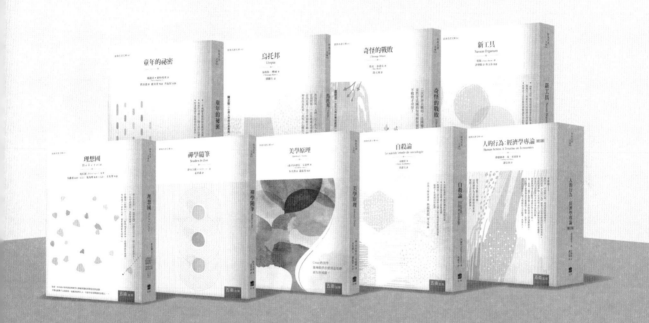

五南，五十年了，半個世紀，人生旅程的一大半，走過來了。

思索著，邁向百年的未來歷程，能為知識界、文化學術界作些什麼？

在速食文化的生態下，有什麼值得讓人雋永品味的？

歷代經典・當今名著，經過時間的洗禮，千錘百鍊，流傳至今，光芒耀人；

不僅使我們能領悟前人的智慧，同時也增深加廣我們思考的深度與視野。

我們決心投入巨資，有計畫的系統梳選，成立「經典名著文庫」，

希望收入古今中外思想性的、充滿睿智與獨見的經典、名著。

這是一項理想性的、永續性的巨大出版工程。

不在意讀者的眾寡，只考慮它的學術價值，力求完整展現先哲思想的軌跡；

為知識界開啟一片智慧之窗，營造一座百花綻放的世界文明公園，

任君遨遊、取菁吸蜜、嘉惠學子！